Paul C. Martin
mit
Walter Lüftl

Kapitalismus

Paul C. Martin

Der Kapitalismus

Ein System, das funktioniert

unter Mitarbeit von
Dipl.-Ing. Walter Lüftl

Wirtschaftsverlag Langen-Müller/Herbig

© 1986 by Wirtschaftsverlag Langen-Müller/Herbig
Albert Langen · Georg Müller Verlag GmbH, München
Alle Recht vorbehalten
Schutzumschlag: Christel Aumann, München
Satz und Druck: Jos. C. Huber KG, Dießen
Binden: Graph. Betriebe R. Oldenbourg, München
Printed in Germany
ISBN: 3-7844-7180-3

Prolog

»Die ökonomische Kontraktion, die im Jahre 1929 begann, war die schlimmste in der Geschichte. In den Depressionen des neunzehnten Jahrhunderts gab es Bankpaniken, Deflationen und Bankrotte in verschiedenen Proportionen, aber es gibt keine Parallele zur Unterausnutzung der ökonomischen Ressourcen in den dreißiger Jahren.«
Peter Temin, Wirtschaftshistoriker (1976)

»Viele Unternehmen spekulieren mit Finanzaktiven. In drei bis vier Jahren könnte dieses Spiel aber in einem Zusammenbruch enden. Wobei 1929 verglichen mit dem Kommenden nur als bescheidenes Vorspiel bezeichnet werden kann.«
Hans-Jörg Rudloff,
Bankier am Euromarkt (1986)

Inhalt

Einleitung 11
    Warum Sie dieses Buch leider lesen müssen

Das Loch 21
    Bisher hat niemand den »Kapitalismus« kapiert,
    auch Marx nicht, obwohl er sehr nahe dran war
    Was Rosa Luxemburg für eine Rolle spielt
    Der Kapitalismus ist ein Kettenbrief-System
    Woher »Kapital« und »Kapitalisten« kommen

Debitismus 59
    Wie sieht denn nun die neue »Kapitalismus«-Theorie aus?
    Wir müssen nicht den »Geldschleier« heben, sondern
    den »Tausch-« und »Produktionsschleier«
    Definitionen: Von »Marktwirtschaft«, »Eigentum«,
    »Kapital«, »Arbeitslosigkeit«, »Angebot und
    Nachfrage« usw.
    Kapitalismus contra keynes und Neue Klassik

Geld & Gier 125
    Die Mär von den Münzen als »Tauschmittel«: So etwas
    hat es nie gegeben
    Warum alle Menschen immer »reicher« werden
    möchten – wie einst König Midas
    Wie »Geld« aus den drei Schuldarten entsteht:
    Aus der Urschuld? Aus der religiösen Schuld
    und aus der Kontrakt-Schuld
    Warum die Zinssätze ganz früher so hoch waren

Der Handschlag 179
    Schulden müssen immer wieder verschwinden:
    Vom Konsum und vom CRASH
    Das große DEBITISMUS-Tableau
    Wie hat es Mohammed versucht? Und wie der alte
    Spartaner Lykurg?
    Der Untergang aller Demokratien (der antiken und
    der heutigen) in endlosen Gläubiger/Schuldner-
    Streitereien: Das sind die eigentlichen »Klassenkämpfe«

Staat, Blow-off, große Gala 225
Der Unterschied zur Antike: Die heutigen Demokratien
haben den »Staat« als infalliblen Schuldner entdeckt
Der Staat führt uns zuerst in die Inflation, dann
unausweichlich in die Deflation
Dabei kommt es an den Finanzmärkten zur »Big
Enchilada« – dem großen Blow-off mit immer schöner
steigenden Kursen
Die Stimmung wird immer traumhafter, jeder rechnet
sich immer schneller reich
Exkurs über Monopol-Kapitalismus und Kartelle

Disneyland 297
Die nationalökonomischen Theorien sind sämtlich
Schrott, weil sie sämtlich von einer »Tauschwirtschaft«
ausgehen, die es aber nie gegeben hat
Richard Cantillon contra John Law: Damals wurden die
Weichen falsch gestellt
Kurz vor Schluß treten auch noch die Supply-Freaks
(Angebots-Theoretiker) auf, der erste hieß Johann
Baptist Say
Kann es sein, daß Donald Duck von Hayek und Mickey
Friedman in Wirklichkeit Perspektivagenten des
Sozialismus sind, die alles getan haben, um die freie
Wirtschaft zu vernichten?

Der Kracher 375
Wie es dann scheppert, nachdem alle vergeblich auf den
J-Kurven-Effekt gewartet haben
Das Gequieke, sobald die Deflation immer weiter
um sich greift
Der Börsen-Crash in der Katastrophen-Theorie
Fix und Flex: Das Preis-Pärchen, das uns Mancur
Olson zeigt

Das Gold 411
Die deflationäre Spirale schnurrt immer schlimmer
zusammen
Die Wirtschaftsberichterstattung in den Zeitungen der
Bourgeoisie wird abenteuerlich
Mutige Bankiers fordern den Zwangs-Crash
Die Beleihungsgrenzen sind erreicht, neue Kredite

ergo unmöglich, ergo rückt auch ein neuer
»Aufschwung« in immer weitere Ferne
Dann aber hätten wir noch das Gold, mit dem man
wundersame Sachen anstellen kann: Zum Beispiel die
Rückzahlung aller Schulden (»Abwertung«) und in der
tiefsten Tiefe der deflationären Depression einen neuen

Start des Kapitalismus 433

Epilog 455

Warum Sie dieses Buch leider lesen müssen

Was so viel ist wie eine kleine Einleitung

>»Was klar gedacht ist, kann auch klar und ohne Umschweife gesagt werden.«
> *Georg Büchner, Kraft und Stoff (1855)*

Worum es geht

Was ist Kapitalismus?
   Niemand weiß es. Auch Sie wissen es nicht. Bisher hat noch kein Mensch darauf eine befriedigende Antwort gegeben. Schauen Sie sich an, was am 4. Mai 1986 in der »Financial Times« gestanden hat:

Da gibt es also Experten, Geschäftsleute, die in einem – wie es so schön heißt – »lupenreinen« kapitalistischen System leben. In Hongkong. Nun sollen sie definieren, was das ist: »kapitalistisches System«. Aber was geschieht? Sie müssen ihre diesbezüglichen Beratungen abbrechen, weil keiner von ihnen »Kapitalismus« erklären kann. Vielleicht wird es niemals eine korrekte Verfassung von Hongkong geben, weil es niemand gibt, der das für diese Verfassung vorgeschriebene »kapitalistische System« definiert?
   Das Buch, das Sie jetzt in Händen halten, definiert »Kapitalismus«. Ein für allemal. Und zum ersten Mal.

Es gibt, wie wir sehen werden, einen ganzen Haufen von Büchern, die das Wort »Kapitalismus« im Titel führen. Darin ist dann viel die Rede von »Gewinnstreben« oder »Profitmotiv«, von »privatem Eigentum« und von »freier Marktwirtschaft«. Sogar »Ausbeuter« treten auf, wie der schwarze Mann im Märchen. Das sind alles nette Sachen und liebe Gestalten. Aber den »Kapitalismus« erklären sie überhaupt nicht. Sie begleiten ihn nur.

Deutschen Studenten wird zur Bewältigung des Themas gern ein kleines Büchlein in die Hand gedrückt, das ein lebender deutscher Professor verfaßt hat. Er heißt **Jürgen Kromphardt,** der einen toten deutschen Professor zitiert. Der heißt **Werner Sombart** und hat viele Bände verfaßt, in denen das Wort »Kapitalismus« vorkommt. An einer Stelle versuchen Sombart/Kromphardt den Kapitalismus mit dem »Erwerbsprinzip« der »Produktionsmitteleigentümer« zu erklären:

> »Die Eigenart des *Erwerbsprinzips* äußert sich darin, daß unter seiner Herrschaft der unmittelbare Zweck des Wirtschaftens nicht die Bedarfsbefriedigung eines lebendigen Menschen oder einer Vielheit von Menschen ist (wie es bei allen nichtkapitalistischen Wirtschaftssystemen der Fall ist), sondern ausschließlich die **Vermehrung einer Geldsumme**.«

Und die Professoren fahren fort:

> »Diese Zwecksetzung ist der Idee des kapitalistischen Wirtschaftssystems immanent; man kann also die Erzielung von **Gewinn** (das heißt der **Vergrößerung einer Anfangssumme** durch wirtschaftliche Tätigkeit) als den objektiven Zweck der kapitalistischen Wirtschaft bezeichnen ...«[1])

»Erwerbsprinzip« – »Vermehrung einer Geldsumme« – »Erzielung von Gewinn«. Mit solchen Sprüchlein ist die Welt schnell einverstanden. Sie klingen auch plausibel. Aber es sind Gemeinplätze, eingebettet in eine Menge *Denkfehler* und *Zirkelschlüsse,* wie wir sie immer wieder antreffen, wo von »Kapitalismus« und »Kapitalisten« die Rede ist. Denn was zeigen uns Sombart und sein Abschreiber Kromphardt? Offenbar eine Mixtur aus König Midas und Dagobert Duck.

Da soll es tatsächlich Leute geben, die immer weiter Bargeld scheffeln (»Erwerbsprinzip«), obwohl weder sie selbst noch andere es brauchen (»Bedarfsbefriedigung«). Zum Schluß liegt alles sinnlos herum, die »vermehrte Geldsumme« alias die »vergrößerte Anfangssumme«. Und das war's auch schon. Kapitalismus = Geldvermehrung!

Die wichtigsten Fragen lassen die Professoren offen. Zum Beispiel: Was geschieht mit dem vielen Geld, das da sinnlos angehäuft wird? Wo wird es aufbewahrt? Gibt es Truhen, Silos? Wo stehen sie? Wer bewacht sie? Sind die Kapitalisten vielleicht Geld-Fetischisten? Kranke Psychopathen, die dauernd Geld anfassen müssen, so wie die strengen Leder-Freunde das schwarze Glatte?

Wo kommt denn das Geld überhaupt her? Wer besaß es vor den Kapitalisten? Wie ist das mit der »Vergrößerung der Anfangssumme«: Bei welchen armen Teufeln »verkleinert« sich dann die Anfangssumme? Wenn deren Anfangssumme gerade so groß war, daß sie damit ihren »Bedarf« »befriedigen« konnten – wo sind die armen Teufel, die jetzt ihren Bedarf nicht mehr befriedigen können? Verreckt? Im Wald? Haben sie sich in ihrer Scheune erhängt? Oder gibt es irgendwo Massengräber, die wir noch gar nicht gefunden haben?

Schreckliche Gedanken. Doch seien Sie beruhigt: Was Professoren zum Thema »Kapitalismus« verzapfen, ist nichts als *Nonsens*, ist schlichter Quatsch, seien es nun »rechte« Professoren wie **Milton Friedman** und **Irving Kristol** oder »linke« Professoren, wie **Ernest Mandel** und **Robert Heilbroner**. Der Herr Professor Heilbroner überschreibt sein Kapitel, mit dem er den Kapitalismus endlich erklären möchte, mit einem: »The Drive to Amass Capital« und erklärt diesen »Drive«:[2])

»This is the use of wealth in various forms, not as an end in itself, but as a means for gathering **more wealth**.«

Es bleibt unerfindlich, wieso solche niveaulosen Neiderwecker und Die-Kapitalisten-kriegen-den-Hals-nicht-voll-Theoretiker auch noch auf Steuerzahler-Kosten durchgefüttert werden. Primitiver geht's nicht. Dümmer aber auch nicht.

Die Geschäftsleute in Hongkong waren wenigstens ehrlich. Sie haben ihre Beratungen abgebrochen, weil sie »Kapitalismus«, das Wesen der freien Wirtschaft, nicht definieren konnten. Professoren sind nicht so bescheiden. Sie schreiben fröhlich drauf los, weil sie für das, was sie da von sich geben, schließlich auch gar nicht einstehen müssen. *Professoren sind Lebenszeitbeamte. Sie stehen außerhalb des Kapitalismus und können ihn schon deshalb nie begreifen.* Und obwohl sie ihn nicht begriffen haben, dürfen sie jede Menge Bücher über »Kapitalismus« schreiben. Warum auch nicht? Als unkündbaren Beamten kann ihnen doch nichts passieren, wenn sie Unfug anrichten.

Das Buch, das Sie jetzt in Händen halten, müssen Sie lesen. Und Sie werden es lesen.

Denn es erklärt Ihnen, wie Wirtschaft wirklich funktioniert. Wie das mit dem Geld ist, mit dem Geldverdienen und dem Geldverlieren. Wie Konjunkturen entstehen, was Inflation ist, und was der Staat für eine Rolle dabei spielt. Warum wir vor der schwersten Wirtschaftskrise aller Zeiten stehen, wie man sie überlebt und dabei noch einen maximalen Reibach macht.

Dieses Buch behandelt den »Kapitalismus«. Das ist ein Reizwort. Die Linken denken gleich an Ausbeutung, Flick und andere. Die Rechten hören das Wort nicht gern, wiewohl sie das Kapital kommandieren. Sie sagen lieber »Marktwirtschaft«, und garnieren das Wort noch mit einem »sozial«, damit sie nur ja von den Linken in Ruhe gelassen werden.

Kapitalismus, Marktwirtschaft, Sozialismus: alle diese Bezeichnungen sind Schall und Rauch. Sie interessieren uns nur am Rande. Denn wir wollen weder Partei ergreifen noch Angriffskriege starten. Was hier in diesem Buch erklärt wird, ist *Wirtschaft* schlechthin.

Ganz einfach Wirtschaft.

Warum die Menschen wirtschaften, und nicht vielmehr nicht. Was die Schulden dabei für eine Rolle spielen. Die Schulden, die jeder sich selber gegenüber hat, und die Schulden, die wir anderen gegenüber haben.

Wieso der Kapitalismus in der Geschichte immer wieder verschwunden ist, und weshalb er jetzt auf die höchste Stufe katapultiert wurde. Wer dabei geholfen hat.

Warum die offiziell gelehrten Wirtschafts-Theorien nur für den Kindergarten taugen, weil sie nur das lehren, was Kinder gebrauchen können: *Tausch*wirtschaft.

Weshalb wir die schönste Aktien-Hausse aller Zeiten erleben durften, warum diese Hausse in einem Crash der Extra-Klasse enden wird.

Dieses Buch behandelt nur am Rande »Politik«. Die Demokratien, so wie wir sie heute kennen, wird es in ein paar Jahren ohnehin nicht mehr geben. Neue politische Kräfte zeigen sich schon am Horizont: La Rouche in den USA, Le Pen in Frankreich. Lachen Sie nicht über solche Hohlköpfe. 1926 galt Adolf Hitler noch nicht mal als Witzfigur. Er wurde einfach übersehen.

Wenn die Welt in einem Großen Krieg zu Ende geht, dann können Sie aus diesem Buch gewisse Zeitvorstellungen gewinnen: Es dürfte etwa fünf bis zehn Jahre nach dem Tiefpunkt der schweren Depression sein, die vor uns liegt. Da dieser Tiefpunkt auch noch gut ein Jahrfünft von uns weg ist, haben wir eine Friedensperiode vor uns, in der freilich die wirtschaftlichen und dann die politischen Spannungen immer höher steigen werden wie das Wasser im Stausee nach dem Regen.

Dieses Buch hat viele Väter.

Zunächst müssen wir von den Bremer Wissenschaftlern **Gunnar Heinsohn** und **Otto Steiger** sprechen. Sie sind als erste darauf gekommen, daß der Unterschied zwischen Kapitalismus und Sozialismus nicht in der Eigentums-Frage liegt (hie privat – dort staatlich) und auch nicht in der Steuerung der wirtschaftlichen Produktion, hie per Markt, dort per Plan.

Gunnar Heinsohn und Otto Steiger haben Kapitalismus als das definiert, was er wirklich ist: *ein Wirtschaftssystem, in dem verschuldete Privateigentümer versuchen, dem permanent auf ihnen liegenden Liquiditätsdruck zu entkommen.* Alles weitere ergibt sich aus dieser genialen Trouvaille von selbst. Wenn wir das Wirtschaften von der Schuld, von den Schulden her definieren, ist das Phänomen des *Zinses* das nächste, das sich zeigt. Während es Schulden gibt, läuft *Zeit*. Läuft Zeit, wird die Lage des Schuldners immer schlimmer. **Walter Lüftl** hat mit dem unbestechlichen Auge des forensisch geschulten, naturwissenschaftlichen Sachverständigen den Einbau von Zeit in den wirtschaftlichen Ablauf bewerkstelligt. Mit einem überlegen geführten Streich hat er der herrschenden Lehre von der »positiven Rolle« der *Staatsverschuldung* für den wirtschaftlichen Ablauf den Garaus gemacht: Sobald Staatsverschuldung schneller steigt als die gesamte Wirtschaft wächst, auf die sich dieser Staat bezieht, kommt es in berechenbar endlicher Zeit zum Untergang.

Wirtschaften als Schuldenmachen und der Lauf von Schulden über die Zeit – damit war das Tor geöffnet. Nach intensivem Studium der Marxschen Vorstellungen vom Wirtschafts-Kreislauf gelang **Paul C. Martin** schließlich die Synthese: Ein Wirtschaften, in dem alle Produktion vorfinanziert ist und in dem Zeit abläuft: Das ist Kapitalismus. Nichts anderes.

Kapitalismus ist etwas, das es gar nicht geben dürfte. Denn jemand, der seine Produktion vorfinanziert hat, kann zwar vom Markt die Kosten seiner Produktion zurück erwarten. Aber niemals die Kosten der Vorfinanzierung selbst und auch niemals die Prämie für das Risiko, daß er sich überhaupt aufs Produzieren eingelassen hat, an dessen Ende – allein durch Zeitablauf – immer und ehern eines wartet: der Bankrott.

Wie kann der Kapitalist die Zinsen der Vorfinanzierung einspielen, wie Gewinn »machen«? Wo kommt das Geld her, wie Marx, wohl ahnend, daß er damit an die Grenzen seiner Intelligenz gestoßen war, so eindringlich fragte: Wo kommt das Geld her, um den Mehrwert zu versilbern?

In zahlreichen Seminaren, wo es um den leider unvermeidlichen Zusammenbruch der kapitalistischen Wirtschaft, wo es um »Crash« und »Krise« ging, wurde die neue Theorie immer wieder vorgetragen und diskutiert. **Walter Hirt** und **Peter Schurr** waren in zahlreichen Gesprächen entscheidende Helfer.

Alles am Phänomen »Wirtschaft« ist mit diesem Buch enträtselt bzw. läßt sich mit Hilfe dieser neuen Kapitalismus-Theorie, die »Debitismus« heißen soll, enträtseln. Wobei alles so nahtlos ineinander paßt, daß die eine Frage offenblieb:

Warum hat es niemand früher geschafft, den Kapitalismus, das menschliche Wirtschaften in der Zeit zu enträtseln? Sinnlose Bibliotheken sind entstanden, Hunderttausende von Ökonomen und Wirtschaftsexperten haben immer wieder den gleichen Denkfehler gemacht, haben immer wieder *Wirtschaft* als *Tauschen* und *Geld* als *Tauschmittel* darin begriffen. Warum? Und warum ist es das Jahr 1986, da alles klar geworden ist?

Wir wissen es nicht. Vermutungen, daß es tatsächlich schon »früher« Menschen gegeben hat, die genau gewußt haben, wie Wirtschaften wirklich funktioniert, die aber dieses Wissen als herrschaftlich für sich behalten und nur daraus gewaltige Profite gezogen haben (man denke nur an die unausweichlichen Börsen-Explosionen, die beim Umschlag von Inflation in Deflation immer wieder ablaufen müssen!), solchen Mutmaßungen wird nachgegangen.

Zürich und Wien,   Paul C. Martin
Juli 1986   Walter Lüftl

Anmerkungen:

[1] **Jürgen Kromphardt,** Konzeptionen und Analysen des Kapitalismus – von seiner Entstehung bis zur Gegenwart, Göttingen 1980, Seite 40.

[2] **Robert L. Heilbroner,** The Nature and Logic of Capitalism, New York – London 1985, Seite 33 ff., Zitat Seite 34 f. Heilbroner gilt als »großer Kopf« und Ostküsten-Darling.

Das Loch

Was allen Theorien über die Wirtschaft fehlt, wie nahe Karl Marx der Lösung des großen Rätsels »Kapitalismus« gewesen ist und warum er dennoch scheiterte, welche Rolle Dagobert Duck und König Laurin dabei spielen, was Rosa Luxemburg entdeckte, warum der »Kapitalismus« ein Kettenbrief-System ist, und wann »Kapital« und »Kapitalisten« auftreten

> »Like eggs, there are only two kinds of theories: good ones and bad ones.«
> *Paul A. Samuelson,*
> *»Economics« (1948)*

Das Loch in der Mitte

Jede zweite Nachricht, die wir heute hören, hat etwas mit Wirtschaft zu tun. Und das Schlimmste dabei: Zu jeder Nachricht gibt es meistens zwei Meinungen.

Nachricht: Der Ölpreis fällt.
Erste Meinung: Das ist wunderbar, wir können das Geld, das wir bei Öl und Benzin sparen, jetzt für andere Sachen ausgeben. Diese zusätzlichen Ausgaben kurbeln die Wirtschaft an. Ein riesiger Konjunkturaufschwung steht uns bevor.
Zweite Meinung: Das ist ganz schlecht. Denn die Ölstaaten, die nun weniger Geld haben, können weniger bei uns einkaufen, unsere Exporte brechen zusammen. Wir starten in eine schwere Krise. Außerdem werden Ölstaaten wie Mexiko, die große Auslandsschulden haben, endgültig pleite sein. Und wer pleite ist, kann nichts mehr kaufen.

Nachricht: Die Löhne steigen.
Erste Meinung: Das ist schlecht. Je höher die Lohnkosten, um so höher die Kosten insgesamt. Das verschlechtert unsere Stellung auf dem Weltmarkt, wir werden Absatz verlieren.
Zweite Meinung: Das ist prima. Je mehr Lohn und Gehalt die Arbeitnehmer auf dem Konto haben, um so mehr können sie jetzt ausgeben, also bessert sich dadurch die Lage der Unternehmen, sie werden Absatz gewinnen.

Nachricht: Der Staat macht Defizit.
Erste Meinung: Das ist fein. Denn jetzt kommt zusätzliches Geld in die Wirtschaft, kurbelt an, wird endlich dafür sorgen, daß die Arbeitslosen von der Straße kommen. Wir danken dem Staat für diese weitsichtige Politik.
Zweite Meinung: Das ist gar nicht gut. Der Staat muß sich das Geld, das er für seine Ausgabenprogramme braucht, auf dem Kapitalmarkt besorgen. Dieses zusätzliche Schuldenmachen treibt die Zinsen hoch. Bei hohen Zinsen werden die Unterneh-

mer weniger investieren, weil das Geld zu teuer ist. Weniger Investitionen bedeutet aber weniger Arbeitsplätze. Wir verfluchen die öffentliche Hand wegen ihrer kurzsichtigen Verschwendungssucht.

Hinter jeder Meinung steckt eine *Theorie*.

Und da es so viele Theorien über Wirtschaft gibt, wie man sich nur wünschen kann, ist nichts leichter, als für jeden Tatbestand sowohl ein »Prima« als auch ein »Großer Mist« zu konstruieren.

Es gibt keine wirtschaftliche Bewegung und erst recht keine wirtschaftspolitische Maßnahme, die ein erfahrener Ökonom nicht in die eine **oder** *die andere Richtung interpretieren kann.*

Über die Wirtschaftstheorie, die heute an Tausenden von Universitäten und Instituten gelehrt wird, kann man mit dem großen französischen Politiker **Georges Clemenceau** seufzen:

> »Alles ist richtig, nichts ist richtig. Das ist der Weisheit letzter Schluß.«

Jede zweite Nachricht, die wir heute hören, hat etwas mit Wirtschaft zu tun. Aber kaum hören wir die Nachricht, schalten wir innerlich ab. Das hat drei Gründe:

1. Vielen ist Wirtschaft einfach »zu hoch«. Wer hat schon Lust, über so Worte nachzudenken, wie »Sozialprodukt«, »Grenzausgleich« oder »Diskontsenkung«. Das sind Dinge, die im normalen täglichen Leben nirgendwo erscheinen. Wirtschaftssendungen im Fernsehen haben lächerliche Einschaltquoten, obwohl sich die Moderatoren alle Mühe geben, möglichst flott vorzutragen und die behandelten Themen »optisch aufzubereiten«. Aber auch die schönste Grafik mit elektronischer Spritzpistole vor dunkelblauem Hintergrund nutzt gar nichts. Die Leute interessiert es einfach nicht.

Das amerikanische Fernsehen hat daraus längst die Konsequenz gezogen. Sendungen mit dem Titel »Wirtschaft« existieren drüben einfach nicht. Alles, was den Zuschauer interessiert, ist »Geld«. Denn darunter kann er sich sein eigenes Geld, sein »Einkommen« vorstellen. Da schaut er dann hin.

2. Vielen ist das dauernde »Pro und Contra« einfach langweilig. Egal, was auf der weiten Welt geschieht, die einen sagen, das sei gut für uns, die anderen, das sei schlecht. Dadurch wird der Zuschauer verwirrt und zieht sich in ein Schneckenhaus zurück: *Ihn interessiert nur noch, was sein Einkommen unmittelbar beeinflußt, sein laufendes Einkommen in der unmittelbaren Gegenwart.* Die Zukunft bedeutet ihm wenig. Sogenannte »Langzeiteffekte« sagen ihm nichts. Selbst wenn dramatische Entwicklungen vorprogrammiert sind, wenn beispielsweise langanhaltende gewaltige Defizite gefahren werden, die eines Tages doch zum Ausgleich oder zur Zahlung anstehen müssen: der Zuschauer sinkt mit einem »Das wird schon nicht so schlimm werden« oder: »Das haben die da oben dann im Griff« wieder in seinen Sessel zurück und schaltet um auf eine Unterhaltungssendung.

3. Die Leute, die etwas von Wirtschaft »verstehen«, haben sich bis heute auf keine allgemein anerkannte »Theorie« geeinigt, wie denn nun Wirtschaft letztlich »funktioniert«. Jede Diskussion endet *in endlosen Streitereien unter Experten,* und das ist etwas, was auch den Gutwilligsten vergrault.

In stillen Stunden geben die Experten in Sachen Wirtschaft dies unumwunden zu. Der amerikanische Wirtschafts-Professor **Mancur Olson,** er lehrt an der weltberühmten Yale-Universität, hat dies in seinem neuesten Buch »Aufstieg und Niedergang von Nationen« klar formuliert:[1])

> »Alle bekannten makro-ökonomischen Theorien, obwohl voller tiefer und unverzichtbarer Einsichten, sind in diesem Sinne *verhängnisvoll unvollständig* – jede Theorie hat **ein Loch genau in der Mitte.**« (Seite 242)

»Makro-ökonomisch« (auch wieder so ein schreckliches Wort) bezieht sich auf die gesamte Wirtschaft, im Gegensatz zu mikroökonomisch, worunter Theorien über einzelne Erscheinungen innerhalb des großen Ganzen verstanden werden. Makro-ökonomische Theorien behandeln: Arbeitslosigkeit, Wachstumsraten, das Preisniveau. Mikro-ökonomische sind zuständig für: Kostenrechnung, Absatzplanung, Bilanzen.

Auf den nächsten Seiten wird das »Loch in der Mitte« aufgefüllt. Wir werden eine Theorie der Wirtschaft entwickeln, die – endlich – stimmt. Die deshalb auch mit den bisher gelehrten Wirtschafts-Theorien in einigen Punkten übereinstimmt.

Was an den alten Theorien nicht stimmt, wo sie also ihr Loch haben, soll auch gezeigt werden. Es ist gar nicht so schwer – vorausgesetzt, man hat das Loch erst einmal gefunden.

Karl Marx war sehr nahe dran

Kein Mensch hat sich verbissener mit der Wirtschaft beschäftigt als **Karl Marx**. Und beinahe ist es ihm auch gelungen, sie zu enträtseln. Um endlich das »Loch« zu finden, um es aufzufüllen, müssen wir dort einsetzen, wo Marx gescheitert ist.

Dazu nehmen wir den zweiten Band des Marxschen Hauptwerks zur Hand. Er trägt den Titel: »Das Kapital. Kritik der politischen Ökonomie. Zweiter Band. II. Buch: Der Cirkulationsprozess des Kapitals«.[2])

Das Wort »Cirkulation« ist die entscheidende Spur, die uns weiterführen wird.

Im ersten Band des »Kapitals«, das sei kurz in Erinnerung gerufen, hat Marx umständlich zu beweisen versucht, daß die Kapitalisten die Arbeiter »ausbeuten«, weil sie ihnen weniger Geld als Lohn zahlen, als ihnen »eigentlich« zusteht. Die Differenz zwischen dem, was die Arbeiter »in Wirklichkeit« an »Wert« schaffen und dem, was sie dann auf der Hand behalten dürfen, nennt Marx den »Mehrwert«. Den behält und verwendet der Kapitalist für sich.

Die Marxsche Mehrwert-Theorie ist schon im Ansatz falsch, weil ein Apfel mit einer Birne verglichen wird, ein »Wert« mit einem »Preis«. Auch der »Lohn« ist ein Preis, eben der für eine ganz bestimmte Arbeitskraft zu einer ganz bestimmten Arbeitszeit. Die Behauptung, etwas sei schließlich »mehr wert« als es »gekostet« habe, wird nicht dadurch richtig, daß man sie mit anklagend erhobenem Zeigefinger ausspricht.[3]) Dem Arbeiter ergeht es bei Marx wie einem Künstler, der auch immer unwidersprochen behaupten kann, seine Kunst hätte die »ihr gebührende Anerkennung« noch nicht »gefunden«. Über solche Dinge kann man herrlich streiten, weil sich in »Wert«-Fragen niemals etwas Gültiges aussagen läßt.

Es ist aber auch völlig belanglos, ob die Marxsche Mehrwert-Theorie »richtig« ist oder »falsch«. Entscheidend sind vielmehr jene Dinge, die sich *rechnen* lassen. Daran hat sich Marx selbst versucht, und daran ist er gescheitert.

Im zweiten Band des »Kapitals«, den Engels als einen Haufen ungeordneter Manuskriptseiten vorfand, die zum Teil mitten im Satz abbrachen, geht es um die Frage, wie man denn den »Mehrwert« konkreter fassen könne. Wenn der »Mehrwert« existiert, müßte er ja schließlich irgendwo erscheinen, sich in Mark und Pfennig fassen lassen. Die »Ausbeutung« gibt logischerweise nur dann einen Sinn, wenn der Ausbeuter (Kapitalist) das, was er aus dem Ausgebeuteten (Arbeiter) herausquetscht, letztlich *in irgendeiner Kasse klingeln hört.*

Der Mehrwert wäre ja dann am höchsten, wenn die Arbeiter überhaupt keinen Lohn erhielten. Denn weniger als nichts kann auch der schrecklichste Ausbeuter nicht bezahlen. Dann würden die Ärmsten von morgens bis abends in den Fabrikhallen stehen und Unmengen von irgendwelchen Produkten erzeugen, Schornsteinfegerkugeln zum Beispiel. Der Kapitalist hätte wunderschön polierte, sehr »wert«volle Schornsteinfegerkugeln überall herumliegen. Doch das ist kein Mehrwert.

Das Problem, und das erkennt der kluge Marx sehr scharf, ist nicht der Mehrwert, *sondern es ist die »Realisierung des Mehrwerts«:*

> »Die Frage ist also nicht: Wo kommt der Mehrwert her? Sondern: **Wo kommt das Geld her, um ihn zu versilbern?**« (Seite 318)

Es muß »Geld« zirkulieren, damit der Kapitalist schließlich auch etwas hat von der Ausbeuterei, nämlich *Geld.* Aber dieses Geld ist nicht von vorneherein in der Wirtschaft »vorhanden«, es wächst auch nicht auf irgendwelchen geheimnisvollen Bäumen in verschwiegenen Hainen, sondern es gibt nur eine Klasse, die Geld hat, die also das Geld auch in die »Cirkulation« abgeben kann: Die Kapitalisten sind es selbst.

Karl Marx merkt, wie er ins Schleudern kommt. Er braucht seine Kapitalisten nicht nur, damit sie die armen Arbeiter ausbeuten, sondern auch, damit sie Geld in die »Cirkulation« tun, das gleiche Geld, das sie anschließend – bei der Realisierung des Mehrwerts – wieder herausnehmen wollen:

»Das in der Form von Geldkapital vorgeschossene cirkulierende Kapital von 500 £ ... sei das cirkulierende Gesamtkapital der Gesellschaft, d. h. der Kapitalistenklasse. Der Mehrwert sei 100 £. **Wie kann nun die ganze Kapitalistenklasse beständig 600 £ aus der Cirkulation herausziehen, wenn sie beständig nur 500 £ hineinwirft?** ... (Der) zuschüssige Mehrwert von 100 £ ist in Warenform in die Cirkulation geworfen. Darüber besteht kein Zweifel. Aber durch dieselbe Operation ist **nicht** das zuschüssige Geld für die Cirkulation dieses zuschüssigen Warenwerts gegeben.« (Seite 319)

Trotz der alten Sprache (»zuschüssig« heißt soviel wie »zusätzlich«) erkennt man gleich: Damit ist der Meister fertig. Machen wir uns das mit einer Grafik klar (siehe nächste Seite).

Karl Marx hatte bei seiner Betrachtung eine weitere Voraussetzung eingebaut, die dem Kapitalisten einen noch viel größeren Vorteil zuschanzt als nur den, das Kapital zu besitzen und also die Arbeiter ausbeuten zu können, die ihrerseits ganz arm sind.

Die Kapitalisten besitzen im Marxschen Modell *außer allem Kapital noch alles Bargeld!* **Mit dem Kapital allein könnte nämlich überhaupt kein Kapitalismus starten!** Dazu muß auch noch Bargeld in Höhe der »Cirkulationsmittel« vorhanden sein, und zwar *in den Händen der Kapitalisten,* die ja sonst nichts hätten, womit sie Löhne bezahlen, d. h. die Ausbeutung beginnen könnten.

Die Kapitalisten sind in Wahrheit also *noch viel, viel reicher,* als Marx zum Ausdruck bringt. Er wirft den Kapitalisten nämlich nur vor, **Kapital** zu besitzen. Also Fabriken und Maschinen, mit deren Hilfe sie die Arbeiter ausbeuten können. Von den unge-

Abbildung 1:
Das »Kreislauf«-Schema von Karl Marx. Die Kapitalisten wollen mehr aus der Zirkulation herausholen als sie an die Zirkulation abgegeben haben.

heuren *sonstigen* Reichtümern, und zwar in Form von **Bargeld**, spricht er nicht.

Das aber ist der alles entscheidende Punkt, den er übersehen hat.

Das Bargeld ist das Loch in seiner Theorie.

Onkel Dagobert & König Laurin

Im weiteren Verlauf seiner Analyse versucht Marx eine Menge Tricks, um der selbstgestellten Falle zu entgehen, die da lautet: *Wie können die Kapitalisten am Ende mehr Geld haben als am Anfang, wo sie doch immer nur so viel Geld kassieren können, wie sie vorher ausgezahlt haben?*

Dies aber ist, wie wir sehen werden, das Grundproblem der gesamten Wirtschaft überhaupt. Wenn die Produktion, ganz gleich ob in Form von Kapitalkosten und/oder Lohnkosten, vorfinanziert ist, kann das Geld, das zum Schluß wieder in die Betriebe, in die Hände der Kapitalisten zurückfließt, immer nur dem Geld entsprechen, das die gleichen Betriebe, die gleichen Kapitalisten zu Beginn und im Verlauf der Produktion selbst ausgezahlt haben.

Woher kommt dann der Gewinn?

Ob wir »Gewinn« sagen oder »Mehrwert« spielt in diesem Zusammenhang keine Rolle. Beidemale geht es darum, daß diejenigen, die etwas auszahlen, *mehr zurückerwarten,* als sie ausgezahlt haben.

Wo kommt also das Geld her, um den Gewinn, alias den Mehrwert zu realisieren?

Marx selbst bietet zwei Lösungen an: die Truhe und das Bergwerk.

1. Lösung: Die Truhe. Marx schreibt:

> »In der Tat, so paradox es auf den ersten Blick scheint, die Kapitalistenklasse *selbst* wirft das Geld in die Cirkulation, das zur Realisierung des in den Waren steckenden Mehrwerts dient.« (Seite 323)

Aha. Der *Gewinn* wird also vom Unternehmer auch noch finanziert, nicht nur das *Kapital* und die *Löhne.* Marx hatte ein wahrlich grenzenloses Vertrauen in die von ihm so gehaßten Ausbeuter. Geld spielt für die wohl überhaupt keine Rolle. Egal, wieviel Geld die Kapitalisten auch benötigen, es ist vorhanden. Vermutlich liegt es in einer riesigen Truhe im Keller, wobei diese Truhe noch über den großen Vorzug gebietet, keinen Boden zu besitzen. Egal, wie hoch die Kosten auch sein mögen, wie gewaltig auch der Mehrwert ist, den die Kapitalisten aus den armen Arbeitern pressen – **immer ist genügend Bares da, um alles vorzufinanzieren.**

Schauen wir uns ein Beispiel an, das der Meister auftischt:

> »Nehmen wir einen einzelnen Kapitalisten, der *sein Geschäft eröffnet* ... Während des ersten Jahres *schießt er* ein Geldkapital, sage von 5000 £ *vor,* in Zahlung von Produktionsmitteln (4000 £) und von Arbeitskraft (1000 £). Die Mehrwertrate sei 100 %, der von ihm angeeignete Mehrwert = 1000 £. Die obigen 5000 £ schließen alles Geld ein, was er als Geldkapital *vorschießt.* Aber der Mann muß auch leben, und er nimmt kein Geld ein vor Ende des Jahrs. Sein Konsum betrage 1000 £. Diese muß er *besitzen* ...«
> (Seite 323)

Und was passiert? Erraten, der Kapitalist schießt das Geld für seinen eigenen Konsum vor. Es sind just jene 1000 £, die er als »Mehrwert« kassieren wollte.

Was nun aber doch die Frage aufwirft: Was soll denn dann der ganze Kapitalismus? *Nachher* hat der Unternehmer genauso viel wie *vorher.* Der ganze Zweck der kapitalistischen Übung war es, ein Jahr lang auf Kosten der Arbeiter zu leben, und zwar sagenhaft zu leben. Denn er hat für sich allein so viel verkonsumiert, wie die Arbeiter insgesamt zum Leben hatten. Welche Leber, welches Herz hält so ein Leben aus?

Außerdem stand der Kapitalist unter extremem Streß. Als jemand, der »sein Geschäft eröffnet«, operiert er gegen scharfe Konkurrenz. Er kann auch scheitern. Warum hat er sich das Leben nicht leichter gemacht? Immerhin besaß er sehr, sehr viel Geld: 6000 £. Hätte er davon nicht bequem leben können? Bei nur 5 Prozent Zinsen wären das doch auch schon 300 £ im Jahr gewesen, fast ein Drittel des Geldes, das alle seine Arbeiter einstreichen!

Und wenn uns schon Marx einen solchen Prasser vorführt: Warum war der Mann nicht noch viel gieriger?

Warum kassiert er nur 1000 £ Mehrwert? Warum nicht das Doppelte, das Dreifache, das Zehnfache? Wozu diese Bescheidenheit? Das »Geld«, um jeden Mehrwert vorzufinanzieren, ist in der Truhe ohne Zweifel vorhanden. Denn wenn schon 1000 £ in diesem Behältnis ohne Boden schlummern, liegen sicher auch 10.000 £ dort unten. Denn genauso wenig, wie Marx eine Begründung für die 1000 £ liefert, könnte er eine für 10.000 £ geben.

Der Unternehmer, den uns Marx vorstellt, ist in Wahrheit gar kein »Kapitalist«.

Es ist Dagobert Duck.

2. Lösung: Das Bergwerk. Marx schreibt:

> »Die zuschüssigen Waren, die sich in Geld zu verwandeln haben, finden die *nötige Geldsumme* vor, weil auf der anderen Seite, nicht durch Austausch, *sondern durch die Produktion selbst* zuschüssiges Gold (und Silber) in die Cirkulation *geworfen* wird, das sich in Waren zu verwandeln hat.« (Seite 334)

Aha. Falls doch irgendwann die Truhen der Kapitalisten leer werden sollten, auch das stellt kein Problem dar. Denn neues, zusätzliches (»zuschüssiges«) Geld erscheint in Form von zusätzlichem Gold und Silber. Damit kann dem vorgeführten System des Kapitalismus nun wirklich nichts mehr passieren.

Notfalls werden die im Schoß der Erde ruhenden Gold- und Silberschätze etwas zügiger gehoben, *so daß sich letztlich alle Produktionsmittel und alle Arbeitskräfte vorfinanzieren lassen und überdies noch jeder Mehrwert in jeder gewünschten Höhe.*

Der Kapitalist ist nicht nur Dagobert Duck.

Sondern auch noch König Laurin.

Die Rosa Luxemburg hat den Schwindel fix durchschaut

Zum volkstümlichen Preis von 10 Mark erschien 1913 im Verlag »Buchhandlung Vorwärts« ein 446 Seiten schwerer Wälzer mit dem Titel »Die Akkumulation des Kapitals«. Verfasserin war die

42jährige Lehrerin für Nationalökonomie an der zentralen Parteischule der SPD in Berlin, Dr. phil. **Rosa Luxemburg.**

Das Buch setzt dort an, wo den Meister Marx seine intellektuellen Kräfte verlassen hatten, bei der Frage eben: *Wo kommt das Geld her, um den Mehrwert zu realisieren?* Über den zweiten Band des »Kapitals« war seit seinem Erscheinen in Deutschland nicht mehr diskutiert worden. Die SPD beschränkte sich vornehmlich auf die Popularisierung von Band I des »Kapitals«, also auf die Propagierung der einleuchtenden Tatsache, daß die Arbeiter »eigentlich« immer weniger Geld ausgezahlt bekämen, als ihnen »zusteht«. Mit solchen Behauptungen lassen sich wunderbare politische Effekte erzielen. Denn nichts erregt den Menschen bekanntlich mehr als die Vorstellung, betrogen zu sein. Darauf immer wieder herumzuhacken, die Marxsche »Mehrwert«-Welle also zu reiten, das war ein unschlagbares Erfolgsrezept. Und siehe da: 1912 konnte sich die SPD schon als stärkste Partei im Reichstag feiern lassen. Es war abzusehen, wann der erste Reichskanzler ein Sozi sein würde.

Der zweite Band des Kapitals spielte nur in der Diskussion der russischen Genossen eine Rolle, weil das große Reich im Osten weit davon entfernt schien, für eine »Revolution« gegen den »Kapitalismus« reif zu sein. Kapitalisten mußte man zwischen Petersburg und Wladiwostok mit der Lupe suchen. Das Zarenreich war in seiner Wirtschaftskraft bestenfalls so etwas wie ein »Schwellenland« in heutiger entwicklungspolitischer Terminologie.

Der zweite Band des »Kapitals« war für die russischen Genossen wichtig, weil Marx, der bei der »Realisierung« des Mehrwerts steckengeblieben war, im letzten Moment noch durch die Hintertür ins Freie strebte. Ihm war die Sache mit dem nur vom Kapitalisten »verkonsumierten« Mehrwert doch nicht ganz geheuer. Und da er in seinem volkswirtschaftlichen System ohnehin zwei »Abteilungen« vorgesehen hatte (in Abteilung I werden Konsumgüter produziert, in Abteilung II Produktionsmittel), schlängelte er sich flugs hinaus. Der viele Mehrwert würde natürlich nicht nur per Kaviar und Champagner verknallt. Sondern auch

»investiert«, also zum bereits vorhandenen Kapital geschlagen. Was – ganz nebenbei – auch noch den Vorteil hatte, zu erklären, warum denn im Laufe der Jahre immer »mehr« Kapital erscheint.

Damit waren die russischen Genossen, zu denen auch ein junger Feuerkopf namens **Lenin** zählte, zufrieden: Auch in ihrem Land müßte sich, infolge der somit erklärten »Kapital-Akkumulation« eines Tages der volle Kapitalismus einstellen, den man dann per Revolution zu beseitigen hatte (»Akkumulation« kann man in heutigem Wortgebrauch als »Netto-Investition« bezeichnen, als das »neue« Kapital, das nach Abzug der Abschreibungen für das abgenutzte »alte« Kapital übrigbleibt).[4])

Nur die scharfsinnige Rosa Luxemburg ließ sich von diesen Finten nicht beeindrucken. Denn auch die schönste Akkumulation, die sich nunmehr aus dem Konsum-Verzicht der Kapitalisten ergibt, führt nicht an der Tatsache vorbei, *daß die verhaßten Ausbeuter nachher nicht anders dastehen als vorher. Vorher hatten sie das Geld, nachher besitzen sie das Kapital.* Und zwar just Kapital in der Größe, in der sie vorher Geld in die Cirkulation gegeben hatten, was sie wiederum tun mußten, um den Mehrwert zu realisieren.

Immer ist es dasselbe: Es muß immer schon **vorher** »Geld« vorhanden sein, das dann **nachher wieder** vorhanden ist, nur eben in anderer Form. Rosa Luxemburg interpretiert noch einmal Marx:[5])

> »Es folgt daraus, daß die Kapitalisten beider Abteilungen (die also Konsumgüter herstellen und jene, die »Kapitalgüter« fabrizieren, PCM), daß alle Kapitalisten außer einem **Geldbetrag** (!) für das variable Kapital auch noch **Vorratsgeld** (!) zur Realisierung des eigenen Mehrwerts in Konsumgegenständen in der Hand haben müssen ...
>
> Daraus ergibt sich, daß nicht bloß die Kapitalisten I zur Deckung ihrer eigenen Konsumtion, sondern auch die Kapitalisten II zur Deckung ihres Bedarfs an konstantem Kapital gewisse **Geldbeträge** (!) in der Hand haben müssen ...
>
> Wie die **Geldsumme** auch verteilt war, nach dem vollzogenen gesellschaftlichen Gesamtaustausch befindet sich jede Kapitalisten-

gruppe wieder im Besitz der gleichen **Geldsumme** (!), die sie in die Zirkulation geworfen hatte.« (Seite 57)

Man kann es in der Tat drehen und wenden, wie man will. Der Marxschen Kreislauftheorie geht es wie einem modernen Computer: Es kann nie mehr herauskommen, als hereingegeben wurde, nur eben in anderer Form. Ob man den Mehrwert für Kaviar und Champagner ausgibt oder ihn »aufhebt«, indem neue Maschinen gekauft werden, ob man gar aus beidem einen »Warenbrei« mischt, den die Marxisten gar nicht mögen, denn sie wollen ja auf die Kapital-Akkumulation hinaus, und die setzt eine säuberliche Trennung der beiden Abteilungen I und II voraus – es spielt alles keine Rolle:

> »Das Geld, das dazu erforderlich ist, um allseitig diesen Warenaustausch zu vermitteln, kommt natürlich *aus der Tasche* der Kapitalistenklasse selbst – da ja jeder Unternehmer über das entsprechende **Geldkapital** (!) für seinen Betrieb im voraus verfügen muß – und kehrt ebenso natürlich nach vollzogenem Austausch vom Markt *in die Tasche* der Kapitalistenklasse zurück.« (Seite 388)

Für Marx existieren bekanntlich nur zwei Klassen: die Kapitalisten und die Arbeiter, die Ausbeuter und die Ausgebeuteten. Alle anderen Berufsgruppen wie Händler oder Beamte hatten nur die Funktion, den im eigentlichen Ort des Geschehens, in der Fabrik, erzeugten Mehrwert zu verteilen bzw. zu verkonsumieren. Nur dort, wo Kapital auf Arbeiter traf, konnte Mehrwert entstehen. Und nur wo Mehrwert entstand, konnte er auch akkumuliert werden, den Kapitalismus auf eine immer breitere Basis stellen. Diesem Marx versetzt nun seine glühendste Verehrerin Rosa Luxemburg, bezahlt aus Mitteln der damaligen marxistischen Partei, der SPD, den Todesstoß. Sie schreibt:

> »Man kann es drehen und wenden wie man will, so lange wir bei der Annahme bleiben, daß es in der Gesellschaft keine Schichten mehr gibt, als Kapitalisten und Lohnarbeiter, **ist es für die Kapitalisten als Gesamtklasse unmöglich, ihre überschüssigen Waren loszuwerden,** um den Mehrwert zu Geld zu machen und so Kapital akkumulieren zu können.« (Seite 395)

Dem von ihr gemeuchelten Marx spendiert Rosa Luxemburg allerdings ein Wiederauferstehungs-Begräbnis. Natürlich habe der Meister recht gehabt, nur habe er es noch nicht wissen können: Außer den Kapitalisten und den Lohnarbeitern gibt es noch **»dritte Personen«,** die, in aller Welt verstreut lebend, den Ausbeutern bei der Realisierung des Mehrwerts helfen, den sie dann akkumulieren, also zu immer neuen Netto-Kapital-Investitionen verwenden können: *Es sind die lieben Menschen in jenen Ländern, die (noch) nicht kapitalistisch sind.* Der Kapitalismus ist so unversehens zum »Imperialismus« geworden, der sich weltweit immer neue Absatzmärkte zu erschließen weiß und ergo immer höhere Mehrwerte einstreichen kann.

Diesen Teil der Luxemburg-Theorie wollen wir einstweilen mit der Frage verlassen: Wo aber, liebe Rosa, haben die vielen Menschen in den nicht-kapitalistischen Ländern das »entsprechende Geldkapital« her? Haben sie das etwa jahrhundertelang gespart für den einen entscheidenden Augenblick, da die Kapitalisten bei ihnen an Land gehen würden? Warum haben denn diese armen Teufel ihr Geld nicht längst für sich selbst ausgegeben?

Rosa Luxemburg erweist sich bei ihrer tüchtigen Suche nach »neuen Quellen« zur Realisierung des Mehrwerts, das sei vorweggenommen, als erste Keynesianerin,[6]) als jemand also, der das Marxsche Problem mit Hilfe »zusätzlicher Nachfrage« zu lösen versucht, und meint dazu, ganz im Sinne der »modernen« »Beschäftigungstheorie«, die sich bekanntlich auf den englischen Lord **Keynes** zurückführt:

> »Damit tatsächlich akkumuliert, d. h. die Produktion erweitert wird, dazu ist noch eine andere Bedingung notwendig: eine Erweiterung der zahlungsfähigen **Nachfrage** (!) nach Waren. Wo rührt nun die ständig **wachsende Nachfrage** (!!) her, die der fortschreitenden Erweiterung der Produktion im Marxschen Schema zugrunde liegt?« (Seite 88)

Wir erleben hier, ganz nebenbei, einen jener Übergänge, mit deren Hilfe die Nationalökonomen ihre grundlegenden Schwierigkeiten elegant, dennoch ohne jede Logik, überbrücken. Eben noch war bei Rosa Luxemburg die Rede von **»Geld«,** das »erforderlich« sei, um die ganze Veranstaltung vom Mehrwert bis zur Akkumulation zu »vermitteln«. Jetzt ist aus dem »Geld« auf einmal **»Nachfrage«** geworden. Und nicht nur etwa »vorhandene« Nachfrage, sondern eine rätselhaft »erweiterte«, sogar »ständig wachsende Nachfrage«. Was irgendwie ganz plausibel klingt, daß »Geld« »vorhanden« ist, denn das haben ja im Zweifelsfall die Kapitalisten in ihren Truhen zuhause. Und auch die »ständig wachsende Nachfrage« ist doch wohl etwas, über das sich verständige Leute nicht groß unterhalten müssen. So etwas versteht sich doch von selbst, nicht wahr?

Auf diese ominöse »Nachfrage«, die natürlich nur mit Hilfe von »Geld« ausgeübt werden kann, kommen wir noch. Zunächst gilt es, den Geld-Begriff von Marx und seinen Anhängern ein wenig näher zu betrachten.

Gestatten, Herr Dr. Marx, nur ein paar kleine Fragen ...

Daß die Marxsche Theorie wie die Gedankengebäude aller anderen Ökonomen auch mitten im Herz ein faustgroßes Loch hat, ist nicht mehr zu übersehen. Der Meister behauptet zwar, daß ein Mehrwert existiert – worüber man auch gar nicht streiten sollte. Nennen wir den Mehrwert doch Gewinn, das läuft zumindest im wichtigsten Punkte auf dasselbe hinaus: daß die Arbeiter halt mehr verdienten, wenn die Kapitalisten (Unternehmer) diesen Gewinn nicht an sich selbst oder ihre Aktionäre, sondern an die Arbeiter ausschütten würden.

Aber der Meister kann nicht erklären, wie der vermaledeite Profit anders in die Taschen der Kapitalisten gelangen kann als dadurch, daß er in gleicher Höhe vorher die Taschen der Kapitalisten verläßt. Wozu die ganze Übung?

Andererseits ist die Marxsche »Cirkulations«-, alias Kreislauf-Theorie absolut richtig. Nur das kann irgendwohin zufließen, was vorher dort auch abgeflossen ist.[7]) (Die Mätzchen mit den »dritten Personen« und anderen prokapitalistischen Wohltätern in aller Welt, die auch Rosa Luxemburg auftischt, lassen wir hier noch beiseite.)

Was nun?

Der Fehler liegt bei Marx nicht im »Mehrwert« und erst recht nicht in der »Cirkulation«, sondern im »Geld«. Davon hat er keine Ahnung. *Es ist kaum zu fassen, wie die bürgerliche Marx-Kritik immer wieder dieses Loch übersehen konnte.* Enorme Bücher sind geschrieben worden, um Marx zu »widerlegen«, und zum Schluß hat sich die bürgerliche Welt damit getröstet, daß Marx nicht »stimmt«, weil er ja »nicht recht behalten hat«: Die von Marx vorhergesagte »Verelendung« ist nicht eingetreten. Doch ans Naheliegende hat niemand gedacht: Karl Marx zu fragen: Was ist das eigentlich für »Geld«, lieber Herr, von dem Sie da immer sprechen?

Das »Geld« spielt für Marx nämlich eine viel wichtigere Rolle als das »Kapital«. Kapitalisten ohne Kapital sind vorstellbar, zum Beispiel solche, die *noch nicht* mit der Ausbeuterei angefangen haben. Aber Kapitalisten ohne »Geld« sind nicht denkbar.

Das wichtigste Kennzeichen des ganzen »Marxismus« ist nicht die Tatsache, daß es »Kapital« oder »Kapitalisten« gibt, sondern daß immer ausreichend »Geld« für alles vorhanden ist.

Will ein Noch-Nicht-Kapitalist zum Kapitalisten, zum richtigen Ausbeuter mit Arbeitern und so werden: ganz einfach, er muß nur sein »Geld« nehmen, und sich die Produktionsmittel besorgen, Fabriken und Maschinen kaufen. Dann strömen die Arbeiter herbei, die nackte Not prügelt sie in die Fabrikhallen. Kein Problem für unseren Kapitalisten: Das »Geld« für die Löhne liegt schon bereit (nicht zuviel natürlich, denn es soll ja ausgebeutet werden). Dann die Sache mit dem *Mehrwert:* Auch sofort erledigt, der Kapitalist greift wieder in seine bodenlose Truhe und holt jeden gewünschten Betrag hervor, gibt ihn an den Kreislauf ab und holt ihn sich per realisierten Mehrwert wenig später zurück.

Marx setzt das »Geld« als *Grundlage seines Systems* immer voraus, ohne in diesem Zusammenhang konkreter zu werden. **Vor** allem erfährt niemand, wieviel Geld denn eigentlich schon »vorhanden« ist.

Nehmen wir an (**Fall A**), Geld sei **unbegrenzt** vorhanden, dann müssen wir den Dr. Marx fragen, warum denn der Kapitalismus nicht schon längst »vollendet« ist. Warum muß immer noch »neues« Kapital geschaffen werden, es hätte doch schon längst geschaffen sein können. Wenn die Kapitalisten unendlich viel »Geld« haben, hätte es doch keinen Sinn gehabt zu warten. Worauf auch?

Ist das Geld aber **begrenzt (Fall B)**, müssen wir fragen, warum es überhaupt noch Geld gibt. Wenn die Idee, Geld in Kapital zu verwandeln so gut ist, wie Marx behauptet (mit »Geld« kann man niemanden ausbeuten, nur mit »Kapital«, von ausgebeutetem Einkommen lebt es sich aber komfortabler als von dem, was einem das Geld möglicherweise an Rendite spendiert), dann ist zu fragen, warum nicht schon längst alle Kapitalisten auf diese glänzende Idee gekommen sind. *Warum haben sie noch Geld behalten und nicht schon längst alles investiert?*

Wenn »Kapital« besser ist als »Geld« und wenn man jederzeit »Geld« in »Kapital« verwandeln kann, beweist allein die Tatsache, daß Geld immer noch in Kapital verwandelt wird, *daß es den Kapitalismus tatsächlich gar nicht gibt.*

Oder noch anders:

Wenn es für einen Menschen besser ist, »Kapital« als »Geld« zu haben, er sich aber »Kapital« nur mit »Geld« besorgen kann, dann muß sich jemand doch nur das für die kapitalistische Existenz benötigte Geld *leihen,* und schon liegt er vorn.

Wenn die Margen korrekt sind, von denen Marx in seinem einen Beispiel schreibt (4000 für Kapital, 1000 für Löhne, 1000 für Mehrwert, alias Profit), dann kann sich doch wohl jedermann ohne Schwierigkeiten die 6000 besorgen; im Mehrwert steckt Luft für 10 Prozent Zinsen und 5 Prozent Tilgung p. a., und es bleiben noch 100 Pfund für den Unternehmer-Konsum, immerhin ein Zehntel der für alle ausgebeuteten Arbeiter ausgeschütteten Lohnsumme.

Ach, Meister Marx, du bist umzingelt!

Dein Problem ist das gleiche wie bei allen anderen Ökonomen auch: Du bist der Meinung, **daß es Geld »als solches« gibt.** Geld, das einfach »da« ist, das sich allen Künsten in Theorie und Praxis beliebig anpaßt.

Doch das ist leider falsch.

Die Vorstellung von »Geld«, wer wird es Marx & Engels übelnehmen, war im 19. Jahrhundert, in dem die beiden lebten, einfach die von einem Haufen Goldstücken. Gold- und Silbermünzen, die sich im Laufe von Generationen angesammelt hatten, die nun so da rumliegen und die man einer besseren Verwendung zuzuführen hatte.

Die ganze Volkswirtschaftslehre nimmt im entscheidenden Punkt immer wieder zu diesem »Goldschatz« Zuflucht: zu einer Geld-»Menge«, alias zu einem Haufen Geld, der irgendwo liegt oder lagert, vornehmlich in Truhen, die bei den Kapitalisten (Unternehmern) im Keller stehen. Es gibt auch große Gewölbe, etwa beim »Staat« oder bei der »Notenbank«, wo diese Schätze lagern und Tag und Nacht nur darauf warten, »abgerufen« zu werden.

Bei Marx ruft der Kapitalist, bei den »modernen« Beschäftigungstheoretikern rufen die klugen Wirtschaftspolitiker und die unheimlich gescheiten Notenbank-Präsidenten:

Hallo, Geld, bitte kommen!

Und schon ist es da, einfach aus den unerschöpflichen Truhen geschaufelt. Geld, für alle Zwecke dieser Erde, von der Realisierung des Mehrwerts bis hin zum flotten Arbeitsbeschaffungsprogramm. Geld, das sich graut, das sich langweilt, so allein im tiefen Keller in der unendlichen Truhe. Jetzt endlich darf es herauf und seine Kunststücke vollbringen.

Einem so bemühten Kopf wie Marx darf man diesen Denkfehler noch verzeihen, zumal im 19. Jahrhundert tatsächlich noch vielerorts solche Truhen existierten, es kaum Banken gab und vor allem »Geld« und »Gold« noch gleichbedeutend waren. Den heutigen »Ökonomen« darf dieser Schnitzer aber nicht mehr durchgelassen werden. Diese ganzen Theorien, ob von **Friedman,** ob von **Keynes,** sind schon vom Ansatz her verkehrt, *weil* *sie das Wesen von »Geld« und »Nachfrage« nicht verstanden haben,* niemals »als solche«, sondern immer nur auf Zeit und ergo verzinslich in der Welt zu sein.

Karl Marx ist ganz schnell abgefertigt, wenn man sich noch einmal sein Beispiel von den 1000 £ Mehrwert vor Augen führt, den der Kapitalist sozusagen an sich selbst »vorschießt«.

Der Kapitalist steht vor der Frage: Soll ich die 1000 £ tatsächlich zur Vorfinanzierung des Mehrwerts in die Zirkulation stekken? Ich könnte das Geld auch verzinslich anlegen.

Die Frage beantwortet sich schnell: Die 1000 £ für den Mehrwert zu verausgaben bringt unvergleichlich mehr. Woraufhin sich die nächste Frage anschließt: Kann ich mir bei einer solchen Rendite nicht noch 1000 £ zusätzlich besorgen, die ich mir verzinslich holen müßte?

Oder versetzen wir uns in die Lage des Kapitalisten, der zwar genug Geld hatte, um seine Fabrik auszustatten, der auch noch so viel hatte, um die Arbeiter ein Jahr lang zu bezahlen. Dem aber nur die 1000 £ fehlten, die aber unbedingt erforderlich sind, um den Mehrwert zu realisieren?

Der Kapitalist hat seinen Marx gelesen, weiß, daß er den Mehrwert nur kassieren kann, nachdem er ihn vorfinanziert hat. Also leiht er sich das Geld.

Und wir nehmen an, zu 10 Prozent Zinsen. Was sehen wir aber dann?

Das Kapital ist vorfinanziert, das Geld dafür in der Zirkulation, auch die Löhne sind im Umlauf und selbst der Mehrwert.

Aber der Zins?

Die 10 Prozent, die der Kapitalist am Ende des Jahres aus der Zirkulation zusätzlich zu jenen 1000 £ ziehen muß, die er nur hineingetan hat?

Der Zins für den vorfinanzierten Mehrwert ist nun wirklich nicht mehr vorfinanziert. Wer sollte die dafür benötigten 100 £ denn in Umlauf tun?

Das war's. Das große Loch ist eingekreist.

Wir können es jetzt füllen. Wir können jetzt die Theorie entwickeln, die alle Löcher füllt, jene Löcher, die in allen anderen Theorien klaffen.

Die Theorie der Theorien. Die in Wahrheit nichts anderes ist als die schlichte Erklärung des Kapitalismus und aller anderen Wirtschaftssysteme, die sich aus, gegen oder neben ihm ergeben.

Der Kettenbrief

Karl Marx hat uns fürwahr geholfen. Das Rätsel »Kapitalismus« ist endlich gelöst, wenn wir noch einmal seine entscheidenden Sätze auf der Zunge zergehen lassen:

> »Wie kann nun die ganze Kapitalistenklasse beständig 600 £ aus der Cirkulation herausziehen, wenn sie beständig nur 500 £ hineinwirft?«

Die Antwort lautet ein für allemal: *Sie kann es nicht!*

Es sei denn: Die Kapitalistenklasse (oder jemand anderes!) wirft die fehlenden 100 £ hinein.

Und wenn er sie nicht hat, dann muß er sie sich leihen.

Und wenn er sie sich leiht, *dann muß er dafür Zinsen zahlen.*

Und da das Geld für diese Zinsen auch nicht in die Zirkulation geworfen wurde, muß sich wieder jemand finden, der sich Geld in Höhe der Zinsen leiht.

Und immer weiter. Und immer fort.

Dem Kapitalismus fehlt immer Geld.

Weil der Kapitalist immer gierig ist, also immer mehr haben will, als er zu zahlen bereit ist.

Was übrigens nicht nur für Kapitalisten, sondern ganz einfach für alle Menschen gilt.

Der Kapitalist will nicht nur seine Kosten wiedersehen. Die Ausgaben für das Kapital, die Fabriken, Maschinen und so.

Sondern er will auch Gewinn sehen. Den aber muß irgend jemand finanzieren. Und wo finanziert wird, entstehen Zinsen. Die aber auch nirgendwo »im Umlauf« sind. Die also auch wieder jemand finanzieren muß.

So aber ist es an allen Ecken und Enden.

Alles im Kapitalismus ist irgendwie und irgendwo »vorfinanziert«. Es gibt keinen »Bestand«, kein »Kapital«, kein »Geld«, das ein für allemal so bliebe, wie es ist.
Alles im Kapitalismus läuft ab in der Zeit.
Vorfinanzierung in der Zeit aber bedeutet, daß Zinsen entstehen, unablässig, Tag und Nacht. Diese Zinsen sind aber niemals vorfinanziert. Das »Geld« dazu ist nirgendwo vorhanden.
Sie können also nur bezahlt werden, wenn sich jemand findet, der in Höhe dieser Zinsen Schulden macht. Denn damit hat er das »Geld«, das dem Kapitalismus fehlt.
Der Kapitalismus ist in Wahrheit gar nichts, was mit »Kapital« zu tun hat, und wenn, dann nur ganz am Rande, wie wir noch sehen werden.
Der Kapitalismus ist ein Wirtschaftssystem, das aus einer riesigen Anzahl von Gläubigern und Schuldnern besteht.
Da diese Gläubiger/Schuldner-Beziehungen über die Zeit laufen, fordern sie **Zins**.
Diese Zinsen sind nirgendwo vorhanden. Karl Marx hat uns den Weg gezeigt, ohne ihn selbst zu gehen. Damit die Zinsen nicht unbezahlt bleiben, muß sich jemand finden, der den früheren Schuldnern hilft, aus ihren Zinsverpflichtungen zu schlüpfen.
Das kann nur geschehen, indem der spätere Schuldner seinerseits Schulden macht.
Der Kapitalismus kann nur existieren, wenn spätere Schuldner früheren Schuldnern helfen.
Das tun sie, indem sie selber Schulden machen, die immer so hoch sein müssen, daß die Zinsverpflichtungen aus den früheren Schulden bedient werden können.
Der Kapitalismus ist also nichts anderes als ein Kettenbrief-System.
Beim Kettenbrief darf die Kette nie reißen. Sonst ist es aus. Beim Kapitalismus ist es genauso. Fehlen die späteren Schuldner, die den früheren helfen, kommt es zur Krise. Wir werden darüber noch viel hören.
Im Kapitalismus müssen immer neue Schulden gemacht werden, um die alten Schulden bedienbar zu halten.

Wo kommt das Geld her?

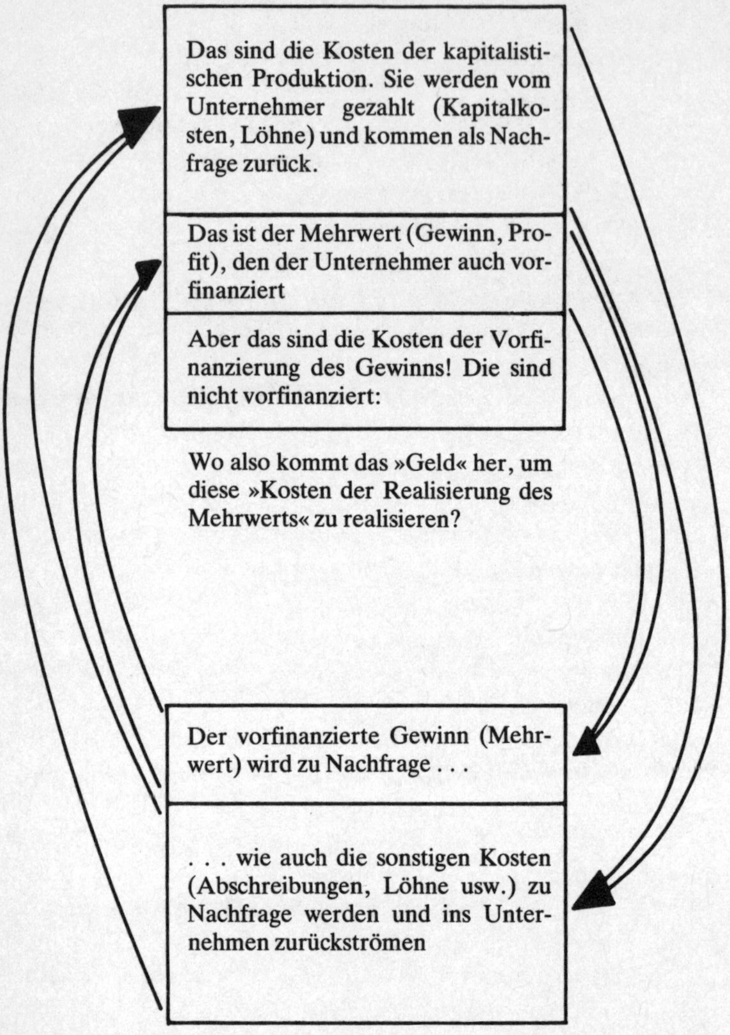

Das sind die Kosten der kapitalistischen Produktion. Sie werden vom Unternehmer gezahlt (Kapitalkosten, Löhne) und kommen als Nachfrage zurück.

Das ist der Mehrwert (Gewinn, Profit), den der Unternehmer auch vorfinanziert

Aber das sind die Kosten der Vorfinanzierung des Gewinns! Die sind nicht vorfinanziert:

Wo also kommt das »Geld« her, um diese »Kosten der Realisierung des Mehrwerts« zu realisieren?

Der vorfinanzierte Gewinn (Mehrwert) wird zu Nachfrage . . .

. . . wie auch die sonstigen Kosten (Abschreibungen, Löhne usw.) zu Nachfrage werden und ins Unternehmen zurückströmen

Abbildung 2:
Sobald der Kapitalist etwas vorfinanziert, was er nicht einfach selber zinslos »vorschießt«, kann der Unternehmer durch die Vorfinanzierung (von Kosten und Gewinn) allein niemals auf seine Rechnung kommen.

Schulden + Zeit = Kapitalismus

Der Kapitalismus ist umstellt. Jetzt muß er sich erklären.
Wie funktioniert die Wirtschaft?
So funktioniert die Wirtschaft:
Alles in der Wirtschaft ist *vorfinanziert*.
In Höhe dieser Vorfinanzierung ist immer auch Nachfrage vorhanden.
Was aber ewig fehlt, sind die *Kosten* dieser Vorfinanzierung.
Diese Kosten können wir Zinsen nennen. Oder auch Gewinn.
Das wäre dann eine Prämie für das Risiko, das jemand auf sich nimmt, indem er Produktion vorfinanziert – ohne die Gewißheit zu haben, daß die vorfinanzierten Kosten der Produktion auch in *seine* Firma zurückfließen. Also zu Nachfrage nach den von ihm produzierten Produkten werden.
Wo aber kommt das Geld für die Zinsen her? Das Geld für den Gewinn?
Dieses Geld ist nicht vorfinanziert worden, jedenfalls nicht von dem Unternehmer, der die Kosten seiner Produktion vorfinanziert hat.
Dieser Unternehmer ist die Zinsen (an die Bank) und den Gewinn (an sich selbst) schuldig. Wer zahlt ihm das?
Die »Nachfrage« kann es nicht sein. Denn die kann immer nur aus Kosten bestehen, die der Unternehmer vorfinanziert hat.
Die Zinsen und den Gewinn hat der Unternehmer aber nicht vorfinanziert. Er hat beides wohl in seine Preise *einkalkuliert*. Insofern sieht es so aus, als seien Zinsen und Gewinn auch »Kosten«. *Es sind aber niemals Kosten, die der Unternehmer schon ausgezahlt hat.* Sondern es sind die Kosten dieser Auszahlung bzw. die Prämien dafür, daß überhaupt so etwas Riskantes stattgefunden hat wie Geld auszahlen.
Es ist nämlich ein Unterschied, ob der Unternehmer sein Geld behält oder ob er es auszahlt.
Es ist das alte Lied:
Warum setzen sich die Kapitalisten nicht zur Ruhe mit dem

Geld, das sie haben? Warum riskieren sie es immer wieder, indem sie es auszahlen, ohne zu wissen, was damit geschieht?

Die Erklärung ist furchtbar simpel:

Die Unternehmer riskieren gar nicht (oder nur zu Bruchteilen) eigenes Geld. (Und selbst das riskierte eigene Geld schießen sie ihrer Firma vor!) Sondern die Unternehmer sind unter Druck. Ganz einfach, weil sie Schulden haben. Sie haben die Anlagen und die laufenden Produktionskosten vorfinanziert. Das kostet Geld.

Geld, das aber von ihnen selbst nicht auch noch vorfinanziert wurde.

Schauen wir uns das gleich einmal an (siehe nächste Seite):

Die Unternehmer sind also tollkühn, um nicht zu sagen: Sie sind verrückt. **Sie wollen Geld kassieren, das es gar nicht gibt!** Sie haben Zinsen und Gewinne kalkuliert, die sich niemals rechnen lassen. Die es vielleicht hinterm Mond gibt, aber nicht real hier auf Erden.

Die Kapitalisten können nicht rechnen. Das ist die ganze Wahrheit des Kapitalismus.

Die Kapitalisten können nur hoffen. Hoffen und beten, daß irgend jemand kommt.

Jemand, der die Summen, die sie ihrerseits nicht in den Kreislauf abgegeben haben, dort hineintut.

Dies kann der große Unbekannte aber nur machen, indem er sich seinerseits auch wieder verschuldet.

Mit anderen Worten:

Der Teil der Kosten, der *nicht vorfinanziert*, wohl aber *kalkuliert* wurde, kann nur dargestellt werden, indem ein anderer auftritt, der sich seinerseits *verschuldet*, um das zu kaufen, was dort angeboten wird.

Die zusätzliche Verschuldung des neuen Schuldners muß immer so hoch sein wie die kalkulierten Kosten des alten Schuldners abzüglich des Betrages, den der alte Schuldner bereits vorfinanziert hat.

Der Kapitalismus ist enthüllt:

Der Kapitalismus kann nur existieren, wenn sich immer wieder

Das Problem des Kapitalisten

Das sind die Kosten für
* Fabrikgebäude
* Maschinen,
* Rohstoffe, usw.

und auch für
* Löhne,
* Steuern, Sozialabgaben, usw.

Das sind die Kosten für die Vorfinanzierung der Kosten: die ZINSEN

Das ist die Prämie für das Risiko, das der Unternehmer durch die Vorfinanzierung (mit eigenem oder fremden Geld) auf sich nimmt: der GEWINN

Alle diese Kosten muß der Unternehmer vorfinanzieren. Entweder mit eigenem Geld oder mit fremden Geld.

Diese Kosten sind also in den Kreislauf gewandert. Dort werden sie zu Einkommen und zu Nachfrage nach den Produkten des Unternehmers.

ZINSEN und GEWINN gehen zwar in die Kalkulation der Preise des Unternehmers ein. Das »Geld« dafür ist aber vom Unternehmer *nicht* zur Verfügung gestellt worden.

Wo also kommt es her?

Abbildung 3:
Der Kapitalismus aus der Sicht des Unternehmers: Er finanziert nur einen Teil des Geldes vor, das er vom Markt zurückerwartet. Ihm fehlen die Zinsen und der Gewinn!

neue Schuldner finden, die den alten Schuldnern aus ihrer Not helfen, die dadurch entstanden ist, daß die alten Schuldner mehr vom Markt zurückerwarten, als sie an ihn ausgezahlt haben.

Diese Not der Kapitalisten ist ehern und ewig. Sie kann durch

keinen, wie auch immer gearteten Trick aus der Welt geschafft werden. Durch keine Ausbeuterei, durch keine Sparsamkeit, durch keine Schlemmerei, durch keinen Geiz. Und vor allem nicht durch irgendeine »Wirtschaftspolitik«.
Die Not des Kapitalisten ist die Schuld, die er auf sich nimmt, indem er produziert.
Diese Schuld beginnt spätestens in dem Augenblick zu laufen, da die Produktion gestartet wird und Kosten entstehen, also Geld das Unternehmen verläßt.
Bis dieses Geld zurückkehrt, vergeht *Zeit*.
Und diese Zeit kostet *Geld*. Das Geld, das der Kapitalist nicht an den Markt abgegeben hat, das er aber dennoch dringend braucht, um auf seine Kosten zu kommen, wie man so schön sagt. Auf seine kalkulierten Kosten.
Einen Einwand wollen wir hier gleich töten. Den mit dem Geld, das »nichts« kostet.
Auf diesen Unfug ist, wie wir gesehen haben, schon Karl Marx hereingefallen. Das ist die Story mit seiner Truhe, die die Kapitalisten im Keller haben. Wo immer Geld liegt, Geld, das einfach *immer da ist*. Geld, das ergo nichts kostet.
Kann die ganze Welt nicht doch so konstruiert sein?
Marx hat zu dem Gag mit dem unendlich vorhandenen Geld, das nichts kostet, nur gegriffen, weil er sonst Kapitalisten hätte vorführen müssen, die eine Passivseite haben, die also unter Schuldendruck (Tilgung! Zinsen!) geraten, sobald sie produzieren. Dann hätte sich Marx dem Zins-Phänomen widmen müssen, über das er an anderer Stelle wohl Brillantes vorträgt[8]), aber eben nicht im Zusammenhang mit dem Kapitalismus und speziell der elenden Frage: Was, wenn die Kapitalisten Produktion und Mehrwert nicht aus der Truhe vorfinanzieren können, sondern wenn sie sich das alles pumpen müssen?
Geld liegt aber nicht in der Truhe, weil jeder, der es dorten schlummern ließe, auf Geld verzichtet, auf Geld, das er kassieren könnte, sobald er es verleiht. Der Betriebswirtschaftler Professor Horst Albach hat die Idee mit der Truhe schon vor Jahren der Lächerlichkeit preisgegeben und resümiert:[9])

»Liquidität ist Investition mit dem Zinssatz Null.«

Unter vernünftigen Menschen kann es keinen Zweifel geben: Auch die Truhe kostet Geld, auch Bargeld kostet Zinsen. Die Zinsen, die eben nicht kassiert werden, weil man es liegenläßt. Zinsen, die immer irgend jemand schuldig ist, ganz einfach, weil es »zinsloses« Geld »als solches«, weil es »Liquidität« – »als solche« nicht gibt!

Der Kapitalist à la Marx existiert überhaupt nicht. Denn wenn der Kapitalist schon das Geld in der Truhe hat: Warum tut er es ausgerechnet raus, um sich auf ein Risiko einzulassen? Um es zu investieren, um sich mit verhärmten Arbeitern rumzuschlagen? Wenn das Geld einmal durch die »Cirkulation«, durch den Kreislauf durch ist, hat es sich ja nicht vermehrt. Der Kapitalist kann dann genauso viel Geld wieder in die Truhe zurücklegen, wie er ihr entnommen hat. Das ist doch kindisch.

Den Kapitalisten à la Martin aber gibt es. Das ist der Mensch, der die Produktion vorfinanziert (mit eigenem und/oder fremdem Geld) und der dafür mehr erwartet, als er vorfinanziert hat. Dieses »Mehr« kann aber nur in die Welt kommen, wenn sich immer neue Menschen finden, die ebenfalls vorfinanzieren, die ebenfalls Schulden machen.

Der Kapitalismus ist in Wahrheit eben kein »Kapitalismus«, sondern ein Kettenbrief-System. **Es muß immer weitergehen mit der Schuldenmacherei.**

Je mehr vorfinanziert wurde, desto höher sind die Vorfinanzierungskosten. Desto mehr an zusätzlichem Schuldenmachen kommt auf die nächsten Glieder der Kette zu. Wehe, wenn die Kette reißt!

Der Kapitalismus ist ein Kettenbrief-System. Er lebt vom Schneeball-Effekt. Er existiert nur, solange sich immer wieder neue Schuldner finden, die den alten bei der Bedienung ihrer Schulden helfen, indem sie sich entsprechend neu verschulden.

Die Schulden stehen im Zentrum. Das ist das Loch, das alle ökonomischen Theorien hatten. Das ist das Loch, das jetzt gefüllt ist.

Die Schulden treiben den Kapitalismus vorwärts. Sie geben ihm seine unnachahmliche Dynamik.

Der Kapitalismus leitet seinen Namen ab von »Kapital«, lateinisch »caput« (= das »Haupt«), das in den frühkapitalistischen Rechenbüchern des 15. und 16. Jahrhunderts mit »Hauptgut« übersetzt wird, wie wir gleich sehen werden. Auf das »Hauptgut« kommt es aber überhaupt nicht an.

Seine Existenz allein erklärt gar nichts. Zum Hauptgut müssen *Schulden* treten. Schulden, die der Kapitalist machen kann, weil er schon ein Hauptgut hat. Oder Schulden, die er macht, indem er ein Hauptgut auf die Beine stellt.

Das Wort »Kapitalismus« ist ein Etikettenschwindel. Die »kapitalistische« Dynamik, der ungeheure Schwung der freien Wirtschaft kommt vom permanenten Schuldendruck.

Die Schuld heißt lateinisch »debitum« (= das »Geschuldete«). Wenn wir also den Kapitalismus endlich enträtselt haben, muß das Kind auch einen neuen Namen kriegen. Seinen richtigen.

Wir nennen den Kapitalismus daher
Debitismus.

»Kapital« und »Kapitalismus«
Einiges zu Wort und Wörtern

»Kapitalismus« leitet sich, wie gesagt, ab von »Kapital«, das wiederum aus dem Lateinischen stammt: »Caput«, das »Haupt«.

Kapitalismus hat nichts mit der Tatsache zu tun, daß Kapitalisten mit dem Köpfchen arbeiten, sondern mit ihrem »Hauptgut«, einem »Fonds«, einem Warenbestand oder einer Münzgeldmenge, die entweder in der Cassa lagert oder bereits zinstragend ausgegeben wurde. Der Begriff »Kapital« taucht im 12./13. Jahrhundert auf.[10])

In einem Dokument von 1399 schreibt der berühmte Handelsmann **Francesco di Marco Datini,** dessen Korrespondenz erhalten geblieben ist, weil er dies testamentarisch verfügte und die

Papiere unter einer Treppe die Jahrhunderte überdauerten, welch ein Glücksfall für die Wirtschaftsgeschichte:[11])

> »Natürlich möchte ich, daß Du, wenn Du Sammet oder Tuch kaufst, eine Versicherung auf das Kapital (»il chapitale«) und den zu erwartenden Gewinn abschließt; des weiteren magst Du nach Gutdünken verfahren.«

Im ältesten gedruckten Buch zum Thema »Wirtschaft« in deutscher Sprache, dem »Widmann« von 1489, stehen »Hauptgut« und »Gewinn«, ganz wie es sich gehört, in einer Kapitelüberschrift gleich nebeneinander.[12])

Die »Kapitalisten« treten erst viel später auf, und zwar, laut Braudel, in der Mitte des 17. Jahrhunderts in den Niederlanden. In Berlin schreibt im Jahre 1728 der Rechenmeister beim Kadet-

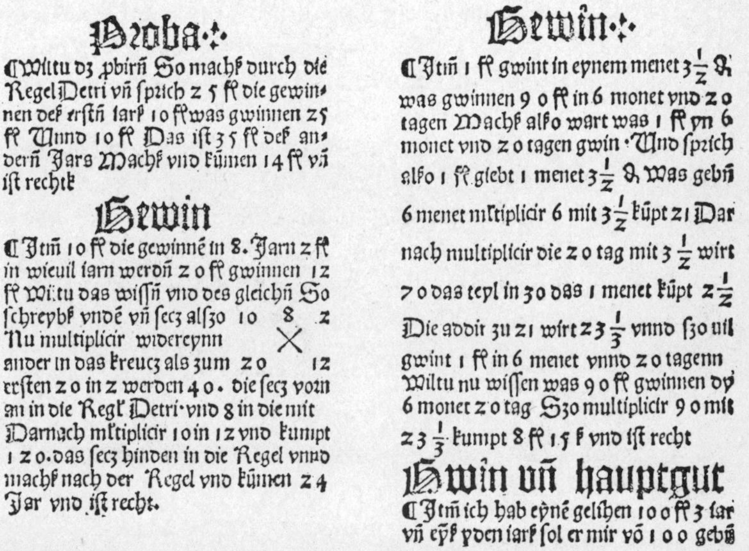

Proba

¶ Wiltu dz pbirñ So machß durch die
Regel Detri vñ sprich 25 fl die gewinnen deß erstñ iarß 10 fl was gwinnen 25
fl Unnd 10 fl Das ist 35 fl deß an-
derñ Jars Machß vnd kümen 14 fl vñ
ist recht

Gewin

¶ Item 10 fl die gewinnẽ in 8. Jarn 2 fl
in wieuil iarn werdñ 20 fl gwinnen 12
fl Wiltu das wissñ vnd des gleichñ So
schreybß vndẽ vñ secz alszo 10 8 2
Nu multiplicir widereynn
ander in das kreucz als zum 20 12
ersten 20 in 2 werden 40. die secz vorn
an in die Regl Detri vnd 8 in die mit
Darnach mltiplicir 10 in 12 vnd kumpt
120. das secz hinden in die Regel vnnd
machß nach der Regel vnd kümen 24
Jar vnd ist recht.

Gewin

¶ Item 1 fl gwint in eynem menet $3\frac{1}{2}$ d
was gwinnen 90 fl in 6 monet vnd 20
tagen Machß also wart was 1 fl yn 6
monet vnd 20 tagen gwin. Und sprich
also 1 fl giebt 1 menet $3\frac{1}{2}$ d was gebñ
6 menet mltiplicir 6 mit $3\frac{1}{2}$ küpt 21 Dar
nach multiplicir die 20 tag mit $3\frac{1}{2}$ wirt
70 das teyl in 30 das 1 menet küpt $2\frac{1}{3}$
Die addir zu 21 wirt $23\frac{1}{3}$ vnnd szo vil
gwint 1 fl in 6 menet vnnd 20 tagenn
Wiltu nu wissen was 90 fl gwinnen dy
6 monet 20 tag Szo multiplicir 90 mit
$23\frac{1}{3}$ kumpt 8 fl 15 ß vnd ist recht

Gwin vñ hauptgut

¶ Item ich hab eynẽ gelihen 100 fl 3 iar
vñ eyß yden iarß sol er mir võ 100 gebñ

Abbildung 4:
Das Wort »Kapital« hieß in der deutschen Sprache des ausgehenden Mittelalters »Hauptgut«, wie hier aus dem ältesten in deutscher Sprache gedruckten Werk über »Wirtschaft«, dem »Widmann« von 1489, hervorgeht (pagina q 14 f.).

ten-Corps des Königs, ein Mann namens **Marcus Martini,** ein Buch zum Thema, das er auch selbst verlegt und das den Titel trägt (offenbar Unikat, Sammlung PCM):

> »Der richtige **CAPITALIST,** und fertige Wechseler, offeriret, mit allem gebührenden Respect, allen hohen Standes-Personen, Königlichen und andern Bedienten, Capitalisten, Wechselers, Kauff- und Handels-Leuten, und allen so Lust und Liebe haben nach Recht und Gerechtigkeit zu handeln; Erstlich, 165 neue und nützliche TABELLEN, Darinnen die Jährliche, Monatliche und tägliche Interessen, von einem Pfenning bis 100.000 Rthl. CAPITAL, allemahl richtig ausgerechnet zu finden (...)«

Kapitalisten waren eindeutig »Rentner«, die von ihrem zinsbar angelegten Vermögen lebten und die es damals auch im armen preußischen Berlin gegeben haben muß. Dabei reichen die Vermögen offenbar bis 100.000 Reichstaler hinauf, was kein Pappenstiel ist. (20 Reichstaler auf eine Mark = »knappes halbes Pfund«, Silber fein, macht per heute einen Silberwert von ungefähr 400.000 D-Mark, die Kaufkraft dürfte 20- bis 25mal höher liegen.)

Bei solchen Summen ist es einleuchtend, wenn das Wort »Kapitalist« alsbald seine negative Bedeutung im Sinne von »Schmarotzer« erhält. Ein Kapitalist ist jemand, der von seinem Gelde, ergo von der Arbeit anderer Menschen lebt.

Jean Jacques Rousseau, der Links-Star des 18. Jahrhunderts, schreibt 1759:

> »Ich bin weder ein großer Herr noch ein Kapitalist. Ich bin arm, aber zufrieden.«

Wenig später, 1774, schlägt **Marat** gegenüber den »Kapitalisten« bereits jenen Ton an, der bis heute Klang hat:

> »Bei den handelstreibenden Nationen machen die Kapitalisten und die Rentiers fast durchweg gemeinsame Sache mit den Steuerpächtern, Finanzleuten und Börsenwucherern.«

Und am 25. November 1790 fragt der Graf von **Custine** vor der Nationalversammlung:

»Die Versammlung wird doch nicht, nachdem sie die Aristokratie in all ihren Formen vernichtet hat, nun vor der der Kapitalisten in die Knie gehen, vor diesen Kosmopoliten, die nur ein Vaterland kennen, nämlich das, in dem sie ihre Reichtümer anhäufen können?«

Post festum, 1824, wird **Rivarol** in seinen Memoiren festhalten:

»60000 Kapitalisten und das Geziefer der Börsenwucherer haben das Schicksal der Revolution besiegelt.«

(Solche dummen Fehler, Kapitalisten und Börsenwucherer am Leben zu lassen, machen die Revolutionäre im 20. Jahrhundert natürlich nicht mehr.)

Der »Kapitalismus« tritt als letztes der aus dem »Hauptgut« stammenden Wörter in die Geschichte ein.

Es erscheint nachweislich zum ersten Mal, allerdings noch eher beiläufig und ohne anklagenden Ton, in den »Enrichissements de la langue française« von **J.-B. Richard** 1842. So richtig erweckt wird der »Kapitalismus« durch den Sozialisten **Louis Blanc** im Jahre 1850, der anklagend hervorstößt:

»Die Aneignung des Kapitals durch die einen unter Ausschluß der anderen ... – das würde ich als ›Kapitalismus‹ bezeichnen.«

Damit ist das Leitmotiv geschaffen, das via Marx in die Gegenwart der Gorbatschows, der Sandinistas und der Sozialisten/Sozialdemokraten aller Länder führt.

Auch der Sozialist **Proudhon** will nicht abseits stehen; für ihn ist der »Kapitalismus« eine

»Wirtschafts- und Sozialordnung, in der die Kapitalien, Quelle der Einnahmen, im allgemeinen nicht denjenigen gehören, die sie durch ihre Arbeit in Tätigkeit setzen.«

Mit den französischen Früh-Sozialisten ist aber auch schon der Höhepunkt der Kapitalismus-Definition erreicht. Seitdem geht es bergab.

Marx und Engels sprechen nicht vom »Kapitalismus«, im »Kommunistischen Manifest« bezeichnen sie das »System«, das die ganzen Wunderdinge vollbringt, als »bourgeois«. Marx und

Engels müssen erst in aller Ruhe ihren Feind aufbauen, den »Bourgeois«, später »Ausbeuter«, alias »Kapitalisten«.

1902 läßt **Werner Sombart** sein voluminöses Werk »Der moderne Kapitalismus« erscheinen, definiert darin seinen Gegenstand nicht weiter (siehe oben die Einleitung), sondern sieht ihn als eine historische Stufe nach »Sklaverei« und »Feudalismus« an. Danach geht es richtig drollig zu. Im »Dictionnaire« der **Académie Française,** in der bekanntlich nicht gerade die Dümmsten sitzen, lesen wir 1932 als Definition:

»Kapitalismus, die Gesamtheit der Kapitalisten.«

Und in der Neuausgabe meinen Frankreichs IQ-Heroen:

»Wirtschaftsordnung, in der die Produktionsgüter Eigentum von Privatpersonen oder -gesellschaften sind.«

Ja, ja. Der Kapitalismus ist eben der Kapitalismus. Wie das Privateigentum das Eigentum von Privaten ist. Und ein Schimmel ein Pferd mit vier Beinen und so.

Beschließen wir den Reigen mit einem Wort des hochbedeutenden amerikanischen Kapitalismus-Historikers **Alexander Gerschenkron:**

»Capitalism, that is the modern industrial system.«

Wenn das so hochkarätige Gelehrte meinen, wird's schon richtig sein, gell!

Wen wundert es da noch, daß die armen Hongkong-Chinesen, die an ihrer Verfassung basteln, »Kapitalismus« nicht definieren können. Sie sollten einen Professor fragen. Oder jemanden von der Académie Française.

Anmerkungen:

[1]) **Mancur Olson,** Aufstieg und Niedergang von Nationen, Tübingen 1985. Olson erklärt, was den »Niedergang« beschleunigt, nämlich die Existenz von Kollektiv-Monopolen wie Gewerkschaften, die verhindern, daß sich in einer Disinflation bzw. Deflation das Preis-

(und Lohn-!) Niveau in allen Bereichen der Wirtschaft gleichmäßig »anpaßt«, was zu beschleunigter Arbeitslosigkeit und Depression führt; Olson erklärt aber nicht, woher die Disinflation bzw. Deflation *ursprünglich* kommt.

[2]) Der zweite Band erschien zwei Jahre nach dem Tode von Marx, herausgegeben von seinem Freund **Friedrich Engels,** Hamburg 1885. Die angegebenen Seitenzahlen stammen aus dieser ersten Ausgabe.

[3]) Wenn Fachleute etwa vor Gericht »Wert«-Schätzungen abgeben, gehen sie zwar vom Preis aus, machen dann aber im Regelfall einen Abschlag für »verlorenen Aufwand«, d. h., grundsätzlich ist jedes Ding weniger wert, als es gekostet hat. Schon von daher kann es keinen Marxschen Mehrwert über den Preis geben!

[4]) Über den Verlauf der »Realisations-Debatte« informiert am besten: **Roman Rosdolsky,** Zur Entstehungsgeschichte des Marxschen »Kapitals«, Band II, Frankfurt und Wien 1968, Seite 524 ff., vor allem dann Seite 541 ff.: »Die Diskussion zwischen den ›Narodniki‹ und den ›legalen‹ russischen Marxisten« sowie Seite 556 ff.: »Lenins Realisierungstheorie«.

[5]) **Rosa Luxemburg,** Die Akkumulation des Kapitals, zitiert nach der Ausgabe Berlin 1923. Diese Ausgabe enthält ab Seite 381 die großartige Erwiderung der Autorin auf ihre Kritiker: »Die Akkumulation des Kapitals oder Was die Epigonen aus der Marxschen Theorie gemacht haben. Eine Antikritik.«

Ausrufe-Zeichen in wörtlichen Zitaten und andere Klammer-Zusätze dienen der Hervorhebung und sind regelmäßig nicht im Original enthalten.

[6]) Die englische Keynes-Adeptin, Cambridge-Professorin **Joan Robinson,** hat sehr schöne Parallelen zwischen **Luxemburg** und **Keynes** gefunden, in ihrer Einleitung zur ersten englischen Übersetzung (»The Accumulation of Capital«, London 1951).

[7]) Das Marxsche Kreislauf-Schema wird von »bürgerlichen« Ökonomen nicht nur akzeptiert, sondern auch gelobt, vgl. **Erich Schneider,** Einführung in die Wirtschaftstheorie, IV, 1, Tübingen 1962, Seite 22: »Karl Marx hat ... dabei neue wesentliche Erkenntnisse gewonnen.« Der Marxsche Kreislauf wird ausführlich dargestellt (Seite 22–44).

[8]) Dazu der dritte Band des »Kapitals«, von Engels 1894 herausgegeben, speziell Seite 377 ff. über das »zinstragende Kapital«. Angesichts des Zinseszins-Effekts gerät Marx ins schwärmerische Schleudern (»Das Geld hat jetzt Lieb im Leibe«), vgl. **Paul C. Martin,** Cash – Strategie gegen den Crash, München 1985, Seite 118 ff.

[9]) **Horst Albach,** Investition und Liquidität – Die Planung des optimalen Investitionsbudgets, Wiesbaden 1962, bes. Seite 48 ff. Ganz so intelligent, wie es den Anschein hat, ist der Herr Professor Albach aber auch nicht. Denn was ist das eigentlich: »Liquidität«? Das kann sein ein täglich fälliges Konto bei einer Bank. Die Bank hält den Betrag nun aber nicht etwa »abrufbereit«, in Form von Bargeld also, da liegen, bis die Firma ihren Chauffeur mit dem Lieferwagen schickt. Sondern die Bank verleiht das »Geld« ihrerseits an andere Banken zum Tagesgeldsatz. Liquidität kostet also Zins, nur daß man den Zins nicht gleich sieht. Hält die Firma ihre Liquidität in Form von Bargeld in der Firmenkasse, ist damit auch der Zins nicht weggezaubert, wiewohl die Firma für das bei ihr liegende Bargeld keinen Zins kassiert. Bargeld ist nämlich, wie wir wissen, eine Forderung an die Notenbank, und wenn wir flugs auf die Aktivseite der Notenbank-Bilanz schauen, sehen wir, was bei der Ausgabe von Bargeld gleichzeitig als Hereinnahme, als Aktivum gebucht wurde: zum Beispiel ein Wechsel. Für den ist der Diskontsatz zu bezahlen, also auch ein Zins; oder ein Staatspapier, das steht da zum Lombardsatz beliehen.
Auch der neue Superstar der »modernen« amerikanischen Wirtschaftswissenschaft, Professor **Robert J. Barro** von der Universität Chicago, kommt in seinem Lehrbuch »Makroökonomie« (deutsch: Regensburg 1986) zu einem sichtlich falschen Geld-Begriff: »Im Gegensatz zu anderen Vermögenswerten . . . wirft Geld keinen Zins ab« (Seite 67). Barro belegt diese Behauptung mit einer wichtigen Fußnote, worin er sich auf **Richard Timberlake** bezieht (The Origins of Central Banking in the United States, Cambridge, Mass. 1978, Seite 13 ff.): »Im Laufe der Geschichte des Geldes wurde nur äußerst selten für Bargeld Zins gezahlt. Manche Frühformen von US-Schatzanweisungen, wie sie z. B. zwischen 1812 und 1815 ausgegeben wurden, waren verzinslich und auch als Tauschmittel begrenzt verwendbar«. Heute ist es aber nicht anders! Das amerikanische »Bargeld« (= Dollarnoten) kommt nämlich wie in Umlauf? Eben durch Ankauf von US-Schatzanweisungen durch die Notenbank. Die Dollarnoten sehen nur unverzinslich aus, sie sind aber sehr wohl verzinslich unterwegs, weil die als ihre »Deckung« gebuchten Schatzanweisungen selbstverständlich verzinst werden, vgl. dazu unten die Bilanz der US-Notenbank bei der Diskussion des **dritten Geldbaums:** 168 Milliarden Dollar »Greenbacks« entsprechen 161 Milliarden Dollar »U.S. Government Securities«.
Kurzum: »Liquidität« oder »Geld« als »solches« gibt es nicht. Immer handelt es sich um einen Kreditvorgang, der an irgendeiner

Stelle der Wirtschaft eine Zinsverpflichtung auslöst und ergo den typischen Schuldendruck schafft. Niemand kann sich im Kapitalismus zurücklehnen und sagen: »Da ist meine Liquidität, ich hab's geschafft.« Rückt er die Liquidität nämlich nicht heraus, **geht derjenige, der sie schuldig ist, mit Sicherheit bankrott, und das heißt: die Liquidität löst sich in nichts auf. Denn sie war niemals etwas anderes als eine Forderung!**

[10]) Zum folgenden einschließlich der »Kapitalismus-«, »Kapital-« und »Kapitalisten«-Zitate: **Fernand Braudel,** Sozialgeschichte des 15.–18. Jahrhunderts, Band II, München 1986, Seite 247 ff. In der Originalausgabe (Paris 1979) ist im Titel von »sozial« nicht die Rede, wohl aber von »capitalisme«. Das mit der »Sozialgeschichte« soll den Absatz im »Sozialstaat« Bundesrepublik Deutschland fördern.

[11]) Ausführlich anhand der Original-Unterlagen bearbeitet von **Iris Origo,** »Im Namen Gottes und des Geschäfts«. Lebensbild eines toskanischen Kaufmanns der Frührenaissance Francesco di Marco Datini, München 1985.

[12]) **Johannes Widman,** Behende und hubsche Rechenung auff allen kauffmanschafft, Leipzig 1489.

Debitismus

Wie die neue Kapitalismus-Theorie aussieht,
weshalb man als erstes den »Tauschschleier« und den
»Produktionsschleier« wegfegen muß,
warum sich dann alles so ganz anders »erklärt«,
die »Marktwirtschaft«, die »Werbung« und die
»Arbeitslosigkeit«

>»Ich glaube, daß es mir gelungen ist, die Kraft und in großen Umrissen das Gesetz ihrer Wirksamkeit zu entdecken, welche das Zusammensein der Menschen möglich macht, und die Fortbildung des Menschengeschlechts unaufhaltsam bewirkt.«
> Hermann Heinrich Gossen, »Entwickelung der Gesetze des menschlichen Verkehrs und der daraus fließenden Regeln für menschliches Handeln« (1854)

Die neue Wirtschafts-Theorie

Das Spiel, das wir jetzt gemeinsam spielen, heißt also **Debitismus**.
Wie funktioniert eine Wirtschaft, in der alles vorfinanziert ist? *In der die Kapitalisten allein schon deshalb pleite gehen müssen, weil sie produziert haben!*
In der kein Unternehmer auch nur den Hauch einer Chance hat, auf seine Kosten zu kommen, weil die Finanzierungskosten seiner Kosten von ihm nicht vorfinanziert wurden, also niemals als Nachfrage vorhanden sein können!
Der debitistische Kapitalismus kann nur funktionieren, wenn sich immer spätere Schuldner finden, die den früheren aus der Klemme helfen.
Die ganze Wirtschaft hat daher nur einen einzigen Zweck: spätere Schuldner zu finden!
Der Kapitalismus hat überhaupt nichts mit »Gier« zu tun. Nichts mit »Profiten«. Er schert sich einen Dreck um »Bedürfnisse« oder »Verbraucherwünsche«. Ihn interessiert überhaupt nicht, was produziert wird. Ihn läßt jede Nachfrage kalt, wenn dies nur Nachfrage ist, die der Kapitalist selbst geschaffen hat.
Der Kapitalismus, die viel gerühmte »freie Wirtschaft« läuft ganz, ganz anders, als es in den Büchern steht. Das »Kapital« erklärt den Kapitalismus mitnichten. Das »Eigentum« genausowenig. Und »Markt« oder »freie Marktwirtschaft« schon gar nicht. Das sind – wie wir sehen werden – nur Begleiterscheinungen.
Der Kapitalismus ist Debitismus.
Das ganze Wirtschaften geschieht nur zu diesem Zweck: Erstens die Nachfrage wieder einzufangen, die man vorfinanziert hat.
Zweitens jemand dazu zu bringen, daß er seinerseits so viel Schulden macht, daß die Vorfinanzierung dieser Nachfrage realisiert wird.
Debitismus heißt: die alten Schulden durch immer neue Schulden zu bedienen.
Diese schlichten Wahrheiten eröffnen völlig neue Perspekti-

ven. Unser Wissen über »Wirtschaft« muß sich von all dem lösen, was wir bisher als »richtig« angenommen haben, von wegen »Geld« und »Tauschen« und »Märkten« und »Angebot und Nachfrage«.

Dieses alles ist lieb gemeint, gelegentlich auch gut beobachtet. Aber es hat mit dem Kern des Ganzen, mit der *eigentlichen Wirtschaft* nichts zu tun.

Was Wirtschaft wirklich ist, werden wir nunmehr entwickeln. Dabei fügt sich eins ganz wie von selbst ins andere. Alles ist mit einem Schlag erklärt: Zinsen, Preise, Schulden, Wachstum, Haussen, Krisen, Vollbeschäftigung. Zunächst werden wir die wirtschaftlichen Grundbegriffe klären, die gröbsten Irrtümer beseitigen. Die Feinarbeit kommt später.

Das Geld: Was uns die Banknoten erzählen

Jede Wirtschaft ist in Wirklichkeit ein Tauschen. Und das Tauschmittel heißt »Geld«.

Solche Sätze stehen in der einen oder anderen Form am Anfang eines jeden Lehrbuchs über Wirtschaft. Diese Sätze sind komplett falsch.

Wirtschaft ist nicht Tausch, sondern **Kauf**.

Und das »Geld«, mit dem gekauft wird, ist kein Tauschmittel, sondern ein **Kaufmittel**. Es ist eine Anweisung auf das, was da erwirtschaftet wurde. Diese Anweisung ist eine Schuld dessen, der gewirtschaftet hat, also Schuld, ohne die er niemals hätte wirtschaften, also ein zum Kauf geeignetes und angebotenes Gut produzieren können.

Das Geld ist eine Schuld.

Jeder Geldschein ist ein Schuldschein, und so einen Schuldschein, eine »Banknote«, schauen wir uns jetzt an:

Abbildung 5:
Die Banknote einer »Noten«-Bank, hier: der Deutschen Bundesbank. Schon das Wort »Note« sagt, daß etwas »notiert«, d. h. festgehalten ist – eben die Tatsache, daß es sich um eine Schuld handelt. Die Banknote sieht nicht nur aus wie ein Schuldschein (Numerierung, Ort, Datum, zwei Unterschriften), sondern sie ist auch einer.

Diese Darstellung ist vereinfacht. Sie zeigt uns mit einem Blick, daß Geld »als solches« nicht existiert. Ebensowenig gibt es eine Geld-»Menge«, wie man immer hören kann. Eine »Menge« ist ein Begriff aus der Welt der Sachen. Man spricht von einer »Menge Holz«, einer »Menschen-Menge«.

Geld gehört aber nicht in die Welt der Sachen. Geld ist immer eine Forderung. Der Trick beim Geld-»Schein« besteht nur darin, daß ich denjenigen, der »gefordert« ist, besser noch: der eines Tages »aufgefordert« wird, zu leisten, nicht kenne. Die Aktivseite der Notenbank, wo sie ihre Forderungen verbucht, die in Wirklichkeit natürlich unsere Forderungen sind, Forderungen der Leute also, die Geldscheine in Händen oder in der Kasse haben, ist zugleich eine Passivseite bei wieder jemand anderem.

Das sieht dann so aus:

Das sind die Schuldner der Notenbank

Aktivseite der Notenbank: Welche »Guthaben« bzw. »Forderungen« stehen da?	Passivseite der Schuldner der Notenbank: Wer ist da der Schuldner?
Inlandswechsel	Inländische Firmen müssen zahlen, wenn der Wechsel abgelaufen ist
Auslandswechsel	Ausländische Firmen müssen leisten
Staatskredite ans Ausland (»Devisen«)	Ausländische Staaten müssen zahlen bzw. deren Steuerzahler
Kredite an den eigenen Staat	Die inländischen Steuerzahler sind dran

Die Banknoten der Deutschen Bundesbank, wie die aller anderen »Noten«-Banken auch, erscheinen in der Bilanz dieser Bank auf der Passivseite. Dort, wo also jeder, der eine Bilanz aufstellen muß, seine *Schulden* addiert. **Banknoten** sehen nicht nur aus wie Schuldscheine; sie sind numeriert, tragen Ortsangabe, Datum und zwei Unterschriften. Sie sind **Schuldscheine**.

Was wir also in der Brieftasche tragen, wenn wir dort »Scheinchen« rascheln hören, ist nichts anderes als ein Haufen Schulden. Nehmen Sie eine Banknote in die Hand, heben Sie diese hoch über Ihren Kopf und sprechen Sie langsam nach:

> »Ich freue mich, diesen Geldschein zu besitzen. Während ich mich aber freue, ist ein anderer in Sorgen. Denn der ist genau den Betrag, der bei mir ein Vermögen darstellt, schuldig. Geld als solches gibt es nicht!«

Geld als solches gibt es nicht!

Das ist ein weiterer wichtiger Satz, der zum Verständnis der freien Wirtschaft führt. Jeder, der »Geld« hat, besitzt es niemals »netto«. Es gibt immer jemand, der in gleicher Höhe »Geld« schuldig ist. Zunächst ist der »Schuldige« die jeweilige Notenbank eines Landes, in deren Bilanz alle ausgegebenen Banknoten fein säuberlich summiert auf der Passivseite verbucht sind. So sieht eine solche Bilanz aus (schematisch):

Notenbank des Landes Irgendwo

Aktivseite	Passivseite

Gold
Forderungen
– ans Ausland
  (Devisen)
  – Firmen (Wechsel)
  – Staaten, intern.
  Organisationen
– ans Inland
  – Firmen (Wechsel)
  – Staat
	Banknoten,
	also
	»unser Geld«

Jeder einzelne Geldschein, der also »im Umlauf« ist, läßt sich genau bis zu seinem Ursprung zurückverfolgen. Er ist entweder »durch Gold gedeckt«, ist also früher einmal von der Notenbank ausgegeben worden, als sie noch Gold angekauft hat. (Diese goldene Spur werden wir später wieder aufnehmen.)

Oder er ist, und das ist heute der Normalfall, »durch eine Schuld gedeckt«. Der betreffende Schuldner sitzt im Inland oder im Ausland. Es ist entweder eine private Firma oder ein Staat bzw. eine internationale Organisation wie der Internationale Währungsfonds IWF oder das Europäische Währungssystem EFWZ.

Im Fach-Chinesisch der Notenbank tragen diese Forderungen zwar hochtrabende Namen, wie »Währungsreserven« oder »Auslandsaktiva«. *Bei Licht besehen sind es aber nichts als Schulden ausländischer oder internationaler Kreditnehmer.*

Vor allem das Wort »Währungsreserven« versucht uns einzureden, es handle sich um irgendwelche »Mengen«, auf die man

»im Notfall zurückgreifen« könne, wie man im Mittelalter auf Getreide-*Reserven* zurückgegriffen hat, wenn Hungersnöte drohten. Doch diese »Reserven« existieren ebenso wenig, wie eine Geld-»Menge« existiert. Es sind und bleiben immer nur *Forderungen*.

»Gelder« sind immer Forderungen, sind immer Schulden anderer Leute. Das gilt selbstverständlich auch für »Gewinne«, die zunächst auf der Passivseite eines Unternehmens erscheinen:

Eigentlicher Schuldner:		Durchlaufposten Notenbank:		Firma mit Gewinnabschluß:	
Aktiva	Passiva	Aktiva	Passiva	Aktiva	Passiva
Waren	Wechselschuld	Inlandswechsel	Banknoten	Bargeld	Gewinn

In unserem Beispiel will die Firma (ganz rechts), die einen Gewinn gemacht hat, diesen ausschütten, z. B. durch Bezahlung. Diesem Bargeld, das sie auf der Aktivseite verbucht hat, entspricht eine gleich große Summe Banknoten in der Notenbank-Bilanz. Dem Bargeld entsprechen gleich hohe Inlands-Wechsel-Forderungen, die der eigentliche Schuldner, eine andere Firma, als Wechselschuld verbucht hat. Der Wechsel läßt sich aber nur einlösen, wenn die Waren, die von der Firma (ganz links) mit Hilfe des Wechsels gekauft wurden, auch wieder veräußert werden können. Wenn die Leute mit dem »Gewinn«, mit just diesem »gewonnenen« »Geld«, diese Waren kaufen.

Die Notenbank ist nur ein »**Durchlaufposten**«. Sie verschleiert gewissermaßen die Tatsache, daß das Geld, das sie ausgibt, letztlich *immer nur eine Schuld ist, die sie angekauft hat*.

Doch nun das Wichtigste:

Wenn »Geld« nur ein anderes Wort ist für »umlauffähig gemachte Schulden anderer, dem Geldbesitzer nicht bekannter Leute«, dann ergeht es dem Geld wie jeder anderen Schuld auch: *Es ist verzinslich unterwegs.*

Damit sind wir wieder beim alten Marx und seinem ungelösten »Realisierungs«-Problem: Da die Kapitalisten »Geld« brauchen, um es in die »Cirkulation« abzugeben (in unserem Beispiel die Firma links, die sich zum Warenankauf Geld bei der Notenbank geholt hat und dafür einen Wechsel einreicht), müssen sie in der Zirkulation (im »Kreislauf«) nicht nur das Geld »wiederfinden«, das sie vorfinanziert haben.

Sondern sie brauchen zusätzliches (Marx sagte: »zuschüssiges«) Geld, um die Kosten, die ihnen bei der Geldbeschaffung entstanden sind, zu decken!

Wieder beißt sich die Katze in ihr Schwänzchen: Da die Vorfinanzierung der Produktion, z. B. der Warenkauf, per Geld geschieht, muß sich dieses Geld um den Betrag der Vorfinanzierungs-, also der Zinskosten, für das »Umlaufmittel« erhöhen. Vermehrt sich das Geld nicht, kann nur der geliehene Geldbetrag zurückgezahlt werden. *Die Zinsen auf diesen Geldbetrag aber nicht.*

Wir haben also auch bei dem »Umweg« über das »Geld« wieder das Grundgesetz des debitistischen Kapitalismus gefunden: Es muß immer spätere Schuldner geben, die den früheren Schuldnern dadurch aus der Klemme helfen, daß sie ihrerseits Schulden in der Höhe machen, die sich aus den Zinskosten für das als »Umlaufmittel« benötigte »Geld« ergibt.

Ein einfaches **Beispiel** macht das alles klar:

Eine Autofabrik kauft für 100 Millionen Mark Rohstoffe ein, Bleche, Reifen, Tachometer. Der Kauf wird – auf ein Jahr verteilt – durch Wechsel finanziert. Der Zinssatz (»Diskont«) sei 5 Prozent. Dann muß die Firma 105 Millionen Mark zurückzahlen. Sie hat aber nur 100 Millionen ausgezahlt. In Höhe der »fehlenden« 5 Millionen müssen die potentiellen Autokäufer (die ja nur 100 Millionen in Händen haben) ihrerseits Autos auf Wechsel kaufen und so weiter.

Das gleiche gilt für Löhne, Gewinne, kurzum für alle vorfinanzierten Kosten. **Immer »fehlt« Geld.** Immer ist der Fabrikant unter Druck. Immer muß sich jemand finden, der es so macht wie er: jemand, der Schulden macht.

Endlich fällt der Schleier

Im Jahre 1949 veröffentlichte der englische Ökonom **Arthur Cecil Pigou** (1877–1959) eine Schrift mit dem Titel »The Veil of Money« – »Der Geldschleier«. Pigou war ein typischer Wohlfahrtsstaatler, jemand, der jede Menge Geld für »gute Zwecke« raustun wollte, ohne groß zu fragen, woher es wohl kommt bzw. um was für »Geld« es sich dabei eigentlich handelt. Geld war für Pigou nur Nebensache, etwas, das eigentlich gar nichts mit der »wirklichen« Wirtschaft zu tun hätte. Insofern war seine Forderung, den »Geldschleier«, der über der wirklichen Wirtschaft läge, endlich zu zerreißen, konsequent. Diese Vorstellung von einem »Geldschleier«, der uns den »richtigen« Blick nur verstellt, war vor ihm schon von anderen Ökonomen aufgetischt worden. Bis heute empfinden die Wirtschaftswissenschaftler diesen »Geldschleier« als störend. Sie wollen sich lieber mit den »realen« Dingen abgeben, mit »Investitionen«, mit »Konsum«, mit »Außenhandel«, mit »staatlicher Wirtschaftspolitik«, mit »Beschäftigung«.

Pigou also schrieb:[1])

>»Monetäre Fakten sind ganz etwas anderes als ›reale‹ Fakten und Ereignisse in dem Sinne, daß sie keine direkte Bedeutung für die wirtschaftliche Wohlfahrt haben ... **Geld ist nur ein Schleier.**«

Und im berühmtesten Lehrbuch der Ökonomie, »Economics« des Nobelpreisträgers **Paul A. Samuelson,** heißt es schon in der ersten Auflage klipp und klar[1a]):

>»Selbst in den am weitesten entwickelten Industrienationen finden wir ... sobald die **Schmutzschicht** des Geldes abgelöst ist, daß sich der Handel zwischen Individuen oder Nationen immer wieder auf den **Tausch** zurückführen läßt.«

Was der Nobelpreisträger da auftischt, ist eine uralte Kamelle. Schon der griechische Philosoph **Aristoteles** hatte konstatiert:[2])

>»Denn das **Geld** ist um des **Tausches** willen erfunden worden ...«

Geld hat nur die eine Funktion: Das Tauschen zu erleichtern, was den Meister Pigou wiederum zu diesem Spruch veranlaßt:[3])

»Es ist zum mindesten ein sehr nützliches **Schmiermittel,** das dazu dient, die Wirtschafts-Maschine andauernd und weich laufen zu lassen.«

Wer aber Geld als das ansieht, was es in Wahrheit ist, nämlich das Resultat von Schuldverhältnissen, kann solche Vorstellungen – »Tausch«, »Schleier« oder gar »Schmiermittel« – nur belächeln. *Diese Vorstellungen sind naiv.*

Wir verdanken es den beiden Bremer Professoren **Gunnar Heinsohn** und **Otto Steiger,** mit diesen Kindereien aufgeräumt zu haben. Sie haben als erste erkannt, daß jede »Geldwirtschaft« nur aus Schuldverhältnissen erklärbar ist und auch historisch so entstanden ist. Insofern haben sie die gesamte Ökonomie revolutioniert. Der Rest der Zunft kann einpacken.

Die wichtigste Aussage in Heinsohns bahnbrechendem Buch »Privateigentum, Patriarchat, Geldwirtschaft«[4]) lautet:

»Die **Zinspflichtigkeit** von Kreditnehmern ... bleibt die entscheidende ... Grundlage der Geldwirtschaft.«

Die Bremer Revolutionäre fordern ganz konsequent, nicht der »Geldschleier« müsse beseitigt werden, sondern der »Tauschschleier«.

Genau!

Nicht das »Geld« verhüllt die »eigentliche« Wirtschaft. Sondern die »reale Wirtschaft« verstellt die Tatsache, daß alles Wirtschaften nichts anderes ist als der permanente verzweifelte Versuch der Kapitalisten, die einmal gemachten Schulden wieder einzufangen. Nicht nur der »Tausch« verschleiert den wahren Sachverhalt, sondern alles, was mit der realen Wirtschaft zu tun hat: Produktion, Beschäftigung, Investitionen, Wachstum.

Alles Mumpitz!

Wir müssen den Produktionsschleier beseitigen, den Beschäftigungs-, Investitions- und Wachstumsschleier. Das alles hat nur vordergründig etwas mit Wirtschaft zu tun. In Wirklichkeit ist Wirtschaft immer nur das zugrundeliegende **Schuldverhältnis.**

Wenn das nicht fristgemäß erfüllt oder aufgelöst wird, ist alles andere ohne jede Bedeutung: ob produziert und investiert wird, ob es Arbeitslose gibt oder ob die Wirtschaft »wächst«.

Der Sinn der Wirtschaft, das Ziel allen Planens, Rechnens, rastlosen Tätigseins, der Zweck der Maloche schlechthin ist nicht die Güterwelt, nicht der »Bedarf«, nicht der »Konsum«, das »bessere Leben«, und wie die schönen Sprüche aus den Sonntagsreden alle lauten.

Der einzige Sinn des Wirtschaftens ist die Vermeidung des permanent und unerbittlich drohenden Untergangs.[5])
Wir wirtschaften nur, um nicht unterzugehen.
Das ist der Kapitalismus.
Denn das ist der Debitismus.

Den debitistischen Kapitalismus hatten wir oben bereits als das Wirtschaftssystem definiert, in dem alte Schuldner in rastloser Suche nach neuen Schuldnern sind. Finden sie diese nicht, ist es vorbei.

Alles, was die Kapitalisten produzieren, stellen sie nicht vorne ins Regal, preisen sie nicht in ganzseitigen Vierfarbanzeigen an, um den »Bedarf« der »Konsumenten« zu »befriedigen«.

Das ist den Kapitalisten völlig wurscht.

Es ist ihnen ganz egal, wer was »haben will« oder »sich wünscht«.

Der Kapitalist verfolgt mit seiner Produktion nur eines: Er muß jemanden finden, der sich zum Zwecke des Kaufs dieser »Produkte« *seinerseits verschuldet!*

Es geht im Kapitalismus niemals darum, »Abnehmer« zu finden. Das wäre ja kinderleicht. Denn die Abnehmer haben ja »genug Geld«, um sich das Angebotene auch zu kaufen.

Es geht im Kapitalismus schon gar nicht ums »Tauschen«. So etwas sollten wir getrost jenen überlassen, die das bestens beherrschen, den Kindern.

Die wirkliche Wirtschaft aber ist kein Kindergarten. In ihr wird nicht »getauscht«, sondern gekauft.

Kaufen heißt immer: Das Geld ausgeben, das andere durch ihre eigene Vorverschuldung in Umlauf gebracht haben **plus** das

Geld, das der Käufer selbst durch Verschuldung in Umlauf bringt. Wobei seine Verschuldung so hoch sein muß wie die Kosten (und/oder Gewinnerwartungen) der Vorverschuldeten, alias der Verkäufer.

Die ganze kapitalistische Wirtschaft zielt nur auf eines ab: **andere zum Schuldenmachen zu überreden.**

Und die Produkte des Kapitalismus sind nur deshalb so schön und so »begehrenswert«, weil sie einen selbst zum Schuldenmachen zwingen wollen, und nicht zum albernen Tauschen.

Wer am Kapitalismus teilnimmt, wer also etwas kauft, muß dabei immer die eigene Existenz riskieren. Und wenn das einige nicht tun (weil sie halt »niemals« Schulden machen), dann müssen andere um so riskanter leben. Denn auf die Summe kommt es an.

Der amerikanische Werbe-Fachmann und Psychologe **Vance Packard** prägte vor einer Generation den Begriff von den »geheimen Verführern«. Er meinte damit die Trickser in den Chefetagen der Großkonzerne, die das ahnungslose Publikum mit allerlei Mätzchen übertölpeln, damit sie nur ja Cola trinken oder Camel schmöken.

Die Vorstellung aber, es würde im Kapitalismus jemand zum »Konsum« verführt, ist albern. Denn da würde schließlich auch kein Mensch übervorteilt. Im Packardschen »Kapitalismus«, einer Welt, in der auch alle anderen linken Weltverbesserer hausen, gilt bekanntlich das »Tausch«-Prinzip. Letztlich tauscht jeder Ware gegen Ware oder Ware gegen eine andere Leistung, wie den Einsatz seiner Arbeitskraft.

In der Welt des Tauschens gibt es aber keine »Verführung«. Im Gegenteil!

Wenn nämlich jemand etwas »ein«-»tauscht«, dann will er das ja haben! Er schätzt also das, was er eintauscht höher ein als das, was er hergibt. Sonst würde er niemals tauschen. Jedes Kind auf jedem Spielplatz kann das bestätigen. Der kleine Moritz tauscht doch mit dem kleinen Mäxchen nur dann Murmeln gegen ein Schäufelchen, wenn er zufriedener ist, wenn er das Schäufelchen hat und der kleine Max zufriedener mit den Murmeln ist. *Wer sollte denn da wen verführt haben?* (Was nicht bedeuten soll, daß der kleine Moritz später seinen Tausch bereut oder umgekehrt das Mäxchen den seinen; dann müssen die beiden halt erneut in Tauschverhandlungen eintreten oder sich kloppen.)

Der von den »geheimen Verführern« mißbrauchte Konsument zieht ja nur dann Cola und Camel Filter aus dem Automaten, wenn ihm dieser Genuß wertvoller ist als das Geld, das er in der Tasche trägt, das wiederum den Gegenwert der von ihm früher geleisteten Arbeit darstellt.

Nein, Herrschaften, zum *Tauschen* wird kein Mensch *verführt.* Wohl aber zum *Kaufen!*

Wobei Kaufen sub summa, ich kann es nicht oft genug wiederholen, immer heißt: *zusätzlich zu dem vorhandenen Geld Schulden machen.*

Das ist die Verführung des kapitalistischen Systems. Und sie ist »geheim«, das stimmt. Daß »Kaufen« nur ein anderer Ausdruck ist für »Schuldenmachen«, ist nämlich nicht nur den Wirtschaftswissenschaftlern bis heute entgangen. Es wird auch von den »Anbietern« im Kapitalismus geflissentlich verschwiegen.

Da heißt es: »Sie können sich diesen Wagen doch ohne weiteres leisten.« Klartext: Um das Auto zu kaufen, kann sich der Käufer durchaus noch höher verschulden, als er schon verschuldet ist.

Oder: »Dieses Haus läßt sich bequem finanzieren.« Klartext: Der Käufer ist in einer Einkommensklasse, in der ihm eine 80-Prozent-Finanzierung durchaus zugemutet werden kann.

»Ohne weiteres«, »bequem«: Das sind die wahren Verführer. Sie verführen den Verbraucher zum *Schuldenmachen.*

Das aber muß und muß und muß immer wieder sein, dieses vermaledeite zusätzliche Schuldenmachen, weil sonst die armen Schuldner, die vor dem »Käufer« liegen (und die früher genauso was auf Pump gekauft haben, Autobleche oder Ziegelsteine), ihrerseits am Ende sind.

Der Kapitalismus ist kein Reihum-Tausch, kein Ringelpietz. Der Kapitalismus ist ein Kettenbrief-System.

Wehe, wenn die Kette reißt.

Definitionen

Der Kapitalismus ist enträtselt.
Wir müssen jetzt lernen, mit der Lösung des Rätsels umzugehen. Unser Denken ist noch ganz auf die alten Erklärungen fixiert, auf »Gewinne«, auf »Wachstum« oder »Arbeitsplätze«, auf »Investitionen« oder »Konsum«. Das sind alles belanglose Garnituren.
Im Zentrum des Kapitalismus stehen die Schulden und die Tatsache, daß **Schulden mit der Zeit immer größer werden.** Der Kapitalismus ist die Lösung des Problems, wie die beim »Wirtschaften« automatisch entstandenen Schulden trotz Zeitablaufs bedienbar gehalten werden.
Damit wir lernen, mit dem enträtselten Kapitalismus umzugehen, müssen wir es üben, die Wirtschaft und die darin tätigen Menschen von der sie wirklich treibenden Kraft, der über die Zeit laufenden Schuld, her zu sehen. Dazu müssen wir die wichtigsten Grundbegriffe der Wirtschaft und der »Wirtschaftstheorie« neu definieren.

Kapitalismus, Debitismus

Kapitalismus ist ein Wirtschaftssystem, in welchem Eigentümer ihr Eigentum zu Zwecken der Produktion einsetzen, das zu »Kapital« wird, weil es *beliehen* ist. Der Kapitalist steht unter Schuldendruck, dem er allein niemals standhalten könnte, weil er zwar die Kosten seiner Produktion auf dem Markt wiederfindet, aber nicht die Kosten und/oder Prämien für die Vorfinanzierung seiner Produktion (Zins, Gewinn).
Der Kapitalismus (»freie Wirtschaft«) wird daher besser als »Debitismus« bezeichnet oder »debitistischer Kapitalismus«, um sein endloses Dilemma klarzumachen, das da lautet: *Es müssen sich immer spätere Schuldner (Kapitalisten, aber auch Konsumenten, »Ausland« oder »Staat«) finden, die den früheren Schuldnern helfen.*

Sozialismus
Wirtschaftssystem, das kein »Kapital«, d. h. kein zu Produktionszwecken verschuldungsfähiges *oder verschuldetes* Eigentum kennt. Im Sozialismus fehlt also der den Kapitalismus kennzeichnende *Schuldendruck.* Die »mangelnde Dynamik« des Sozialismus ist damit erklärt.

Da es im Sozialismus keine Schulden geben kann, fehlt diesem System auch der **freie Markt,** definiert als Ort, wo Schulden reguliert, d. h. wo neue Schuldner gesucht und gefunden werden. Weil es *keine Schulden* gibt, kann es im Sozialismus auch *keine Preise* geben.

Wir kommen auf den Sozialismus noch zurück.

Kapital
Kapital ist immer verschuldetes Eigentum. Ein Kapital »als solches« kann es nicht geben.

Kapital muß immer »bewertet« sein, d. h. es muß ein Preisschildchen tragen. Dies geschieht in Form der »Bilanz«.

Natürlich gibt es Unternehmer, die »Kapital« bilanzieren, ohne Schulden zu haben. Sie können ihr Kapital aber nur bilanzieren (bewerten), weil *andere* Kapitalisten Schulden haben. *Denn hätte niemand Schulden, gäbe es auch kein Geld und ergo auch keine Möglichkeit, Preise zu haben.*

Schon die Tatsache, daß Kapital etwas »gekostet« hat, weist darauf hin, daß es produziert sein muß. *Produktion aber ist nur vorstellbar, indem Zeit vergeht.* Wo Zeit vergeht, muß aber *vorfinanziert* werden, entweder vom Eigentümer selbst oder von Dritten. **Finanzierung schafft immer Schulden, und Schulden schaffen Kapital, dessen Funktion wiederum darin liegt, die Schulden bedienbar zu halten.** Nur an ganz wenigen Stellen der nationalökonomischen Literatur blitzt ein solch umfassender Kapital-Begriff auf. Eine Stelle sei hier zitiert, von einem französischen Wirtschaftswissenschaftler, den wir zwar später als Mickey-Mouse-Ökonomen enttarnen müssen, der aber mit seinem »Kapital«-Begriff doch der Wahrheit schon recht nahe gekommen ist. Überhaupt besteht die Nationalökonomie – wie wir auch bei

Marx gesehen haben – sehr häufig aus »Beinahe-Getroffen«- oder »Gaaaanz-gaaaanz-nahe-dran«-Zuständen.

Der Franzose ist **Jean-Baptiste Say,** der da schreibt:[6])

»Beim Lichte betrachtet ist eigentlich **Jedermann** (gesperrt) **Capitalist:** selbst Derjenige, welcher gar kein Capital angelegt hat oder umtreibt, sobald er nur einen im Stand erhaltenen Hausrath (gesperrt) besitzt: denn Hausgeräthe sind kein unproductives Capital. Sie produzieren eine tägliche Brauchbarkeit – eine Annehmlichkeit, die ihren **Werth** hat. Dies ist so wahr, dass, wenn man keine Möbel besitzt, man dergleichen miethet (gesperrt).

»Ein Hausrath von 20.000 Franken, der mich der Nothwendigkeit überhebt, einem Tapezierer 1000 Franken Miethe zu bezahlen, bringt mir in der That jährlich 1000 Franken ein. Von diesem Einkommen habe ich zwar am Ende des Jahres nichts übrig (gesperrt); allein nur deshalb, weil ich consumirt habe. Ich habe den durch meine Möbel geleisteten Dienst consumirt, gerade so, wie ich den Pachtzins (gesperrt), welcher mir für ein Grundstück entrichtet worden ist, consumirt habe. Dieser Pachtzins, gleichwie der Dienst meines Hausgeräthes, waren darum nicht minder (gesperrt) ein Einkommen, weil sie consumirt worden sind.« (Seite 436, in der Original-Schreibweise belassen)

Eigentum

Eigentum ist immer die **Basis des Kapitalismus** (Debitismus), weil nur auf der Basis von Eigentum *Schuldenmachen* möglich ist. Dabei spielt es keine Rolle, ob es sich um Eigentum an »Sachen« oder »Personen« handelt. *Damit Eigentum beliehen werden kann, muß es zunächst bewertbar sein. Dieses wiederum setzt aber voraus, daß es bereits beliehen ist.* Beliehenes Eigentum ist **Kapital.**

Ist überhaupt kein Eigentum beliehen, hat Eigentum *niemals* einen »Wert«, weil es keinen Preis haben kann. Eigentum »als solches« gibt es also auch nicht. Es kann nur Eigentum sein, wenn es bewertbar ist, was wiederum voraussetzt, daß es als Kapital, d. h. als beliehenes Eigentum, eingesetzt wird. Dieser Einsatz (»Produktion«) auf dem Wege über die Verschuldung des Eigentums schafft erst »Geld«, mit dessen Hilfe Eigentum bewertbar sein kann.

»Geld« seinerseits ist immer eine umlauffähig gemachte (»zessierte«) Schuld, ohne die es weder »Preise« für Produkte, noch eben »Bewertungen« von Eigentum geben kann.

Eigentum, Kapital, Schulden und Geld entstehen daher **gleichzeitig.**[7]) Eigentum ist zwar eine gedankliche Vorstufe des Kapitals, *Eigentum, das aber nicht beliehen, also zu Kapital wird, ist als Eigentum sinnlos.*

Es gibt zwar Eigentum, das vorübergehend nicht zur Produktion eingesetzt, d. h. beliehen wird, aber es läßt sich dann nur als Eigentum bewerten, wenn **anderes** gleichartiges Eigentum beliehen wurde. Die »Kosten« dieses Eigentums sind dann die Kosten, die entstehen, weil es **nicht** als Kapital eingesetzt wurde.

Machen wir uns das Ganze an einem **Beispiel** klar:

Ein Bauer hat ein Feld zum Eigentum. Entweder er bearbeitet sein Feld oder er bearbeitet es nicht. Bearbeitet er sein Feld nicht, kann der »Wert« des Feldes nur dem entsprechen, was ein »vergleichbares« Feld »wert« ist. Dazu muß aber dieses Feld bearbeitet werden. Einen »Wert« (Preis) für ein Feld kann es nur geben, wenn **wenigstens ein** anderes Feld bearbeitet wird. *Wird gar kein Feld bearbeitet, kann kein Feld einen Wert haben.* Wenn es keinen Wert für Felder gibt, hat es auch *keinen Sinn,* solche Felder zum Eigentum zu haben.

Nehmen wir nun an, der Bauer bearbeitet sein Feld (er selbst oder der – mindestens eine – Bauer, der ein Feld bearbeiten muß, um Eigentum per Wert sinnvoll erscheinen zu lassen). Dann ergibt sich diese Lage:

Zwischen dem Beginn der Bearbeitung (Umgraben, Säen) und dem Ende der Bearbeitung (Ernte, Verkauf) vergeht Zeit. In dieser Zeit muß der Bauer sich selbst, seine Familienmitglieder, seine Knechte ernähren, und er muß auf das Saatgut verzichten, das er ja – statt es zu essen – in den Boden senkt.

Dieser Zeitablauf, in dem also Verzicht geleistet wird, bzw. dem der Bauer die Hilfe Dritter braucht (Arbeitskraft, Saatgut), kostet etwas – was wir hier schon, der Einfachheit halber, »Geld« nennen. Mit diesem »Geld« bezahlt der Bauer Löhne und Saatgut. Da sich der Bauer dieses Geld selbst hat leihen (bzw. vorstrecken müssen), muß er am Ende des Durchgangs mehr »Geld« hereinbekommen, als er ausbezahlt hat. Dieses »Mehr« ist – unabhängig vom konkreten Erfolg der Ernte, ob also viel oder wenig in die Scheuer gekommen ist – die Größe, die letztlich den »Wert« seines Feldes definiert:

- **Gibt es kein Mehr,** kann der Bauer die Zinsen, die auf seinen Kosten liegen, nicht bezahlen. Sein Feld ist wertlos. Und zwar *dauernd* wertlos, wenn sich ein Mehr, egal von welchem Bauern oder mit welchem Fleiß, nicht erwirtschaften läßt. Es ist *vorübergehend* wertlos, bis sich jemand findet, der ein Mehr zu erwirtschaften in der Lage ist.

- **Es gibt ein Mehr in Höhe der Kosten,** die der Bauer aufgrund der Vorfinanzierung der Produktion hatte. Das Feld (»Kapital«) läßt sich dann »bewerten«, weil es die Kapital-Funktion erfüllt, nämlich verschuldet eingesetzt zu sein (die Sicherheit für das, was der Bauer vorfinanzieren muß, ist sein Feld) und Einkommen zu erwirtschaften. Insofern berechnet sich der »Wert« des Feldes unter dem Aspekt, daß es denjenigen, die von ihm leben, ein Einkommen verschafft, das ihnen das Überleben ermöglicht.

Der »Wert« des Feldes ist also in Beziehung zu der Tatsache zu setzen, daß es einige Menschen »ernährt«, wie es so schön heißt. Das bedeutet: Das Feld wird so viel »kosten«, wie man braucht, um die Menschen, die von ihm leben, zu ernähren, solange sie leben. Das Feld kostet also ein gewisses Mehrfaches seines Jahresertrages, wobei dieser Ertrag notabene nicht in Beziehung zu setzen ist mit dem, was die Feldfrüchte am Markt erbringen, sondern mit dem, was das Feld leistet, indem es den Eigentümer und die Seinen ernährt.

Am einfachsten ermittelt sich der Wert des Feldes unter der Annahme, daß *nach* dem Eigentümer und den Seinen *niemand* mehr vom Feld leben muß oder möchte. Dann ist der Wert des Feldes so hoch wie die *abgezinsten Lebenshaltungskosten* der Betreffenden gerechnet auf die erwartete durchschnittliche Lebensdauer der Betreffenden.

- **Es gibt ein Mehr, das die Kosten einspielt und dem Bauern noch einen »Gewinn« läßt,** seine Risiko-Prämie dafür, daß er sich überhaupt auf das schwierige Geschäft des Vorfinanzierens von Kosten eingelassen hat. Entsprechend diesem Gewinn steigt dann der Wert des Feldes. Ist der Gewinn nachhaltig zu erwirtschaften, steigert das den Wert des Feldes je nach den konkreten Ergebnissen über den Wert, der sich nach dem zweiten Fall ermitteln läßt, hinaus.

Wie aber auch immer der »Wert« sich dann stellt. Daß es überhaupt einen Wert gibt, setzt immer voraus, daß der Kapitalist (Bauer) nicht nur die *Produktionskosten,* sondern auch die **Kosten der Vorfinanzierung** der Produktion wieder hereinholt. Von dort aus können wir uns gut dem nächsten Komplex zuwenden:

Wert und Preis

Der Wert einer Sache (ob »Kapital«, ob produzierter Gegenstand) ist im debitistischen Kapitalismus immer die **subjektive** Vorstellung, daß sich die Produktionskosten einschließlich der auf ihnen liegenden Kosten und einer eventuell »gewünschten« Prämie (Gewinn) realisieren lassen. Der Preis einer Sache aber ist der sich auf dem Markt dann ergebende **objektive** Tatbestand.

Wert und Preis sind in numerischen Größen (1, 2, 3 …) vorgestellt bzw. realisiert. Wert und Preis stimmen überein, wenn – vom *Anbieter* aus gesehen – eine *so hohe Verschuldungsbereitschaft der Käufer* entwickelt wird, daß die Produktionskosten (die ursprünglich nur als »Nachfrage« und ergo Wert-Realisierungs-Faktor zur Verfügung stehen) entsprechend den Verkäuferwünschen überschritten werden. Wert und Preis stimmen – vom *Nachfrager* aus gesehen – überein, wenn sich entsprechend *geringe Verschuldungsbereitschaft* der Käufer entwickelt, daß sich der Preis dem entsprechend niedrig angenommenen Wert annähert.

Subjektive »Wertungen« (»Dies ist eigentlich viel zu ›billig‹«, »Dies ist es mir ›nicht wert‹«) sind immer das Resultat von Prozessen, die der einzelne Anbieter oder Nachfrager niemals unter

»Kontrolle« haben kann. Es handelt sich um *nachgelagerte* Verschuldungsvorgänge, aus denen heraus sich dann konkrete Preise am Markt ergeben.

Das Argumentieren mit »Werten« ist amüsant, aber für den debitistischen Kapitalismus ohne jeden praktischen Sinn. Das endlose Streiten um den »richtigen« Wert oder um etwaige »Differenzen« zwischen Wert und Preis ist völlig müßig. Jeder darf sich »Werte« vorstellen und wünschen, wie er will. Was am Markt dann als »Preis« realisiert wird, ist immer allein davon abhängig, ob und in welcher Höhe die Produktionskosten *plus* die Vorfinanzierungskosten der Produktion plus Vorfinanzierungs- (= Risiko-)Prämie (Gewinn) realisiert werden.

Mehrwert
Auch die Marxsche Idee vom »Mehrwert« ist nichts als eine Chimäre, ein Fabelwesen *ohne Sinne*. Falls die Arbeiter der Meinung sind, sie sollten höhere Löhne kassieren, als ihnen der Kapitalist zu zahlen bereit ist, müssen sie ihn nur dazu bringen, sich entsprechend höher – zur Vorfinanzierung der entsprechend höheren Löhne nämlich – zu verschulden. Eine unbegrenzte Verschuldungsbereitschaft der Unternehmer vorausgesetzt, kann jeder Lohn gefordert und gezahlt werden.

Und wenn der Kapitalist schon, wie Marx fabuliert, bereit ist, jeden beliebigen Mehrwert vorzufinanzieren (er greift bekanntlich nur in seinen Dagobert Duckschen Silo), *dann kann er doch genausogut auch jede beliebige Lohnhöhe vorfinanzieren*. Was er rationellerweise auch tun sollte, um allfällige Arbeiterunruhen, Hunger-Revolten und natürlich auch die »große Revolution« zu vermeiden.

Auf Lohnhöhe und Arbeitslosigkeit kommen wir noch zu sprechen.

Freier Markt und freie Preise
Nach landläufiger Meinung müsse nur »freie Marktwirtschaft« herrschen, um dem Wohlstand der Nationen auf die Sprünge zu helfen. Diese Vorstellung steckt hinter den bekannten »Wirt-

schaftstheorien« von **Adam Smith** über **Mises** und **Eucken** bis **Hayek, Friedman** und den Neuen Klassikern. Diese Vorstellung ist ganz *naiv,* und sie wird weiter unten noch ausführlicher zurechtgerückt.

Der freie Markt mit freiem Marktzugang und allseits freien Preisen ist eine durchaus *notwendige,* aber keinesfalls eine *hinreichende* Bedingung für den wirtschaftlichen Fortschritt, für Wohlstand und hohe Wachstumsraten. Der Kapitalismus entwickelt sich nicht, weil er sich »frei« entwickeln darf. Sondern er entwickelt sich, weil verschuldete Eigentümer, alias Kapitalisten, den **Markt** brauchen, um **dort** die verauslagten Produktionskosten wieder einzufangen – und um die anderen Marktteilnehmer (»Käufer«) zu just jener *zusätzlichen Verschuldung* zu animieren, ohne welche die verschuldeten Kapitalisten ausnahmslos untergehen müßten.

Die freie Marktwirtschaft ist eine Veranstaltung, um den, »Kapitalismus« definierenden Prozeß möglichst optimal, d. h. letztlich *zeitsparend,* ablaufen zu lassen. Wir können also sagen: Je besser, d. h. freier die Marktwirtschaft, um so schneller, weil ungehinderter, *kann der Kapitalist seine Kosten wieder einfangen und die zur Systemerhaltung notwendige Neuverschuldung auf den Weg bringen.* Was die Neuverschuldung wiederum *senkt.*

Weil wir Marx oben mit Bildern von Dagobert Duck und König Laurin geärgert haben, können wir den Kapitalisten auf dem freien Markt wie folgt beschreiben: Er läuft da herum wie ein junger englischer Lord mit einem Schmetterlingsnetz. Das Netz dient ihm dazu, seine Produktionskosten wieder einzufangen, die irgendwo auf dem Markt, alias auf der bunten Wiese, herumschwirren. Dabei muß der junge Lord durch feine Manieren und in besten Tweed gewandet so sehr auffallen, daß sich mehr Schmetterlinge auf ihm niederlassen, als eigentlich zunächst auf der Wiese vorhanden gewesen sind.

Risiko und Gewinn

Es versteht sich von selbst, daß auch das Risiko im Kapitalismus in Wirklichkeit etwas ganz anderes ist, als immer wieder dargestellt. In den Köpfen der traditionellen Wirtschafts-»Theoretiker« besteht das Risiko der Kapitalisten darin, daß sie einen *geringeren* Anteil an der von ihnen in den Kreislauf als Produktionskosten abgegebenen und »im Markt« also herumschwirrenden »Nachfrage« zurückbekommen, als sie – sozusagen *anteilig* – verausgabt haben.

Auch diese Vorstellung ist *kindlich*. Da gibt es also 100 Unternehmer, jeder hat 100 Kosteneinheiten abgegeben, macht 10000 Einheiten Nachfrage. Die »besseren« 50 Unternehmer kriegen davon je 110 zurück. Die schlechteren 50 nur 90, und wenn sie nicht bald besser werden, scheiden sie aus dem »Wettbewerb« aus.

Das ist ganz falsch.

Wahr ist vielmehr, daß 10000 Einheiten Nachfrage von den 100 Kapitalisten geschaffen wurden, daß sie aber insgesamt 11000 zurückhaben müssen. (Die 1000 seien Zins, Gewinn). Macht pro Kapitalisten 110. Die 50 besseren schaffen das mit Müh' und Not. Die 50 schlechteren müssen sich in die verbleibenden 4500 teilen (wenn wir die zusätzliche debitistische Verschuldung nicht haben), und sind mit je 90 schlicht pleite. Von den verbleibenden 50, die insgesamt 5500 bringen müßten, die aber – im Beispiel unserer Wirtschaftstheoretiker, die den Debitismus nicht kennen, nur 5000 bringen, scheidet auch sofort wieder die Hälfte aus usw. Kurzum: *Der Kapitalismus wäre längst zu Ende, wenn es so etwas wie das Wirtschaftssystem der »freien Marktwirtschaft« mit »Bestenauslese« tatsächlich gäbe.*

Tatsächlich liegt das Risiko der Kapitalisten nicht darin, die verauslagten Produktionskosten nicht wiederzusehen, sondern darin, keinen Nachfolge-Schuldner zu finden.

Insofern ist der viel geschmähte **»Profit«** eine Petitesse, ist Kleckerleskram und überhaupt nicht die Aufregung wert, die allenthalben darum gemacht wird.

Der Profit (Gewinn) ist nicht etwa eine Prämie fürs Wiederwischen der verauslagten Kosten, wie es die bürgerlichen Ökonomen bis heute lehren. Er ist auch kein Ausbeutungs-Vehikel, wie die Linken faseln, weil es Ausbeutung (Wert minus Preis, alias Lohn für »gute« Arbeit) überhaupt nicht geben kann. **Sondern der Profit ist eine echte Risiko-Prämie, die sich alle Kapitalisten ehrlich verdienen.** Denn ihr Risiko besteht darin, die *Anschlußverschuldung* nicht auf den Weg zu bringen, keine späteren Schuldner (mehr) zu finden und ergo allesamt elendiglich unterzugehen.

Das Gleichgewicht und der Staat

Seit dem 19. Jahrhundert gilt das wirtschaftliche »Gleichgewicht« als etwas höchst Erstrebenswertes, ein Zustand, in dem sozusagen »alles gut« ist. Alle haben, was sie wollen, alle sind beschäftigt, es steigen weder Preise noch Zinsen, der Außenhandel ist im Gleichgewicht, die Währung ist stabil und so weiter.

Wer den debitistischen Kapitalismus begriffen hat, kann über solche Vorstellungen nur lächeln. Sie entspringen vermutlich dem allgemeinen *Harmoniebedürfnis,* dem sich gerade Ökonomen nicht entziehen können. **Tatsächlich aber kann es in der freien Wirtschaft niemals ein endgültiges »Gleichgewicht« geben.** Denn selbst wenn wir das als »Gleichgewicht«, alias als »Idealzustand« definierten, daß die Kapitalisten endlich die für ihr Weiterexistieren notwendigen Nachfolge-Schuldner gefunden haben und insofern für sie »alles gut« ist, haben sich die Nachfolge-Schuldner nun ihrerseits in die Gefahr des existentiellen Untergangs begeben, für sie ist keineswegs schon »alles gut«. Sie stecken vielmehr im größten Risiko, in der Gefahr unterzugehen, wenn sie nicht ihrerseits wieder neue Schuldner finden – und seien es die alten, die sie gerade aus ihrer Existenz-Gefahr erlöst haben.

Die freie Wirtschaft ist ein **dynamischer Prozeß,** in der Tat. Es kann schon deshalb niemals ein endgültiges Gleichgewicht geben, mit dem sozusagen »alles im Lot« ist, alles abgeschlossen werden kann, eine Größe auf die andere paßt. *Der Kapitalismus läuft über die* **Zeit,** *und über die Zeit laufen heißt: immer* **neue** *Schuldverhältnisse eingehen, weil die alten auslaufen und kritisch werden.*

Der Zeitablauf aber kostet. Dadurch entstehen Zinsen und/

oder Gewinnerwartungen zur Belohnung des Risikos, das der Kapitalist eingegangen ist, indem er sich zu Zwecken der Produktion verschuldet hat und die entsprechenden Geldmittel, alias »Kaufkraft«, aus seinem Unternehmen in die weite Welt geschickt hat, ohne irgendeine Form der Gewißheit, sein »Geld« wiederzusehen.

Die Kosten des Zeitablaufs müssen von immer neuen Schuldnern anerkannt werden, durch eigenes Schuldenmachen nämlich. Sonst können die alten Schuldner nicht bestehen. Wenn überhaupt so etwas wie eine Idee eines »Gleichgewichts« im Kapitalismus einen Sinn geben soll, dann die, daß sich dieser Prozeß, der debitistische Kettenbrief, immer wieder **fortsetzen** muß. Insofern können wir die Bedingung für die störungsfreie Existenz der freien Wirtschaft formulieren als: immer neues Schuldenmachen in just dem Umfang, in dem die alten Schuldner Vorfinanzierungskosten haben.

Dabei stoßen wir auf zwei Probleme, die uns noch beschäftigen sollen:

1. **Wie »verschwinden« eigentlich Schulden wieder?** Der ganze Kapitalismus besteht ja nur aus einem möglichst reibungslosen Aufschuldungsvorgang. Und wenn schon aufgeschuldet wird, wenn also Schulden einfach nicht mehr verschwinden wollen, sondern nur noch »aufrecht« erhalten werden können, indem man sie aufschuldet: Was bedeutet die Tatsache, daß durch solches Aufschulden nicht nur die Schulden immer höher wachsen, sondern auch die gleichzeitig gebuchten Guthaben?

2. **Wo liegen die Grenzen des Schuldenmachens?** Gibt es solche Grenzen insgesamt und/oder bei einzelnen Schuldnern? Gibt es Schuldner, die »grenzenlos« Schulden machen können? Wie beeinflußt solches unbegrenztes Schuldenmachen die Lage anderer Schuldner?

Unter beiden Punkten werden wir sehr schnell den **Staat** entdecken. Das ist ein ganz besonderer Schuldner: jemand, der jederzeit die Schulden *anderer* übernehmen kann, jemand, der schier unbegrenzt immer *neue* Schulden machen kann, jemand, der diese Schulden *stellvertretend* für andere machen kann, jemand, der aber auch garantiert, daß überhaupt Schulden von anderen gemacht werden können, jemand, der dafür sorgt, daß diese Schulden auch vollstreckbar bleiben und insofern einen »Wert« behalten.

Der Staat ist der alles entscheidende Faktor für Existenz und Ablauf des kapitalistisch-debitistischen Prozesses.

Der Staat ist dabei Gott und Satan in einem: Er schafft den Kapitalismus und er vernichtet ihn.

Dies werden wir bei der Untersuchung des kapitalistischen Ablaufs noch näher betrachten.

Nachfrage, Kauf, Tausch

Nachfrage hat im Kapitalismus nur eine einzige Aufgabe: Die früheren Schuldner am Leben zu halten. Nachfrage »als solche« gibt es nicht. **Nachfrage besteht immer nur aus Schulden**: aus Schulden, die *frühere* Schuldner gemacht haben und die über Produktionskosten und »Einkommen« jetzt in den Händen der Nachfrager sind. Und aus Schulden, die die Nachfrager *selbst* machen müssen, damit die früheren Schuldner überleben können.

Der Kauf, bei dem Nachfrage ausgeübt wird, ist im Kapitalismus immer ein Schulden-Weiterreichen und ein zusätzliches Schuldenmachen. Dadurch unterscheidet sich der Kauf vom Tausch. Beim **Tauschen** werden nur die früher gemachten Schulden, die irgendwo zu Einkommen und/oder Guthaben geworden sind, *weitergereicht*.

Gekauft werden produzierte Gegenstände, bei deren Produktion die Kapitalisten Kosten vorfinanzieren mußten. Getauscht werden Gegenstände, die das Gekauft-Werden bereits durchlaufen haben bzw. die sonstwie »vorhanden« sind.

Ein **Beispiel** macht das klar:

Ein Couturier stellt Ballkleider her. Er finanziert die Kosten vor (Löhne, Stoffe), und er kalkuliert die Vorfinanzierungskosten und seinen Gewinn ein. Die Damen sind verrückt nach den

Kleidern und überziehen ihre Konten, um dranzukommen: ein klassischer debitistischer Prozeß mit Zusatzverschuldung. Die Ball-Saison ist zu Ende. Die Damen können die rauschenden Roben nicht mehr sehen. Sie verkaufen die Dinger in Second-Hand-Shops: kein Kaufen mehr, sondern ein Tauschen! Der Second-Hand-Shop muß die Dinger reinigen und aufarbeiten lassen, will Lohnkosten hereinbekommen und Gewinne machen: Ein paar Mädels kommen vorbei und kaufen die Kleider, um als Punker zum Karneval nach Rio zu jetten: Sie holen sich Geld von ihren Konten, eine neue Runde Kaufen hat begonnen.

Kaufen ist also immer angesagt, wenn bis zum Anbieten des betreffenden Gegenstandes vorfinanzierte Kosten gelaufen sind, die inklusive Vorfinanzierungskosten und Risiko-Prämie nur hereinkommen können, wenn die Käufer sich ihrerseits verschulden.

Alles andere ist **Tauschen.**

Diese Unterscheidung ist deshalb wichtig, weil das eigentliche Problem der Ökonomie, wie wir gesehen haben, die **Zeit** ist. Im Interesse der Verkäufer muß es also liegen, möglichst zügig zu verkaufen, d. h. die verauslagten Kosten möglichst fix wieder einzufangen. Je schneller das geht, desto geringer sind die Vorfinanzierungskosten usw., und desto leichter ist es auch, einen Käufer zu finden.

Der Kapitalismus ist dann am besten in Schuß, wenn alles »weggeht, wie warme Semmeln«. Dann ist die erforderliche Neuverschuldung möglichst niedrig, es entfallen umständliche Werbe- und Marketing-Maßnahmen.

Sobald aber die Einkommen (= Produktionskosten der am Markt erscheinenden neu produzierten Gegenstände) erst noch lange Umwege machen, treibt das die Vorfinanzierungskosten hoch, was wiederum die Kunden immer ekelhafter macht und die Lage der verschuldeten Kapitalisten immer auswegloser.

Dieser Effekt zeigt sich deutlich bei sogenannten »Sachwert-Haussen«. In den Schlußphasen einer *Inflation* (auf die wir noch ausführlich kommen) steigen die Preise für produzierte und bereits einmal »verkaufte« Gegenstände immer weiter. Selbst Sachen wie Gold und Grund und Boden werden immer teurer. Viel von der Kaufkraft, die aus der vorfinanzierten Produktion stammt und die eigentlich schleunigst in die Fabriken zurückkehren sollte, *dreht erst noch ein paar Runden* am Gold- oder Immobilienmarkt.

Dadurch wird die Zeit, die normalerweise bis zur Rückkehr dieser Kaufkraft vergeht, erheblich »länger«: *Die Kosten für Zeitablauf steigen.*

Damit haben wir ganz nebenbei eine Erklärung für das Phänomen gefunden, daß in einer Inflation nicht nur die *Preise,* sondern auch die *Zinsen steigen.* Die Zinsen steigen sogar noch erheblich weiter an, wenn weitere Kredite aufgenommen werden, um sich an einer Sachwert-Hausse zu beteiligen.

Aus dem »produzierenden« Unternehmer ist dann der »Spekulant« geworden, eine besonders häßliche Form des Homo capitalisticus, der »Baulöwe«, »Immobilien-Hai«, der »Gold-Guru«.

Wie wir unten bei der Analyse des Blow-offs sehen werden, verhalten sich aber Sachwert- (wie natürlich auch Börsen-) Spekulanten *absolut rational,* wenn sie sich verschulden, um sich an einer Hausse zu beteiligen. Sie sind genauso »sozial« wie alle anderen, die sich im debitistischen System aufhalten, ob Kapitalisten oder Arbeiter.

Das Problem beim **Blow-off,** also einer durch laufende zusätzliche Beleihung eines Gegenstandes zum Zwecke weiterer Nachfrage nach diesem Gegenstand (und nicht etwa zum Zwecke des Einsatzes dieses Gegenstandes für die Produktion – als »Kapital« beispielsweise) hervorgerufenen *Hausse* in einem Tausch- (nicht Kauf-)Gut, liegt im unausweichlichen *Zusammenbruch* dieser Hausse.

Gleichzeitig entzieht eine solche Hausse dem produzierenden, »normalen« Sektor »Mittel«, weil sie die in den Kreislauf gebrachte Kaufkraft auf *zeitverzehrende* und ergo *zinstreibende Umwege* schickt.

Wo immer Haussen und Blow-offs auftreten, ist das kapitalistische System, dessen »Zweck« nur die möglichst zügige, von der

Kundschaft akzeptierte Produktion darstellt, im Innersten faul.
Der Kapitalismus steuert dann unausweichlich auf eine große Krise zu.

Die Königskinder oder: Angebot und Nachfrage

Zu den Sagen, die von der Nationalökonomie immer wieder aufgetischt werden, gehört auch die von den Königskindern: »Angebot« und »Nachfrage«, die sich »irgendwo« treffen sollen und dann einen »Gleichgewichtspreis« definieren, zu dem der »Markt geräumt« wird.

Dabei zeichnen die Ökonomen zwei Kurven, die jede für sich ganz plausibel ausschauen:

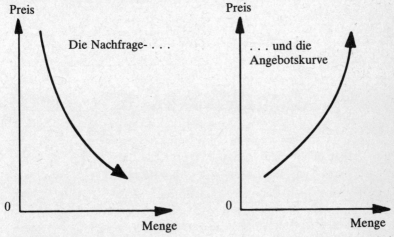

Abbildung 6:
Wie sich Nachfrager und Anbieter verhalten: Je niedriger der Preis, um so mehr fragt der eine nach, um so weniger bietet der andere an.

Da kann niemand meckern. Je höher der Preis, um so geringer die Nachfrage (links, also »vom Abnehmer aus gesehen«) und um so mächtiger das Angebot (rechts, also vom »Anbieter aus gesehen«).

Beide Kurven werden dann »zum Schnitt« gebracht, was ebenfalls einleuchtet. Das sieht wie Staatlich Meißen aus:

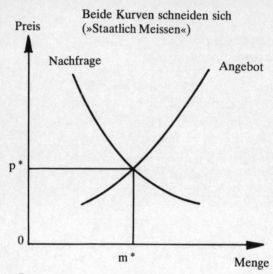

Abbildung 7:
Wo sich Angebot und Nachfrage »treffen« (»schneiden«), wird die Menge m^* zum »Gleichgewichtspreis« p^* umgesetzt.

Im Schnittpunkt haben wir einen »Gleichgewichtspreis« und eine »Gleichgewichtsmenge«: Dort wird die »richtige« Menge zum »richtigen« Preis angeboten und nachgefragt, also »umgesetzt«.

Im Kapitalismus kann nun aber, wie wir Debitisten wissen, die Nachfrage niemals ausreichen, um das Angebot vom Markt zu nehmen. Angebot und Nachfrage sind im Kapitalismus wie die Königskinder: Sie können finden zueinander nicht. N-i-e. Denn die Kosten für die **Zeit,** die verstrichen ist, bis die Produktion am Markt erscheint, sind als Nachfrage nicht vorhanden.

Einen solchen »Gleichgewichtspreis«, wie ihn die Nationalökonomen fordern, gibt es nur im Märchen: In einer Wirtschaft, in der genau das hergestellt wird, was die Leute auch haben wollen, und das – *ohne daß Zeit verstreicht*.

Das Modell mit dem »Schnittpunkt« von Angebot und Nachfrage ist das einer Fabrik, die Lebensmittel herstellt, wobei die Arbeiter der Fabrik zugleich ihre Kunden sind und am Abend folgendes passiert: Auf der einen Seite des Unternehmens, wo steht »Kasse«, werden die Löhne in bar ausgezahlt. Auf der anderen Seite der Firma, wo steht »Waren«, kommen dann die Arbeiter mit ihren Löhnen hin und holen sich die Waren ab. (Strenggenommen dürfte beim Schlendern vom Schalter »Kasse« zum Schalter »Waren« keine Zeit verstreichen, weil die niemandem bezahlt wird. Nur dann muß man sich fragen, warum die Menschen erst noch den Umweg über die »Kasse« machen, weil sie auch direkt zum Schalter »Waren« gehen könnten, um schneller an das zu kommen, was sie in Wirklichkeit haben wollen.)

Damit sind wir wieder am Kern des Kapitalismus angekommen: **Wann immer und wo immer Zeit verstreicht, muß sie bezahlt werden.** Auch wenn sie nicht »bezahlt« wird, verstreicht die Zeit nicht kostenlos. Nehmen wir in unserem Beispiel an, daß die Arbeiter schon am Morgen Geld bezahlt bekommen, vielleicht, damit sie überhaupt in die Fabrik kommen, um die Arbeit aufzunehmen. Sie kriegen die Waren aber erst am Abend ausgeliefert. In der Zwischenzeit »bezahlen« die Arbeiter selbstverständlich die Zeit: mit Verzicht.

Nehmen wir ein anderes Modell einer solchen kleinen Welt, so finden wir:

Morgens erscheinen die Arbeiter, um das herzustellen, was sie am Abend mit nach Hause nehmen wollen.

Im Laufe des Mittags treffen die Fahrzeuge mit den Geldscheinen ein, die von der Bank kommen. Abends werden die Geldscheine an die Arbeiter ausgehändigt, die dann die Waren kaufen und das Geld wieder beim Unternehmer abliefern, der es seinerseits wieder an die Geldtransportfahrer von der Bank aushändigt.

Für das Zur-Verfügung-Stellen von Geldscheinen, Geldtransportern, Geldbewachern usw. verlangt die Bank wiederum Geld, von der Firma natürlich. Die muß es in den Preisen der Produkte kalkulieren, die Produkte sind teurer geworden. Aber das Geld, das diese Geld-Vorbeibringungs- und Geld-wieder-Abholungskosten kostet, dieses Geld ist nicht vorhanden: Die Firma hat es nicht, sie muß es ja zahlen. Die Arbeiter haben es nicht, denn die kriegen nur die Löhne. Die Bank hat es auch nicht, denn die wartet ja darauf. Also?

Also: Wir können es drehen und wenden, wie wir wollen. *Wo immer Menschen wirtschaften, vergeht Zeit.* Diese Zeit kostet Geld und muß kalkuliert werden. Das, womit diese Zeit letztlich aber bezahlt werden könnte, ist nicht vorhanden. Es muß seinerseits erst wieder geschaffen werden wie alles andere vorher auch: durch Verschuldungsakte.

Um die Produktion am Abend vollständig abzuräumen, um die Firma (die darin beschäftigten Arbeiter) und die das Geld zur Verfügung stellende Bank, um alle also »auf ihre Kosten« kommen zu lassen, muß der Prozeß mit immer *neuen* Schuldnern fortgesetzt werden.

Die Arbeiter können sagen: Gut, daß ihr von der Bank gerade da seid, wir müssen uns Geld leihen, um der Firma die gesamte Produktion abzukaufen. Das Geld holen wir uns morgen durch eine Lohnerhöhung wieder rein, woraufhin sich die Firma am anderen Tag ihrerseits stärker bei der Bank verschulden muß, um die höheren Löhne zu bezahlen, die die Arbeiter brauchen, um alle Waren abzunehmen, die sie wiederum unbedingt brauchen, um satt zu werden.

Oder die Firma sagt, wir verkaufen zum alten Preis, ich bleibe das Geld einen Tag länger bei der Bank schuldig, und die Zinsen von heute und die von morgen, die zusätzlich anlaufen (einschließlich der nichtbezahlten Zinsen von gestern und der entsprechenden Zinseszinsen), die holen wir uns morgen durch entsprechende Lohnsenkungen wieder rein. Dann können sich die Arbeiter weniger kaufen, sind hungriger.

Und schließlich fällt beiden Seiten, der Firma und den Arbeitern, noch ein Trick ein: besser und schneller zu arbeiten, daß am Abend doch das gleiche rauskommt, aber »produktiver«. Das ist dann der »technische Fortschritt« und das daraus resultierende »Wirtschaftswachstum«, das es *nur* im Kapitalismus geben kann,

weil nur der Kapitalismus alle unter den hier beschriebenen Druck setzt.
Und Angebot und Nachfrage?
Sehen in Wahrheit so aus:

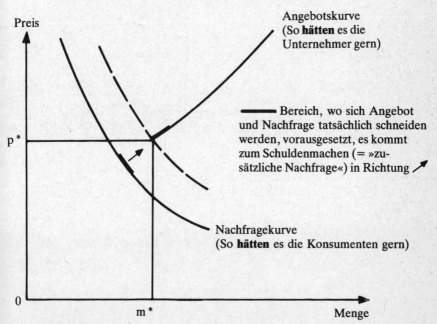

Abbildung 8:
Im wirklichen Leben können sich Nachfrage und Angebot nur »treffen«, wenn die Nachfrager zusätzliche Schulden machen, ihre Kurve also nach rechts verschieben. Durchgezeichnete Nachfragekurve: Die nur aus Faktoreinkommen bestehende Nachfrage. Gestrichelte Kurve: Die durch zusätzliches Schuldenmachen in Richtung »Pfeil« verschobene Nachfragekurve. Die fett gezeichneten Stellen sind die, wo sich dann Angebot und Nachfrage tatsächlich treffen und der Markt mit Menge m* zum Preis p* geräumt wird.
Wichtig: Ein Angebot links unterhalb von ▬▬▬ *findet gar nicht statt, weil die Unternehmer dort bereits im Verlust wären.*

Wer Probleme mit der zweidimensionalen Darstellung hat, sollte sich das Ganze mit der Angebots- und Nachfragekurve dreidimensional vorstellen: Die *Zeit* ist nach oben abzutragen, die Nachfragekurve schwebt dann unterhalb der Angebotskurve

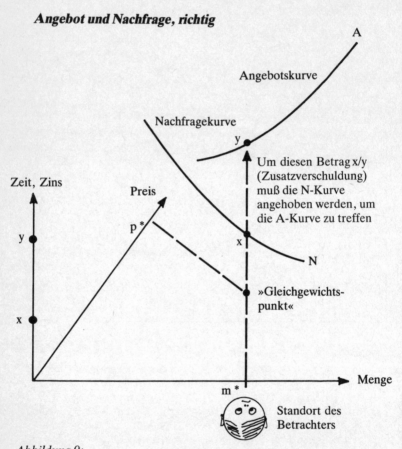

Abbildung 9:
Die A-Kurve schwebt in Wirklichkeit unerreichbar über der N-Kurve. Beide Kurven können sich nur schneiden, wenn die N-Kurve durch »mehr Nachfrage« angehoben wird, wobei sich die N-Leute eben ihrerseits verschulden müssen – um y/x. Sonst wird niemals der Markt geräumt, und der Gleichgewichtspunkt (m*/p*) bleibt eine Illusion.

und kann sie erst berühren, wenn sie angehoben wird, wenn also die benötigte Zusatz-Nachfrage (= Verschuldung) stattgefunden hat. Die Angebotskurve hat ja schon den Zeitaspekt eingebaut: Es sind die Kosten, die entstehen, weil Zeit kalkuliert werden muß.

Wir werden unten bei der Darstellung des Katastrophenbildes »Crash am Aktienmarkt« noch eine solche dreidimensionale Darstellung sehen.

Urschuld, Unschuld, Bordellwirtschaft: Der Mensch als Kapital

Ein Lieblings-Bild der Menschen ist das vom »unschuldigen Kind«.
Es gibt aber keine unschuldigen Kinder. Jedes Kind, das auf die Welt kommt, ist verschuldet bis unter seinen süßen Haarflaum. Es sind die Schulden, die der neue Mensch *sich selbst gegenüber* hat. Schulden, die aufgrund seiner Existenz entstanden sind.

Diese Schulden lassen sich überschlägig berechnen: Es sind die Kosten, die der neue Mensch hat, um ein Leben lang am Leben zu bleiben. Die Ausgaben für Nahrung, Wohnung, Kleidung usw., alles abgezinst auf die Gegenwart. Die Kosten werden in den ersten (und manchmal auch in den letzten Lebensjahren) von anderen lieben Menschen getragen. Nichtsdestotrotz sind sie da. *Und jeder junge Mensch ist ein neuer, junger Schuldner.* Seine Eröffnungsbilanz sieht so aus:

Der neue Mensch

Aktiva	Passiva
Schaffenskraft, die im Laufe eines Lebens die lebensnotwendigen (oder auch das Leben verschönernden) Dinge erstellen kann	Abgezinste Kosten zur Erhaltung des Lebens (und auch der Lebensfreude), also zur Erhaltung der Aktivseite

Mit der Eröffnungsbilanz des Menschen ist es nicht anders als mit jeder Geschäftsbilanz auch. Die Aktivseite enthält das, was der Mensch (die Firma) »vermag«, also das »Vermögen«, die Passivseite verzeichnet die Schulden, die gemacht werden mußten, um dieses Vermögen zu erstellen bzw. (später) zu erhalten.

Jeder Mensch ist ein Schuldner. Er ist es sich zumindest schuldig, sich selbst zu erhalten. Falls er sich nicht selbst erhält (oder erhalten kann), dann müssen andere Menschen diese Schuld (»Verpflichtung«) übernehmen.

Jeder Mensch ist sich selbst also etwas schuldig. Dies ist die **Urschuld**. Dies ist auch jener Umstand, bei dem viele Religionen ansetzen und viele Mythen.

Sich selbst etwas schuldig zu sein, nämlich die Erhaltung des eigenen Lebens, setzt ein Erkennen dieser Schuld voraus. Menschen, die nur in den Tag hinein vegetieren, Menschen, die es in der Vor- und Frühgeschichte zweifellos gegeben hat, lange bevor sich Reflektionen und Selbsterkenntnisse entwickelt hatten, wissen nichts von dieser Schuld. Sie leben instinktgesteuert wie ein Tier. Sie nehmen sich ihre Nahrung, wo sie etwas finden, und sie legen sich nieder, wo es gerade geht.

Garcilasco de la Vega (1539—1616), Sohn einer Inka-Prinzessin und eines spanischen Konquistadoren, gibt den Bericht eines alten Inka wieder, der die Metzeleien **Atahualpas** überlebt hatte und über die »Vermenschlichung« der Ureinwohner Perus erzählt[7a]):

> »Der Fürst zog gen Norden und die Fürstin gen Sünden; zu allen Männern und Weibern, die sie in jenen Gebirgsklüften trafen, sprachen sie und sagten ihnen, wie ihr Vater, die Sonne, sie vom Himmel ausgesandt hätte, damit sie Lehrer und Wohltäter jenes ganzen Landes würden, indem sie sie **aus ihrem tierischen Dasein hinausführten und sie lehrten, als Menschen zu leben** ... (und sie zogen dahin, um) ihnen die Speise von **Menschen und nicht von Tieren zu geben** ... Kurzum, alles, was zum **menschlichen Leben** gehört, lehrten unsere Fürsten ihre ersten Vasallen, wobei der Inka-König der Lehrer der Männer und die Coya, die Königin, die Lehrerin der Frauen war.«

Die Erkenntnis, sich selbst etwas schuldig zu sein, muß zusammenfallen mit der Erkenntnis, daß Zeit vergeht.
Tiere kennen dieses »Zeitgefühl« bekanntlich nicht.
Die Erkenntnis der Urschuld muß den Menschen wie einen Keulenschlag getroffen haben. Mit einem Mal ist er in die harte Realität des Seins geworfen. Die Zeit des *Paradieses* ist vorbei. In der jüdisch-christlichen Schöpfungsgeschichte ist dieser Umstand verschlüsselt wiedergegeben. Wir können ihn unschwer enträtseln.
Es ist die **Vertreibung aus dem Paradies.**
Paradies ist das griechische Wort für »Garten«. Es steht in der Erinnerung der Menschen für jenen Zustand, in dem alles zuhanden ist, in dem keine Zeit vergeht und die Menschen daher *unsterblich* sind.[8])
Die Drohung Gottes,

> »... aber von dem Baum der Erkenntnis, des Guten und Bösen sollst du nicht essen; denn welches Tages du davon issest, wirst du des Todes sterben«,

ist eine Tautologie, es kommt zweimal das Gleiche zum Ausdruck: *erkennen* und *sterben müssen.* Die Erkenntnis ist eben die, daß die Zeit doch vergeht, daß man an ein Morgen denken muß, daß im Zeitverlauf alle Schulden, auch diejenigen, die man sich selbst gegenüber hat, nur größer werden.

Konsequenterweise passiert an der entscheidenden Stelle ein Verzehr. Ein *Konsumakt* wirft uns aus dem Paradies, das Verzehren einer Baumfrucht, eines »Apfels«. Konsumieren müssen nur endliche Menschen – oder eben solche, die erkannt haben, daß sie endlich sind. Wer ewig lebt, wovon im Paradies zunächst auszugehen war (sonst hätte es keine Todes-Drohung geben können!), der lacht über Konsumakte: Warum einen Apfel essen, warum gerade jetzt, warum nicht erst in 100 Millionen Jahren?

Man kann zwar dem unsterblichen Ebenbild Gottes mit dem Ende dieser Unsterblichkeit drohen, aber nicht damit, daß diese Unsterblichkeit anhand eines Konsumaktes zu Ende geht. Weil ein Unsterblicher dadurch definiert ist, daß er unendlich lange warten kann – auch aufs Verzehren von noch so reizenden Früchten. Nachdem der Mensch aber seine Zeitlichkeit begriffen hat, seine Schuld, die er daraufhin sich selbst gegenüber hat, ist just das in der Welt, was die »Erbsünde« genannt wird: Schuldig zu sein, eben die verdammte Urschuld mit sich herumzutragen, ganz einfach, weil man lebt. Wer lebt ist sündig. Denn wer lebt, ist schuldig.[9])

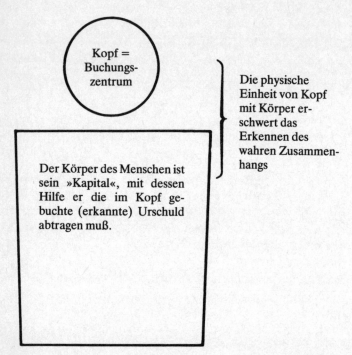

Abbildung 10:
Kopf und Körper des Menschen, die gedanklich getrennt werden müssen, um den Start des Wirtschaftens aus einer Schuld heraus zu begreifen: Die Urschuld wird im Kopf erkannt, anschließend vom Körper, dem »Kapital« des Menschen abgetragen – ein Gedanke, auf den der Sozialist Carl Hirsch in einem Briefwechsel mit Friedrich Engels als erster gestoßen ist.

Wir sehen den Menschen als eine **Einheit von Körper und Kopf.** Um das Urschuld-Phänomen besser fassen zu können, empfiehlt es sich aber, **beides zu trennen,** siehe links.

Der Kopf ist der Ort, wo die Schuld sich selbst gegenüber erkannt und, wenn man so will, »verbucht« wird.

Der Körper ist der Gegenstand, der eingesetzt wird, um die Schuld abzuarbeiten. Zugleich aber auch der Ort, der ursächlich ist für die Schuld, die zur »Selbst«-Erhaltung entsteht.

Die hier entwickelte Vorstellung ist keineswegs abwegig, wie das auf den ersten Blick erscheinen mag. Sie ist im übrigen, wie die meisten guten Gedanken, schon einmal entwickelt worden, und zwar vom deutschen Sozialisten **Carl Hirsch** (1841–1900).

Dieser Hirsch war ursprünglich Lassalleaner, hing also der Vorstellung an, die Arbeiter könnten ihre Lage von sich aus und ohne Revolution nachhaltig verbessern, etwa durch Produktivgenossenschaften. Noch auf dem Gründungs-Parteitag der (marxistischen) SPD in Eisenach 1869 wurde sein Vorschlag von »Produktivgenossenschaften mit Staatskredit unter demokratischen Garantien« ins Parteiprogramm aufgenommen (Programm der sozialdemokratischen Arbeiterpartei, Eisenach, 8. August 1869, Artikel III, 10).

Hirsch arbeitete eng mit **Bebel** und **Liebknecht** zusammen und besuchte 1877 **Marx** und **Engels** in London, mit denen er seitdem in enger Verbindung stand. Von 1879 bis 1892 lebte er in London. Zurückgekehrt nach Deutschland, hat er ein Manuskript verfaßt, möglicherweise für ein Buch, von dem wir nur aus einem Brief von Engels erfahren. Am 19. März 1895, wenige Monate vor seinem Tode (August 1895) schreibt Engels, daß er das Manuskript ausnahmsweise durchgesehen habe, geht auf einzelne Stellen ein und kommt zum zentralen Punkt, den Carl Hirsch angeführt hat:[10])

»**Das Kapital des Arbeiters ist er selbst.** Dies klingt sehr schön, aber das Wort Kapital verliert hier den letzten Rest seines Sinns. Was Teufel hast Du vernünftige Dinge in unvernünftige Philistersprachen zu übersetzen – was Du da sagst, ist mir rein unverständlich.«

Friedrich Engels stellt sich dümmer, als er ist. Die Idee vom »Arbeiter«, der das »Kapital des Arbeiters« sein könnte, ist ganz richtig! Dem armen Arbeiter geht es im Kapitalismus nämlich nicht anders als dem Ausbeuter: Beide sind verschuldet, und beide versuchen mit Hilfe ihres Kapitals die Schulden bedienbar zu halten bzw. wieder hereinzuholen.

Die *Schuld des Arbeiters* ist die allgemeine menschliche Urschuld »sich selbst gegenüber«, ist die Verpflichtung, sich »erhalten« zu müssen. Von dieser Schuld kommt der Arbeiter nur mit Hilfe des Einsatzes des Arbeiters herunter: Er ist also in der Tat, wie Carl Hirsch an Engels geschrieben hat, »das Kapital des Arbeiters«.

Der Arbeiter kommt von seiner (Ur-)Schuld nur herunter, wenn er jemanden findet, der sich seinerseits verschuldet, zum Beispiel einen Kapitalisten, der Schulden macht, um den Arbeiter zu beschäftigen, ihm also die Lebenshaltungskosten »vorschießt«. Der *Kapitalist* hat nicht nur die menschliche Urschuld, sondern auch noch einen ganzen Haufen *anderer* Schulden, die er seinerseits nur gemacht hat, um von seiner Urschuld herunterzukommen. Das ist das berühmte »Ich will es ein für allemal ›geschafft‹ und es ›hinter mir‹ haben«, was als Motiv für die Übernahme von Produktionsrisiken immer wieder genannt wird.

Dieses typisch kapitalistische »Schuldenmachen, um endlich von seinen Schulden (= der existentiellen Urschuld) herunterzukommen« wird uns unter den Stichworten »Gier« oder »Pleonexie« (Immer-Reicher-Werden-Wollen) noch beschäftigen.

Bei der Analyse der Position des Arbeiters genügt es, auf die *Parallelität* seines Schicksals zu der des Kapitalisten zu verweisen. Dies war die große Trouvaille von Carl Hirsch. Und Engels hätte heute, da die Arbeitnehmer in den kapitalistischen Staaten genauso Schulden machen können und auch verschuldet sind, wie es im 19. Jahrhundert das Privileg der »Ausbeuter« gewesen war, kaum noch die Möglichkeit, die Aufteilung des Arbeiters in den Arbeiter »selbst« (oben unser Buchungs-, d. h. Schulden-Empfindungs-Zentrum) und den Arbeiter als »Kapital« als »philisterhaft« abzulehnen. Womit haften denn die verschuldeten

Ratenkäufer, die Überziehungskreditnehmer, wenn nicht mit ihrem Einkommen, das sie mit Hilfe von sich selbst erwirtschaften?

Künstler sprechen von ihren begnadeten Talenten, Show-Leute vom Bekanntheitsgrad ihres Gesichtes, Models ganz einfach von ihrem Körper als ihrem »Kapital«. Das gilt für jeden. Der Monteur ist das Kapital des Monteurs, die Sekretärin das Kapital der Sekretärin. Wie anders kämen sie alle von ihrer existentiellen, ihrer lebenslangen Schuld herunter, wenn nicht durch »Arbeit«, die in Wirklichkeit bedeutet: Einsatz von sich selbst als Kapital zur Erzielung von Einkommen in einem Prozeß, in dem diese Einkommen nur fließen können, wenn sich jemand findet, der sie vorfinanziert.[11])

Im Jahr 1854 ließ Herr Dr. A. Meier, der »Patron« (so etwas, wie Bürgermeister damals) von St. Pauli in Hamburg, ein »Regulativ für die Bordell-Wirthe und eingezeichneten Mädchen in der Vorstadt St. Pauli« drucken. Diese Mädchen lebten von ihrem **Körper** als ihrem Kapital, und das, was sie zum Leben brauchten, wurde ihnen von den Wirten vorgeschossen – das Urschuld-Problem in klassischer Vollendung: Weil du lebst, hast du Schulden, und die mußt du nun mit deinem Körper abarbeiten. Das Regulativ schreibt vor:

» § 1. Die Wirthe dürfen den bei ihnen eingezeichneten Mädchen nur die Summe von höchstens 150 Mark creditiren, indem von jetzt an eine höhere Schuldforderung vorkommenden Falls stets auf diese Summe gerichtlich herabgesetzt werden wird.«

Aha, das Leben im Bordell beginnt also gleich mit einer Schuld – wie jedes Leben.

» § 3. Uebersteigt die Wochen-Einnahme eines Mädchens 50 Mark, so darf der Wirt doch nicht mehr als 25 Mark für sich berechnen. § 4. Die andere Hälfte der Einnahme der Mädchen dient zur **Abtragung der Schuld** und zur Bestreitung anderer Kosten.«

Hinter dem gedruckten Regulativ sind freie Seiten für die Eintragung der Schulden, der Einnahmen und Ausgaben. In dem vorliegenden Exemplar der Louise Bechtold eröffnet das Jahr 1855 mit einer Schuld in Höhe von 102,14 Mark, die durch »persönliche Ausgaben« und anderes schnell auf 110 Mark anwächst, wovon dann wieder 15 Mark an den Gläubiger verbuchte »Einnahmen« abgehen, was die Schuld auf 95 drückt, woraufhin sie durch »einen neuen Anzug« zu 26 Mark auf 121 Mark wieder in die Höhe schnellt.[12])

Tja, auch für das Liebesmädchen Louise war das Leben leider nicht »umsonst«. Nur daß man bei ihr deutlicher als anderswo sieht, was im Leben wirklich gespielt wird und immer wieder gespielt wurde: die Geschichte der **Tilgung unserer Urschuld** durch Einsatz von was? Na von uns selbst, natürlich!

Die Tatsache, daß die Menschen sich selbst, ihren Körper als Produktions-»Mittel«, als Kapital, einsetzen müssen, um von ihrer Urschuld, nämlich sich am Leben erhalten zu müssen, herunterzukommen, hat immer wieder die Gemüter erregt.

Die Reaktionen auf dieses eiserne Muß reichen von dumpfer Ergebenheit in ein »gottgewolltes« Schicksal (»wir müssen halt arbeiten, was bleibt uns anderes übrig«) bis hin zur vorrevolutionären Haltung, die im Arbeiten-Müssen fälschlich ein »Ausgebeutet«-Werden sieht. Zwischen Resignation und Revolution sind die »modernen« und »bürgerlichen« Theorien angesiedelt, die das Arbeiten als notwendige Vorstufe zu einem besseren Leben mit steigenden Konsumchancen interpretieren. Gearbeitet wird, weil der Mensch »Bedürfnisse« oder auch »Wünsche« hat, die sich dann wunderbarerweise erfüllen lassen, sobald die Arbeit beendet ist und das mit Arbeit erzielte Einkommen für die gleißende Güterwelt zur Verfügung steht.

Hinter dieser Vorstellung steckt ein grandioser Denkfehler, der die gesamte heute gelehrte Ökonomie schon bei ihren Grundlagen aushebelt.

Studenten der Volkswirtschaftslehre müssen zum Thema »Warum muß man wirtschaften?« folgende Sätze lernen:

> »Jeder Mensch hat **Wünsche,** die mit dem Streben einhergehen, sie zu befriedigen. Solche Empfindungen des Menschen nennt man **Bedürfnisse.** Sie sind – das ist der praktisch wichtigste Fall – Empfindungen des Mangels.«[13])

Diesen »Mangel« gilt es nun zu beseitigen. Denn:
»Will der Mensch seine Existenz erhalten, ist er offensichtlich genötigt, in jedem Fall bestimmte Bedürfnisse – vor allem der **Nahrung, Kleidung** und **Wohnung** – zu befriedigen.«
Das klingt alles wie selbstverständlich. Dennoch handelt es sich um einen Zirkelschluß, der die ganze daraus abgeleitete Wirtschafts-»Theorie« wertlos macht.

Die Rede ist von »Wünschen«, von »Bedürfnissen«, dann sogar von »bestimmten Bedürfnissen«, die auch konkretisiert werden: »Nahrung, Kleidung und Wohnung«. Nun müssen die Menschen zweifellos essen, sich anziehen, irgendwo nächtigen. Insofern liegt da schon ein Mangel vor. Aber ein »Wunsch«, ein »Bedürfnis« kann sich immer nur auf etwas richten, **was in der realen Welt bereits vorhanden ist**. Was es nicht gibt, kann ich mir nicht wünschen. Nur: Wenn es das schon gibt – **wo kommt es her?**

Woher kommt die dampfende Suppe? Wer hat denn den Fellumhang genäht? Fiel die schöne Hütte da vom Himmel?

Natürlich nicht. Alles, was wir uns wünschen können, müssen wir gesehen haben, müssen wir uns vorstellen können. Selbst wenn sich einer gelegentlich etwas wünscht, was er sich noch nicht so richtig vorstellen kann und dann anfängt, es mal auszuprobieren, ob er es auch produzieren kann: sobald es dann existiert, ist es produziert. Und wenn es sich dann alle anderen »wünschen«, ist es also längst konkret. Eben nicht »Nahrung, Kleidung, Wohnung«, sondern: *der* Hirsch-Schlegel, *diese* Hosen, *jenes* Bett. Die Frage, »warum muß man wirtschaften?«, wird in der heute gebotenen Volkswirtschaftslehre beantwortet mit einem saudummen: »Weil gewirtschaftet wurde!«

Wünsche und Bedürfnisse richten sich auf Produziertes, auf eine ganz konkrete Güterwelt. Wünsche und Bedürfnisse erklären also das Phänomen der Wirtschaft nicht und auch nicht das der Arbeit. Hunger ist Hunger, aber nicht »Hunger auf«.

Die »moderne« Wirtschaftstheorie fragt: *Warum muß ich arbeiten?* Und antwortet: Weil ich etwas haben will, was durch *die Arbeit anderer* entstanden ist.

Warum mußten dann aber die anderen arbeiten?

Arbeitsleid und Aristophanes

Ein Ökonom allerdings, der wegen seiner extrem liberalen Ansichten mehr als Sonderling gilt, ist hier noch zu erwähnen. Es ist der Österreicher **Ludwig von Mises** (1881–1973), der als Amerikaner starb. Ihm werden wir auch bei der Besprechung des »Sozialismus« begegnen. Hier ist auf sein Hauptwerk »Nationalökonomie – Theorie des Handelns und Wirtschaftens« einzugehen, das eine beinahe lupenreine Theorie der freien Wirtschaft enthält, wenngleich auch Mises leider den alles entscheidenden Punkt des Debitismus nicht erwischt hat. (Wir haben schon an anderer Stelle darauf verwiesen, daß jene Ökonomen, die am vehementesten »freie Märkte« und eine möglichst »staatsfreie Wirtschaft« fordern, selbst so weit von freien Märkten und von einer staatsfreien Wirtschaft entfernt sind, wie sie es nur sein können: Es handelt sich ausschließlich um ohne Existenzrisiko auf sicheren Sinekuren dahingleitende *Lebenszeit-Beamte*.[14]) Auch Ludwig von Mises war nicht einen Augenblick seines im übrigen sehr interessanten Lebens[15]) in der freien Wirtschaft tätig, mit der er sich am Schreibtisch so intensiv beschäftigt hat.)

Ludwig von Mises versucht die Tatsache, daß wir wirtschaften, also arbeiten müssen, nicht mit irgendwelchen albernen »Wünschen« oder »Bedürfnissen« zu erklären, sondern mit Hilfe der Nicht-Arbeit:[16])

> »Arbeit wird als **Unlust** empfunden, und das Freisein von Arbeit erscheint als ein Zustand, der besser befriedigt als das Arbeiten. Die Mußezeit wird ceteris paribus (wenn sich sonst nichts ändert, PCM) der Arbeitszeit vorgezogen. Gearbeitet wird nur dann, wenn man den Ertrag der Arbeit höher bewertet als den Wohlfahrtsverlust durch Entfall von Muße. Wir drücken das aus, indem wir sagen: die Arbeit ist mit **Arbeitsleid** verknüpft.«

Dieser Ausdruck »Arbeitsleid« ist eine sehr schöne Entsprechung zum Phänomen der Urschuld, die nur durch dauernde Arbeit abgetragen werden kann. Da Ludwig von Mises aber den geheimen Motor des ansonsten von ihm so hoch verehrten Kapitalismus nicht entdeckt hat (er setzt schlicht voraus, daß der

Mensch »handelt«, ohne sich näher um die Motive zu kümmern), dient ihm sein »Arbeitsleid« nur zu einer Abwägung in der Art der k.u.k.-Kavallerie-Offiziere: Gehe ich nun zum Spielen oder zu den Madeln. Gehe ich spielen, habe ich Madelleid, gehe ich zur Mausi, habe ich Spielleid.

»Der handelnde Mensch bewirtschaftet seine Arbeit nicht nur in der Weise, daß er darauf bedacht ist, sie für die Befriedigung des Bedarfs zu verwenden, den er als den wichtigsten ansieht, sondern auch in der Weise, daß er danach strebt, einen möglichst großen Teil des Arbeitspotentials ungenutzt zu lassen. Ehe Arbeit aufgewendet wird, wird nicht nur erwogen, ob es für sie keine dringlichere Verwendung gibt, sondern auch, ob es nicht besser wäre, auf die Aufwendung von Arbeit zu verzichten ... Wir können diesen Tatbestand auch in der Weise ausdrücken, daß wir die **Muße** als ein Ziel menschlichen Handelns ansehen und die nichtverwendete Arbeitsfähigkeit als Arbeitsaufwand zur Erlangung der Muße bezeichnen ...« (a. a. O., Seite 101)

Das wäre aber fein, wenn wir alle nur nach Muße streben könnten! Nur: Wer mag dann für uns arbeiten, denn in der Muße vergeht auch Zeit, und während die Zeit abläuft, müssen wir uns regenerieren, müssen essen und uns kleiden. Was aber speisen, was anziehen?

Letztlich läuft die von Misessche Theorie auf die Story von den **Heinzelmännchen** hinaus. Letztlich geht es um den alten, ewig unerfüllbaren Menschheitstraum: Warum kann ich nicht ein für allemal aufhören zu arbeiten? Einige können das sehr wohl, sie leben dann in Muße. Aber die anderen müssen entsprechend für die »Rentner« mitarbeiten.

Der große Athener Witzbold **Aristophanes** hat die Heinzelmännchen-Saga in seiner Komödie »Ploutos« (= der Reichtum) bereits der Lächerlichkeit preisgegeben. Es zeugt daher nicht nur von allgemeiner Intelligenzschwäche, sondern auch von mangelnder klassischer Bildung, wenn die Nationalökonomen bis heute solche Stories auftischen.

In der Antike hießen die Heinzelmännchen bekanntlich »Sklaven«. Aristophanes bringt die athenischen Weiber bereits zum Nachdenken, als sie die Macht im Staate übernehmen, um ein kommunistisches Regiment zu errichten, wo dann auch alle fein gleich sind, und gearbeitet wird in der »Weibervolksversammlung« von den Sklaven.

In seinem »Ploutos« geht Aristophanes diesem Ideal von der »Muße« noch ein wenig weiter nach. Er fragt nämlich, woher denn wohl die Sklaven kommen, die dann ja arbeiten müssen, wenn alle schön kommunistisch gleich sind, wie dies »Penia« (die Armut) beschreibt:[17])

> »Wenn Ploutos fortan, von der Blindheit kuriert, *gleichmäßig die Güter* verteilte,
> Da würde von Stund' an kein Mensch sich der Kunst noch nützlichen Wissens befleißen ...
> Wer pflügte den Acker, wer hackte den Grund, wer streute die Saat der Demeter,
> *Wer rührte die Hand,* wenn behaglich er könnt' und in **müßiger Ruhe** genießen?«

Ei, wen haben wir denn da, der die »Ruhe«/Muße ermöglicht? »Penia«-Gesprächspartner Chremylos gibt die Antwort:

> »Ah, papperlapapp, die Geschäfte zumal, die du aufzählst, machen die **Sklaven,**
> Die Bedienten für uns!«

Penia:

> »Die Bedienten? Woher bekommst du dann aber die Sklaven?«

Chremylos:

> »Die Sklaven? – Natürlich, die kauft man für **Geld!**«

Na klar doch: Jetzt umarmen sich sogar der extreme Linke, Karlchen Marx, und der extreme Rechte, der Ritter von Mises: Na klar doch: Das Geld ist *da*. Einfach *so*. Der Kapitalist Chremylos greift genauo in seine Truhen wie der Ausbeuter zweieinhalb Jahrtausende später, während der k.u.k.-Professor endlich geschnallt hat, wie er an seine ach so erstrebenswerte »Muße« kommt:

Mit Geld natürlich.

Tatsächlich aber besitzen die Menschen leider kein Geld, wenn sie nicht vorher gearbeitet haben ...

Die Arbeitslosigkeit

Tatsächlich haben die Menschen kein Geld, wenn sie nicht vorher gearbeitet haben.
Bei Licht betrachtet, müssen die Menschen arbeiten, weil sie sich das buchstäblich »schuldig« sind. Damit sie aber im Kapitalismus überhaupt arbeiten können, muß sich ein Unternehmer finden, der ihre Arbeitsleistung vorfinanziert.
Und damit sind wir mitten drin im Problem der Arbeitslosigkeit.
Um die wahren Ursachen von Arbeit und Arbeitslosigkeit herauszuarbeiten, wollen wir noch einmal **Ludwig von Mises** bemühen.
In einem kleinen Kapitel über die Arbeitslosigkeit hat er jenen eine Lektion erteilt, die der Meinung sind, daß »Löhne« etwas anderes seien als »Preise« bzw. daß auf dem Arbeitsmarkt die Gesetze von Angebot und Nachfrage etwa nicht gelten. Von Mises schreibt (a. a. O., Seite 546 f.):

»Wenn ein Arbeitssuchender für die Art von Arbeit, die er vorzieht, keinen Abnehmer findet, muß er sich um Arbeit anderer Art umsehen. Wenn ein Arbeitssuchender nicht den Lohn erhalten kann, den er gerne haben wollte, dann muß er seine Ansprüche herabsetzen. *Will er das nicht, so findet er keine Arbeit; er wird arbeitslos.*«

Diese Sätze sind unmittelbar einleuchtend, und sie sind natürlich auch richtig. Was uns der Gelehrte aber verschweigt, ist eine Erklärung dessen, was er als »Arbeit finden« bezeichnet. Die Sprache hilft gerade in der Ökonomie über vieles hinweg, man denke nur an diese hübsche Vorstellung vom Wirtschafts-»Wachstum«. Die Wirtschaft ist gar keine Wirtschaft, sondern ein Baum, vielleicht auch eine hübsche Blume oder gar ein Kälbchen. Sie »wächst«, wie lieb.
Ähnlich herzig ist die Vorstellung von den Arbeitern, die auf die Suche gehen, wie einst die Eltern von Hänsel und Gretel, und dann halt »finden«, Arbeit eben.
Die Arbeiter gehen also auf Wanderschaft und klopfen überall

an, und wenn sie bei ihren Lohnforderungen artig sind, dann »finden« sie »Abnehmer« für eine »Art von Arbeit«.
Ludwig von Mises ist ganz zuversichtlich (a. a. O., Seite 546):

»Ein Arbeiter, der nicht warten kann und nicht warten will, findet in der unbehinderten Marktwirtschaft (was wir »Kapitalismus« nennen, PCM) ... immer Arbeit; es genügt, daß er seine Lohnforderungen ermäßigt oder Beruf und Arbeitsort wechselt.«

Ergo gilt zusammengefaßt (a. a. O., Seite 547):

»Die Arbeitslosigkeit ist auf dem unbehinderten Markte *immer freiwillig gewollt*«.

Den Linken fällt es schwer, solche Argumente zu entkräften. Wenn sie redlich sind, müssen sie zugeben, daß jedes Arbeitslosenheer sofort zu beschäftigen ist. Spätestens, wenn die geforderten Löhne nur noch ein Zehntel der früheren oder üblichen Löhne ausmachen.

Die Linken weichen solcher Logik aber blitzschnell aus, indem sie darauf hinweisen, daß solchermaßen »sinkende« bzw. »gesunkene« Löhne oder Lohn-»Niveaus« die gesamtwirtschaftliche »Nachfrage« senken, weil dann alle Arbeiter immer weniger verdienen und also dann auch immer weniger kaufen können, was auf Dauer zu noch höherer Arbeitslosigkeit führen würde.

Die herkömmliche Ökonomie präsentiert sich hier wieder von ihrer Schokoladenseite: *Es handelt sich um eine »Wissenschaft«, mit deren Hilfe sich jede These belegen und auch widerlegen läßt* – wir kamen schon zu Beginn dieses Buches darauf zu sprechen.

Die wahre Ursache der Arbeitslosigkeit, sagen die einen, sind die viel zu *hohen* Löhne. Der wahre Grund für die Arbeitslosigkeit, sagen die anderen, sind die viel zu *niedrigen* Löhne.

Jeder kann sich das raussuchen, was ihm gerade gefällt, je nach Laune oder politischem Standort. Und da jede dieser Positionen in sich »logisch« ist, kann man herrlich darüber streiten.

Der Debitismus beendet diesen Streit und hilft uns weiter. Beide haben recht! Doch beiden fehlt das »Missing Link«, das alles entscheidende Glied in der Kette: die Bereitschaft und die Fähigkeit der Kapitalisten, sich zur Aufnahme von Produktion so stark zu verschulden, daß Arbeiter beschäftigt werden.

Große Krisen, also vom Kaliber der 30er Jahre und wie jetzt wieder eine vor uns liegt, sind gerade dadurch definiert, daß sich – egal zu welcher Lohnhöhe – keine Unternehmer mehr finden, die Arbeiter einstellen. Wir kennen die Fotos: »Nehme jede Arbeit an« hatte sich da ein armer Teufel umgehängt oder: »Suche Arbeit, egal zu welchem Lohn« ein anderer.

In einer schweren Krise nutzt das überhaupt nichts. Weil ganz einfach kein Unternehmer bereit ist zu produzieren, weil er die damit verbundene Vorfinanzierung nicht wieder vom Markt hereinbekommt, weil ihm in der Zwischenzeit die Preise wegbrechen.

Deshalb sind große Krisen, die sogenannten »deflationären Depressionen«, auf die wir in der Untersuchung des kapitalistischen Ablaufs noch ausführlich zu sprechen kommen, so ausweglos: Weil die Preise fallen, ist der Kapitalist, egal zu welchem Zins[18]), nicht bereit, Schulden zu machen, die er aber machen müßte, um Arbeiter zu beschäftigen. Denn die Preise fallen viel zu stark, was wiederum seinen Grund in den Schulden der früheren Schuldner hat, die zur Beschaffung der alles entscheidenden Liquidität (zur Bedienung ihrer Schulden) jede noch so abenteuerliche Preispolitik einschließlich des Unterkostenverkaufs veranstalten, nur um noch eine Zeitlang am Leben zu bleiben.

Die Kaufkrafttheorie der Linken und der Gewerkschaften (»Zahlt höhere Löhne, dann gibt's mehr Kaufkraft und damit Vollbeschäftigung«) ist genauso eine Schönwettertheorie wie die der Rechten (»Die Arbeit muß nur billiger werden, dann sind alle vollbeschäftigt«).

Beide kann man mit Hilfe des Debitismus auf einen Nenner bringen, indem man dieses – einzig gültige – **Vollbeschäftigungs-Theorem** formuliert:

In einer Wirtschaft, in der die »Nachfrage« ausschließlich in Form von Lohnzahlungen in den Kreislauf kommt, herrscht Vollbeschäftigung, wenn die Löhne darin so weit gesenkt werden, daß die Unternehmer sicher sein können, die Kosten der

Vorfinanzierung dieser Löhne durch zusätzliche Verschuldungsbereitschaft von später an den Markt tretenden Unternehmern wieder einzuspielen.

Dieses ist, wie wir schnell erkennen, das Marxsche Modell einer Wirtschaft (es gibt nur Kapitalisten und Arbeiter). Da Marx die Vorfinanzierungskosten, wie wir sahen (Dagobert-Duck-Effekt), auf Null setzt, muß in seiner Welt **immer Vollbeschäftigung** herrschen. Wenn die Vorfinanzierung von Löhnen nichts kostet, gibt es keinen Grund, Arbeiter nicht einzustellen – aber es gibt dann, wie wir sahen, auch keinen Grund, den Arbeitern nicht jeden gewünschten Lohn zu zahlen, weil ja das »Geld« für die Löhne automatisch wieder in die Geldsilos der Kapitalisten zurückströmt.

In einer Wirtschaft, in der Nachfrage nur von den Kapitalisten in »Umlauf« gebracht wird, müssen die Kosten für die Vorfinanzierung der Löhne, also die Zinsen, *möglichst niedrig* sein. So etwas war typisch für die kapitalistischen Volkswirtschaften des 19. Jahrhunderts, wo es in der Tat nur Verschuldung (= Nachfrageschöpfung) durch die Unternehmer gab (plus ein bißchen »Weltwirtschaft«), aber keinen »Staat«, der »Wirtschaftspolitik« betrieb (im Klartext: im großen Stil Schulden machte), und keine »Konsumenten« (Arbeiter), die sich die von ihnen geschaffene Produktion per Ratenkredit auch leisten konnten. Im 19. Jahrhundert lag der Zins sehr niedrig, zwischen 2 und 4 Prozent.

Sobald aber Nachfrage, vor allem auch vom »Staat« durch dessen Verschuldung (= »Konjunkturpolitik«), in Umlauf kommt, lassen sich auch viel höhere Produktions-Finanzierungs-Kosten darstellen. Der Kapitalist fragt bei der Einstellung von Arbeitern gewissermaßen nicht mehr nach kapitalistischen Kollegen, die ihm bei seinem Schulden- und Liquiditätsdruck helfen, sondern er weiß, daß der Staat ihn und seine ganze Kaste letztlich rauspaukt.

Der Staat ist der »Reparaturbetrieb des Kapitalismus«, hieß es vor Jahren in der vielgescholtenen sogenannten »Stamokap«-Theorie. Diese Theorie ist selbstverständlich richtig!

Die Kosten der Aufnahme neuer oder zusätzlicher Produktion

sind – vor allem durch den säkularen Zinsanstieg seit den 1950er Jahren[19]) – inzwischen so hoch, daß wir einen »sich selbst tragenden« Kapitalismus im Marxschen Sinne gar nicht mehr haben.

Da aber nun der große Reparateur in Rente geht, will heißen: die Staaten anfangen (müssen) zu »sparen«, und sich *andere* Aggregate, die jene Zusatz-Nachfrage (= Neuverschuldung) ausüben können, die das System braucht, um zu überleben, *nicht finden*, ist der freie Fall der freien Wirtschaft nur noch eine Frage kurzer Zeit.

Darüber aber unten mehr. Wobei wir dann auch die fatale Rolle von »Inflation« und »Deflation« beleuchten müssen. Denn in einer Inflation ist es kinderleicht, Leute einzustellen, solange die Vorfinanzierungskosten bequem in steigende Produktpreise überwälzt werden können. In einer Deflation aber wird es grauenvoll, weil sich dann letztlich überhaupt keine Kosten mehr überwälzen lassen und eine ausweglose, weil sich immer weiter selbst verstärkende **Massenarbeitslosigkeit** angesagt ist.

Debitismus à la Keynes

Die heute gelehrte Ökonomie geht auf Gleichungen zurück, die vom Engländer **John Maynard Keynes** und seinen Schülern seit den dreißiger Jahren entwickelt wurden. Weil sich die Wirtschaftswissenschaftler und Wirtschaftspolitiker mit dem Keynesschen Formelkram bestens auskennen, machen wir gemeinsam eine kleine Etüde: Debitismus, wie er entsprechend angewandt aussieht.

Dabei sind:

Y = Volkseinkommen
C = Konsum
S = Sparen
I = Investition

Diese Größen werden in der üblichen Theorie als »ex post« gültig bezeichnet, indem man sagt:

Y = C + S
oder
Y = C + I,
woraus folgt:
S = I.

Sein Einkommen kann man entweder verkonsumieren oder man hat es gespart. Oder die gesamte Produktion einer Volkswirtschaft besteht aus Konsumgütern und Investitionsgütern. Ergo müssen die Ersparnisse so groß sein wie die Investitionen.

Das sind schlichte Tautologien, die nicht viel hergeben und den kapitalistischen Prozeß schon gar nicht erklären, oder Fragen beantworten wie: Warum wird investiert? Woher kommen die Zinsen auf die Ersparnisse? Was kann ich mir eigentlich für meine Ersparnisse kaufen? Wo doch das »Geld« dafür schon ausgegeben wurde, denn es ist ja »investiert« worden?

Nach dem ersten debitistischen Durchlauf sei das Volkseinkommen um DY gestiegen – wie und warum werden wir uns weiter unten anschauen. Stellen wir das Volkseinkommen **Y** als Funktion der Investition **I** und den Konsum **C** als Funktion des Volkseinkommens **C(Y)**, so gilt für **Y(I)** diese Gleichung:

Y(I) = C(Y(I)) + I.

Differenziert man Y (I), so gilt nach der Kettenregel:

Y'(I) = C'(Y) · Y'(I) + 1 oder umgeformt

$$Y'(I) = \frac{1}{1 - C'(Y)}$$

Also: Wenn wir glauben, daß das Volkseinkommen etwas mit Investitionen zu tun hat und der Konsum etwas mit dem Volkseinkommen, erhalten wir diese Aussage:

Das »Wachstum« **Y'(I)**, der Anstieg des Volkseinkommens, hängt somit von der Grenzneigung **C'(Y)** zum Konsum ab. Das heißt im Klartext:

Bei Wachstum muß man das »Mehr« entweder *essen* (verkonsumieren) oder *investieren* – oder beides eben in irgendeiner vernünftigen Quote tun.

Aus diesem einfachen Zusammenhang geht auch hervor, daß es solche Tricks, wie die »Hebung« des Volkseinkommens, nicht gibt. Da hebt sich gar nichts.[20]) Als »Heber« versucht sich bekanntlich immer wieder der Staat, der volksbeglückend und umverteilend auftreten will.

Der Staat muß Steuern »erheben« – sonst nichts, entweder sofort oder »später«; später entsprechend höher, weil die »Anleihen«, mit denen er seine Steuern »vorfinanziert« hat, per Zinseszins aufgelaufen sind.

Nennen wir die vom Volkseinkommen abhängigen direkten Steuern $ST(Y)$, so bleibt den Bürgern bloß die Nettodifferenz von $N(Y) = Y - ST(Y)$ von ihren Einkommen zum Konsum C und Sparen S.

Nehmen wir an, daß der Konsum eine Funktion der den Bürgern verbleibenden Einkommensteile ist (»Horten« lassen wir außer Betracht), so gilt

$C(Y) = F(N(Y))$

$C'(Y) = F'(N) \cdot N'(Y) = F'(N)(1-ST'(Y))$

Ist nun $F(N) = cN + a$

und $ST(Y) = stY + b$,

so ist $F'(N) = c$ und
$ST'(Y) = st$,

wobei $0 < c < 1$ und $0 < st < 1$ ist, so gilt $C'(Y) = c(1-st)$.

Daraus folgt

$$Y'(I) = \frac{1}{1 - C'(Y)} = \frac{1}{1 - c(1-st)} < \frac{1}{1 - c}$$

Daraus folgt wiederum glasklar, daß das Volkseinkommen insgesamt schneller steigt, wenn der Steuersatz gesenkt wird.
Das Gesamteinkommen steigt am schnellsten, wenn es überhaupt keine Steuern gibt.

Der Staat ist damit als das entlarvt, was er ist: ein ökonomischer Reibungsfaktor, eine Energie-Vernichtungs-Maschine, ein negatives Perpetuum mobile.

(Alle Politik, die auf Steuersenkung ausgerichtet ist, angefangen mit den Steuergesetzen Reagans nach 1981, kann nur richtig sein – nur leider, sie kam halt zu spät. Um den erwünschten Wohlstands-Effekt und eine Maximierung des Gemeinwohls zu erreichen, hätte man **nie** Steuern haben dürfen.

Nachdem sie aber einmal existierten und der Staat mit dem »vorgreifenden« Schuldenmachen begonnen hatte, war es schon vorbei, wie anhand der Lüftl/Martinschen Theoreme bewiesen werden konnte.)

Der Denkfehler aller Staats-Fans, aller Sozial-Utopisten liegt in der Annahme, der Staat könne **»zusätzliches«** Geld ausgeben. Bei ausgeglichenem Haushalt kann der Staat aber nur das Geld ausgeben, das der Bürger auch ausgegeben hätte (oder gespart, d. h. Unternehmen zur Investition gegeben hätte).

Um den Debitismus mit den Mitteln der traditionellen Analyse darzustellen, erweitern wir die Formel

$Y = C + I$

zu

$Y = C + dI + (1 - d)I.$

Unter debitistischem Druck muß der Unternehmer das $(1 - d)$ gegen 1, also **dI** auf seiner Seite gegen Null bringen.

Er muß mehr leisten, als er empfangen hat, sonst kann er den Zahltag nicht überstehen. Er ist illiquide. Das »zusätzliche Leisten« sind notabene die zusätzlichen Verschuldungsakte, auf die sich der Markt einlassen muß, um dem Unternehmer *seine Leistung auch zu honorieren*.

Wirtschaftet der Unternehmer nur das **d** heraus, hätte er gerade die Kosten der Vorfinanzierung seiner Produktion eingespielt.

Um jetzt auch noch den Gewinn ins Spiel zu bringen, müssen wir die Formel erweitern zu

$Y = C + dI - (1 - d + p)I$

Das **dI** ist das durch die Kosten der Vorfinanzierung der Produktion (Sollzinsen bei den Banken) ausgelöste »Mehrprodukt«, das auf dem Markt per Zusatzverschuldung der Abnehmer »realisiert« werden muß. Am Ende der jeweiligen Periode erscheint das **dI** als »Auszahlung« (Habenzinsen) für die Sparer, die mit dieser »Mehrkaufkraft« die ihrerseits eingegangenen Verschuldungen ablösen usw.

Das $-$ **dI** ist das **Versprechen des Mehrprodukts,** das der Unternehmer bei Existenzverlust einlösen muß, das **pI** ist die **Wunschvorstellung des Unternehmers,** damit sich das Risiko für ihn lohnt, also seine Profitvorstellung. Die ebenfalls, wie wir gesehen haben, vorfinanziert werden muß.[21]

Nach der Realisierung der Mehrproduktion, nach dem Entstehen des »Wachstums«, ergibt sich:

$Y + W = C + dI + (1 - d)I + pI$ (W = DY)
$(1 - d) \to - 1$ wenn d gegen **Null durch die Produktion gebracht,** d. h. die Vorfinanzierungskosten eingespielt (»**verdient**«) sind.

$$\begin{aligned} Y + W &= C + dI + I + pI \\ -Y &= -C - I \\ \hline W &= dI + pI \end{aligned}$$

Das Wachstum ist die Summe der Vorfinanzierungskosten: und zwar der *Vorfinanzierungskosten* der Produktion (»**Zinsen**«) und der Vorfinanzierungskosten der unternehmerischen Risikoprämien bzw. *Markthonorierungserwartungen* (»**Gewinne**«).

Das **d** ist eine Funktion des externen Zinssatzes, woraus unmittelbar folgt, daß ein niedrigerer Zins die Unternehmer eher zum Investieren reizt als ein hoher.

Das **p** ist eine Funktion der Unternehmererwartung. Darin geht ein Bündel von Vorstellungen ein: soziales Klima, Gewerkschaften, Inflationserwartung, Sozial- und Steuergesetzgebung.

Letztlich steht es jedem Unternehmer frei, sich so viel »Profite« zu wünschen – und auch aufgrund dieser Vorstellung die Produktion mit der Vorverschuldung zu beginnen –, wie er es möchte. Schon bei Marx war die Vorstellung vom »Mehrwert« nach oben hin flexibel.

Wichtig aber bleibt: Ein Unternehmer wird Schuldverhältnisse, die Vorfinanzierung der Produktion, nur eingehen, wenn er sich dabei etwas »ausrechnet«, und vor allem: wenn diese Schuldverhältnisse überschaubar bleiben. In diesem Zusammenhang sind alle »Perpetuierungen« von unternehmerischen Schuldverhältnissen für die Vollbeschäftigung tödlich: *Wenn der Unternehmer nicht weiß, ob er die Leute die er einstellt* (und für die er in Höhe ihrer Löhne Kredite aufnehmen muß), *jemals wieder los wird, scheut er vor Einstellungen zurück.* Ein Arbeitnehmer wird sich auch nicht lebenslänglich ein Auto leasen, wenn er nicht sicher ist, ob er immer so viel verdient, um die Leasingraten aufzubringen.

Wir können die **Existenzbedingungen** für den freien Unternehmer definieren:

1. Er muß das $(1 - d)$ gegen 1 bringen, das $- dI$ gegen Null, weil er sonst laufend Substanz verliert, was ihn schließlich untergehen läßt.
2. Es muß immer $p > 0$ gehalten werden, weil sich sonst bestenfalls eine Vermögenserhaltung denken läßt, die aber wiederum nur bei einzelnen Unternehmern, niemals bei der Gesamtheit.
3. Zur sogenannten »Verteilung« kann immer nur das durch $(p + d)I$ definierte Mehrprodukt kommen.

Vor allem den dritten Punkt sollen sich die Umverteiler für das nächste Mal hinter die Ohren schreiben:

$$(p + d)I = W = DY = D_1C + D_2I.$$

Das D_1C kann *konsumiert* werden. Das ist das »bessere Leben«, das uns niemand mehr garantieren kann als die freie Wirtschaft mit freien Unternehmern und freien Märkten.

Das D_2I steht für das *Wachstum des Kapitalstocks* zur Verfügung. Denn eine Wirtschaft, die uns ein besseres Leben ermöglicht, muß auch vom Kapitalbestand her wachsen. Die Wirtschaft wird nur wachsen, wenn D_2I reinvestiert wird:

$$W' = DY - D_1C = D_2I,$$

woraus ersichtlich: Es kann mehr konsumiert oder weniger gearbeitet werden.

Ganz nebenbei hat sich damit das Problem der sogenannten **Arbeitszeitverkürzung** bei vollem Lohnausgleich erledigt, wenn man sich der Logik des ökonomischen Ablaufs beugt. Denn wir formulieren (**AZV** = Arbeitszeitverkürzung):

$$D_1C = \frac{AZV}{40 - AZV} C \quad \text{und} \quad AZV = \frac{40 \cdot D_1C}{C + D_1C}$$

(wobei wir von einer 40-Stunden-Woche ausgegangen sind.)

Daraus folgt ebenfalls unwiderleglich:

Die »Kaufkraft« (das »**C**«, was also zum Konsum zur Verfügung steht), kann niemals »gehoben« werden im Sinne von »mehr Geld unter die Leute bringen« – wie es oben schon beim Beispiel mit dem »Staat« nicht funktioniert hat. Es kann nur das vorher erarbeitete D_1C verkonsumiert werden oder durch Verzicht auf die Produktion des D_1C weniger gearbeitet werden.

Die Arbeitszeitverkürzung bei vollem Lohnausgleich hat sich als etwas entpuppt, das es nicht gibt: ein *Perpetuum mobile* nach dem Motto: durch immer weniger leisten immer reicher werden.

Was wir an Selbstverständlichkeiten gelernt haben, läßt sich weder durch sogenannte »Wirtschaftspolitik« noch durch »Umverteilung« oder »Arbeitszeitverkürzung« und andere Tricks aus der Welt zaubern. **Von nichts kommt nichts.** Nur die debitistische Produktion – und andere gibt es im Ernst nicht, es sei denn als Wirtschaft per Genickschuß-Kommissar – *kann Wohlstand schaffen.* Nur der unter Schuldendruck operierende Kapitalist kann Motor des Fortschritts sein.

Der Staat ist in jedem Falle fortschritts- und wachstumshemmend. Seine Funktion ist auf den Nachtwächter zu beschränken. **Reichtum ist etwas Positives.** Denn nur der »Reiche« kann sich gewinnbringend (investierend statt konsumierend) verschulden.

Debitismus contra Barro Superstar und Neue Klassik: Das »Markträumungsmodell«

In jüngster Zeit macht noch ein anderer Ansatz in den Wirtschaftswissenschaften von sich her: Die sogenannte »Neue Klassik«. Dabei handelt es sich um eine ziemlich pfiffige Theorie, die selbst einen altgedienten Fahrensmann, wie den berühmten Nobelpreisträger **Paul A. Samuelson** so stark beeindruckt, daß er seinen jahrzehntealten Lehrbuch-Bestseller soeben umschreiben ließ.[22])

Die Bibel der Neuen Klassik ist das Buch »Makroökonomie«, das, 1984 in New York erschienen, seit dem Frühjahr 1986 auch in einer deutschen Übersetzung vorliegt.[23]) Der Autor **Robert J. Barro,** Professor an der Universität Chikago, ist freilich keineswegs der Verheißene, wie sein Denkfehler mit dem »zinslosen Geld« beweist, auf den wir im ersten Kapitel schon hinweisen konnten (siehe dort Fußnote 9).

Im Zentrum der Neuen Klassik steht die Idee von der »Markträumung«. Da das Markträumungsmodell bei flüchtiger Betrachtung so ähnlich aussieht, wie die Angebots- und -Nachfrage-Theorie unseres Debitismus, machen wir die Neue Klassik der Einfachheit halber gleich hier ab. Sie sieht neu und »modern« aus, ist aber dennoch nichts als der übliche *Zirkelschluß* der Ökonomie, wie wir ihn später bei der Betrachtung der **Tauschwirtschaft** und der diesen Unfug vertretenden Mickey-Mouse-Ökonomen im Kapitel »Disneyland« noch auf ganzer Breite kennen lernen werden.

Weil sie heute so »in« ist, also schon hier die Neue Klassik und ihr Markträumungsmodell.

Den »Markträumungsansatz« definiert Barro so:

»Auffassung, daß **Preise** wie der **Zinssatz** und das **allgemeine Preisniveau** so festgelegt werden, daß sie alle Märkte räumen; d. h. auf jedem Markt ist das Angebot gleich der Nachfrage«. (Seite 678)

Das hört sich sehr gut an. Es setzt sich auch wohltuend von den beiden konkurrierenden Ansätzen ab:
1. Dem von **Keynes,** der in seinem Modell als Krisenursache **feste Preise** voraussetzt. Was heißt: Wenn die Preise nicht auch nach unten flexibel sind, muß es zu Unterbeschäftigung von Kapital und Arbeit kommen.
2. Dem der **unvollkommenen Information.** Dieser Ansatz glaubt eine Krisenursache darin zu entdecken, daß nicht alle an einer Volkswirtschaft Beteiligten den benötigten Durchblick haben, so daß Zeit verschwendet wird und Entscheidungen zu spät oder eben »nicht optimal« (d. h. zur Erreichung von Vollbeschäftigung) getroffen werden.

Beides läßt Barro sausen, was vernünftig erscheint. Denn warum sollten Preise (und Löhne!) nicht *nach unten* flexibel sein – die Märkte für Waren sind weltweit ziemlich frei und die Preise fallen auch tüchtig und die Löhne sind in vielen kapitalistischen Volkswirtschaften (USA! Japan!) nicht »starr«, sondern können durchaus kräftig gesenkt werden.

Daß die Menschen unvollkommen informiert sind, kann man sich auch *problemlos wegdenken,* zumal eine einmal vorliegende unvollkommene Information ziemlich unverändert bleibt, also ein Handikap ist, mit dem man leben kann.

Wir zeigen nun die Darstellung, mit der Barro die Markträumung erklärt (a.a.O., Seite 155). **Bitte umblättern!**

Unter dem **Y** verbirgt sich das gesamte Angebot und unter dem **C** die gesamte Nachfrage, insofern gleicht die Barro-Kurve der uns bekannten Kurve »Staatlich Meissen«, wobei das **C** der Einfachheit halber nur Konsumgüter umfaßt (die hochgestellten d und s interessieren hier nicht weiter).

Neu aber ist nun, daß wir nicht mehr einen »Gleichgewichtspreis« haben, sondern einen **Gleichgewichtszinssatz.**

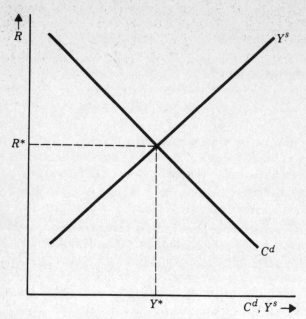

Abbildung 6.1: Die Räumung des Gütermarktes
Die Räumung des Gütermarktes $C^d = Y^s$ erfolgt beim Zinssatz R^*. In diesem Punkt ist die gesamtwirtschaftliche Produktion $Y^* = C^*$.

Das begründet Barro so:

> »Da der Zinssatz Güterangebot und -nachfrage insgesamt stark beeinflußt, erscheint es angebracht, (die Räumung des Gütermarktes) graphisch darzustellen; der **Zinssatz** wird auf der vertikalen Achse abgetragen. (Damit) zeigen wir, daß der Zinssatz auf das Gesamtangebot Y^s einen positiven Effekt und auf die Gesamtnachfrage C^d einen negativen Effekt auslöst. **Wenn sich der Zinssatz ändert,** lassen sich die Reaktionen von Angebot und Nachfrage als Bewegungen entlang der Kurven darstellen.« (a.a.O., Seite 155 f.)

Dieses Markträumungsdiagramm hat für Barro »zentrale Bedeutung« und er lobt die »zugrunde liegende Idee« in höchsten Tönen:

> »Erstens erweckt ein **höherer Zinssatz** bei den Wirtschaftssubjekten den Wunsch, in der laufenden Periode Güter **zu produzieren und zu verkaufen,** jedoch möglichst wenig Güter zu **erwerben.** Zweitens können wir die markträumenden Werte des Zinssatzes

und der Produktion durch die **Gleichsetzung** des Gesamtangebots mit der Gesamtnachfrage bestimmen.« (a.a.O., Seite 156)

Hört sich prima an, nicht wahr? Und so gescheit! Ist aber nichts als ein Denkfehler, den wir Debitisten, die den Kapitalismus begriffen haben, unschwer entdecken können. Barro verrät uns bei seiner superschlauen Markträumungstheorie nämlich leider nicht, **was denn da geräumt werden soll.** Der Markt wird ja nicht geräumt, im Sinne von weggeschafft. Sondern es geht um *Güter* (Barro spricht an anderer Stelle von einer »Räumung des Gütermarktes«), die irgendetwas mit dem Markt zu tun haben. Aber was?
Sind es Güter, die bereits *auf dem Markt vorhanden sind?*
Oder sind es Güter, die erst noch auf dem Markt *erscheinen werden?*
Das teilt uns der Meister nicht mit; denn er schlabbert die Perioden, indem er meint:

> ». . . in der *laufenden* Periode Güter zu produzieren und zu verkaufen, jedoch möglichst wenig Güter zu erwerben . . .«

Barro übersieht dabei, daß man in der **laufenden Periode** Güter produzieren und in der laufenden Periode auch verkaufen, bzw. erwerben kann. Man kann in der laufenden Periode aber auch die Güter **früherer Perioden** verkaufen, bzw. erwerben. Güter früherer Perioden **muß** es in der laufenden Periode aber unbedingt geben. Sonst gäbe es nämlich zu Beginn der laufenden Periode kein Markträumungsproblem (welche Güter sollten auch geräumt werden, weil in der laufenden Periode noch nicht produziert wurde?).

Und wenn es kein Markträumungsproblem gibt, existiert natürlich *weder ein Preis, noch ein Zinssatz.* Denn was sollte das sein? Wenn wir keine Markträumung brauchen, weil es zu Beginn der laufenden Periode keine Güter *früherer* Perioden gibt, ist der von Barro so groß herausgestellte »markträumende Wert des Zinssatzes« völlig witzlos. Kein Mensch braucht »Geld«, weil zu Beginn der laufenden Periode nichts da ist, was man kaufen könnte.

Auch **Barro Superstar** ist flugs als einer der üblichen Mickey-Mouse-Ökonomen enttarnt, von denen wir noch säckeweise kennen lernen werden, wenn wir uns seine »**laufende Periode**« zeitlich *genauso lang* vorstellen, wie es dauert, um überhaupt *Güter zu produzieren*. Dann können die zum Verkauf anstehenden Güter also erst dann auf den Markt gelangen (und das »Markträumungsproblem« schaffen), **nachdem** sie produziert wurden.

Während der, der Produktionsdauer gleichgesetzten, »laufenden Periode« kann es im Markträumungsmodell der Neuen Klassik überhaupt keinen Zinssatz geben, ergo auch keine »Änderung« eines Zinssatzes, ergo auch nicht Barro's »höheren Zinssatz«.

Wenn es aber keinen höheren Zinssatz gibt, entfällt auch der »**Wunsch**, *in der laufenden Periode Güter zu produzieren*«, von dem Barro faselt.

Nur: Wo kommen dann überhaupt die Güter her?

Wir erleben also auch hier wieder, notabene: bei der allerneuesten und allerschicksten Wirtschaftstheorie Amerikas, den üblichen, öden Zirkelschluß **aller** Ökonomie: Warum *wird* produziert?

Weil produziert *wurde*.

Und also spricht die »Neue Klassik«: Weil produziert wurde, gibt es ein Markträumungsproblem, gibt es einen Zinssatz, gibt es neue Produktion, gibt es ein Markträumungsproblem, gibt es einen Zinssatz, gibt es noch neuere Produktion. Ad infinitum.

Wer produzierte Güter (und deren Absatzproblem) mit noch zu produzierenden Gütern (und deren Absatzproblem) vermengt und verwechselt, kann bei den kapitalistischen Grundproblemen **Geld** und **Zins** ebenfalls nur Unsinn bringen.

So ist denn auch für **Barro Superstar** das »Geld« laut seinem Lehr(!)-Buch nicht nur »unverzinslich«, sondern es »fungiert« (feines Wort, gell!) auch als »Tauschmittel«, wobei sich in der freien Wirtschaft selbstredend wunderschöne, weil »für beide Seiten vorteilhafte (!) Tauschmöglichkeiten« ergeben (alles a.a.O., Seite 13). Die Kindergärtnerin gibt Bussi.

Wir Erwachsenen verlassen nun aber schleunigst den naiven

Kram der »Neuen Klassik« (sie ist genauso kindisch, wie die alte Klassik, wie wir unten sehen werden), und wenden uns den ernsten Dingen des Lebens zu.
Wir wollen **Geld** und **Zins** enträtseln.

Anmerkungen

[1]) **Arthur Cecil Pigou,** The Veil of Money, London 1949, Seite 24 f.
[1a]) **Paul A. Samuelson,** Economics. An Introductory Analysis, New York−Toronto−London, Seite 53. Diese Schleier-Theorie regiert unumschränkt: Selbst ein so kluger Kopf wie der Amerikaner **Peter Drucker** spricht seit neuestem immer wieder von der »symbol economy«, die uns den Blick auf die »eigentlichen Dinge« der »realen Wirtschaft« verstelle (Vortrag in New York, 12. April 1986).
[2]) **Aristoteles,** Politik, I, 10, 1258 b.
[3]) **Pigou,** a. a. O., Seite 25.
[4]) **Gunnar Heinsohn,** Privateigentum, Patriarchat, Geldwirtschaft. Eine sozialtheoretische Rekonstruktion zur Antike. Suhrkamp-Taschenbuch Wissenschaft 455, Frankfurt 1984, Seite 145. Im Literaturverzeichnis dort sind die weiteren Schriften Heinsohn/Steigers angegeben, die zum Teil erst in Fotokopien existieren, die aber gegen Kostenerstattung abgerufen werden können. Adresse: Proff. Heinsohn/Steiger, Uni Bremen, Postfach 330 440, D-2800 Bremen 33. Wichtig sind vor allem: »Der Tauschschleier oder: Die Lösung der geldtheoretischen Aufgabe, das Modell einer Wirtschaft zu entwickeln, ›in der die Umstände, die zur Verwendung von Geld führen, wesentlicher Natur sind‹«, und: »Marx, Keynes und die Lösung des Geldrätsels«.
[5]) Das erste Mal, daß dieses »Wesen« des Kapitalismus enthüllt wurde, war in **Heinsohn/Steigers** Aufsatz: »Geld, Produktivität und Unsicherheit in Kapitalismus und Sozialismus«, in: Leviathan, 2, 1981. Dieser Aufsatz ist ein Meilenstein der Wirtschaftswissenschaften!
[6]) Zu Say, seinen Schriften und seiner Supply-Side-Theorie ausführlich unten im Kapitel »Disneyland«. Das Zitat aus: **Johann Baptist Say,** Ausführliche Darstellung der Nationalökonomie oder der Staatswirthschaft, Band II (herausgegeben von Carl Eduard Morstadt), 3. äußerst stark vermehrte Auflage, Stuttgart 1833.
[7]) Die Krone, auf diesen Zusammenhang als erster hingewiesen zu haben, gebührt **Gunnar Heinsohn,** speziell in seiner Arbeit »Privateigentum, Patriarchat, Geldwirtschaft«, Frankfurt 1984. Ande-

re, neuere Arbeiten zum Problem und Phänomen des »Eigentums« sind sämtlich unbrauchbar, z. B. **Henri Lepage,** Pourquoi la propriété, Paris 1985, der nur die strammen, aber absolut belanglosen Pro-Privateigentums-Ideen wiederkäut, die bereits **Adolphe Thiers** in seinem »De la propriété« (Paris 1848) vorgekaut hat. Auf die Idee, daß Eigentum etwas mit Schulden zu tun haben könnte, sind die Franzosen nicht gekommen, wie schade!

[7a]) **Garcilasco de la Vega,** Wahrhaftige Kommentare zum Reich der Inka (Erstausgabe Lissabon 1609), hier: Deutsch von Wilhelm Plackmeyer, 2. Auflage, Berlin (Ost) 1986, Seite 19−21.

[8]) Schöpfungsgeschichte in **Mose** I, 2, 8 ff.; ich bin auf einige Umstände dieses Vorgangs und seine einzig sinnvolle Deutung an anderer Stelle eingegangen, in: **Paul C. Martin,** Sachwert schlägt Geldwert, München 1983, Seite 11 ff.

[9]) Von den großen Religionen ist besonders das Christentum auf das Schuld-Phänomen fixiert. Der Mensch tritt mit der Erbsünde (Urschuld) behaftet ins Leben. Das wichtigste Gebet, das er stammeln darf, ist ein » … und vergib uns **unsere Schuld,** wie auch wir vergeben unseren Schuldigern …« Wie sein Weg in die Sünde mit einem Konsumakt begann (Apfel im Paradies), kann er sich durch einen Konsumakt die Vergebung seiner Sünden (Schulden) ermöglichen: Er verzehrt in der Heiligen Kommunion, im Abendmahl, den Leib und das Blut seines Erlösers, der mit seinem Tode die Welt von ihrer Schuld erlöst hat. Im Tod erlischt in der Tat jede Schuld, und wenn sich der Sohn Gottes opfert, der als Gott unsterblich ist, kann er mit seinem Tode nur die Schulden anderer zum Verschwinden bringen. Auch das »Kreuz«, das Symbol des Christentums, kann als Schuldenerlöschungs-Symbol gedeutet werden. In der PCM-Sammlung zur Geschichte des Debitismus/Kapitalismus gibt es zahlreiche mittelalterliche und neuzeitliche Urkunden, auf denen erloschene Schulden, Ausbuchungen und »Abschlüsse« mit einem + bezeichnet bzw. durchgestrichen werden, wobei – offenbar um Papier zu sparen – der Querstrich meist länger ausfällt, etwa so: ─┼── Das Wirken des historischen **Jesus** fällt zeitlich in die schwere deflationäre Depression nach dem Höhenrausch des Augusteischen Zeitalters, das mit dem großen Crash des Jahres 33 (Todesjahr Christi!) zu seinem Endpunkt kommt. Die ersten Jünger sind armselige Fischer, die wir als typische Opfer jener schweren Krisen der Land- und Ernährungswirtschaft immer wieder sehen, wenn jene große Abwärtswelle läuft (»Meister, wir haben die ganze Nacht gearbeitet und nichts gefangen …«, Lukas-Evangelium, 5,5), die als erster **Nikolaj Kondratieff** als typisches Merkmal festgestellt hat, vgl. seinen Aufsatz

»Die langen Wellen der Konjunktur« von 1926, auf den wir noch ausführlicher eingehen werden.

[10]) **Friedrich Engels,** Brief mit Unterschrift »F. E.«, London 19. III. 1985 an Carl Hirsch in Köln, 3 1/2 Seiten. Der Brief lag bis November 1985 in der Sammlung PCM und wurde anschließend über F. Dörling, Hamburg, versteigert.

[11]) Um das mit dem »Ich-selbst-bin-mein-Kapital« zu verstehen, brauchen wir uns nur noch einmal das »Hausgeräthe-sind-ein-Capital«-Beispiel von J. B. Say von oben verinnerlichen. Zwischen »mir« und dem »Hausgeräth« gibt es keinen Unterschied! »Ich« bin »mein Gerät«.

[12]) Exemplar in Sammlung PCM.

[13]) **Artur Woll,** Allgemeine Volkswirtschaftslehre, 7. völlig überarbeitete und ergänzte Auflage, München 1981, Seite 49. – Der »Woll« ist das Standardlehrbuch für Ökonomie an den deutschen Universitäten.

[14]) **Paul C. Martin/Walter Lüftl,** Die Pleite, München 1984, Seite 175 ff.

[15]) Lesen Sie die zu Herzen gehenden Erinnerungen von **Margit von Mises**, Ludwig von Mises. Der Mensch und sein Werk. München 1981, erschienen im Philosophia Verlag, der sich sehr um die Pflege liberalen Gedankengutes verdient gemacht hat.

[16]) **Ludwig von Mises**, Nationalökonomie, Theorie des Handelns und Wirtschaftens. Unveränderter Nachdruck der 1. Auflage, Genf 1940, München 1980, Seite 100.

[17]) **Aristophanes**, Ploutos, 510 ff.

[18]) Die Diskontsätze lagen in den wichtigsten Industrie-Nationen in den 1930er Jahren bei 0,5 bis 1,5 Prozent. Dennoch hat eine so günstige Möglichkeit, kurzfristige Kredite zu bekommen, keinerlei »Ankurbelung« bewirkt!

[19]) In den USA, der maßgeblichen Macht des Kapitalismus, stiegen die Zinsen z. B. von Staatsanleihen von 2 auf 12 Prozent – zum »Wohle« des Kapitalismus, denn mit dieser Zusatzverschuldung der öffentlichen Hand wurde das ganze westliche System am Leben erhalten. Insofern war der immer defizitärere US-Haushalt nicht nur ein kleiner »Reparaturbetrieb« des Kapitalismus, sondern gleich eine gigantische Werft. Vgl. **Paul C. Martin**, CASH – Strategie gegen den CRASH, München 1985, Seite 83 ff.

[20]) Alle, die das Volkseinkommen »heben« oder »steigern« wollen, verstoßen gegen den Satz vom zureichenden Grunde und den Identitätssatz, vgl. Martin/Lüftl, Die Pleite, a. a. O., Seite 167–173.

[21]) Man sieht: das **d** (der Zins für die Vorfinanzierung) treibt den Kapitalisten, das **p** (die Gewinnerwartung) lockt ihn.

²²) **Paul A. Samuelson/William D. Nordhaus,** Economics, 12. Auflage der »Economics« von 1948, zum ersten Mal mit Ko-Autor (dem US-Ökonomen Nordhaus), New York u.a. 1985.
²³) **Robert J. Barro,** Makroökonomie, Regensburg 1986. Barro ist Harvard-Mann, hat an den Universitäten Brown und Rochester gelehrt, bevor er zur ehemaligen Friedman/Monetarismus-Hochburg Chikago stieß. Der Regensburger Transfer-Verlag, der das 1984 in Amerika erschienene Werk dankenswerterweise für deutsche Leser verfügbar machte, lobt in einem Vorwort die »sehr profunden Informationen«, was zutrifft, aber auch die »äußerst präzise Argumentation«, was wir leider entkräften müssen (a.a.O., Seite IX).

Geld & Gier

Warum Münzen nie der »Erleichterung« des Handels dienten, was es mit Gold als »permanenter Option« auf sich hat, weshalb Midas nicht genug bekam, und warum der Zins in der Antike so hoch war und wie er alle Gemeinwesen schnell zerrüttet

>»Wirft man den Kapitalismus zur Vordertür hinaus, so kommt er durch die Hintertür wieder herein.«
>*Fernand Braudel (1979)*

Der Mythos vom »Tauschmittel«

In den gelehrten Büchern über »Wirtschaft« erscheint das Geld unter »ferner liefen«. Es ist halt irgendwie »da«, man kann es nicht übersehen, insofern muß man darauf einige Zeilen verwenden. Doch seine Aufgabe ist, wie wir schon oben beim Engländer **Pigou** gesehen haben, letztlich nur die eines »Schmiermittels«, das dazu dient, die »eigentliche« Wirtschaft besser flupschen zu lassen.

In der schon zitierten »Allgemeinen Volkswirtschaftslehre« von **Artur Woll** tritt das »Geld« erst auf Seite 449 auf, um nach nur 27 Seiten wieder verabschiedet zu werden. Das Buch von Woll ist wie alle anderen »Lehrbücher« der Ökonomie völlig auf die »reale« Wirtschaft fixiert, auf »Produktion«, »Konsum« und »Wachstum« – auf Größen also, die im Kapitalismus nur nebensächlich sind und ihre Rolle einzig darin spielen, bei der Bewältigung des Schuldenproblems behilflich zu sein. Wer das Wesen der freien Wirtschaft, das Wesen des unter debitistischem Druck vorwärtsgeprügelten Kapitalismus begriffen hat, kann über Sätze wie die folgenden von Professor Woll nur lachen:

> »Da Geld wie ein anderes Gut **hergestellt** werden muß, gibt es Geldproduzenten. **Produzenten** des Bargeldes in der Bundesrepublik Deutschland ... sind die Bundesbank (für Banknoten) und der Bund (für Münzen).« (a. a. O., S. 456)

Dies ist schon **sachlich falsch.** Denn was da wie ein »Gut« »hergestellt« wird, Banknoten und Münzen, entsteht weder in der Bundesbank noch in Bonn. »Banknoten« werden in der Bundesdruckkerei in Berlin und in der Firma Giesecke & Devrient in München produziert. Dafür bezahlte die Bundesbank an Druckkosten 1985 genau 174,6 (1984: 139,5) Millionen Mark, vgl. Geschäftsbericht für 1985, Seite 143. »Münzen« stellen die vier jedem Sammler bekannten vier deutschen Münzanstalten in Hamburg, München, Stuttgart und Karlsruhe her.

Aber der Professor, der die deutschen Volkswirtschafts-Studenten schon von vornherein faktisch falsch informiert, ist auch als Theoretiker indiskutabel. Geld ist nämlich nicht »wie ein anderes Gut«, *da Geld überhaupt kein »Gut« ist, sondern immer eine* **Forderung.** »Güter«, alias Sachen, können nur die **Papierfetzen** sein, *auf denen diese Forderungen festgehalten wurden.* (Münzen sind zwar »produziertes« Geld, darauf kommen wir zu sprechen; aber wenn es so einfach wäre, Geld zu »produzieren«, muß man sich doch nur fragen, warum laufen nicht nur Münzen als Geld um, zumal der Finanzminister, der den »Münzgewinn« kassiert – die Differenz zwischen Metall- und aufgeprägtem Wert – daraus jährlich einen herzlichen Profit zieht? Der »Münzgewinn« liegt in der Bundesrepublik in den letzten Jahren zwischen 300 und 400 Millionen Mark pro Jahr.)

Nein, liebe Freunde, mit dem »Geld« verhält es sich ganz anders, als die Professoren uns weismachen wollen. Die Vorstellung nämlich, da gäbe es auf der einen Seite die **produzierten Waren** und auf der anderen Seite das **produzierte Geld,** *ist völlig falsch.* Diese Vorstellung stammt aus einer anderen Vorstellung, wie sich die Wirtschaft wohl »in der Geschichte« entwickelt haben mag: Da hat vermutlich jeder so ein bißchen vor sich hingebosselt, hat irgend etwas produziert, was er nicht gebrauchen konnte, und das hat er dann mit anderen, denen es genauso erging, **getauscht.**

Damit dieses ewige Tauschen (zwei Esel = eine Kuh; 100 Amphoren = 35 Knieschienen usw.) zügiger und praktischer abgewickelt werden kann, hat irgend jemand gütigerweise das Geld erfunden. Daher gibt es eben »Münzen«, mit denen unsere schlauen Vorväter bezahlt haben, und alles ging dann bis heute seinen Gang.[1])

Dieses »Tausch-Paradigma«, die »Erfindung« des »Geldes« zur »Erleichterung« von Handel und Wandel, haben **Gunnar Heinsohn** und **Otto Steiger** in ihren Schriften glänzend widerlegt.[2]) Wir wollen hier noch ein wenig mehr in die Tiefe gehen, um die Vorstellung vom Geld als einem »Tauschmittel« ein für allemal auszurotten.

Bereits ein flüchtiger Blick auf die wirtschaftliche Wirklichkeit in der Antike zu der Zeit, da just jene »Münzen«, alias Geld, »erfunden« wurden, um angeblich den elenden und komplizierten

Tauschhandel »zu erleichtern«, beweist uns, daß die ganze Geld=Tauschererleichterungs-Theorie hinten und vorne nicht stimmt.

So schreibt **Thomas Pekáry** in seiner sehr guten Zusammenfassung »Die Wirtschaft der griechisch-römischen Antike« zum Thema:[3])

> »Dem Handel scheinen diese Münzen anfangs wenig gedient zu haben: die Münzen des 6. und teilweise noch des 5. Jahrhunderts vor Christus werden meist nur in den Gebieten gefunden, wo sie hergestellt wurden. *Daher können sie im Handel noch kaum eine Rolle gespielt haben.* Dies schon deshalb nicht, weil von frühester Zeit an verschiedene Münzsysteme den Austausch **erschwerten** (!).« (Seite 12)

Wie bitte? Die Nationalökonomen lehren, daß die Münzen erfunden wurden, um den Austausch zu erleichtern, und jetzt hat jede der beteiligten Handelsmächte einen anderen Münzfuß? (Münzfuß ist die Zahl der Münzen, die aus einem bestimmten Gewicht geprägt wurden.) Da gibt es Münzen von 14, 16 und von 17,45 Gramm; letzteres war die berühmte Silbermünze Athens. Und Pekáry weiter:

> »Interessant für die Beurteilung der **durchaus sekundären Rolle** des Geldes im antiken Handel (!) ist der Umstand, daß gerade diese ausgeprägte Handelsstadt (Karthago) erst Anfang des 3. Jahrhunderts mit der Münzherstellung beginnt, wie übrigens Rom auch.« (a. a. O., Seite 13)

So, so. Karthago, dessen Reichtum schon im 5. Jahrhundert sprichwörtlich war, ist die ganze Zeit, wie auch sein schnell expandierender Konkurrent Rom, ohne »Geld« ausgekommen? Ei, worin bestand denn dann der »Reichtum« dieser großen Mächte?

Nun könnte noch eingewendet werden, daß vielleicht nicht der »Fern«-Handel mit Hilfe der Münzen erleichtert werden sollte, weshalb jede Stadt ihre eigenen Münzfüße hatte, was den Austausch, laut Pekáry, erschwerte. Vielleicht war »Geld« nur zur Erleichterung der örtlichen Tauscherei erfunden worden. Doch was lesen wir zu diesem Thema in dem vorzüglichen Buch »Gesellschaft und Wirtschaft im alten Griechenland« von **Michel Austin** und **Pierre Vidal-Naquet?**

»Im übrigen hat die Untersuchung griechischer Münzhorte des 6. und 5. Jahrhunderts zu bedeutenden Schlußfolgerungen geführt. Die Tatsache, daß sich unter den Emissionen vieler poleis (griechischer Städte, PCM) *keine Münzen von geringem Wert* befinden, zeigt, daß die Einführung des Münzgeldes **nicht ursprünglich die Erleichterung des lokalen Handels zum Ziel hatte.**«[4])

Daß die Münzen »Geld« gewesen sind, kann eigentlich nicht bestritten werden. Denn mit solchem »Geld« konnte man zweifellos bezahlen.

Aber: Mit einem Tauschhandel haben sie ganz gewiß nichts zu tun. Denn hätte man sie damals zur Erleichterung dieses Tauschhandels »erfunden«, hätte man dem *örtlichen Kleinhandel,* der bestimmt sehr viel »tauschen« mußte, entsprechend »passende« kleine Münzen an die Hand gegeben. Was aber nicht geschehen ist! Und den *Fernhandel* hätte man bei seinem Fern-Tausch dadurch geholfen, daß man ihm möglichst »einheitliche« Münzen mit auf die weite Fahrt gegeben hätte und nicht in jeder Stadt ein anderes »Geldstück«. Wenn es schon angeblich so kompliziert war, zwei Esel gegen eine Kuh zu tauschen, dann war es noch viel komplizierter, zwei attische Esel gegen eine phokäische Kuh zu tauschen, wo doch der attische Stater (Silbermünze) 17,45 Gramm und der phokäische 16,5 Gramm wog.

Das Tausch-Paradigma, auf dem die Nationalökonomie bis heute basiert und das bis in die neuesten Lehrbücher hinein behauptet, »produzierte Waren« würden gegen »produziertes Geld« getauscht bzw. »gewechselt«, dieses Tausch-Paradigma ist absolut und vollständig falsch! Die »Wirtschaft« beginnt nicht mit dem Tausch, sondern mit der Schuld.[5])

Ein weiteres Buch, das gerade in der Münchner C. H. Beck'schen Verlagsbuchhandlung, die sich große Verdienste um die Darstellung der Antike und der antiken Wirtschaft erworben hat, erschienen ist, bestätigt das ohne Umschweife. Es behandelt das von den Römern in blutigen Kriegen vernichtete Karthago und schreibt:[6])

»Karthago verdankte aber seinen Reichtum, eine der wesentlichen Voraussetzungen seiner politischen Position, nicht so sehr der Landwirtschaft und dem Gewerbe, als vielmehr dem **Handel.** Und den Handel hatten die Oligarchen, die wohl in erster Linie Reeder und **Bankiers** waren, in der Hand.« (Seite 485 ff.)

Und weiter:

»Karthago trat spät in den Kreis der münzprägenden Staaten ein – die ersten stadtkarthagischen Münzen wurden erst nach der Mitte des 4. Jahrhunderts emittiert. Offenbar hatten es die karthagischen Wirtschaftsbosse bis zu dieser Zeit **nicht für nötig erachtet, sich der Münze als eines Mittels des internationalen und nationalen Zahlungsverkehrs zu bedienen.**« (a. a. O., Seite 489 f.)

Wir haben also Bankiers, wir haben nationalen und internationalen Zahlungsverkehr, wir hatten Handel und wir hatten Reichtum – aber ohne Münzen! Wie das?

Womit wurde »bezahlt«? In welcher Form wurde der »Reichtum« angehäuft? Natürlich kannten die karthagischen »Wirtschaftsbosse« die Münzen, die damals im östlichen Mittelmeer und in Griechenland »kursierten«. (Angeblich zur »Erleichterung« des »Tausch«-Handels, wie uns die Wirtschaftswissenschaftler bis heute weismachen wollen.) Warum sind diese superschlauen und supertüchtigen Karthager so verstockt gewesen, solchen »Fortschritt« nicht sofort zu übernehmen? Warum ließen sie Hunderte von Jahren verstreichen (die ersten griechischen Münzen stammen aus dem 7. und 6. Jahrhundert!), bevor sie diese doch auf der Hand liegende »Erleichterung« endlich selbst übernahmen?

Die Antwort ist einfach: Geld gab es schon lange vor den Münzen. Geld gibt es, sobald es Schulden gibt. Denn Geld ist nichts anderes als umlauffähig gemachte Schulden, also Schulden, die auch noch von anderen anerkannt werden als jenen Gläubigern und Schuldnern, zwischen denen die ursprüngliche Schuld einmal entstanden ist.

Wie alt sind dann die Schulden?

Diese Frage läßt sich nach der Theorie des Debitismus einfach beantworten, wobei wir hier auf jene Schulden abstellen, die zwischen zwei Menschen entstehen. Die Schulden, die jeder Mensch sich selbst gegenüber hat (»Urschuld«), sind nach dem Abschied vom Paradies, also dem Bewußtwerden der Zeitlichkeit, zeitlichen Endlichkeit, Sterblichkeit des Menschen, entstanden. Damals greift er vergeblich nach »dem« Baum des Lebens, siehe unten den »Midas-Exzeß«!

Zwischenmenschliche Schulden sind so alt wie das Eigentum, das, wie wir oben sahen, nur dann einen Sinn ergibt, d. h. als Eigentum überhaupt erst entsteht, sobald es (oder ein anderes vergleichbares Eigentum) beliehen wird bzw. beleihbar ist.

Die ältesten Urkunden, *Tontafeln* aus gigantischen Archiven, geben uns hinreichend Auskunft. *Massenhaft ist da von Schulden die Rede.* Stellvertretend sei nur auf den berühmten Gesetzestext des babylonischen Königs **Hammurabi** erinnert, wo es zum Beispiel in Paragraph 117 heißt:

> »Gesetzt, einen Mann hat eine Schuldverpflichtung erfaßt, und er hat seine Gattin, seinen Sohn und seine Tochter für **Geld** verkauft oder in **Schulddienst** gegeben, so werden sie drei Jahre im Hause ihres Käufers oder Dienstherrn arbeiten, im vierten Jahre wird ihre Freilassung ausgeführt werden.«[7])

Es gibt also »Schuldverpflichtungen«, und es gibt »Geld«, bevor überall Münzen »erfunden« waren.

Wie aber wird nun eine Schuldverpflichtung zu Geld?

Auch diese Frage ist jetzt nicht mehr allzuschwer zu beantworten. Dabei müssen wir uns an die Wortbedeutung von »Geld« halten, die offenbar ausdrücken will, daß etwas »gilt« oder »gültig« ist. In früheren Jahrhunderten wurde unser Wort »Geld« als **»Gelt«** geschrieben.[8])

Was aber soll im Zusammenhang mit einer Schuld bzw. einer Schuldenregulierung die Vorstellung von »gelten«? Was bedeutet »gültig« sein?

Die Antwort finden wir sofort, wenn wir fragen: Wie lange soll etwas »gelten«, wie lange soll es »gültig« sein? »Gelten« oder »gültig sein« hat offenbar nur einen Sinn, wenn wir es **im Zusammenhang mit Zeit betrachten!**

Wir sagen auch heute »gültig bis auf Widerruf«. Oder: »Das gilt nur bis zum ...« (und dann setzen wir ein Datum ein). Und damit haben wir das »Geld«- alias »Gültigkeits«-Rätsel gelöst.

Schulden starten in dem Augenblick, da zwischen Gläubiger und Schuldner ein Schuldverhältnis vereinbart wird. Dieses Schuldverhältnis hat eine konkrete Leistung zum Inhalt. Wird diese Leistung erbracht, ist das Schuldverhältnis erloschen.

Beispiel: Ein Bauer, dessen Ernte verhagelt ist, leiht sich von einem anderen Bauern zehn Sack Saatgut, um überhaupt weiterarbeiten zu können. Es wird vereinbart, nach der nächsten Ernte zwölf Sack Saatgut (oder mehr) zurückzuzahlen.[9])
Nehmen wir an, der Schuldner schafft es mit der Rückzahlung. Was aber macht der arme Gläubiger mit den *zusätzlichen* zwei Sack? Mehr als die zehn Sack, die er in Reserve hatte, die er sonst auch nicht hätte verleihen können, braucht er nicht. Dieses Saatgut ergänzt er immer wieder aus der eigenen Ernte. Nun hat er zwei (oder mehr) zusätzliche Säcke da stehen. Das zusätzliche Saatgut hat für ihn keine Funktion, gibt keinen Sinn, zumal es im Laufe der Zeit vergammelt.

Was der Gläubiger brauchen könnte, und nur so wird er sich auf ein Kreditgeschäft einlassen, wäre Saatgut, das er dann, wenn er es selbst einmal benötigt, zum Beispiel im Falle einer eigenen Mißernte, »abrufen« kann. Bis dahin hätte er gern einen »Anspruch« auf zusätzliche Säcke Saatgut, ohne sie schon jetzt übernehmen zu müssen. Er hätte also gern Saatgut, *aber »später«, also dann, wenn er es wirklich braucht.* Er wünscht sich als »Zins«-Zahlung nicht **sofort** verfügbares, sondern **später** verfügbares Saatgut. Oder eben ein Anrecht auf Saatgut, das er immer dann ausüben kann, wenn er es will. Der Gläubiger will eine **Option.**

Der Gläubiger braucht Saatgut, das länger »gültig« ist, als dies bei der natürlichen Beschaffenheit von Saatgut darzustellen ist. Niemand verleiht Saatgut, wenn er mit den Zinsen auf das verliehene Saatgut, ebenfalls Saatgut, nichts anfangen kann, weil es ihm verdirbt.

Was der Gläubiger als Zinszahlung haben will, ist ein Anspruch auf Zahlung (= Lieferung von Saatgut), wann immer er es haben will. Der Gläubiger will nicht einfach nur eine Option, sondern **eine Option ohne begrenzte Laufzeit.**

Und das ist genau die Entstehung des »Geldes«: Es muß sich um eine »Zahlung« handeln, die ich nicht im Augenblick der Zahlung auch verwenden, d. h. verbrauchen muß. Sondern die ich dann verwenden (verbrauchen) kann, **wann ich will.** Die ich – wegen dieser Eigenschaft, »später« und besser noch: »immer« verfügbar zu sein – an einen anderen weitergeben kann, der sie gerade verwenden (verbrauchen) kann oder will und der sie mir daher abnimmt. Was ich als Gläubiger dann bewerkstellige, wenn ich gegen den bei mir liegenden »gültigen«, weil zeitlich weiter geltenden Anspruch, etwas anderes haben will, zum Beispiel Tongefäße oder Vieh.

Geld ist also nichts anderes als ein über den Zeitpunkt der Zahlung einer bestimmten Schuld (bzw. der Zinsen auf diese Schuld) hinaus gültige Forderung oder Option, die der Gläubiger oder jemand, an den er diese Forderung (Option) abgetreten hat, sich erfüllen lassen kann – was die »Umlauffähigkeit« dieser Forderung (Option) definiert.

Für den Schuldner sieht das so aus:

Entweder der Gläubiger akzeptiert die Rückzahlung einschließlich der Zinsen, die er aber nicht selbst gebrauchen kann, aber jemand hat, an die er die Zinsen sofort weiterverleihen kann – an einen anderen Bauern, der seinerseits gerade eine Mißernte hat. Dann wiederholt sich der Prozeß, wie beschrieben, nur auf einem immer höheren Niveau, bis der Gläubiger keinen mehr findet, dem er die Zinsen verleihen kann. Dann will er auch keine Leistung von seinem Schuldner haben, sondern einen jederzeit abrufbaren, weil »gültigen« Anspruch auf Leistung.

Oder der Gläubiger akzeptiert statt der Leistung (»Zahlung«) nur ein Leistungs**versprechen**. Dann hat der Schuldner **zwei** Möglichkeiten:

Entweder er schuldet auf, d. h., er verspricht und verspricht immer weitere Leistungen, was so lange gut geht, bis der Gläubiger dahinterkommt, die Schuld abruft und den Schuldner, weil er nicht leisten kann, in Schuldhaft nimmt, was übrigens der Standardvorgang in der Antike war (siehe die zitierte Stelle im Codex Hammurabi) und der Beginn der (Schuld-)Sklaverei, die von den großen »Erneuerer«, wie Hammurabi, Moses, Solon, auch noch Cäsar, immer wieder in sogenannten »Reformen« beseitigt wurde.[10])

Oder der Schuldner muß versuchen, den Zins, den der Gläubiger mangels eigener Verwendungsmöglichkeiten nicht (oder vorübergehend nicht) benötigt, über den Verkauf der überschüssigen Ernte an einen Dritten hereinzubekommen. Dafür erhält er dann »Geld«, mit dem er den Gläubiger befriedigen kann, oder er leiht seinerseits den Zins an einen Dritten aus, der ihm wiederum ein Zahlungsversprechen gibt, ein »gültiges« natürlich, d. h. ein dauerhaftes, aber jederzeit abrufbares, mit dem er seinen Gläubiger befriedigt und *wieder schuldenfrei* wird.

Wir erblicken also auch in der grauen Vorzeit unschwer wieder einen alten Bekannten: den debitistischen Kapitalismus, in dem Schuldner immer wieder neue Schuldner finden müssen, um nicht unterzugehen.

Und wir sehen schon etwas gänzlich Neues: *Gezahlt wird nicht mit Zahlungsmitteln, wie es bis heute immer so schön heißt, sondern mit Zahlungs-***Versprechen!**

Diese Zahlungs-Versprechen können sein:

1. **Schuldscheine,** in denen eine *konkrete Leistung zu einem bestimmten Zeitpunkt* vereinbart wird. Diese Schuldscheine können wir uns als trocken oder trassiert denken, wie beim Wechsel, der vermutlich gleichzeitig entstanden ist.

Also: »A liefert dann und dann 100 Scheffel Weizen.« Oder: »A liefert an B dann und dann 100 Scheffel Weizen.«

2. **Schuldscheine** als Dokumente über Leistungen *mit sehr hohem Zins* (auf dessen Enträtselung wir gleich noch kommen werden); oder sie kursieren und gehen dann mit *sehr hohem Diskont* (Abschlag) aus dem Markt.

3. **Optionen** in Form von *Edelmetall.* Wer Edelmetall besitzt, hat de facto eine nicht fällige, weil »nicht verfallende« Möglichkeit, zu einem ihm genehmen Zeitpunkt andere Waren abzufordern. Wieviel er abfordern kann, ist abhängig vom relativen Kurs, den das Edelmetall dann zu den abzufordernden Waren hat.

4. **Schuldscheine** über die Zahlung von *Edelmetall.*
Wie wir hören (Anmerkung 9), liegt der Zins für Zahlungs/ Leistungs-Versprechen, die unter 1. und 2. fallen erheblich (33 Prozent) über dem Zins für Zahlungs-Versprechen sub 4. (20 Prozent). Da die Laufzeit für beide Versprechen (Schuldscheine) gleich lang ist, jeweils ein Jahr, können wir jetzt unschwer den alles entscheidenden, letzten Schlag gegen die Vorstellung von der Ökonomie als »Tauschwirtschaft« führen:

Auch das berühmte Edelmetall, das Gold, kann niemals ein »Tauschmittel« gewesen sein und es hat auch niemals als »Tauschmittel« gedient. Selbst die primitivste Vorstellung der gewiß primitiven »Wirtschaftswissenschaft«, die heute gelehrt wird, ist absurd und abwegig, nämlich die, es hätte jemals so etwas gegeben, wie das »Tauschen« von einer Edelmetallmünze gegen eine Ware, gegen Wein oder Brot.

Aus der *Zinsdifferenz* zwischen Kontrakten, die auf Waren, und Kontrakten, die auf Gold lauten, geht sonnenklar hervor, **daß Gold nie zinslos existiert hat.** Der Zins, den Gold kostet, ist die Differenz zwischen dem Zins für Forderungen, die auf Waren lauten, und dem Zins für Forderungen, die auf Gold (»Geld«) lauten. Die Tatsache, daß ich mich in Gold bezahlen lassen will, kostet also Geld! Es ist die Differenz zwischen den 33 Prozent für Waren-Kredite und den 20 Prozent für Gold-Kredite. Diese Differenz entsteht zunächst, weil ich mit dem Waren-Kredit am Ende just diese eine Ware kaufen kann, mit Gold aber alle anderen Waren – was noch nichts besagt, denn die relativen Preise von Gold und Waren können sich in der Laufzeit der Kredite nicht verändert haben, und dann habe ich beim Gold-Kredit sinnloserweise Geld verloren.

Die Differenz entsteht vor allem, *weil ich beim Waren-Kredit*

am Ende der Laufzeit die Ware erhalte, die eine klar *begrenzte Lebenszeit* hat. Beim *Gold-Kredit* erhalte ich am Ende der Laufzeit aber *Gold,* das wegen seiner *unbegrenzten Lebenszeit* eine **Option** auf den *jederzeit möglichen Bezug von allen möglichen Waren darstellt.* Noch dazu eine Option ohne Laufzeit.[11])
Das Edelmetall, vor allem dann Gold, ist in einer Warenwelt, die permanent entsteht und vergeht, in der Tat ein Ding an sich, die endlose Option. Und so was ist nicht einfach vorhanden und wartet darauf, gütigst irgendwann und irgendwie getauscht zu werden, sondern sowas kostet Zins, kostet »Geld«.

Wer die permanente Option Gold hält, zahlt nicht etwa das als »Zins«, was er hätte kassieren können, wenn er sein Gold verliehen hätte. Hier geht es nicht um kalkulatorische Kosten einer Goldposition. Sondern wer Gold hält, zahlt die (nicht kassierte) *Zinsdifferenz* zu anderen Krediten, die auf Waren lauten, die im Gegensatz zu Gold vergänglich sind. In Babylon, wo diese Kontrakte noch säuberlich getrennt wurden, ergab sich eine Prämie (Aufgeld, »Zins«) von 13 Prozentpunkten, was – korrekt gerechnet – wiederum einen Zinssatz von 65 Prozent ausmacht! Im altgriechischen Demosthenes-Beispiel sind es zwischen Liegebett und Bargeld 18 Punkte (= 150 Prozent Zinsverzicht, ergo Zinskosten des Bargeldes) und zwischen Schwert und Barem 4 bzw. 5,4 Prozentpunkte oder 30 bzw. 45 Prozent. (Anm. 9 und 11).

Gold war niemals »kostenlos« in der Welt, das berühmte »zinsfreie Tauschmittel«, von dem die Ökonomen faseln. Gold hat es als »Zahlungsmittel« nur gegeben, **weil und nachdem es andere Kontrakte gab,** sonst hätte sich die Tatsache, daß Gold (Edelmetall) permanenten Options-Charakter hat, niemals in einer *Zins-Differenz* niederschlagen können. Damit ist auch erklärt, warum in den großen Handelsnationen der Antike das »Münzgeld« erst lange **nach** Entstehung des Kapitalismus als einer unter Schuldendruck stehenden Wirtschaft erscheint.

Hätte man das Edelmetall nicht entdeckt, oder hätte es auf Erden weder Gold noch Silber noch Platin usw. je gegeben, hätte der Kapitalismus selbstverständlich genauso starten und sich entwickeln können, so wie heute das Gold überhaupt keine Rolle mehr spielt und dennoch der Kapitalismus seine große Abschluß-Gala gibt.

Wir sehen auch hier wieder deutlich: Eine Wirtschaft ohne Zeitablauf gibt es nicht. Schon deshalb ist die Vorstellung von »Tauschwirtschaft«, also die ganze heute gelehrte Ökonomie, falsch.

Eine Tauschwirtschaft würde nämlich etwas voraussetzen, was es nicht gibt, eine Ökonomie, *in der die Zeit immer stehenbleibt,* bzw. eine Ökonomie, *in der alles gleichzeitig beginnt und gleichzeitig endet.* Wo alle gleich lang leben, alle gleich lang arbeiten, alle Produkte im gleichen Augenblick fertig werden und alle im gleichen Moment verzehrt werden, weil sie alle zum gleichen Augenblick verderben. In der utopischen Literatur gibt es einige Gesellschaftskonstruktionen, die entsprechend ausgerichtet sind; auch der Sozialismus arbeitet bekanntlich mit diesem Gleichmachereffekt in Raum und Zeit, worauf oben bei Aristophanes schon ausführlicher eingegangen wurde.

Was die heutige Wirtschaftswissenschaft lehrt, ist letztlich utopischer Sozialismus, einschließlich der großen Promotoren der »freien Marktwirtschaft« wie **Hayek** oder **Friedman**, worauf wir im Kapitel »Disneyland« noch eingehen werden.

Tauschwirtschaft? Ja, zum Beispiel, wenn ich ein großes Goldstück in zehn kleine wechsle, wenn ich zehn Scheffel Getreide im Sack gegen zehn Scheffel Getreide in Tüten wechsle (wobei Sack und Tüten auch noch gleich viel kosten müssen und die Arbeit beim Auswiegen auch nicht bezahlt werden darf). Selbst dieses »Wechseln«, was Tauschwirtschaft wäre, weil es gleiche Güter mit gleichen Produktionskosten und gleicher Laufzeit nur anders aufteilt, ist nicht immer kostenlos. Banken »wechseln« zum Beispiel Geld häufig nur gegen Gebühr. Warum? Weil auch während des Tausch-, alias Wechselvorgangs Zeit vergeht bzw. Kosten entstehen.

Selbstverständlich gibt es im Kapitalismus Tauschvorgänge, wie wir schon gesehen haben. Aber Tauschen ist nur möglich und auch nur vorstellbar, nachdem es bereits Wirtschaften gegeben hat. Und die gibt es eben nur, weil alles im menschlichen Leben

unter Zeit, also debitistischem Druck abläuft. Tauschvorgänge müssen bezahlt werden, auch die Tische an den Sammler-Börsen (»Tauschbörsen«) stehen nicht zu kostenloser Benutzung herum. *Tauschen kostet also immer Geld.*
Das gilt selbstverständlich auch für den freiesten und effizientesten aller Märkte, die **Aktienbörse**. Unter der Überschrift »Aktien wieder im Sommerloch« schrieb die »Welt« am 29. Juli 1986:

> »Wie schon in den letzten Wochen üblich, war das an der Montagbörse vorliegende Ordervolumen gering. **Die Ausländer beschränkten sich auf Tauschoperationen**. Ein Nettozufluß neuer Mittel war nicht zu beobachten...«

Was an jenem Montag lief (»Tauschoperationen«) war keinesfalls kostenlos! So nach dem Motto: Ich tausche jetzt mal fix drei BMW-Aktien gegen eine Daimler-Benz oder ähnlich. Das »Tauschen« an der Börse ist in Wahrheit ein Verkaufen und Kaufen. Beides ist nicht »umsonst«. Die Hand halten nicht nur der Finanzminister auf (Börsenumsatzsteuer) und die Banken (Provision), sondern vor allem die amtlichen und vereidigten Kursmakler, die dafür, daß sie Angebot und Nachfrage zur Deckung bringen (ein höllisch kompliziertes Geschäft!) völlig zu recht ihre **Courtage** kassieren.

Was wir beim Gold, bei den Edelmetallen herausgefunden haben, war nur eine besonders geschickt verborgene Form des »Alles-kostet-Geld-weil-immer-Zeit-abläuft«.

Gold kostet Geld, weil die Zeit mit dem Ablauf der kapitalistischen Produktion nicht stehengeblieben ist, weil die produzierten Waren nun ihrerseits zwar »fertig« sind, aber sofort nach Verlassen der Produktionsstätte ihrem unaufhaltsamen Ende entgegenstreben. Gold hat dieses Ende nicht. Daher es eine Prämie hat.[12])

Von Tempeln und von Banken

Um das Rätsel der »Entstehung« des »Geldes« vollends zu lösen, müssen wir uns noch über die Arten von Schulden klar werden, um die es in der Antike gegangen ist. Zwei Arten von Schulden haben wir bisher schon kennengelernt: die Schulden, die der Mensch *sich selbst gegenüber* hat, die sogenannte »Urschuld«, alias die »Erbsünde«, und die Schulden, die aus *Gläubiger/ Schuldner-Beziehungen* resultieren. Aber es gab noch eine dritte Form der Schuld: *die einer Gottheit gegenüber* bzw. dem »Vertreter« dieser Gottheit (»Priester«, »frühfeudaler Fürst«) gegenüber existierende Schuld. Diese Schulden laufen parallel zu den bisher behandelten, spielten aber früher eine viel größere Rolle als heute. Und vieles spricht dafür, daß das »Geld« zunächst nicht nur aus Gläubiger/Schuldner-Beziehungen resultierte (was in der Regel ohnehin in Überschuldung und Schuldknechtschaft bzw. Sklaverei endete, weil es für bereits verschuldete Schuldner sehr schwer war, die benötigten Nachfolge-Schuldner zu finden, weshalb üblicherweise so lange aufgeschuldet wurde, bis der arme Kerl fertig war – zumal bei den extrem hohen Zinssätzen).

»Geld« ist sehr wahrscheinlich vor allem aus Schuldbeziehungen heraus entstanden, die sich zwischen den Menschen und den von ihnen verehrten Gottheiten ergeben haben. Die Gottheit wird nicht nur »verehrt«, sondern man ist ihr etwas »schuldig«, das Opfer.

Dieses Opfer kann entweder ex ante oder ex post »gezahlt« werden, d. h. zur vorbeugenden Abwehr von Gefahren oder unangenehmen Umständen wie Mißernten, um die Gottheit also zu »besänftigen«, indem man »um gutes Wetter« bittet, wie es bis heute heißt. Oder das Opfer wird nachträglich gezahlt, zum Abtragen einer Dankesschuld, zum Beispiel, weil eine Ernte gut ausgefallen ist. Wir kennen ja die berühmte Stelle:

> »Es begab sich aber nach etlicher Zeit, daß Kain dem Herrn **Opfer** brachte von den Früchten des Feldes; und Abel brachte auch von den Erstlingen seiner Herde und von ihrem Fett.«[13])

Da wird ganz offenbar eine Schuld abgetragen, die der Mensch Gott gegenüber empfindet, weil dieser Gott der »Mechanismus« war, der das Korn wachsen und die kleinen Lämmer auf die Welt kommen ließ. Bzw. der verhindert, daß andere »Götter« oder »Himmelsboten« Unheil anrichten (»Venus«!). Darüber ausführlicher in den Schriften von **Gunnar Heinsohn,** siehe oben.

Im Laufe der Geschichte werden diese Opfer-Stellen, alias die Orte, an denen die »Zahlung« gegenüber der Gottheit geleistet wird, nicht mehr wie bei Kain und Abel irgendwo auf freiem Feld errichtet, sondern an festen Orten, in sogenannten »Tempeln«.

In seiner großartigen Arbeit über die Rekonstruktion des jüdischen Tempels hat der berühmte israelische Archäologe Professor **Yigael Yadin** genau gezeigt, wie so eine Anlage mit dem Ort, wo geopfert wird, ausgesehen hat.[14]) Es war ein riesiger Tempelkomplex mit einem Schlachthaus und einem »Altar«, auf dem die geschlachteten Tiere verbrannt wurden.

Die Form des jüdischen Opfers war eine Besonderheit. In anderen alten Tempeln, etwa in Babylonien, in Ägypten, in Griechenland und in Kleinasien oder auch in Rom, fehlen solche Plätze, wo das Opfer, also die Schuldzahlung der Gottheit gegenüber, ein für allemal verschwindet.[15])

Was geschieht dann aber dort? Tempel sind zwar große Gebäude, aber mehr als das, was die Gläubigen in einem Jahr als »Opfer« (= Schuldentilgung) vorbeigebracht haben, nahmen sie sicher nicht auf. Und warum die ganzen Güter dann wegwerfen?[16])

Die Lösung, die gefunden wird, liegt nahe: Die (Opfer-)Schuld den Tempeln (und ihren Priestern) gegenüber wird nicht mehr »in natura« abgetragen, sondern »in effigie«, also in Form *einer Darstellung dessen, was man schuldig ist,* wobei – und das ist entscheidend – diese »Darstellung« selbstverständlich so viel wert sein muß wie das »Original«. Will heißen: Wenn die Priester das Dargestellte »abrufen« wollen, muß es auch tatsächlich geliefert werden – was wiederum auch kaum zweifelhaft sein kann, weil den Priestern, alias den Überwachern des Schuldentilgungsvorgangs zwischen Mensch und Gottheit, eine Reihe von Mitteln zur Verfügung steht, um einen säumigen Schuldner zur »Zahlung« zu zwingen.

Diese Zwangsmittel säumigen Schuldnern gegenüber haben sich in der Geschichte sehr lange gehalten. Zum Beispiel gibt es ein *Exkommunikations*-Dokument aus dem Jahre 1504, ausgestellt im Namen von Peter Dandolo, dem Bischof von Vicenza, der 1501 durch den Borgia-Papst Alexander VI. eingesetzt worden war. In diesem Exkommunikations-Dokument wird die schärfste Kirchen-Strafe (Ausschluß von den Sakramenten) gegen einen Gaspard de Villemeure verhängt, weil er eine Summe von 70 goldenen Ecu, die er dem Florentiner Geschäftsmann Reiner Dei schuldig war, nicht bezahlt hat.[17])

Die Entstehung von »Geld« als einer Schuldentilgung, die über den strafbewehrten Zeitpunkt der Rückzahlung hinaus »gelten« muß, weil der Empfänger der (Rück-)Zahlung im Augenblick der Zahlung nichts damit anfangen kann, ist zum ersten Mal dem Geld-Historiker **Bernhard Laum** aufgefallen. In seinem auf den ersten Blick höchst ungewöhnlichen Werk »Heiliges Geld. Eine historische Untersuchung über den sakralen Ursprung des Geldes«[18]) kommt er dem wirklichen Tatbestand schon sehr nahe, zum Beispiel mit Kapitelüberschriften wie

> »Das Rind ist in seiner Eigenschaft als Opfertier Werteinheit und Zahlungsmittel geworden.«

> »Reale Güter werden durch Symbole vertreten ... Symbole als Tauschmittel ... Entstehung des Gütertausches beim Tempel.«

Nun erklärt sich alles weitere sehr schnell. An zahlreichen Stellen wurden bei Ausgrabungen Gegenstände aus gebranntem Ton, aber auch aus Kupfer gefunden, die »Tiersymbole« darstellen, vornehmlich in der Form von Ochsenfellen, die nichts anderes waren als der – jederzeit »abrufbare« – Gegenwert eines Ochsen (oder zumindest eines Ochsenfelles) ohne ein solcher (solches) zu sein. Wir bilden das so ab wie es in dem Buch »Money and Monetary Policy in Early Times«[19]) erschienen ist.

Die Priester (und die Priesterkönige, die wie die Pharaonen und wohl auch die Chefs in den »Burgen« der mykenischen Kultur

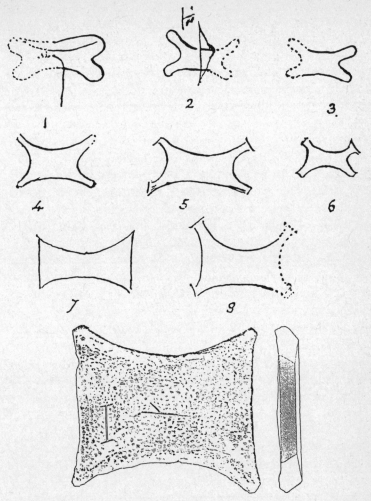

Abbildung 11:
Tierfelle (Ochsenfelle?), die auf Tontafeln im Palast von Knossos gefunden wurden (oben). Der Geld-Historiker Burns schreibt dazu (a. a. O., Seite 15): »The figures probably represent bronce ingots used as currency«. Ein solches »bronce ingot« wurde neben 18 anderen in einer versiegelten (Schatz-?)Kammer in der königlichen Villa bei Hagia Triada (Phaestos/Kreta) gefunden (unten). Da der Warenwert solcher Tontafeln und Kupferplatten unter dem Wert eines Ochsen, auch dem eines Ochsenfells gelegen hat, müssen diese Gegenstände »Forderungen« repräsentiert haben, also »Geld« gewesen sein.

eifrig als *Geschäftsleute* tätig waren) nahmen offenbar jederzeit »vollstreckbare«, d. h. in natura abrufbare Stellvertreter-Symbole entgegen, die dann als »Geld« fungierten. Auch diese frühen »vor-monetären« Symbole waren **keine Tauschmittel,** sondern *Dokumente einer Verpflichtung,* sozusagen **»Schuldscheine«,** was sich schon aus der simplen Tatsache erklärt, daß der Materialwert z. B. eines solchen kleinen kupfernen Ochsenfell-Symbols erheblich unter seinem Marktwert lag, nämlich dem Wert eines richtigen Ochsen (vgl. Abbildung 11).

Der Schuldner muß einen Ochsen liefern oder ein Scheffel Getreide. Der Gläubiger kann den Ochsen aber nicht verbrauchen, weil er genügend Ochsen hat, und das Getreide braucht er gar nicht erst zu vermahlen, weil er genügend Getreide schon besitzt. Der Ochse wird alt und fällt eines Tages tot auf der Weide um, die Zahlung war also sinnlos. Das Getreide verfault, ebenfalls kein für den Gläubiger positiver Effekt.

Nun läßt sich der Gläubiger statt des Ochsen und statt des Scheffels Getreide ein **Zahlungsversprechen** über einen Ochsen bzw. ein Scheffel Getreide an Zahlungs Statt überreichen. *Dieses Zahlungsversprechen kann er abrufen, wenn ihm der Sinn danach steht,* bzw. wenn er Ochsen oder Getreide braucht. Oder er kann das Zahlungsversprechen außer für einen Ochsen und außer für Getreide auch an jemand anderen weiterreichen, der seinerseits einen Ochsen bzw. Getreide benötigt. Im Gegenzug erhält er dann vielleicht ein Schwert oder ein Stück Stoff, das er haben will. Die ursprüngliche Schuld ist aber offen geblieben, und wenn der ursprüngliche Schuldner nicht leistet, ist das Zahlungsmittel, alias Zahlungs**versprechen,** wertlos geworden.

Und gegen just diese beiden Risiken – Empfang von vergänglicher und gerade nicht benötigter Ware bzw. Empfang eines Leistungsversprechens, das nicht erfüllt wird – gibt es eine *optimale Versicherung:* die Forderung einer Leistung, die a) unvergänglich ist, also jederzeit weiterverwendet werden kann (als »Kaufkraft«) und die b) umlauffähig ist, weil sie für keinen späteren Empfänger ein Risiko darstellt, weil der ursprüngliche Schuldner bereits endgültig geleistet hat.

Diese optimale Versicherung ist wieder das Edelmetall.
Es muß nur noch einen Garantiestempel tragen, damit die Leute, die es entgegennehmen, sicher sein können, daß es sich nicht um Fälschungen und/oder unterwertiges Zeug handelt. Just so ist das »gemünzte Geld« entstanden, dessen detaillierte Entwicklung wir jeder brauchbaren Münzgeschichte entnehmen können.[20])

Der »Einbau« des Edelmetalls in den kapitalistischen Prozeß wird von Laum beschrieben:[21])

> »Wie der König, hatte auch der Gott seinen Schatz; die Schatzkammer war ein integrierender Teil des Tempels. Nicht nur in der Form, auch in bezug auf den Inhalt entsprachen sich die königlichen und sakralen Thesauren. (Die »Gelder«, die der König thesaurierte, also ansammelte, stammten aus dem »Schuldverhältnis« Steuer-zahlen-Müssen, das wir nicht weiter verfolgt haben, weil es analog zu den anderen Schuldverhältnissen abläuft, PCM.) Auch der Tempel sammelte Metallvorräte ... Zunächst ist es Bronze, dann Silber und Gold. Wir dürfen uns die **Schatzhäuser** der alten griechischen Heiligtümer, wie Ephesos, Milet, Delos, Delphi u. a. m. schon früh mit Metallschätzen gefüllt denken.« (a. a. O., Seite 138 f.)

Was geschieht aber mit diesen »Schätzen«, mit diesen Zahlungsmitteln, die die Gläubigen herbeigeschafft hatten, um ihre Schulden gegenüber der Gottheit abzutragen, mit diesen Zahlungsmitteln, die in Wahrheit natürlich nichts anderes waren als Zahlungs-Versprechen bzw. Optionen, wenn auch solche mit Null-Risiko, solange sie jederzeit von anderen als Zahlung akzeptiert werden konnten?

> »Man ist zunächst geneigt anzunehmen, daß alles, was dem Gott geweiht wurde (= gezahlt wurde, PCM) und daher heiliges Gut war, *dauernd* im Tempel verblieb, daß es verboten war, heiliges Gut aus dem Tempel zu entfernen. Die Annahme trügt. Wenigstens für das 6. und die folgenden Jahrhunderte wissen wir, daß die Heiligtümer die Güter, die ihnen als Weihegaben zuflossen, *wirtschaftlich nützten* ... Die beweglichen Güter wurden **angelegt**. Wir wissen aus Inschriften, daß der Tempel von Delos verschiedenen griechischen Staaten Anleihen zur Verfügung stellte ... Aus dieser wirtschaftlichen Ausnutzung der Tempelgüter ergeben sich

bankartige Geschäfte. Man hat die Tempel die ersten Bankinstitute genannt ...« (a.a.O., Seite 139)
Bis heute sehen Banken und Börsen wie antike Tempel aus. Womit wir wieder in der Gegenwart wären.

Und zusammenfassen können:
Schuldverhältnisse, die nicht in natura reguliert werden, bilden für den Gläubiger einen Vorteil: *Er kann den Leistungszeitpunkt selbst bestimmen.* Erhält er einen Schuldschein (Tontafel, Abbildung der zu leistenden Sache, Zahlung in effigie), besteht ein Risiko, daß der Schuldner ausfällt. Dieses Risiko kann zwar durch Indossament (Weiterreichen der Schuldurkunde, umlauffähig gemachte Schulden) für den einzelnen Gläubiger erledigt werden, bleibt aber dann an einem anderen Gläubiger hängen.

Dieses Problem schafft die Zahlung mit Hilfe von *Edelmetall* aus dem Weg. Obwohl hier auch eine Ware geliefert, also in natura geleistet wird, kennt diese Ware kein Unbrauchbarkeitsbzw. Verfalls- bzw. Zeitablaufs- bzw. Untergangsproblem.

Bei Zahlung mit Hilfe von Edelmetall ist das Gläubiger/Schuldner-Verhältnis zwar erloschen, insofern wurde endgültig und vom Gläubiger als endgültig akzeptiert geleistet[22]), aber der Empfänger der Leistung hat die Chance, mit Hilfe des unzerstörbaren Edelmetalls andere Waren *in späterer Zeit* abzurufen. Sein Risiko ist dann nur noch, daß später *überhaupt nicht* mehr produziert wird (siehe dazu gleich den Midas-Komplex). Diese spezielle Eigenschaft des Edelmetalls kommt in einer sich durch Zinsdifferenz (siehe oben) dokumentierenden Prämie zum Ausdruck. Gold selbst kann wegen seines Permanenz-Charakters besonders gut beliehen werden, was bei einfachen Schuldurkunden, die auf Warenzahlungen lauten, eher problematisch ist. Die Goldbeleihungs-Urkunden (»Ich zahle gegen Vorlage soundsoviel Gold«) bildeten bis in die unmittelbare Neuzeit (als »Banknoten« mit »Golddeckungs- bzw. Goldeinlösungs«-Pflicht) die Basis der kapitalistischen Kreditpyramide.

Auf den folgenden Tafeln ist die Geldentstehung aus den drei Schuldarten in Form von »GELD-BÄUMEN« dargestellt:
1. Geld-BAUM. Entstehung von **Geld** aus der **Urschuld.**

2. **Geld-BAUM**. Entstehung von **Geld** aus der **religiösen Schuld**.
3. **Geld-BAUM**. Entstehung von **Geld** aus der **Kontrakt-Schuld**.

Aus dem ersten GELD-BAUM ergeben sich unter anderem diese Zusammenhänge (siehe nächste Seite):
- Geld erscheint erst weit unten, in Form von Lohnzahlungen in »Geld«, im Gegensatz zu dem »Truck«-System, wo vor allem im frühen 19. Jahrhundert die Industrie-Arbeiter in Produkten der eigenen Firma »entlohnt« wurden. Dieses **Trucksystem** war nicht eine kapitalistische Teufelei, sondern ganz einfach Ausdruck der Tatsache, daß es den frühindustriellen Unternehmern schwergefallen war, an »Geld« zu kommen, d. h. die entsprechende Vorfinanzierung der Löhne zu bewerkstelligen. Das Trucksystem wird zwar von Sozialisten besonders stark angeprangert, es ist aber unter anderem der Beweis dafür, daß **Karl Marx** in seiner Kapitalismus-Analyse das eingangs entdeckte faustgroße Loch hat: Hätten die Kapitalisten nämlich, wie von ihm fabuliert, die **Dagobert-Duck-Truhen**, in die sie zwanglos greifen und jeden Mehrwert »vorfinanzieren« könnten, hätte es das Trucksystem nie gegeben – weil ja die Kapitalisten immer unendlich »flüssig« gewesen wären.
- Das Trucksystem ist das Spiegelbild zu dem aus dem mittelalterlichen Feudalsystem bekannten Naturalabgabensystem. Dort wurden die Schulden der dem Grund- und/oder Gutsherrn verpflichteten »Bauern« und »Hintersassen« (**»Der Zehnte«**, **»Zins«**) in natura geleistet. Sobald diese Abgaben in Form von »Geld«, also von Zahlungsmitteln (-versprechen; Permanenz-Optionen), also Schuldendeckungstiteln abgefordert werden, müssen die Bauern ihre Produktion *zuerst vermarkten*, um an das »Geld« zu kommen. Daraus ergeben sich die bekannten »Revolten« (Bauernkriege) und der Übergang zum »Steuerwesen«, also einem Abgabensystem, wobei nur noch in »Geld« gezahlt wird.[23])
- Der kapitalistische Unternehmer kann auf keinen Fall anders arbeiten (»ausbeuten«) als mit Hilfe vorfinanzierter Produk-

1. Geld-Baum

Geld entsteht aus der Urschuld?

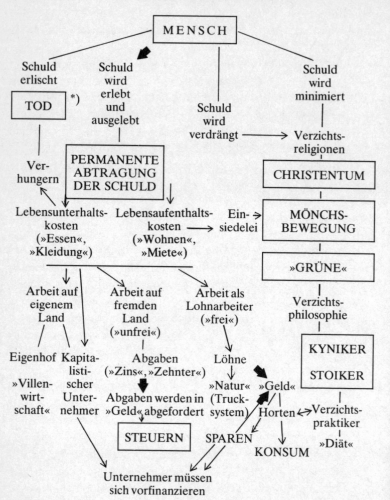

*) Hierhin gehört der Genueser Sinnspruch: »Mach Schulden, mach Schulden! Nimm kein Leiden auf dich! Denn der Tod wird kommen, der für dich bezahlen wird.«

tion. Selbst im schlimmsten Trucksystem müssen die ersten Löhne in »Geld« bezahlt werden, weil die Produktionsperioden zu lang sind und die Arbeiter bis zur Entgegennahme des von ihnen fabrizierten Produkts verhungert wären.

Bei der Betrachtung dieser drei Eintrittspforten für Geld ins System der Urschuld-Bewältigung müssen wir feststellen:

Aus der Abtragung der Urschuld kann Geld nicht entstanden sein! Jedesmal, wo es auftritt (Lohnzahlung, Abgabenwirtschaft, Vorfinanzierung von Produktion), wird es *bereits vorausgesetzt,* es muß also woanders schon entstanden sein.

Das ist auch einleuchtend. Lohnzahlungen können keine Forderungen sein, die langwierig kursieren und umlauffähig gemacht werden. Löhne will der Arbeiter sofort verkonsumieren, weil ihm die **Urschuld** am Hals sitzt. Er braucht die berühmte Permanenz-Option, wie es die Münze darstellt, um die Option (Bezug von Waren) sofort auszuüben.

Auch Abgaben, die nicht in Naturalien geleistet werden, kann der Grundherr nicht in einem Schuldtitel von seinem Bauern kassieren, um diesen anschließend zu »versilbern«. Der Grundherr braucht das Silber sofort, weil ihm seine Gläubiger (Tübingen 1514!) direkt auf den Füßen stehen. Er muß in »Geld« leisten, weil er Geldschulden hat. *Sein Problem sind seine Kontrakt-Schulden, nicht seine Urschulden,* für die er vom Bauern gewiß genug Hühner, Getreide und Wein einbehalten hat.

Wenn schließlich der Kapitalist die Produktion aufnimmt, hat er entweder den Marx-Dagobert-Duckschen Geldsilo. Dann ist aber Geld auch schon längst entstanden, wie sollte es sonst in den Silo gekommen sein. Oder er finanziert alles vor. Dafür besorgt er sich aber auch Geld, das bereits vorhanden ist und das er sich ausleiht.

Theoretisch hätte »Geld« auch aus der Urschuld entstehen können: Alle Menschen hätten trockene Wechsel ziehen müssen, um bei Präsentation der Wechsel sofort in persona mit der Arbeit für andere anzufangen. Die Wechsel hätten immer nur auf Arbeitsleistung, nie auf »Waren« lauten können, da es Wa-

2. Geld-Baum

Geld entsteht aus der religiösen Schuld!

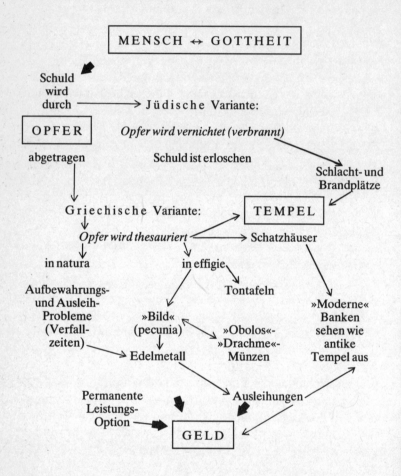

Anmerkung:
Unter die religiöse Schuld wird auch die religiös-feudale Schuld gerechnet, wo Priester-Könige oder Gott-Menschen usw. kassieren.

ren ohne vorherige Arbeitsleistung nie hätte geben können. Weil aber die eigenen zwei Hände dem Menschen näher liegen als die eines beliebigen anderen, beginnt die Arbeit als Arbeit für sich selbst und nicht als Arbeit für andere. *Geld also entsteht via Urschuld-Beseitigung nicht.*
Aus dem zweiten GELD-BAUM ergibt sich in der griechischen Variante eindeutig, daß »Geld« entsteht.

- Die **Thesaurierung** von Opfern, die ihrerseits Schuldabtragungen gegenüber der Gottheit sind, wird sinnlos, weil die geopferten, aber im griechischen (im Gegensatz zum jüdischen) Ritus nicht vernichteten Gegenstände vergammeln.
- Ein Ausweg ist die Entgegennahme von »Stellvertreter«-Opfern, also **Schuldverpflichtungen** der Gläubigen, die jederzeit in natura abgerufen werden können.
- Ein weiterer Ausweg ist die **Ausleihe der eingegangenen Güter,** was zunächst komisch wirkt: Eben noch habe ich die Garbe da geopfert, jetzt hat sie sich mein Nachbar schon wieder geliehen ... Die Ausleihe führt auch zur Niederlegung von »Gegenwerten«, Abbildungen der entnommenen (entliehenen) Gegenstände auf Tontäfelchen oder Metall-Dokumenten. Die engen Verbindungen von Münzdarstellung und »gemeintem« Gegenstand sind überall verbürgt. »Obolos« und »Drachme« stehen für Spieße und Spießbündel (Schlachtvieh-Symbole?), »Pecunia« (von »pecus« = Vieh) ist der früheste römische Name für »Münzgeld«. Vgl. ausführlicher die Abbildungen bei Burns, a. a. O., Plate II, IV, VII und VIII.
- Die ersten Münzen dürften nicht nur wegen der opfernahen Abbildungen in oder bei Tempeln entstanden sein. Das liegt auch in der Funktion der Tempel als **»öffentlich-rechtliche« Orte.** Die Münzstätten der Antike waren ausnahmslos in oder bei Tempeln, der Mißbrauch des Münzstempels, bzw. das Ausprägen unterwertiger Stücke muß strafbewehrt sein, die korrekte Münze ist zunächst ein »Glaubens«-(Kredit)-Akt. Auf den frühen Münzen erscheinen als erste »Gesichter« überall die Abbildungen von Gottheiten (Athene, Apoll), während die Prägung von Münzen mit weltlichen Herrschern als Bild

erst spät auftritt. Die ältesten Münzen, die um 650 vor Christus erscheinen (Gewicht zwischen sieben und acht Gramm, bohnenförmig, Material: »Electrum«, eine Gold/Silber-Mischung), hatten ein Autoritäts-Symbol, eine Art Garantie-Stempel, wobei unklar ist, wer oder was die Autorität dahinter gewesen sein mag.

Die Münzen, die **Krösus**, der Lyder-König, prägt (560−546), zeigen Löwen- und Stierköpfe, ein Symbol, das vielleicht noch am einfachsten als »Trademark« zu enträtseln ist. Solange es keine Nachahmer und keine Betrugsversuche gibt, kann so ein »Marken«- oder »Gütezeichen« genügt haben. Die ältesten Münzen aus Ägina zeigen eine Taube, das Symbol der Aphrodite. Korinth prägt dann mit dem Bild des geflügelten Pferdes Pegasus, Athen mit der Eule, dem Sinnbild der Athena. Der erste lebende Monarch, der auf einer Münze abgebildet wurde, ist im Jahr 306 **Ptolomäus I.** von Ägypten. In späteren Jahrhunderten, vor allem in der römischen Zeit, galt es als »Majestätsbeleidigung« (»laesa majestas«), wenn die unterwertigen Münzen nicht zum vollen (alten) Wert angenommen wurden – war doch das Bild des Cäsars darauf abgebildet. Dieser Brauch lebt bis in das heutige Thailand fort, wo Banknoten nicht verbrannt werden dürfen, weil sie das Bild des Königs tragen (Banknotenverbrennungen sind bei Begräbnissen üblich).

- Für die Geldentstehung aus religiöser Schuld-Behandlung mag auch die Tatsache sprechen, daß **Karthago**, die führende antike Handelsmacht, wie wir sahen, erst so spät Münzen einführt. In Karthago wurde das Religions-Schuld-Problem ähnlich wie im Judentum »erledigt«, durch Opfer, die nicht thesauriert wurden, sondern verschwanden: die berüchtigten Menschen-Opfer.
- In **Rom** ist der Zusammenhang zwischen Religion und Münz-(Geld-)Herstellung ebenfalls deutlich zu sehen. Die Münzen sind die **»Moneta«** (Stamm unseres Wortes »Münze« und bis heute der saloppe Ausdruck »Moneten«), wobei sich das Wort ableitet vom Beinamen der Göttin Juno (»Juno Moneta«). Da

»monere« in erster Wortbedeutung »mahnen« heißt, darf man sich den Juno-Moneta-Tempel als öffentlich-rechtliches Inkasso-Büro vorstellen.

Aus dem dritten GELD-BAUM ergeben sich die bereits weitergehend diskutierten Folgerungen:
- Geld sind **umlauffähige Forderungen,** die natürlich dann besonders umlauffähig sind, wenn eine **Notenbank** »dazwischen« ist. Dabei darf der Diskont- oder Lombard-Satz der Notenbank niemals mit einem »Zins« verwechselt werden. Es ist vielmehr eine Bonitäts- und/oder Liquiditätsprämie, weil die Forderungen gegen die Notenbank (»Banknoten«) besonders »sicher« sind und überall akzeptiert werden (»gesetzliches Zahlungsmittel«).
- Wichtig für die derzeitige Kreditpyramide ist die **Beleihbarkeit von Forderungen.** Während »früher«, im Goldstandard also, vor allem Gold beliehen wurde und sich eine große Kreditpyramide nur langsam ausbreitete, ist im heutigen »modernen« Kapitalismus jede Forderung beleihbar und wird auch beliehen. Dabei sind die **Staatskredite** bahnbrechend. Zum Beispiel erscheinen in der Bilanz der amerikanischen Notenbank (»Detailed Statement of Condition of All Federal Reserve Banks Combined«, per 31. Dezember 1984):
  - 11,095 Milliarden Dollar **Gold**
  - 160,850 Milliarden Dollar **»Total U.S. Government Securities«**

Die Bilanzsumme liegt bei 208,235 Milliarden Dollar. Die auf der Passivseite verbuchten Banknoten (»Total Federal Reserve Notes, net«) belaufen sich auf 168,327 Milliarden Dollar. Die weltweit umlaufenden US-Geldscheine (»Greenbacks«) sind also im wesentlichen durch US-Staatsschulden »gedeckt«, wie hübsch.

Diese ganzen Geld- und Kreditpyramiden und mit ihnen der ganze Debitismus werden in dem Moment verschwinden, da die Staatsschulden unbedienbar werden, was nur noch eine Frage

3. Geld-Baum

Geld entsteht aus der Kontrakt-Schuld!

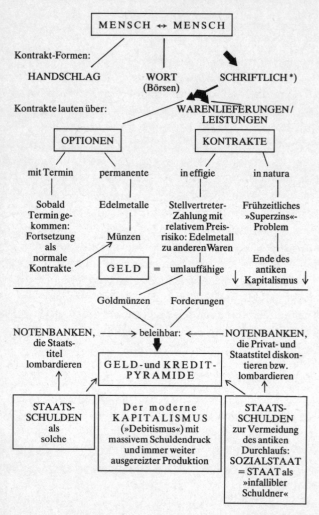

*) *Die schriftliche Fährte ist die sicherste, obwohl Geld formell auch nur per Handschlag entstehen könnte, vorausgesetzt dieser Handschlag könnte indossiert werden.*

kurzer Zeit ist. Dann kommt es zum Ende des modernen Kapitalismus, das nicht weniger herzhaft ablaufen wird als das Ende des antiken Kapitalismus.

Midas-Exzeß und Pleonexie

Der König Midas regierte ein sagenhaftes Reich irgendwann irgendwo in Kleinasien. Da ihn die Götter liebten, durfte er sich etwas wünschen, was in Erfüllung gehen sollte.
Midas wünschte sich, daß alles, was er berührte, zu Gold werden sollte.
Damit war Midas natürlich tot. Denn jedes Brot, jedes Stück Hammelfleisch, alles, was er berührte, wurde zu Gold. So war er der reichste, aber zugleich der ärmste der Menschen unter der Sonne.
Eine hübsche Sage, wir erzählen sie gern, um die Nichtigkeit des Strebens »nur nach Reichtum« zu belegen. Zum Schluß ist der Reiche der Geprellte, denn er hat gar nichts.
Wir fragen uns aber nicht, ob Midas denn wirklich so dumm gewesen ist, nicht zu merken, worauf er sich mit seinem Wahnsinns-Wunsch eingelassen hat. Seine Vorstellungskraft wird doch ausgereicht haben, sich zu sagen: »Wenn alles, was du berührst, zu Gold wird, du aber Gold nicht essen kannst, bist du in Bälde ein toter Mann!«
Was will uns die Midas-Sage wirklich bieten? Ist es nur die vordergründige Geschichte von einem, der immer mehr und schließlich alles haben will und der daran kaputtgeht?
Arnold Künzli hat soeben ein großartiges Buch geschrieben, das sich mit dem »Rätsel« des Eigentums und des (daraus entspringenden?) Wunsches beschäftigt, »immer mehr« davon zu haben:[24])

> »Von Aristoteles an ist immer wieder die ›natürliche‹ Schlechtigkeit des Menschen als Grund dafür angeführt worden, daß dieser auf privates Eigentum nicht verzichten wolle und könne. Die

Pleonexie, die Unersättlichkeit des Menschen, spielte schon in der Anthropologie der alten Griechen eine bedeutende Rolle.« (Seite 15)

So weit, so gut. Man ist versucht, ins bekannte Lamento auszubrechen, von der ewigen Habgier und der Schlechtigkeit der Welt.

Doch gemach: *Wie anders sollte der Mensch sich der permanent »mitlaufenden« Urschuld entledigen können, wenn nicht mit Hilfe von Eigentum?* Eigentum, das, wie wir gesehen haben, nichts anderes sein kann als unter Schuldendruck eingesetztes (weil sonst nicht »be-wert-bares«) Eigentum, alias »Kapital«. Und das, wenn es bewertbar sein soll, wenn es also einen Wert haben soll, immer nur Eigentum sein kann, für das sich jemand interessiert[25]), das aber wiederum nur jemanden interessieren kann, wenn der kein oder weniger Eigentum hat.

Wert-*loses* Eigentum ist kein Eigentum. Sondern eine soziale Belanglosigkeit, so wie vom Baum gefallene Birnen, die kein Mensch aufhebt, weil kein Mensch weiß, daß da Birnen vom Baum gefallen sind, weil kein Mensch überhaupt weiß, daß da ein Birnbaum ist. Der aber dennoch da ist.

Die meiste Eigentums-Kritik beginnt mit dem Denkfehler, daß etwas, das »*da*« ist, bereits »*Eigentum*« sein muß. Entweder »Gemeineigentum« oder »privates Eigentum«.[26]) Tatsächlich aber gibt es das **»Voreigentum«,** jenen Zustand also, wo die »Dinge«, wo auch »Grund und Boden« vorhanden sind, ohne daß dies jemandem »gehört«.[27])

Aber überlassen wir die Toren, die am Privateigentum herummäkeln, sich selbst und ihrem Denkfehler. Uns geht es hier um die »Pleonexie«, um den »Mehr«-Erwerbs-Trieb, der sich bis zum Midas-Exzeß steigern kann.

Interessanterweise hat sich Midas »Gold« gewünscht, was wir als ein ganz besonderes »Zahlungsmittel« kennengelernt haben, nämlich als eines, *das dem jeweiligen Inhaber die konkrete Entscheidung darüber, was er denn und wann er denn konsumieren will, in die Unendlichkeit der Zeit vortragen läßt.* Wer sich Gold wünscht, will »es« in Wirklichkeit gar nicht jetzt haben, sondern

»später«. Aber er kommt nur mit Hilfe des unzerstörbaren Goldes über die Brücke vom Zeitpunkt »Heute« (= Zahlung) bis zum Zeitpunkt »Dann« (= Ausübung eines konkreten Konsumwunsches im Sinne einer dann laufenden, als endgültig akzeptierten Leistung – egal, worum es sich dabei handelt, um Vasen, Paläste, Sklaven, Kleider, Waffen).

Midas hätte sich auch »Land« wünschen können, warum nicht alles Land der Erde? Ein solcher Wunsch wäre nicht minder unverschämt gewesen als der mit dem Gold, der genauso auf »alles« zielte. Midas hätte sich mit allem Gold auch alles Land kaufen können (mit allen Bewohnern, die dieses Land bevölkern), und da Midas sicher genau wußte, daß »Reichtum« letztlich immer nur das sein kann, was die Erde und die Erdenbewohner produzieren, ist sein Wunsch nach Gold in Wirklichkeit **ein Wunsch – nach Zeit!** Den Zeitpunkt, wann er mit »allem« Gold »alles« kaufen könnte, wollte er allein bestimmen können. Insofern ist Midas nur vordergründig an einem Nahrungsmittelproblem gescheitert.

Tatsächlich ist der Midas-Mythos der gleiche wie der Mythos vom »ersten Menschen« Adam, der nicht aus dem Paradies getrieben wurde, weil er etwas getan, sondern weil er etwas gewollt hat – die **Unsterblichkeit:**

> »Und Gott der Herr sprach (nach dem »Sündenfall«, dem Biß ins Äpfelchen, PCM): Siehe, der Mensch ist geworden, wie unsereiner und weiß, was gut und böse ist. Nun aber, daß er nur nicht ausstrecke seine Hand und breche auch von dem **Baum des Lebens** (!) und lebe **ewiglich** (!) – da wies ihn Gott der Herr aus dem Garten Eden ...« (1 Mose, 3, 22–23).

Wir kommen dem Meister Midas noch besser hinter seine krausen Schliche, wenn wir uns nicht nur klarmachen, daß er sehr, sehr viel Gold haben wollte, was ihm, da es Gold gewesen wäre, sein Endlichkeitsproblem gelöst hätte. Sondern indem wir ihn so nehmen, wie er ist: Er wollte das vermaledeite »alles«. Alles sollte unter seinen Händen zu Gold werden.

Damit griff er die entscheidende Nummer zu hoch, denn damit beging er seinen entscheidenden Denkfehler. Alles Gold sollte

ihm den Ausstieg aus der Zeitlichkeit ermöglichen (Adam-Effekt mit dem zweiten Baum im Paradies). Nur: Wer nicht mehr »zeitlich« ist, weil er per unendlich viel Gold die Erfüllung aller seiner Wünsche unendlich lang vertagen kann, weil es unmöglich ist, sie unerfüllt zu lassen, egal, wann er sie äußert, wer also »alles« hat bzw. alles haben kann, ist selbstverständlich auch »unsterblich« bzw. *existiert gar nicht erst.*
Wer aber unsterblich ist, braucht nichts. Seine Urschuld ist schlagartig erloschen. Unsterbliche können auf die Erfüllung ihrer Wünsche unendlich lange warten, was eben bedeutet, daß sie gar keine Wünsche haben können.

Wozu also dann noch Gold?

Arnold Künzli kreist das Problem der Pleonexie (ohne es freilich zu lösen) ein mit einem schönen Satz des deutschen Super-Hirns **Immanuel Kant:**

> »Man gebe dem Menschen alles, wonach er sich sehnt, und in demselben Augenblicke, da er es erlangt, wird er empfinden, daß dieses Alles nicht alles sei.« (Künzli, a. a. O., Seite 15 und Anmerkung Seite 37)

Das wirft uns voll ins Geld-Problem zurück. Nachdem sich offenbar Midas ein »Zahlungsmittel« gewünscht hat (und nicht einfach »Gold«, um seinen Palast zu verschönern), konnte er den von ihm herbeigerufenen Mengen-Effekt unmöglich übersehen: Je mehr Gold er haben würde, um so weniger mußte es »wert« sein. Vielleicht ist er nicht einmal verhungert, weil er sich keinen Bissen Brot mehr reinschieben konnte? Er hätte sich ja vielleicht mit einer Pipette füttern lassen können, wie man eine aus dem Nest gefallene Schwalbe ernährt. Königen stehen da viele Möglichkeiten offen.

Vielleicht ist Midas verreckt, weil ihm für sein Gold kein Mensch mehr etwas gab, noch nicht einmal eine Krume Brot – ganz einfach, weil inzwischen alles Gold war und ergo wert-los?

Wenn wir Menschen schon so komische Gelüste haben wie dieses »Immer-mehr-haben-Wollen«, was die Alten als »Pleonexie« (wörtlich: »Mehr-Sucht«) bezeichneten, dann vielleicht, weil wir tief in uns Bedenken tragen, ob das Mehr dadurch, daß es immer mehr wird, auch tatsächlich mehr wird – und nicht etwa weniger.

Drei Situationen sind in diesem Zusammenhang zu beachten:
1. **Der Kalifornien-Effekt.** Wie wir wissen, stiegen nach dem Gold-Rush in Kalifornien ab dem Jahre 1848 die Preise für Nahrungsmittel, gemessen in eben dem neu gefundenen Gold, dramatisch an. Goldsucher, die von ihren Claims schwerbeladen zurückkehrten, dünkten sich »reich«, konnten sich aber für das, was sie da in monatelanger Knochenarbeit der Erde entwaschen hatten, gerade ein Bad und ein Steak mit einer Flasche Whisky leisten.[28])
2. **Der Gossen-Effekt.** Mitte des 19. Jahrhunderts publizierte ein Braunschweiger Regierungsrat namens Gossen, von dem die Nachwelt leider nichts weiter in Erfahrung bringen kann, zum ersten Mal das »Gesetz des abnehmenden Nutzens«: Je mehr jemand schon von einer Sache hat, um so weniger ist sie ihm wert, der »Nutzen« also, den »zusätzliche« Einheiten eben dieser Sache spendieren, nimmt ab.[29])
3. **Der Jedermann-Effekt.** Auf dem Salzburger Domplatz wird jedes Jahr im Sommer das Schlüssel-Drama des Kapitalismus gegeben, der »Jedermann« des Hugo von Hofmannsthal. Dieses Spiel, dessen tieferen »Sinn« jüngst Walter Lüftl aufgezeigt hat[30]), endet mit einer grandiosen Aporie, der ausweglosen Lage jedes Kapitalisten, wenn er nur kapitalistisch genug gewesen ist: *Er hat am Ende gar nichts mehr, weil der arme Teufel, der ihm etwas schuldig ist, längst über-schuldet ist,* insofern auch niemals mehr leisten (»zahlen«) kann, woraufhin es zwangsläufig zum »Ausgleich« kommt, das heißt zum *Tod* des über-forderten, weil überfordernden Gläubigers.

»Jedermann« erkennt, daß derjenige, dem er »Haufen Geldes schuldig blieben«, tatsächlich nur ein »erbarmungsvoller Mann« ist, Klartext: zahlungsunfähig, woraufhin es ihm, dem »Reichen«, die Stimmung zum Kauf des Lustgartens verschlägt:

»Jetzt aber, daß ich es ehrlich sag,
Steht mir der Sinn nicht mehr darnach,

> Daß ich einen Lustgarten anschau,
> Auch wird es düster schon und grau ....«

Düster und grau – das sind in der Tat die Aussichten des reichen Mannes, weil er durch sein »Immer-reicher-Werden« den/die Schuldner in eine immer ausweglosere Lage bringt, woraufhin sich die Pleonexie aus sich selbst heraus erklärt: *Sie ist nicht eine Gier,* sondern letztlich die **Angst des Reichen vor dem Nichts.**

Gesamtwirtschaftlich ist dieser Effekt längst enträtselt: In einer »Inflation«, wird mehr »Geld« bekanntlich immer »weniger« wert. Einzelwirtschaftlich gilt genau das gleiche, zumal, wenn in Größenordnungen vorgestoßen wird, die jenes »Alles-Haben« beinhalten, an dem die ganz, ganz Reichen, die »Kapitalisten«, allesamt gescheitert sind, von Midas bis Jedermann.

Zins und Zinshöhe: ein Gläubigerproblem!

Das Riesenproblem, das der Kapitalismus durch seine gesamte Geschichte schleppt, ist seine Geschichte selbst, die mit den ersten Schuldverhältnissen beginnt. Denn Geschichte heißt Zeitablauf, und während Zeit verstreicht, verändern sich die Schulden.

Es werden immer mehr.

Der Kapitalismus ist Debitismus, will heißen: ist ohne Gläubiger/Schuldner-Beziehungen nicht definierbar. Nicht der Kapitalismus ist daher »ungerecht«, also alles, was (zeitlich) »später« läuft, nachdem er gestartet ist. Nicht der Reichtum ist ungerecht, nicht die Gier, nicht das Streben nach Mehrwert und Profit, nicht die Einkommens- und Vermögensverteilung. Das ergibt sich, wie wir gleich sehen werden, automatisch.

Ungerecht am Kapitalismus ist nur eines: sein Start.

Ungerecht ist die Tatsache, daß es am Start einen *Gläubiger* gibt und einen *Schuldner,* und daß der Gläubiger besser dasteht als der Schuldner. Sonst wäre der eine kein Gläubiger und der andere kein Schuldner.

Diese »Ungerechtigkeit« darf nicht primitiv interpretiert werden, so nach dem Motto: Der Gläubiger hat's halt und ist ergo reich, der Schuldner aber hat's nicht und ist ergo die arme Sau. Es sind nämlich überhaupt nicht die Einkommens- und/oder Vermögensunterschiede, die es gibt, die es geben muß zwischen Gläubiger und Schuldner, weil es sonst nie zur Teilung in Gläubiger und Schuldner käme.

Nicht irgendwelche »Unterschiede« oder »Ungerechtigkeiten« schicken den Kapitalismus in sein fatales Rennen. Sondern schlicht und einfach die Tatsache, daß der Gläubiger gegenüber dem Schuldner zu Beginn des Gläubiger/Schuldner-Verhältnisses **auf etwas verzichtet, was er nicht benötigt.** Wobei »benötigt« hier definiert ist als: zur Abtragung der ominösen Urschuld benötigt, also um der Notwendigkeit, am Leben bleiben zu müssen (und zu wollen) gerecht zu werden.

Daraus ergibt sich eigentlich gleich zu Beginn des debitistisch-kapitalistischen Prozesses ein Handikap, das uns erklärt, warum der Kapitalismus in den 2500 Jahren seiner Geschichte (seit es in Babylon, Griechenland, Rom und Karthago Schuldverhältnisse gibt) nicht immer »weiter« abgelaufen ist, sondern eine schaurige Kette von Kämpfen und Crashs, von Revolutionen und Reformversuchen wurde und warum er gelegentlich ruckartig oder unter elenden Krämpfen verschwand. Babylon, das »dunkle« Mittelalter und heute Albanien wird man auf einmal anders sehen.

Man wird das alles begreifen, wenn man sich klarmacht, wie groß dieses **Handikap** immer wieder ist, das da lautet: Der Gläubiger gibt etwas ab, was er nicht benötigt, will dann aber – am Ende des Schuldverhältnisses – noch mehr von dem zurückhaben, was er nicht will, was er schon zu Beginn des Schuldverhältnisses nicht wollte.

An dieser Stelle ist vom **Zins** und vom **Risiko** zu sprechen. Es gibt Zinstheorien wie Sand am Meer[31]), die wir hier nicht im Detail untersuchen müssen, zumal in manchen ein Körnchen Scharfsinn steckt. Der Zins als »Entgelt für Verzicht«, als »Prämie für Zeit«, als »Aufschlag für die Verfügbarmachung erst später ›fälliger‹ Güter in der Gegenwart«, als »Prämie für das Risiko«, also letztlich als ein »abzählbarer«, ein »materialisierter« Wunsch des Gläubigers nach »mehr Sicherheit«. In diesem Zusammenhang muß nochmals auf die bahnbrechenden Untersuchungen von **Gunnar Heinsohn** und **Otto Steiger** verwiesen werden.³²)

Wir möchten aber einen entscheidenden Schritt weitergehen und die Frage nach *dem wahren Charakter des Risikos* stellen. Liegt dieses Risiko wirklich nur in der zeitlichen und räumlichen Trennung des Gläubigers von dem »Gut« (später, nach »Erfindung« der Münzen, von »Geld« im traditionellen Sinne)? Ist der Zins als Risikoprämie wirklich sozusagen das *Spiegelbild der Wiedersehensfreude?*

Dann muß man sich doch fragen, warum es bei ganz, ganz sicheren Schuldnern überhaupt einen Zins gibt, weil man bei denen sein Geld doch ganz, ganz bestimmt wiedersieht. Worauf wieder nur mit dem »Aufschlag für Verzicht« zu antworten wäre, was aber nicht überzeugt. Denn auf das, was der Gläubiger ohnehin im Überfluß hat, sonst könnte er es ja nicht abgeben (»verleihen«), verzichtet er ja sowieso. Mehr als satt konnte in den Kulturen, wo zum erstenmal »geliehen« wurde, niemand werden, und das, was übrig war, lag ohnehin herum.

Worauf man mit dem Argument der *Vielzahl* der Schuldner kommen könnte, denen letztlich nichts übrigbleibt, als sich gegenseitig zu »überbieten«, will heißen: Irgendwer, der es besonders »nötig« hat, wird nicht nur die Rückzahlung anbieten, sondern noch etwas »drauflegen« bei der Rückzahlung. Da aber – wie in der Algebra auch – alles in der Geschichte mit der Ziffer »Eins« beginnt, muß man sich bei dieser Interpretation fragen, wo ist denn beim allerallerersten Schuldverhältnis, das es mit Sicherheit gegeben hat und das mit Sicherheit nur aus einem Schuldner und einem Gläubiger bestand, der zweite, dritte, vierte Schuldner, der den ersten überboten hätte, um einen »Zins« zu konstruieren. In den frühen, doch stark »ländlich« strukturierten »Kulturen« waren sich die einzelnen nicht so »fern«, daß sie gleich einen »Zins« hätten fordern müssen. Wo bleibt die Solidarität, die berühmte »*Nachbarschaftshilfe,* die bis heute zinsfrei in Anspruch genommen wird, wenn sich Frau Meier von Frau Schröder einen Becher Mehl »leiht« oder auch mal mehr?

Wir sind schockiert, wenn wir uns die **Zinssätze** anschauen, mit denen »die Alten« leben mußten. In Babylon sind 20 Prozent der Standardsatz, und selbst ein so braver Kerl wie Sokrates hat keinerlei Scheu, sein Vermögen mit 12 Prozent Zinsen »für sich arbeiten« zu lassen.[33]) Vielfach wird versucht, den Zinssatz *gesetzlich zu begrenzen*, ein Unterfangen, das im römischen Zwölftafel-Gesetz zu erster Blüte kommt (ca. 450 vor Christus) und das sich bis in die heutigen bürgerlichen Gesetzbücher gehalten hat, wo sich so liebenswürdige Vorschriften finden wie das Verbot des »Zinseszinses« (§§ 248 und 289 im bundesdeutschen BGB) oder eine Schuldnerschutz-Vorschrift, die einer »Bewucherung« vorbeugen soll, indem »rückständige Zinsen« das Kapital niemals übersteigen dürfen, solange sie der Gläubiger nicht einklagt (§ 1335 im österreichischen AGBG).

Wir kommen gerade auf den »Zinseszins« noch zurück.

Warum gab es in der Frühzeit der Schuldverhältnisse, beim Start des debitistischen Kapitalismus so exorbitant hohe Zinssätze?

War wirklich das »Risiko« so hoch, daß der Schuldner (so wie wir heute »Risiko« definieren würden) einfach verschwand oder sonst auch keine Anstalten machte, zu leisten?

Das können wir ausschließen.

Damals konnte der säumige Schuldner nicht nach Paraguay ausweichen, und daß er sich einfach in die Sonne setzte, und seine Schulden »laufen« ließ, ist auch kaum vorstellbar. Die Schuldner damals hießen nicht Mexiko. Die Schuldner damals waren deutlich, das heißt für ihren Gläubiger sichtbar, unter »Druck«. Bauern legen Bauern nicht so leicht aufs Kreuz. Wer von vorneherein als faul gilt und wer deshalb in »Not« kommt (weil er seine Urschuld nicht mehr abtragen, sich also das zum Leben »Notwendige« nicht mehr beschaffen kann), der kriegt mit Sicherheit von vorneherein keinen »Kredit«, weil man ihm nicht traut (»credere« = vertrauen, glauben).

Das Problem ist nicht der Schuldner. Das Problem ist der **Gläubiger!**

Weil der Gläubiger bereits im Pleonexie-Problem steckt, weil er dem Goldrush-, dem Gossen- und dem Jedermann-Effekt unterliegt, ergibt sich der tödliche »Hebel«: Der »Zins«, alias die Mehrleistung bei Rück-»Zahlung«, muß entsprechend **hoch** sein, um die Tatsache zu kompensieren, daß der Gläubiger **etwas zurückbekommt, für das er ohnehin schon keine Verwendung hatte,** als er noch vor der Frage stand: soll ich nun Gläubiger werden oder nicht?

Der hohe Zins resultiert nicht aus einer »Hochachtung« des Gläubigers vor seinem von ihm zu verleihenden »Gut«, insofern also aus einer Art »Knappheit« heraus (»Oh, ich muß mich von einer Sache trennen, an der mir so viel liegt; das tue ich aber nur, wenn ich ganz, ganz viel dafür zurückerhalte!«).

Sondern: Der hohe Zins beim Start des Kapitalismus resultiert aus der Geringschätzung des Gläubigers seinem zu verleihenden Gut gegenüber (»Wenn ich schon was hergebe, dann kriege ich ja noch mehr davon zurück; das mache ich dann nur, wenn ich so viel zusätzlich bekomme, daß die dazugewonnene Menge den ›Verlust‹ ausgleicht, der entsteht, weil dadurch, daß es immer mehr wird, auch das schon früher oder noch Vorhandene im Grunde genommen für mich wertloser wird!«).

Die Sache mit dem hohen Zins ist das gleiche wie heute eine »Geldanlage«-Politik, die unter dem Namen »cost averaging« bekannt ist: Man kauft bei fallenden Kursen dazu, um seinen Durchschnittspreis (oder -kurs) zu senken. Damals war das Problem sozusagen ein »esteem averaging«: Der Ausgleich bei der »Einschätzung« eines Überfluß-Gutes muß so erfolgen, daß bei einer Vermehrung des Überfluß-Gutes diese Vermehrung (mal »Einschätzung« der vermehrten Menge) insgesamt für den Gläubiger positiv ausfällt.

Wir wissen, daß sich die Preisbildung für »Grundnahrungsmittel« auf freien Märkten bis heute in starken, aber auch regelmäßigen Schwankungen vollzieht. Dieses Phänomen ist unter dem Namen »Schweinezyklus« bekannt. Das Bild für einen solchen

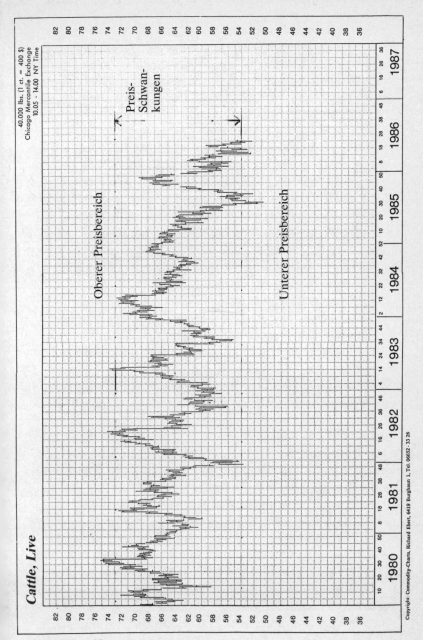

Abbildung 12:
Die Preise für lebende Rinder an der Produktenbörse in Chikago. Notiz: US-Cents pro Pfund Lebendgewicht.

Preiszyklus, hier für lebende Rinder (»Cattle, Live«), wie er sich an der Produktenbörse in Chicago (Chicago Mercantile Exchange) ergibt, haben wir abgebildet. Der Preis für die lebenden Rinder schwankt ziemlich regelmäßig zwischen »über 70« und »unter 60« Cents pro amerikanisches Pfund.

Der Grund für solche Zyklen muß hier nicht weiter interessieren. Beim »Schweinezyklus« ist es die »Dummheit der Bauern«, die immer, wenn die Preise hoch sind, damit rechnen, daß die Prcisc hoch bleiben und ergo ganz viele Schweine züchten, was die Preise aber zum Einsturz bringt, und wenn wieder alle Schweine geschlachtet wurden, ist Schweinefleisch so knapp, daß die Preise wieder steigen, und so weiter ad nauseam.

Wir können bestätigen, daß die Preise nicht nur heute, sondern auch früher in der Geschichte immer stark geschwankt haben, was die umfangreiche preisgeschichtliche Literatur bestätigt.[34]) Wenn wir davon ausgehen, daß die *starken Preisbewegungen* nichts anderes wiedergeben als *starke Mengenbewegungen,* also einen immer wieder auftretenden Wechsel von »Zuviel« oder »Zuwenig« anzeigen, können wir dem Zinsphänomen auf die Schliche kommen.

In den frühen Wirtschaftsformen, wo wir den Übergang von der Bedarfsdeckungs-Ökonomie (jeder Bauer arbeitet auf seinem Land für sich) zum Kapitalismus (der erste Landeigentümer macht die ersten Schulden, indem er sich von seinem Nachbarn etwas leiht) ansetzen müssen, gab es ebenfalls starke, möglicherweise sogar *extreme* Mengenschwankungen. Sehr gute Ernten wechselten mit sehr schlechten ab, was nicht nur die biblische Geschichte mit Josef und den sieben fetten und den sieben mageren Jahren beweist (in einem noch relativ stetigen, weil recht gleichmäßig bewässerten Gebiet wie dem unteren Niltal). Sondern da gab es auch noch Regen-, Insekten-, Klimarisiken.

Da sich gleichmäßige Rhythmen in Mengen ergeben, beeinflußt das nicht nur die Einschätzung der vorhandenen, sondern auch der künftig zu erwartenden Erntemengen. War eine Ernte sehr schlecht ausgefallen, ergab sich dieses Bild:
Einige Landbesitzer hatten nicht genug geerntet, um davon bis

zur nächsten Ernte zu leben, sie haben auch nicht genug Saatgut, um überhaupt an eine nächste Ernte denken zu können. Andere haben gerade genug zu essen, aber kein Saatgut. Diese beiden Gruppen sind *die potentiellen Schuldner.* Denn sie müssen jemandem finden, der sich in einer Überschuß-Position befindet.

Das können nicht die dritten sein, die außer zum Essen noch gerade genug Saatgut haben, um wieder eine Saison überstehen zu können. Sondern es können nur die vierten sein, die noch Saatgut »übrig« haben, Getreide also, das sie nicht »brauchen«, weder zum Essen noch zum Aussäen: *die potentiellen Gläubiger.*

Die potentiellen Schuldner müssen bei den potentiellen Gläubigern vorbei – oder untergehen, weil sie an ihrer Urschuld scheitern, an der Verpflichtung, sich am Leben zu erhalten. Die Lage des Schuldners ist einfach und ohne weiteres nachzuvollziehen.

Wie aber sieht es der Gläubiger?

Er kann jetzt entweder mit einer weiteren Mißernte rechnen. Oder mit einem guten Ergebnis, vielleicht sogar mit einem »bumper harvest«, wie es im amerikanischen Mittelwesten so schön heißt.

Rechnet er mit einer Mißernte, schickt er den potentiellen Schuldner wieder weg, er muß ihn seinem Schicksal überlassen. Denn bei der Weggabe von weiterem Saatgut könnte auch er möglicherweise untergehen. In einem solchen Fall kommt es überhaupt nicht zum Leih- bzw. Verschuldungsvorgang, da kann der »Arme« jammern, wie er will, und die großartigsten Versprechungen machen, also die höchsten »Zinsen« bieten. Der Gläubiger sieht nicht die »Sicherheit« des verliehenen Gutes als vorrangig an, sondern seine eigene. Daher kommt es zu einem Leih- bzw. Verschuldungsvorgang nur, wenn der Gläubiger sicher ist, daß – in der bekannten Rhythmik von guten und schlechten Ernten – die nächste Ernte wieder eine gute sein wird.

Nur dann wird er etwas hergeben. *Aber dann weiß er auch, daß mit der guten Ernte eine schnelle »Entwertung« aller Bestände eintreten wird,* der alten und der neuen, ganz einfach weil die *Menge steigt.* Diesen Wertverlust muß der Schuldner kompensieren – eben durch den **Zins!** Und wenn, was zu erwarten ist, sehr starke

Schwankungen bei den Ernten eintreten, also auf eine sehr schlechte eine sehr gute Ernte folgt, ergeben sich auch entsprechend hohe Zinsen – jene 20 bis 50 Prozent und mehr, von denen wir aus den alten Schuldurkunden wissen.

Der Zins muß den Wertverlust ersetzen, der zum Zeitpunkt der Rückzahlung eintritt, weil die Rückzahlung (besser: Rückgabe des Geliehenen plus des als »Zins« Vereinbarten) immer nur in einer allgemeinen »Überschuß-Situation« möglich ist. Die aber bedeutet: gestiegene Mengen, ergo (später, wenn die »Märkte« voll funktionieren) niedrigere Preise.

Ein **Beispiel:**

Die »übliche« Preisschwankung liegt zwischen 100 und 50 »Geldeinheiten« GE. Wiewohl es noch kein »Geld« gibt, arbeiten wir damit, um die »Einschätzung« (»esteem«, »Wertschätzung«) des Nachfragers gegenüber der »Ware« auszudrücken.

Also: 1. Jahr: Preis = 100,– pro Einheit.
       2. Jahr: Preis = 50,– pro Einheit.
       3. Jahr: Preis = 100,– pro Einheit.
       4. Jahr: Preis = 50,– pro Einheit, usw.

Im dritten Jahr kommt es zur bekannten Mißernte, potentielle Schuldner treten auf. Einer benötigt 10 Einheiten zum Preis von 100,–, um zu überleben.

Der Gläubiger weiß aber schon (oder glaubt zu wissen), was im vierten Jahr passiert, nämlich aufgrund der Erfahrung, die er zwischen dem ersten und zweiten Jahr gewonnen hat: Der Preis wird sich wieder halbieren.

Er gibt die 10 Einheiten ab, die mit 100,– GE bewertet sind (hohe Einschätzung, da Mißernte-Jahr). Seine Abgabe hat einen Wert von 1000,–.

Ein Jahr später erhält er die 10 Einheiten zurück, die aber (Überschuß-Jahr) nur noch je 50,– GE wert sind. Die Rückgabe seitens des Schuldners hat nur einen Wert von 500,–

Der Gläubiger wird dem Schuldner sagen: Ich leih's dir gerne, denn du bist ja mein Nachbar, Solidarität und so. Aber ich möchte wenigstens so viel an »Wert« zurückhaben, wie ich dir gegeben habe. Er wird also nicht nur 10, sondern (mindestens) 20 Einhei-

ten zurück haben wollen, um wieder auf den Ausgangswert von 1000,− zu kommen.
Schon liegt der Zins bei 100 Prozent! Wobei der Zins schlicht als das definiert werden kann, was der Gläubiger zurückhaben muß, um sich zum Zeitpunkt der Rückzahlung nicht schlechter zu stellen als zum Zeitpunkt der Ausleihe. Denn Schuldner (Zeitpunkt der Ausleihe) finden sich nur ein, wenn etwas besonders knapp ist. Und Rückzahler sieht man nur, wenn es dann eben (insgesamt) wieder erheblich besser geht.

In den frühen »Hochkulturen«, die nichts anderes waren als Premieren des debitistischen Kapitalismus, sehen wir nur wenige Produkte, deren Preis-(Wert-)Zyklus überdies noch ziemlich gleichgeschaltet ist. »Diversifikation« oder »Risikostreuung« (regional oder im Sortiment) gibt es noch nicht. Aber es gibt diese vermaledeiten starken Wert-(Preis-)Schwankungen, die den Zins automatisch in die Höhe schnellen lassen.

Bei so hohen Zinsen ist aber sofort klar, was passiert, wenn die Sache schiefgeht:

Kommt es entgegen den Erwartungen noch einmal zu einer Mißernte, schaukeln sich die Gläubiger/Schuldner-Verhältnisse schnell weiter in die Höhe. Schuldner müssen, wie in der Bibel und anderswo immer wieder beschrieben[35]), erst ihre Familienmitglieder, dann sich selbst in Schuld-»Knechtschaft« begeben. Zum Schluß wird der Schuldner, der keine »Sache« leisten kann, selbst zur »Sache«. **Er wird versklavt.** Das römische Recht wird mit seiner schlichten Vorschrift, daß Sklaven »Sachen« sind, immer für empörend rückschrittlich oder »unmenschlich« gehalten. *Es ist aber nichts anderes als die logische Konsequenz aus Schuldverhältnissen in einer Zeit stark schwankender Preise, ergo sehr hoher Zinsen.*

Kommt es, wiederum entgegen den Erwartungen, zu einer extrem guten Ernte, entspannt sich die Lage, es sei denn, es seien »Geld«-Leistungen vereinbart worden und die Schuldner können aufgrund der dann völlig zusammengebrochenen Preise nicht so viel »Geldeinheiten« beschaffen (per Verkauf ihrer »Überschüsse« auf den »Märkten«), wie sie brauchen, um den/

die Gläubiger zu befriedigen. Dann heißt es auch für sie letztlich: »Schuldknechte, marsch!«

Da aber nach der Weiterentwicklung der kapitalistischen Geldwirtschaft zur kapitalistischen Münzgeldwirtschaft der Gläubiger mit Hilfe des zurückge»zahlten« (= vorgezählten) Geldes »mehr« anfangen kann, sowohl im Raum (Warenauswahl) als auch in der Zeit (Wartenkönnen wegen des Edelmetall-Charakters), entspannt sich die Lage.

Der **Zinssatz** beginnt, wie Proudhon ganz richtig beobachtet hat, zu **sinken.**

Und als der Zinssatz gegen Ende des 19. Jahrhunderts endlich weltweit auf zwischen 2 und 3 Prozent gesunken ist, schreibt der »Brockhaus« in seinen Ausgaben vor dem Ersten Weltkrieg unter dem Stichwort »Zins« immer dasselbe und immer völlig zu Recht:

>»Mit dem Steigen der Kultur pflegt der Zinssatz zu sinken.«

Damals waren **Kultur und Kapitalismus** in der Tat auf einem Höhepunkt angekommen, den sie vermutlich in der Geschichte nicht mehr erreichen werden.

Anmerkungen:

[1]) Beispiele für solche »Ableitungen«, u. a.: **Wilhelm Gerloff,** Die Entstehung des Geldes und die Anfänge des Geldwesens, 2. Auflage, Frankfurt 1943, besonders Seite 49 ff.; **Don Patinkin,** Money, Interest, and Prices, Evanston und New York 1956, der schreibt (Seite 16): »Let us now extend the ... analysis to the case of an exchange economy with money« – also etwas, das es gar nicht gibt (»Tauschwirtschaft mit Geld«)!
Und zuletzt aus dem allerneuesten und allerheißesten amerikanischen Lehrbuch, der uns schon bekannten »Makroökonomie« des Superstars **Robert J. Barro:** »Wir wollen vernünftigerweise (ah!) davon ausgehen, daß es unbequem (oh!) ist, Güter direkt gegeneinander zu tauschen. Diese Form des **Naturaltausches** macht es erforderlich – wie bereits (aha!) Ökonomen vor mehreren hundert Jahren feststellten –, jemanden zu finden, der genau die von uns angebotenen Güter haben möchte und zugleich die von uns nachgefrag-

ten Güter besitzt. Deshalb unterstellen (!) wir, daß sich die Gesellschaft auf ein **Tauschmittel** (da ist es!) geeinigt hat, das wir als Geld bezeichnen ... Der Gebrauch von Geld erleichtert den Warentausch erheblich»...« Die Klammern entfuhren, wie immer, mir, PCM.

2) Siehe oben, **Gunnar Heinsohn** hat ein Résumée seines Bestsellers »Privateigentum, Patriarchat, Geldwirtschaft« (Frankfurt 1984) in Form einer Skizze niedergelegt, aus der alles auf einen Blick ersichtlich ist: Sozialstruktur, Familie, Wirtschaft, Religion, Politik. In Kopie erhältlich bei Prof. Drs. Gunnar Heinsohn, Universität Bremen, Postfach 330 440, D-2800 Bremen 33.

3) 2. Auflage, Wiesbaden 1979.

4) München 1984, Seite 46.

5) Der bedeutende Hamburger Handels-Theoretiker **Johann Georg Büsch** erklärt in seiner »Abhandlung von dem Geldumlauf« (2. Auflage, Hamburg und Kiel 1800, Seite 36): »Es ist wahr, dem ersten Ansehen nach ist das Tauschen leichter als das Kaufen. Das, was ich entbehren kann, weggeben und dafür nehmen, was ich nötig habe, ist weit einfacher als eine Sache, die ich entbehren kann für Metalle weggeben, womit ich keines meiner Bedürfnisse unmittelbar vergnügen kann, und mit diesen Metallen einen dritten aufsuchen, der dasjenige hat und entbehren kann, was ich brauche. Hier muß ich *zweimal tauschen,* ehe ich zu demjenigen gelange, was ich nötig habe, dort nur einmal.«

6) **Werner Huß,** Geschichte der Karthager, München 1985.

7) **Petra Eisele,** Babylon. Pforte der Götter und Große Hure, Bern und München 1980, Seite 137. Daß Hammurabi mit dem »Weltenherrscher« **Daraios I.** (521−485 v. Chr.) identisch ist, also ins 6. und 5. vorchristliche Jahrhundert datiert werden muß, hat soeben **Gunnar Heinsohn** nachgewiesen (»Altmesopotamische Historiographie: Von Geisterreichen zur Rekonstruktion, Probleme und Verwunderungen in der Geschichtsschreibung zur ›Zivilisationswiege‹ Südmesopotamien«, Manuskript, Universität Bremen, Juni 1986).

8) Vgl. **Johann Georg Krünitz,** Oeconomische Encyclopädie, 17. Teil, Berlin 1779, Seite 1, unter dem Stichwort:»Geld«: »Geld, Nieders. Gelt, stammet von **gelten** ab, und sollte daher billig mit einem t geschrieben werden, welche Schreibart man auch in den ältern oberdeutschen Schriften sehr häufig findet. Vermöge seiner Abstammung bedeutet es ehedem nicht nur Zahlung, Bezahlung, sondern auch die Ersetzung, Erstattung, Vergeltung.« – Im Schwaben-Spiegel von der Münze steht unter Kapitel CLXXXVI (3): »Vnd biutet der munser ainen falschen pfennig uz, so daz er damit

kauffen will, oder damit **gelten** will ...« (Johann Christoph Hirsch, Des Teutschen Reichs Münz-Archiv, I, Nürnberg 1756, Seite 13).

[9]) »Die Zinsen (waren) immens hoch – bis zu 20 Prozent bei geliehenem Geld, bei geborgtem Getreide gar 33 Prozent« (Eisele, a. a. O., Seite 137). Der unterschiedliche Zins erklärt sich, wie wir gleich sehen werden, durch die Funktion des »Edelmetall-Geldes« als Option!

[10]) Vgl. dazu u. a. die Hinweise in Paul C. Martin, Sachwert schlägt Geldwert, a. a. O. Seite 110 ff. und die Crash-Tabelle Seite 336 ff.

Heinsohn und Steiger weisen darauf hin, daß in den frühen Schuldkontrakten die **Schuldknechtschaft** bereits im Augenblick der Schließung des Kontraktes und nicht erst im Augenblick der nicht erfolgten Zahlung begann, wofür es in den von Finley herangezogenen Dokumenten Hinweise zu geben scheint. Ich kann mich dieser Interpretation nicht anschließen. Meine Einwände:

1. Verträge über Sachen (Rückzahlung von Saatgut) zielen zunächst auf die **Sache,** und wenn die nicht geleistet werden kann, auf Ersatz-Sachen (Saatgut – Land). Notfalls wird prolongiert, d. h. das Getreide auch der nächsten und der übernächsten Ernte »auf Termin« verkauft, d. h. als Leistungsersatz für die zunächst nicht erfolgte Leistung/Zahlung angeboten.

2. Die Schuldknechtschaft soll in der Finley/Heinsohn/Steiger-Interpretation zunächst **ohne Zins** vereinbart sein: also Ausleihe, Rückzahlung 100 Prozent, kein Zins, als Sicherheit der Mann bzw. Familienmitglieder des Schuldners. Wegen der hohen Multiplikation des Getreides (in der weltführenden US-Landwirtschaft heute 1:40, in Europa 1:20, in der Antike mindestens 1:5 ?) hätte der Schuldknecht jahrelange Null-Ernten haben müssen, um dann endlich als Schuldknecht von seinem Land abrücken zu müssen.

3. Vom Schuldknecht, der zwar schon einer ist, **aber noch nicht als solcher arbeitet,** hätte der Gläubiger nichts gehabt. Ich glaube vielmehr, daß es gleich der **hohe Zins** war, mit dem der antike Kapitalismus startet (und den wir unten noch enträtseln werden), der innerhalb eines jeweils relativ kurzen Zeitraums von der ersten gleichen Landverteilung bis zur sozial destabilisierenden Vermögensverteilung und Schuldknechtschaft gewirkt hat.

Bei einem Zinssatz von 33 Prozent, wie er für Getreide-Kontrakte verbürgt ist, rechnen wir überschlägig so:
100 Eigentümer haben 100 gleich große Lots Land. Es kommt zu Gläubiger/Schuldner-Verhältnissen, die bei Nichtzahlung zur Abgabe von Land und nach der Vollabgabe des Landes zum Abrücken des landlosen Schuldners als Schuldknecht führen. Bei einem angenommenen »Ertragswert« von 10 muß im Schnitt der erste abrük-

kende Schuldknecht nach etwa acht Jahren erscheinen. Und sich dann im Acht-Jahres-Rhythmus immer wieder verdoppeln. Wir haben dann:

Jahre	Freie	Schuldknechte
0	100	0
8	99	1
16	98	2
24	96	4
32	92	8
40	84	16
48	68	32
56	36	64
64		Bingo!

Nach wenig mehr als zwei Generationen ist das Gemeinwesen bereits am Ende. Vereinzelten Freien sitzt die riesige Masse an Schuldknechten (oder in die »freie« Stadt geflohenen Landlosen, siehe Rom zur Zeit der Gracchen!) gegenüber. Die Zeit der »Bürgerkriege« beginnt, vgl. unten den Exkurs über Sparta. Eine Stelle in Finleys Sklaven-Buch scheint meine Deutung zu bestätigen. Finley schreibt im Zusammenhang mit italischen Zuständen: »(Vertrete) ich die Ansicht ..., daß in den Gebieten der Halbinsel, die erst spät erobert wurden, die Schuldknechtschaft ein wichtiges Element war, und daß in ganz Italien Pächter, die in Verzug gerieten, daraufhin durch Zwang an die Scholle gebunden wurden« (Moses I. Finley, Die Sklaverei in der Antike, München 1981, Seite 94). Daraus folgt: Schuldknechte waren »Pächter« im Verzug, also keine Freien, die auf eigenem Land arbeiteten. Die Schuldknechtschaft beginnt erst nach dem Verzug (»daraufhin ... an die Scholle gebunden«). Im übrigen ist Finley bei seiner Einstellung »gegen« die Schuldknechtschaft parteiisch, also unhistorisch. So lobt er, daß die Schuldknechtschaft nach Solon aufhört, was aber »leider« (!) nicht für alle Griechen galt (a. a. O., Seite 104, überhaupt die Seiten 80−85 zur Schuldknechtschaft). Was soll denn dieses »leider«? Auch dieser große Gelehrte fällt einem Harmonisierungszwang zum Opfer.

[11]) Diesem Phänomen mit der zeitlichen Unbegrenztheit des Edelmetalls wird heute noch Referenz erwiesen, so kann man an der Londoner Metal Exchange Kontrakte über »undated gold« kaufen und verkaufen, also Gold handeln, ohne es jemals liefern oder abnehmen zu müssen. − **R. J. Hopper** ist bei dem Demosthenes-Erbe (Demosthenes 27,11) auch auf Zins-Differenzen gestoßen: 30 Prozent bei einer Liegebettfabrik mit 32−33 Sklaven, 16 oder höchstens 17,4 Prozent bei der Schwertfabrik, 12 Prozent bei einer Aus-

leihe von einem Talent »Bargeld« (Handel und Industrie im klassischen Griechenland, München, 1982, Seite 142): Wir sehen auch hier sofort, daß Edelmetall-Ausleihen Geld kostet, **nämlich den Zins, den ich nicht kassiere,** weil ich eben Edelmetall ausgeliehen habe und nicht »Kapital« in Form von Fabrikgebäuden für Liegebett- und Material für Schwertherstellung usw. Diese Differenz hat nichts mit Risiko zu tun (die Schwerter nahm der Staat ab!), sondern damit, daß ich Gold und Silber besser (und länger) einsetzen kann als Schwerter ...

[12]) Optionen sind bekanntlich »Anrechte«, ergo debitistische Vorgänge (definierter Vertragsinhalt, Leistungszeitpunkt). Diese Anrechte haben keinen »Preis«, sondern kosten eine »Prämie«.

[13]) 1. Buch **Mose,** 4, 3-4. Daß Kain den arglosen Abel erschlägt, ist vermutlich der Ausdruck für die Tatsache, daß nomadisierendes Weiden eine edlere und weniger anstrengende Beschäftigung ist als der Ackerbau.

[14]) **Yigael Yadin,** Die Tempelrolle. Die verborgene Thora vom Toten Meer. Hamburg und München 1985, besonders Seite 153 ff. (Kapitel »Das Schlachthaus und der Altar«), Seite 203 ff. (»Opferschlachtung in der Tempelstadt« ff.) Die faszinierende Rekonstruktion des »Inneren Hofes« auf Seite 142 f.

[15]) Eine der großen Vorzüge der jüdischen Sozialstruktur ist überhaupt die Tatsache, daß die Juden ihre Schulden (gegen ihren Gott und untereinander) immer wieder definitiv zum Verschwinden gebracht haben, vgl. das berühmte »Erlaßjahr« (5. Mose, 15, 1 ff.; 31,10). Dadurch blieb das Gemeinwesen – mit wenigen Ausnahme-Phasen (Nehemia-Revolte) – über Jahrhunderte hin stabil.

[16]) In den griechischen Poleis wurde das Fleisch der Opfertiere oft auch an die Armen verteilt.

[17]) 32zeilige lateinische Kursivschrift auf Pergament vom 6. Februar 1504, angeboten als Nr. 171 im Katalog 1061 der Londoner Antiquare Maggs Bros Ltd. (1985), jetzt in Sammlung PCM.

[18]) Tübingen 1924.

[19]) **A. R. Burns,** Money and Monetary Policy in Early Times, New York 1927, hier Seite 15 und Plate I.

[20]) Vor allem die Entstehung der ersten »Gewichts-Standards« (Shekel, Mine) ist sehr aufschlußreich, ausführlicher dazu: Burns, a. a. O., Seite 171 ff., das Kapitel »Weight Standards before the Introduction of Coins«. Vermutlich haben diese »Stempel« eher die »Feinheit« als das »Gewicht« definiert, weil »Nachwiegen« kein großes Problem darstellt.

[21]) Zahlungs-Versprechen, wenn der Materialwert unter dem in anderen Wareneinheiten gemessenen Kurswert lag. Eine Silbermünze,

die »gut« war für einen Ochsen (weil der auf der Münze auch abgebildet war), ist ein Zahlungs-Versprechen, wenn der Metallwert der Münze nur für ein Schaf ausreicht oder einen halben Ochsen.

[22]) Gold wird bis heute, z. B. in den Bilanzen der Notenbanken, als Aktivum bilanziert, ohne irgendwo anders gleichzeitig ein Passivum zu sein.

[23]) Dazu nochmals der neue Sammelband von **Uwe Schultz**, Mit dem Zehnten fing es an, München 1986, besonders der Beitrag des Bauernkriegs-Experten **Peter Blickle**: »Der Stürn halb ist unser Beger, uns die zu ringren.« Die Bedeutung des Steuerwesens für den Bauernkrieg von 1525, Seite 143–152.

[24]) **Arnold Künzli,** Mein und Dein. Zur Ideengeschichte der Eigentumsfeindschaft. Köln 1986. Dieses Buch, lektoriert vom Ex-Juso-Star **Johano Strasser,** ist sowohl in Kompilation als auch in begleitender Analyse ein »Must« für jeden, der sich mit »Kapitalismus« beschäftigen will.

[25]) »Interest« ist bis heute im Englischen das Wort für »Zins«, man interessiert sich nur für etwas, das sich also »lohnt«, das sich »rentiert« usw.

[26]) Diesen Denkfehler machen nicht nur die notorischen Eigentumsfeinde (Sozialisten, Kommunisten usw.), sondern auch bürgerliche Wissenschaftler, vgl. schon: **Emile de Lavalaye,** Das Ureigenthum, deutsch von Karl Bücher, dem bedeutenden bürgerlichen Ökonomen, Leipzig 1879.

[27]) Ich bin auf diesen höchst naheliegenden Tatbestand bereits in meinem Buch »Sachwert schlägt Geldwert« (München 1983, bes. Seite 17 ff.) eingegangen. Apropos »gehören«: Man kann sich unschwer vorstellen, daß nur das einem (als Eigentum) gehört, was auf einen »hört« (Hund, Vieh) bzw. was im Bereich der noch zu »hörenden« Stimme liegt. Man kann auch keinen von seinem Eigentum durch Rufen verscheuchen, wenn der einen gar nicht hört, weil er zu weit weg ist, nicht wahr?

[28]) **William Weber Johnson** berichtet von einem »Frühstück«, bei dem sich für einen Goldsucher folgende Preise in US-Gold-Dollar (Kaufkraft 1848/49!) ergaben: 1 Box Sardinen = 16 $, 1 Pfund Brot = 2 $, 1 Pfund Butter = 6 $, 1/2 Pfund Käse = 3 $, 2 Flaschen Ale = 16 Dollar, usw., Summa = 45 Dollar. (»Der Goldrausch«, Time-Life, 1979, Seite 79; ich verdanke diesen Hinweis Herrn Paul Benedikt Martin.)

[29]) **Hermann Heinrich Gossen,** Entwickelung der Gesetze des menschlichen Verkehrs, und der daraus fließenden Regeln für menschliches Handeln, Braunschweig 1854, besonders Seite 4 f.: »Die Größe eines und desselben Genusses nimmt, wenn wir mit Bereitung

des Genusses ununterbrochen fortfahren, fortwährend ab, bis zuletzt Sättigung eintritt.«

[30]) **Walter Lüftl,** Jedermann war ein gerechter Mann. Eine ökonomische Ehrenrettung des reichen Mannes, Typoskript, Wien 1985. Die »Jedermann«-Vorgänger reichen bis ins »kapitalistische« 16. Jahrhundert zurück, vgl. »Vom Sterben des reichen Mannes. Die Dramen von Everyman, Homulus, Hecastus und dem Kauffmann«. Nach Drucken des 16. Jahrhunderts übersetzt, herausgegeben und eingeleitet von Helmut Wiemken, Bremen 1965.

[31]) Vgl. Artikel »Zins« von **Friedrich A. Lutz** im Handwörterbuch der Sozialwissenschaften, Band 12, Stuttgart-Tübingen-Göttingen 1965, Seite 434−452. In der Neuauflage dieses Werkes, dem Handwörterbuch der Wirtschaftswissenschaften, fehlt ein eigener Artikel »Zins«. Die »Zinstheorie« rangiert unter »Faktorpreisbildung« (Band 2, 1980, Seite 530−548). Dies ist nur einer der vielen Belege, daß die Nationalökonomie immer tiefer in den Märchenwald der Tausch-Wirtschaft (Faktoren »Boden«, »Kapital«, »Arbeit«) geraten ist, wo der Zins, der Inbegriff des Debitismus, keinen Platz hat. Die Definitionen von »Zins« in den Fachlexika sprechen für sich: »Unter Zins versteht man die Vergütung, die für die Nutzung eines Vermögensgutes gezahlt wird« (HdWW). Das ist die berühmte Vorstellung vom »Geld«, das man sich »ausleiht«, um es sich anschließend anzugucken (»zu nutzen«): »Unter Zins wird die Vergütung (Vergütung von »Gut«, PCM) verstanden, die ein Darlehensnehmer an den Darlehensgeber für die zeitweilige Benutzung einer Wertsumme zahlt, die am häufigsten Geldform hat, aber auch Güterform haben kann .« (HdSW). Der bedeutende Geld-Theoretiker **Don Patinkin** stöpselt beim »Zins« genauso hilflos herum wie beim »Geld«, das er, wie wir schon gesehen haben, in seine »Tauschwirtschaft« »einführt«: »Interest is one of the forms of income from property, the other forms being dividends, rents and profits ...« (Artikel »Interest« in: International Encyclopedia of the Social Sciences, Band 7, Seite 471 ff.). Der Zins wird immer wieder mit der Zinszahlung verwechselt (»Vergütung«, »form of income«), weil die Jungs das mit dem Zeitablauf nicht kapiert haben.

[32]) Hier besonders der Aufsatz »Private Property, Debts and Interest or: The Origin of Money and the Rise and Fall of Monetary Economies«, in: Studi Economici (Università di Napoli), 21, 1983, Seite 3 ff.

[33]) Vgl. **Ulrich Küntzel,** Die Finanzen großer Männer, Frankfurt-Berlin-Wien 1984, Seiten 56 und 59. Ähnlich **Robert J. Hopper,** Handel und Industrie im klassischen Griechenland, München 1982,

über das Vermögen des Vaters des Demosthenes: »Ein Talent Bargeld, ausgeliehen zu 12 Prozent Zinsen ...« (Seite 142) Die 12 Prozent sind »überschlägig« gerechnet, eine Drachme pro Mine monatlich, was bei Zinseszinsrechnung 12,68 % ergibt.
Berühmt ist der anklagend vorgetragene Zins-Passus in der Verteidigungsrede des Sozialisten **Pierre-Joseph Proudhon** in der Nationalversammlung vom 31. Juli 1848: »Beim Beginn des gesellschaftlichen Verbandes betrug der Zins oder der Preis der Darlehen hundert und mehr Prozent des Kapitals; in Rom zogen Cicero, Brutus, Seneca 66 und 80 Prozent für ihre Kapitale. Die Zinsen sanken dann auf 14, 12, 8 Prozent ...« (in: **Lorenz von Stein,** »Die socialistischen und communistischen Bewegungen seit der dritten französischen Revolution«, Leipzig und Wien 1848, Seite 187). Gab es beim Beginn des »gesellschaftlichen Verbandes«, so nah am »Urkommunismus«, wo sich alle Menschen ganz bestimmt ganz lieb hatten, wirklich solche Zustände?!

[34]) Nur als ein Beispiel: A Collection of Several Authentick Accounts of the History and Price of Wheat, Bread, Malt etc. From the Coming of William the Conqueror to Michaelmas 1745, London 1748. Darin liegen die Schwankungen zwischen 1646 und 1745 bei Weizen pro Quarter im Minimum bei ca. 1 1/2 und im Maximum bei ca. 3 1/4, kurzfristig ging es über 4. Die Schwankungen betragen also jeweils 100 Prozent hinauf und 50 Prozent herunter, was wieder an das Sphinx-Rätsel beim Ödipus-Komplex erinnert (4–2–3, vgl. Martin/Lüftl, Die Pleite, a. a. O., Seite 240 ff.).

[35]) **Nehemia,** 5, 11: »Wir müssen unsere Söhne und Töchter unterwerfen dem Dienst« als ein Beispiel. Nehemia verhindert durch eine Schuldenstreichung einen Volksaufstand.

Der Handschlag

Wie die Schulden wieder verschwinden, was der Konsum dabei für eine Rolle spielt, welche Varianten es aber sonst noch gibt, wie Mohammed, US-Finanzminister Baker und der gute alte Spartaner Lykurg die Sache angegangen sind

> »Jeder Geldforderung in der Wirtschaft entspricht logischer Weise eine gleichhohe Geldverpflichtung, eine Schuld ... und es ergibt sich die verblüffende Gleichung: der Summe aller Schulden entspricht die Summe allen Geldes.«
> *Johann Philipp Freiherr von Bethmann,*
> *»Die Zinskatastrophe« (1982)*

»Es war tief im Winter«

In den »Jüdischen Schwänken« lesen wir diese hübsche kleine Geschichte:[1])

> »Zwei Juden werden in einem Gasthaus in Kutno miteinander bekannt. Sie wohnen dort fünf Tage zusammen und freunden sich dick an. Wie sie heimreisen – der eine wohnt in Grodno, der andere in Lublin –, nehmen sie herzlichen Abschied; der eine sagt zum andern: ›Reb Jossel, Ihr müßt mir versprechen, mich aufzusuchen, wenn Ihr nach Grodno kommet‹.
> Drauf Reb Jossel: ›Natürlich, Reb Ber; warum denn nicht?‹
> ›Das genügt mir nicht, Reb Jossel; Ihr müßt es mir mit Handschlag versprechen, daß Ihr mich aufsuchen werdet, wenn Ihr in Grodno seid‹. Reb Jossel gab Handschlag und Versprechen.
> Nach ein paar Monaten – es war tief im Winter – kam er auf einer Reise durch Grodno. Dort hatte er geschäftlich nur ein paar Stunden zu tun; da er sich aber des Handschlags erinnerte, den er Reb Ber gegeben hatte, wollte er sein Wort einlösen. Es fror stark. Reb Jossel mußte lange herumfragen, bis er erfuhr, wo Reb Ber wohnte. Das Haus lag am Ende der Stadt.
> Reb Jossel machte sich auf den Weg; er fror wie ein Hund. Nach einer guten Stunde – es war indes Abend geworden – erreicht er endlich Reb Bers Haus. Er klopft, einmal, zweimal, dreimal. Endlich fragt jemand durchs Fenster: ›Wer klopft?‹
> ›Ich bin's, Reb Jossel! Erinnert Ihr Euch, Reb Ber? Vor drei Monaten haben wir uns in Kutno im Gasthaus kennengelernt.‹
> Darauf Reb Ber: ›Kann möglich sein. Was wünschen Sie?‹
> ›Wünschen? Gar nichts! Ich habe Sie besuchen wollen, damals habe ich es Ihnen doch mit Handschlag versprochen!‹
> Da streckt ihm Reb Ber die Hand durchs Fenster hin: ›Handschlag? Da haben Sie ihn zurück. Glückliche Reise!‹«

Dazu schreibt der Herausgeber in einer Fußnote:

> »Ein Versprechen mit Handschlag kommt bei den Juden fast einem Gelöbnis gleich und bedarf einer formellen Lösung durch den Empfänger, damit es nicht erfüllt werden muß.«

Diese jüdische Schnurre beschreibt in wenigen Zeilen das debitistische Dilemma: Jemand ist etwas schuldig. Diese Schuld muß nicht etwa durch einen schriftlichen Kontrakt entstanden sein.

Bekanntlich gelten an allen Börsen der Welt die Abschlüsse per Zuruf. Die Londoner Börse führt im Wappen den Spruch:

»Dictum meum pactum – My Word is my Bond.«

In der Schnurre entsteht eine Verpflichtung per Handschlag. Der Schuldner tut alles, was in seinen Kräften steht, um die Schuld abzutragen, beim Gläubiger zu erscheinen, auch wenn es ein jammerkalter Winterabend ist. Der Gläubiger ist nicht bereit, die Leistung zu akzeptieren. Das Problem in der Schuldenwirtschaft ist in der Tat *immer wieder der Gläubiger;* das Problem des Schuldners entsteht eigentlich erst, weil und nachdem der Gläubiger sich ziert, *Leistung zu akzeptieren.*

Zum Schluß haben wir das Erlöschen des Schuldverhältnisses: den gleichen Handschlag, mit dem das Schuldverhältnis begann. Warum begrüßen wir uns mit einem Handschlag?

Wir schließen einen Vertrag des Inhalts, daß wir uns friedlich besprechen wollen.

Wir verabschieden uns per Handschlag?

Weil wir diesen Vertrag wieder lösen.

Beide Male wollen wir vielleicht zum Ausdruck bringen, daß wir keine unentdeckten, nicht ausdrücklich und schriftlich niedergelegten beidseitigen Verpflichtungen haben. Daß wir uns schuldenfrei begegnen.

In einer Gesellschaft, die keine Kontrakte kennt, wo keine friedlichen Schuldverhältnisse eine Rolle spielen, begrüßt man sich per Griff an die Mütze, wie die Militärs »salutieren«, oder mit dem gestreckten Arm wie Römer und Faschisten. Oft genug sind der »römische Gruß« und das friedliche Sich-die-Hand-Geben der Juden in der Geschichte aneinandergeraten, zuletzt erst wieder im »Dritten Reich«.

Don Perignon oder Dosenbier?

Der Kapitalismus hat sich entfaltet wie die Königin der Nacht. Eine wunderschöne Blüte, die sich immer weiter öffnet. Wir begreifen immer mehr, warum es Wohlstand gibt und Wachstum,

warum die Menschen letztlich im Kapitalismus immer besser leben, immer länger.
Es funktioniert, Menschen permanent unter Schuldendruck zu halten. Es ist der Angstschweiß der von Illiquidität bedrohten Privateigentümer, die Furcht, ins Nichts zu sinken, wenn man nicht leistet, die uns alle vorwärtstreibt.
Aber der Kapitalismus ist nicht nur schön und kalt. Er ist nicht nur ein System, das einen schier unerträglichen Druck schafft. Sondern er ist auch warm und endlich. Denn er löst die Schulden, die ihn vorwärtstreiben, immer wieder auf.
Wie verschwinden die Schulden, die den Kapitalismus vorwärtstreiben? Wir beschränken uns auf jene Schulden, die in der »Wirtschaft« entstehen. Die »Urschuld«, die der Mensch gegen sich selber hat, erlischt mit seinem Tode oder an dem Tag, da er sich aufgibt. Der Penner ist fast schuldenfrei, der Fixer tilgt die Urschuld mit dem letzten, gold'nen Schuß. Die Schulden gegen die Gottheit existieren nicht mehr, sobald sie negiert werden, sobald wir nicht mehr glauben. Atheisten sind schuldenfrei, alles, was sie noch umtreibt, ist das »schlechte Gewissen«: War da nicht doch etwas, das ich übersehen habe?
Oft greift das eine ins andere: Die Plünderung von Tempeln, wie sie seit der Antike gang und gäbe war, spielt den Plünderern zusätzliche Mittel in die Hand, um damit die diesseitigen Schuldenprobleme zu lösen.[2])
Vom General Bonaparte wissen wir, welche Rolle für seinen Aufstieg und die finanzielle Lage der ganzen Nation der Raub der Kirchengüter in Italien spielte – eine Summe, die auf 120 Millionen Gold-Franken beziffert worden ist, – mehr als die durchschnittliche Weltjahresproduktion 1750–1800.[3])
Wir wollen hier zunächst nur fragen: Wie gehen Schulden wieder weg, die privaten Schulden, die zwischen den einzelnen »Wirtschaftssubjekten« vereinbart wurden, seien dies nun Subjekte im Sinne von »Personen« (Konsumenten, Einzelunternehmer) oder Kapitalgesellschaften wie AGs und GmbHs. Wie?
Zunächst führen wir uns noch einmal das Grundproblem vor Augen, das jeder Gläubiger/Schuldner-Beziehung die Würze

gibt: **Der Gläubiger gibt etwas ab, was er selbst nicht braucht.** Daher ist anzunehmen, daß er es, wenn es – vermehrt um den vereinbarten Zins – eines Tages zurückkehrt, möglicherweise **noch viel weniger braucht.**

Wenn sich der Gläubiger mit etwas »bezahlen« läßt, was zwar eine »Zahlung« ist, in dem Sinne, daß das ursprüngliche Schuldverhältnis damit erloschen ist, was sich dann aber bei Licht besehen nur wiederum als eine *Forderung* herausstellt, diesmal gegen einen bisher noch nicht in Erscheinung getretenen Dritten oder Vierten, dann ist die Schuld natürlich *nicht* erloschen! Alles, was stattgefunden hat, war ein Schuldner-Wechsel.

Beispiel: Der A hat dem B eine Million geliehen. Der B zahlt fristgerecht zurück, inklusive Zinsen also 1,1 Millionen. Aber womit zahlt er?

Zahlt er mit einem Scheck oder mit einer Anweisung auf seine Bank, dann ist sofort klar, was läuft: Die Schuld ist nicht verschwunden, sondern das Schuldverhältnis besteht fort, jetzt hat A eine Forderung gegen C, die Bank. Selbst wenn B mit einem Koffer Bargeld daherkommt und die 1,1 Millionen in Banknoten vorblättert, dann will A als »Zahlung« in Wahrheit ja nicht die Banknoten haben. Wollte er sie wirklich haben, würde er sie bei sich behalten, jeden Tag anschauen und zugucken, wie sie langsam verschimmeln. Nein, A »zahlt« seine »Zahlung«, die er von B erhalten hat, sofort wieder irgendwo ein und hat statt der Forderung gegen B jetzt eine Forderung gegen C, die Stelle, wo er sein Geld eingezahlt hat.

Wir kommen also erneut zu der überraschenden Erkenntnis, daß im Kapitalismus überhaupt nicht mit **»Zahlungsmitteln«** gezahlt wird, sondern immer nur und immer wieder mit **»Zahlungsversprechen«.**

Wie aber verschwinden dann Schulden?
Und zwar end-gültig? So, daß also gezahlt wird, daß die Schuld am »Ende« als erloschen »gilt«?

Diese Frage ist für jeden, der sich in den Debitismus hineingedacht hat, einfach zu beantworten:

Schulden verschwinden nur durch eine Leistung, die als end-

gültig akzeptiert wird. Eine Leistung, die im ausgezahlten Gläubiger nicht wieder den Wunsch weckt, sie weiter zu verwenden.

Nehmen wir das Gold als Beispiel, um den Übergang vom Zahlungsversprechen zur Zahlung, zur Leistung und zurück zur Zahlung usw. zu verstehen:

Gold sei anerkanntes (oder gesetzlich »gültiges«) Zahlungsmittel, wie dies im Währungssystem des »Goldstandards«, der Fall war.[4]) Jemand hat zehn Goldstücke geliehen und muß elf zurückzahlen. Der Gläubiger kann nun das elfte Goldstück weiterhin als »Zahlungsmittel« verwenden; indem er es einem nächsten Schuldner leiht. Er kann es auch vorübergehend bei sich aufbewahren, dann ist das Goldstück ein Zahlungsmittel im Wartestand, die »permanente Option«, die wir kennengelernt haben. Er kann es aber auch zu einem Ring verarbeiten, dann hat er dem Gold die Möglichkeit, Zahlungsmittel zu sein, genommen. Er hat das elfte Goldstück als endgültig bei sich verbleibend akzeptiert. Nach einiger Zeit kann er den Ring wieder einschmelzen lassen, das Gold zur Münze tragen und ein Goldstück prägen. Dann hat er diesen Weg umgedreht.

Dieser Weg »zurück« ist nur bei Gold (Edelmetall) möglich, und damit sind wir am Kern: Wenn Zahlungsmittel, die in Wahrheit immer Zahlungsversprechen sind (jedenfalls in den »modernen« Volkswirtschaften, die keinen Goldstandard [Edelmetallstandard] mehr kennen), sich in eine als endgültig vom Gläubiger akzeptierte Form verwandeln, *und aus dieser Form nicht mehr umgekehrt zu Forderungen werden können,* dann, und erst dann, ist die Schuld »erloschen«.

Wir sehen, daß der normale Weg, Schulden zum Verschwinden zu bringen, der Konsum ist.

Konsum ist ein Vorgang, der nicht zurückgedreht werden kann (wie beim Gold, das, als Ring »verkonsumiert«, wieder als Zahlungsmittel »auferstehen« könnte). Konsum ist daher die unmittelbarste und auch einleuchtendste Form des Erlöschens von Schulden. Insofern ist Karl Marx bei seiner Stöpselei mit der Realisierung des Mehrwerts nicht völlig auf dem Holzweg gewesen: Er sagt ja deutlich, daß sich der *Mehrwert* in Form von *Unternehmer-Konsum* »realisieren« läßt, wie wir oben sahen.

Gäbe es keinen Konsum, wär der Kapitalismus nach wenigen Runden am Ende. Die zusätzliche Neuverschuldung, die sich immer wieder finden müßte, um die Vorfinanzierungskosten einzuspielen, würde in Form einer klassischen Zinseszinskurve *exponentiell explodieren*.

Aber: Gäbe es keinen Konsum, gäbe es auch keinen Zwang, sich am Leben erhalten zu müssen, gäbe es ergo keine Urschuld, gäbe es also auch keinen Zwang zu wirtschaften, d. h. Schulden zu machen, um zu produzieren, um auf diesem Weg seine Urschuld abtragen zu können. *Konsum und Kapitalismus gehören zusammen,* wie eineiige Zwillinge, und politische Strömungen, die diese Brüderschaft kritisieren und dabei penetrant den Zeigefinger heben und über »Konsumrausch«, alias Lebensfreude herziehen, sind absolut fehl am Platze. Die »Grünen« sind nicht nur »Systemgegner«, sonderen wahre Menschengegner.

So wie es gar nicht genug Schulden geben kann, um möglichst viele Menschen unter debitistischen Druck zu setzen, damit die Wirtschaft vorwärtsgeprügelt wird, damit es allen besser geht, so kann gar nicht genug konsumiert werden! Und wo die Quantität nicht vertilgt werden kann, flieht sie in die Qualität! Verzehrt statt Bier und Kartoffelbrei ausschließlich Beluga-Kaviar mit Dom Perignon.

Wir haben als Urquelle alles Wirtschaftens den Versuch definiert, die Urschuld abzutragen, sich also am Leben zu erhalten. Daraus entsteht der debitistische Prozeß, weil dieses Abtragen der Urschuld über Arbeitsteilung und freie Märkte, eben »Kapitalismus«, am effizientesten bewerkstelligt wird. Wenn wir das Abtragen dieser Urschuld (»Wohnen, Essen, Kleiden«) als »Konsum« bezeichnen, so müssen wir dieses andere Ende des Debitismus, dieses Ende, wo die Schulden endgültig, und möglichst auf Dom-Perignon-Niveau, erlöschen, noch fester ins Auge fassen und in die Theorie einbinden, die wir entdeckt haben:

Eine Schuld erlischt nur per Konsum des Gläubigers. Oder gesamthaft definiert: **Schulden verschwinden nur durch Konsum al-**

ler Gläubiger. Wobei ohnehin nur jemand konsumieren kann, der Gläubiger ist, der eben ein »Zahlungsmittel« hat, mit dessen Hilfe er sich Konsumgüter kaufen kann. Dieses »Zahlungsmittel« ist a priori immer ein Zahlungsversprechen – bis zu jenem Moment, da die Zahlung als endgültig angesehen wird.

Konsum? Konsum!

Um von der etwas einseitigen Vorstellung der Kaviar und Dom Perignon »verzehrenden« Gläubiger wegzukommen, wollen wir »Konsum« durchaus so weit fassen wie möglich. Wir definieren:

Konsum ist eine vom Gläubiger als für sich endgültig akzeptierte Leistung, die ihm zur Auflösung eines Schuldverhältnisses offeriert wurde. Diese Leistung muß aus einem unter debitistischen Voraussetzungen geschaffenen Produktions-(Dienstleistungs-)Akt stammen, sonst handelt es sich wieder nur um die oben schon diskutierten Tauschvorgänge.

Also: Die Frucht muß konsumiert werden und nicht das Grundstück getauscht werden, auf dem der Baum steht, der die Frucht getragen hat, selbst wenn das Grundstück nur mit dem Marktwert der einen Frucht bewertet wird.

Konsum im Sinne einer endgültigen Leistung muß **irreversibel** sein, darf also nicht zurückgedreht werden. Das ist bei sogenannten »langlebigen« Gebrauchsgütern ein Problem, weil jemand sein Auto, das er sich gekauft hat, total verkonsumieren, aber auch nach kurzer Zeit wieder in den Markt (= Schuldentilgungs- und Schuldenumverteilungsort) zurückschleusen kann, um sich wieder »Zahlungsmittel« (in Wahrheit: Zahlungsversprechen) zu besorgen, um sich für den »Zeitwert« des gebrauchten Autos eine Reise auf die Malediven zu leisten.

Wir fassen zusammen:

Kapitalismus ist durch Eingehen von Schulden, d. h. die Vorfinanzierung von Produktion definiert. Die Kosten der Vorfinanzierung müssen jeweils durch spätere Schuldner und deren eigenes Schuldenmachen realisierbar gehalten werden. Dieser »debitistische« Prozeß hat dabei eine jeweils ganz konkret zu ermittelnde Gesamtsumme von Schulden, die sich wiederum durch neues Schuldenmachen vermehrt und durch Konsum vermin-

dert. **Konsum ist dabei die als endgültig empfundene, irreversible Leistung.**

Wir wissen, daß es im Kapitalismus niemals ein »Gleichgewicht« geben kann, weil Kapitalismus ein extrem dynamischer Prozeß ist. Wir können aber durchaus die Bedingung formulieren, unter der Kapitalismus weiter existiert.

Diese Bedingung lautet:

Die Summe aller Schulden, die in einer Periode kontrahiert wurden und die zum Nomialwert existieren	abzüglich	Aller als endgültig akzeptierter Leistungen in dieser Periode (Menge mal Preis)	mal Zinssatz	=	Summe der benötigten Neuverschuldung, um den Kapitalismus eine Periode weiterzubringen

Oder etwas simpler:

(Alte SCHULDEN minus KONSUM) mal Zinssatz = Neue SCHULDEN

In dieser einfachen Gestalt umfaßt die debitistische Grundgleichung beim »Konsum« aber alle in der betreffenden Periode als endgültig akzeptierten Leistungen bzw. den »Verzehr« von Gütern und Diensten. Das bezieht sich auf Kaviar und Dom Perignon genauso wie auf Maschinen, die in dieser Periode anteilig abgeschrieben wurden (der Betrag der Abschreibung wäre dann der »Konsum«), Autos, die zu Schrott gefahren werden, Schiffe, die versinken, Renovierungskosten für Fabrikgebäude und so fort.

Konsum = Sämtliche in einer Periode von der Gesamtheit alle Gläubiger für diese Periode als endgültig angesehene (»verzehrte«) Leistungen und/oder Produktionen.

Die Probleme, die sich der Kapitalismus eingefangen hat, sind in der Grundgleichung sofort überschlägig zu erkennen:

1. Je mehr Schulden es gibt, desto *massiver muß konsumiert werden.* In der Schlußphase eines kapitalistischen Durchlaufs, wie wir sie jetzt (1986) gerade wieder erleben, spitzt sich logischerweise alles auf den »Konsumenten« zu. In allen Industrienationen wird (siehe unten ausführlicher) verzweifelt versucht, den Verbraucher »bei Stimmung« zu halten. Die Amis, die das nahe Ende ahnen, fordern die Japaner und die Deutschen in immer deutlicheren Sätzen auf, endlich die »Konsum-Konjunktur« auf breiter Front anzukurbeln.

2. Beim Konsum erscheint »Menge mal Preis«. Sinken die Preise, wie jetzt weltweit auf breiter Front, da die Super-Deflation gestartet ist, *müßten auch die Zinsen sinken:* Deshalb lesen wir dauernd von »Zinssenkungsrunden« in den Industrienationen. Oder es müßte die »Neuverschuldung« entsprechend steigen. Daher die Aufforderung an Konsumenten und Investoren, doch jetzt »Vertrauen« zu haben, weil die Preise so schön »stabil« sind, und endlich »mehr Geld auszugeben« (= sich zu verschulden).

Zu diesen Abläufen unmittelbar vor dem allgemeinen Zusammenbruch mehr im Kapitel »Staat & Blow-off«.

Der Schulden-Schluß am Beispiel Gutenbergs

Schulden verschwinden nicht von selbst. Es muß etwas »geschehen«, damit sie erlöschen.

Was im Kapitalismus geschehen müßte, um Schulden verschwinden zu lassen, haben wir kennengelernt: Der Gläubiger muß eine Zahlung (Leistung) als endgültig ansehen. Das geschieht üblicherweise durch Konsum des Gläubigers, womit er seinerseits wieder einen Teil seiner Urschuld abträgt, das können aber auch alle möglichen sonstigen Vorgänge sein: Kauf einer Maschine, nicht um sie produktiv einzusetzen, sondern um sie auf dem Hof verrotten zu lassen. Bau eines Fabrikgebäudes, das anschließend leer stehen bleibt. Errichtung eines Denkmals. Und so fort.

Vorsicht beim »Denkmal«: Es muß eines sein, daß ein reicher Fabrikant für sich errichten läßt, wobei er Teile seiner Gläubiger-Position aufgibt, indem er »bezahlt«. Denkmäler, die der Staat errichtet und mit den üblichen Staatsschulden finanziert, vermehren nur die Schulden und sind kein Konsum, weshalb überhaupt das Wort »Staatskonsum« irreführend ist. Der Konsum des Denkmals tritt erst ein, *wenn der Staat bankrott macht und die Staatsschulden verschwinden:* Dann darf das geprellte Publikum das Denkmal in Höhe der wertlos gewordenen Staatspapiere konsumieren. Dann gehört das Denkmal endlich dem Volke.

Durch Tauschakte verschwinden Schulden nicht! Dabei gibt es immer nur einen Gläubiger/Schuldner-Wechsel. Wenn also ein Gläubiger mit seinem Geld bei Sotheby's in London eine Gutenberg-Bibel kauft, dann sind die Schuldner nicht von ihrer Leistung befreit. Denn die Schulden beziehen sich immer nur auf die nach dem (dafür inszenierten!) Schuldenmachen konkret produzierte Leistung, die mit Hilfe des Schuldenmachens vorfinanziert wurde. Der Kauf eines Faksimile-Drucks der Gutenberg-Bibel und das anschließende dauerhafte Verwahren dieser Pretiose im heimischen Regal – das ist es, wodurch Schulden verschwinden, eben just die Schulden, die der Drucker des Faksimiles gemacht hat.

Oder noch anders: Dem armen Drucker Gutenberg des 15. Jahrhunderts ist durch den Kauf seiner Bibel heute nicht mehr zu »helfen«, er ist als Schuldner längst gekracht.[5]) Egal, wieviel Gutenberg-Bibeln zu welchem Preis heute noch verkauft werden: die vor einem halben Jahrtausend zwischen dem ersten Drucker und seinen Gläubigern vereinbarten Schulden kümmert das nicht mehr. Die Gutenberg-Bibel weist uns auch den Weg des Übergangs vom Kauf- und Tauschgut: Solange sie Gutenberg verkaufen konnte, um damit seine Gläubiger zu befriedigen, war es ein debitistisch-kapitalistischer Vorgang. Bibeln, die in seiner Konkursmasse übriggeblieben und weiterhin unverkäuflich waren und die dann irgendwo verborgen blieben, bis sie ein findiger Rechercheur der Firma Sotheby's wiederentdeckte, werden zum Tauschgut. Das kann zu durchaus schnell steigenden Werten geschehen, eine Gutenberg-Bibel ist heute nicht unter drei Millionen Dollar zu haben, wobei dieser Wertzuwachs aber mit den ursprünglichen Schulden nichts mehr zu tun hat.

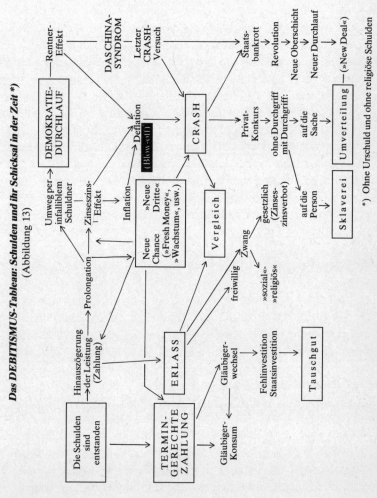

Abbildung 13
Das Debitismus-Tableau: Schulden und ihr Schicksal in der Zeit

Man kann es auch noch anders formulieren: Güter, die mit Hilfe von Schulden produziert wurden, werden in dem Moment von **Kauf-** zu **Tausch**gütern, da die **Schulden,** die zu ihrer Entstehung gemacht wurden, **gestrichen** werden, entweder freiwillig (Erlaß) oder durch den zwanghaften Gang der Dinge (Crash).

Damit sind wir mittendrin im nächsten Abschnitt, der Frage nämlich, wie Schulden über die Zeit laufen, wie sie sich darin verändern, was der Schuldner alles machen kann, um den Tag der Wahrheit hinauszuzögern, was zur Leistung herangezogen wird und so weiter.

In dem **Tableau,** das Sie hier finden, sind die wichtigsten »Erledigungen« von Schuldverhältnissen aufgeführt. Wir gehen sie dann im einzelnen kurz durch. In der Geschichte haben sich zu all diesen Formen zahlreiche Varianten abgespielt, die in späteren Untersuchungen noch detaillierter behandelt werden sollen. (Das Projekt läuft unter dem Arbeitstitel »Die Große Welle – Studien zur Geschichte des Debitismus«. Beiträge werden gern entgegengenommen.) **Tableau:** Siehe Abbildung 13!

Die Varianten

Die Schulden sind nun mal in der Welt. Und schon läuft die Zeit, die das große Problem schafft: Wie kommt der Schuldner von seinen Schulden wieder runter, die im Laufe der Zeit immer mehr werden?

1. Termingerechte Zahlung.

Unabhängig von der bereits gelösten Frage nach dem Charakter des Zahlungs-»Mittels« ergeben sich bei der termingerechten Zahlung zwei Möglichkeiten: Die Schuld wird per Gläubiger-Konsum vernichtet, siehe oben. Oder es kommt zu einem Gläubiger-Wechsel, der wieder in einem **Gläubiger-Konsum** enden kann. Oder der dahin führt, daß die Zahlung (Leistung) sozusagen »im Regen stehen« bleibt und verrottet. Dann ist die Schuld ebenfalls erloschen, aber »unfreiwillig«, da der Gläubiger »eigentlich« etwas Besseres vorhatte mit dem, was man ihm zurückgezahlt hat bzw. was er sich dann mit dem Zahlungsmittel (alias Zahlungsversprechen) »angeschafft« hat. Ganz deutlich sind solche Vorgänge beim **Staats-Konsum:** Da wird das Geld buchstäblich »zum Fenster hinausgeschmissen«, weil es in Form von sinnlosen »Projekten« verpulvert wurde. Was bei diesen Vorgängen physisch übrigbleibt, ist »vorhanden«, liegt also vor einer Hand zugriffsbereit, und ist ein Tauschgut, weil der debitistische Prozeß, der ursprünglich einmal bei der Produktion dieses Gutes gestartet wurde, abgeschlossen ist.

Wird nicht termingerecht gezahlt, kommt es zur

2. Hinauszögerung der Leistung.
Dabei wird es spannend. Denn jetzt treten alle **Varianten** auf, die in der Geschichte zu beobachten sind und die zu Zuständen geführt haben, die scheinbar weit auseinander liegen, die sich nun aber mit Hilfe des DEBITISMUS-Tableaus ohne Schwierigkeit auf einen Nenner bringen lassen, ob es das »Wirtschaftswachstum« ist oder die »Sklaverei«.

Die Hinauszögerung der Leistung kann zu der Erkenntnis führen, daß es für den Gläubiger wenig Sinn hat, immer weiter zu warten. Er operiert dann mit dem

3. Erlaß.
Beim Erlaß wird die Schuld entweder in toto zum Verschwinden gebracht oder es kommt zum Vergleich, wobei nur Teile der Schuld und/oder der aufgelaufenen Zinsen verschwinden, weil der Gläubiger verzichtet.

Der Erlaß kann zunächst einmal sein

4. Freiwillig.
Darunter fallen die »großmütigen« Handlungen, wo sich der Gläubiger als feiner Kerl erweist und statt auf Zahlung zu bestehen (um sie letztlich zu konsumieren), diese dem Schuldner erläßt. Solche freiwilligen Erlässe haben immer wieder die Phantasie angeregt. Es ist auch wirklich schön zu sehen, wie da auf der

einen Seite der »reiche Prasser« sitzt, in dessen fetten Wanst ohnehin kaum noch ein Wachtelchen paßt, während auf der anderen Seite der ausgemergelte Schuldner um Gnade winselt. Um ihn herum die nicht minder ausgemergelte Familie drapiert, Frau und zwölf unmündige Kinderchen. Auch die sogenannten »milden Gaben« fallen hierher.

Selbst wenn es sich bei der jeweils zu besichtigenden Szene nicht um die direkte Gläubiger/Schuldner-Beziehung handelt (Beispiel, siehe oben: der Salzburger »Jedermann«), tut es gut zu sehen, wie jemand einem anderen »hilft«, Klartext: ihm etwas gibt, was ihm bei der Bewältigung des **Urschuld**-Problems, also beim Überleben hilft.

Der Heilige Martin ist so eine Lichtgestalt, der seinen Mantel teilt (Urschuld-Problem: »Kleidung«). Auch das Publikum, das Pflastermalern etwas in ein Zigarren-Schächtelchen wirft, hilft den Künstlern, sich mit diesem Geld etwas zum Essen zu kaufen (Urschuld-Problem: »Nahrung«) oder gar einen Ratenvertrag abzuzahlen. Die Künstler wohnen vielleicht in einem auf Pump gekauften Wohnmobil (Urschuld-Problem: »Wohnung«), oder sie haben sich ihre Kunststudien mit Hilfe eines BAFöG-(Ausbildungs-)Darlehens finanziert, das nun zur Rückzahlung ansteht.

Die Freiwilligkeit ist unter den Menschen aber nicht immer und überall gleich ausgebildet, daher kommt es im Zusammenhang mit Erlaß-Phänomenen meist zum

5. Zwang.

Dieser Zwang kann zunächst »social pressure« sein: Ein amerikanischer Politiker gibt ein Essen, das Gedeck kostet unverschämte 1000 Dollar, die »beautiful people« lassen sich dennoch nieder. Weil »man« das eben so macht, und schon kann der Politiker seine Wahlkampfschulden bezahlen. Auch wenn der Fürst von Monaco zur Rotkreuz-Gala ruft oder der Klingelbeutel durch die Bänke im Kölner Dom gereicht wird, sind solche »Zwangslagen« zu beobachten. Auch »Listen« bei Haussammlungen, in denen eingetragen ist, wer schon wieviel »gegeben« hat, gehören hierher.

Bitte beachten: **Alle solchen »Gaben«** sind keine Gaben, sondern Erlaß-Akte![6]) Denn jeder, der Geld hat, das es bekanntlich nie »netto« gibt, sondern das immer ein Schuldverhältnis zum Ausdruck bringt, ist ein Gläubiger. Wer also Geld verschenkt, erläßt eine Schuld, auf deren Exekution er Anspruch hat (wobei Schulden-»Erlaß« zunächst aus technischen Gründen ein Gläubiger-»Wechsel« ist; das Erlöschen der Schuld tritt erst bei dem Gläubiger ein, der dann auch die Zahlung/Leistung als endgültig ansieht; wenn der Kardinal-Erzbischof von Köln mit dem »Geld«, das er via Klingelbeutel kassiert hat, worauf also andere Gläubiger verzichteten, was wiederum ihn bzw. »seine« Kirche zum Gläubiger machte, nicht kistenweise Champagner kauft und mit seinem Domkapitel vertrinkt, sondern die Armen der Stadt speist).

Der Zwang kann erheblich verfeinert, d. h. präzisiert werden. Die ganze Religionsgeschichte und die damit eng zusammenhängenden Regelung der Gläubiger/Schuldner-Beziehungen ist voll von solchen Sachen.

Um 1200 vor Christus schreibt der jüdische Altmeister Moses:

> »Alle sieben Jahre sollst du ein **Erlaßjahr halten; wenn einer seinem Nächsten etwas borgte, der soll's ihm erlassen ...«** (5 Mose, 15).

Aus solchen Erlaß-Vorschriften wurden die berühmten jüdischen »Jubeljahre«, weil sich niemand mehr freut als der Schuldner, der, wiewohl in auswegloser Lage, von seinen ihn sonst »erdrückenden« Schulden »befreit« wird. Jubel!

Die Moses-Variante des permanenten Erlasses scheint die vernünftigste zu sein, die in der Weltgeschichte bisher gefunden wurde, um soziale Gebilde (ein »Volk«) zu stabilisieren und über die Zeiten zu führen. Die Juden sind nicht umsonst so viele Jahrtausende hintereinander »zusammen« geblieben. Gesellschaften, die solche Korrekturen nicht eingebaut haben, gehen entweder den üblichen Weg, den alle antiken Völker beschritten, die aufgrund unlösbarer debitistischer Probleme schließlich sämtlich untergingen: Athener, Spartaner, Römer.

Oder sie machen den »großen Umweg«, den wir heute erleben, indem sie einen »infalliblen Schuldner« einbauen, den »Staat«, auf den wir noch ausführlich kommen werden.

Es gibt auch Lösungen, den Punkt, wo man sich entscheiden muß, zu erlassen oder nicht, gar nicht erst eintreten zu lassen. Das sind die Versuche, die in anderen sozialreligiösen Ansätzen gelaufen sind, nämlich das

6. Zins- und/oder Zinseszins-Verbot.

Schuldverhältnisse erlöschen beim Zinsverbot mit der Zahlung/Leistung, die aber – und das ist wichtig! – beliebig lange hinausgezögert werden kann, weil es ja keinen Zins gibt, ergo auch keine Zeit verstreicht, die der Todfeind aller Schuldner ist.

Ein Zinsverbot hat es zwar in zahlreichen »Vorschriften«, etwa im Christentum, immer wieder gegeben, doch niemals in der Wirklichkeit: »Es gibt kein Recht auf Kredit.« An dieser weisen Wahrheit des alten Schimmelpfeng, der die bekannte Bonitäts-Prüfungs-Agentur gegründet hat, führt kein Weg vorbei. Und wenn kein Zins vereinbart werden darf, also immer wieder nur die gleiche Leistung zurückerstattet werden muß, obwohl Zeit verstreicht, dann gibt es auch keinen Kredit.

Der potentielle Gläubiger behält, was er ausleihen sollte. Selbst wenn man ihn »zwingen« sollte auszuleihen, wird er sich diesem Vorgang immer durch Konsum entziehen können. Interessanterweise sind auch sogenannte »Zwangsanleihen«, von denen die Finanzgeschichte nur so strotzt, immer unter Brücksichtigung der Zeit-Komponente vergeben worden, d. h., sie trugen Zins oder sie gaben dem Gläubiger einen anderen (geldwerten) Vorteil, z. B. einen Steuererlaß.[7])

Das »Zinsverbot« des kanonischen Rechts[8]) der Kirche wurde, wie wir wissen, glatt unterlaufen, indem die Kredite mit Disagio, also abgezinst, vergeben wurden. Oder deutlicher formuliert: Die Antwort, die ein »Zinsverbot« verdient, ist der Zerobond. Da werden auch keine »laufenden« Zinsen gezahlt, sondern der Hammer kommt erst ganz zum Schluß.

Für sogenannte »Zinsbegrenzungen« gilt dasselbe.

Vorstellungen, daß »ab einer bestimmten Grenze« aus dem »Zins« der »Wucher« wird, gehören auch hierher. Zeit, ergo letztlich Lebens-Präferenzen lassen sich nicht mit solchem gesetzlichen Schnickschnack beeinflussen. Insofern bedarf es keiner weiteren Ausführungen, daß das Gerede vom »Wucher« nur von Leuten stammen kann, die den debitistischen Prozeß, dem wir alle ausnahms- und ausweglos unterworfen sind, nicht begriffen haben. Der große englische Moralist **Jeremy Bentham** hat alle diesbezüglichen Argumente gebracht, so daß wir auf sein Pro-Wucher-Standardwerk verweisen können.[9])

Auf den »Wucher« bzw. die »Auswucherung« als ein Phänomen, das großen historischen Umwälzungen vorausgeht, von der attischen Antike ante Solon über den deutschen Bauernkrieg inklusive **Luther** und **Pamphilius Gegenbach** bis hin zum heutigen Lateinamerika mit **Castro** und **Garcia,** kommen wir noch gelegentlich zurück. Im übrigen werden diese historischen »Schwer«-Punkte in der Debitismus-Geschichte ausführlich behandelt werden.

Ein Ansatz muß ausführlich sub specie Zwangserlaß bzw. Zinseszinsverbot gewürdigt werden, weil er eine bis heute wirksame große religiöse »Bewegung« begleitete und ihr entscheidende Kräfte gab: die Vorschriften Mohammeds.

In den hierzulande zugänglichen deutschen Übersetzungen des **Koran** lesen wir:

> »Oh ihr, die ihr glaubt, fresset nicht den Wucher in doppelter Verdoppelung, sondern fürchtet Allah.« (3. Sure, Vers 125, Ausgabe Reclam)
> »Oh ihr, die ihr glaubt, verzehret keinen Wucher, verdoppelte Verdoppelung.« (3. Sure, Vers 125, Prachtausgabe)
> »Oh ihr Gläubige, greift nicht so gierig nach dem Wucher mit allen seinen Verdoppelungen.« (3. Sure, Vers 131, Goldmann-Ausgabe[10])

Walter Lüftl hat schon im Januar 1985 in der »Welt am Sonntag« die Frage aufgeworfen, ob Mohammed tatsächlich den »Zins« verboten hat, wie die muslemische Welt bis heute annimmt. (Anfang 1985 sind in Pakistan noch einmal ausdrücklich die »Zinsen« verboten worden.)

Vom »Zins« ist im Koran nämlich keine Rede, sondern vom Wucher (»Riba«), was man vielleicht mit »besonders hohem Zins« übersetzen kann bzw. mit jenem Vorgang, der aus einem Zins, der sogar ganz niedrig sein kann, dadurch daß der Zins jeweils wieder zur Schuld geschlagen wird, den bekannten Zinseszins-Effekt entstehen läßt. Auch ist der Koran, wörtlich genommen, eindeutig: Da ist die Rede von »Verdoppelungen« bzw. von der »*verdoppelten Verdoppelung*«.

Wir möchten diese Lösung anbieten:

1. Mohammend war Geschäftsmann. Insofern waren ihm Phänomene wie Zins und Zinseszins geläufig, überdies beherrschte er die Grundrechenarten.

2. Mohammend sah, ähnlich wie Moses, das sich ein Gemeinwesen, das sich in Aufschuldungsvorgänge verstrickt, nicht stabilisieren läßt. Einer Gruppe von »immer reicher« werdenden Gläubigern steht eine schnell wachsende Menge von in auswegloser Lage dahinvegetierenden Schuldnern gegenüber.

3. Die spezielle »christliche« Lösung war Mohammed vermutlich bekannt: Gläubiger »verzichten« um des Himmelreichs willen; Schuldner gehen keine Schuldverhältnisse mehr ein, sondern vegetieren an der untersten Existensgrenze per Minimierung ihrer Urschuld dahin, um deren Erlaß auch noch gebeten wird (»... und vergib uns unsere Schuld«). Schon den Römern war das dauernde Verzichten und Demütig-Sein der Christen ein Greuel; um die Mitte des ersten Jahrtausends erlebt das Mönchtum rund ums Mittelmeer eine unerhörte Blüte. Die christliche Lösung erscheint Mohammed vermutlich zu »undynamisch«, weil sie jeden debitistischen Druck aus dem Gemeinwesen nimmt, was der völlige Niedergang des Römischen Reiches und seiner Ökonomie nach dem »Sieg« des Christentums dokumentiert.

4. Mohammed sucht daher eine Lösung, die zwar den Schuldendruck und damit das »Wachstumspotential« und die Dynamik einer Gesellschaft erhält, aber »Überschuldungs«-Phänome-

ne möglichst meidet. Daher begrenzt er das Ausmaß des Zinseszins-Effekts bzw. verbietet ihn, so daß es nicht zur »Verdoppelung der Verdoppelung« kommt – und wenn, dann eben möglichst spät. Ein Zins von 4 Prozent führt bei Zinseszins nach 18 Jahren zur Verdoppelung, bei einfachem Stehenlassen erst nach 25 Jahren usw.

Wir wissen nicht, wie hoch der Zins zur Zeit Mohammeds in Arabien gewesen ist. In den agrarischen Gebieten, die auf Getreidewirtschaft basierten, lag er bekanntlich sehr hoch, siehe oben Babylon. In Gebieten aber, die sich über Viehzucht zum Eigenbedarf ernährten, mag er darunter gelegen haben, weil die Vermehrungsquoten (und ergo Preis- und Zinsschwankungen und vor allem die Zins-Höhe!) bei Vieh nicht so dramatisch variieren. Eine Kamelstute kriegt nur nach bestimmten Zeiträumen wieder ein Kamel. Auch sind Viehherden nicht so riskant wie Ackerbau, wo ein Heuschreckeneinfall die Ernte komplett vernichtet, während Viehherden nur selten von einem Blitzschlag ausgelöscht werden.

Unabhängig von der Zinshöhe, die Mohammed zu »beeinflussen« suchte, indem er die »Verdoppelung der Verdoppelung« verbot[11]), war ein Ergebnis seiner Bemühungen von vorneherein auszumachen: Sobald die behutsam an der Erlaß-Grenze geführte Gesellschaft doch gewisse »Grenzmarken« erreichte, die aber innerhalb des eigenen sozialen Gefüges nicht mehr überschritten werden durften, mußten die Araber *expandieren*. Sie brauchten neue Schuldner bzw. die Möglichkeit, den debitistischen Prozeß mit Hilfe von »Dritten« fortzuführen.

Durch seine Zinsvorschriften mußte der Islam »nach außen« drücken. Er mußte ganz einfach »imperialistisch« werden, zu Expansionen und Angriffskriegen starten und seinen Sturmlauf durch die Geschichte antreten, der bis heute Bewunderung abnötigt.

7. Prolongation.
Ein Schlüsselerlebnis der Teilnehmer am debitistischen Prozeß ist die Prolongation: Man muß nicht zum vorher vereinbarten

Zeitpunkt zahlen, sondern es besteht die Möglichkeit, Zeit zu gewinnen.

Dies kann auf alle möglichen Arten geschehen. Durch schlichtes »Vergessen«: Beide Parteien lassen die Schuld/Forderung einfach immer weiter »laufen«. Dann ergeben sich per Zinseszins-Effekt gewaltige Beträge. Eine nur 5prozentige Schuld, läßt man sie über 100 Jahre laufen, macht aus *einer einzigen Mark* das 131,5fache. Und so weiter.

Die üblichen Folgen der Prolongation, vornehmlich, wenn man einen »infalliblen Schuldner« hereinbittet, jemanden, der behaupten kann, daß er in 100 Jahren aus *einer* Mark 131,50 Mark »machen« kann, was dann der »Staat« ist, werden wir gleich betrachten. Zuvor aber gilt es einen Blick auf die »privatwirtschaftlichen« Prolongationen und ihre Folgen zu werfen:

Was passiert, wenn jemand nicht gleich zahlen muß, wenn er also – auch im Interesse des Gläubigers – noch »zuwarten« darf, bis »es« »soweit« ist. Dabei können wir diese Möglichkeit unterscheiden:

8. Neue Chancen per »neue Dritte«.

Das ist ein komischer Ausdruck, besagt aber etwas sehr Einfaches, etwas das schon die große **Rosa Luxemburg** als einzigen Ausweg aus dem Marxschen Mehrwerts-Realisierungs-Dilemma gesehen hat: Wenn es nur zwei »Parteien« gibt, die Kapitalisten und die Proletarier, und wenn die Kapitalisten also niemals ihren Mehrwert realisieren können, dann müssen »Dritte« her, Leute, die »außerhalb« des »Systems« stehen.

Als »Dritte« schickt Rosa die Jungs aus der »Dritten Welt« ins Rennen, Leute, die aus Gesellschaften kommen, die bisher noch nicht kapitalistisch waren:[12])

> »Die Existenz nichtkapitalistischer Abnehmer des Mehrwerts ist also direkt Lebensbedingung für das Kapital und seine Akkumulation.«

Aus diesem Ansatz hat sich die bekannte »Imperialismus-Theorie« entwickelt, die mehr oder minder bis heute das Feindbilddenken der sozialistischen Staaten regiert.[13])

Die Imperialismus-Theorie ist wiederum richtig und falsch zugleich. *Richtig ist:* Der unter Schuldendruck operierende Kapitalismus kann sein Leben verlängern, indem er zusätzliche Schuldner findet, die bisher noch nicht in den kapitalistischen Prozeß einbezogen waren. *Falsch ist:* diese »Dritten« mit der schon von Marx her bekannten Dagobert-Duck-Truhe auszustatten.

Die Imperialismus-Theorie, wie sie **Sternberg, Hilferding** und auch der etwas theorieschwache **Lenin** vertreten und alle die kleinen Lichter bis hin ins heutige Politbüro der KPdSU, ist nämlich am Ende, sobald die Leute, die der Imperialismus »ausbeutet« das bei ihnen vorhandene »Geld« abgeliefert haben.

Was denn dann?

»Geld« wächst auch in Entwicklungsländern nicht auf Bäumen, auch nicht in sogenannten »unberührten« oder traditionellen Gesellschaften, weder am Titicaca-See noch rings um Timbuktu. *Geld ist auch in den Entwicklungsländern immer nur Geld, das über einen Verschuldungsakt in Umlauf kommt* – nehmen wir die einmalige Ablieferung des ja nur einmal vorhandenen »Gold-Geldes« aus: Auch der noch so tüchtige Prototyp des imperialistischen Ausbeuters, der große Abenteurer **Pizarro**, konnte Peru nur einmal ausplündern, und auch die Silbergruben von Potosi sind irgendwann einmal erschöpft.

Wenn das Erst-Inkasso gelaufen ist, wenn die Gold- und Silbervorkommen ab- und ausgeräumt sind, ist die Imperialismus-Theorie wieder am Ende. Sie steht dort, wo schon Marx mit seinen Unternehmer-Schatztruhen stand, in denen unendliches Bargeld schlummert: sie steht im Sackbahnhof. Alles Dampfmachen hilft nichts, und alles vorwurfsvolle Gekreische von wegen »Aussaugen« und »Wegnehmen« und, und, und ist völlig sinnlos.

Das einzig Gute an der »Dritten«-Theorie ist, daß sie beweist, wie richtig die Debitismus-Theorie ist: *Das System braucht möglichst viele neue, zusätzliche Schuldner, um möglichst lange und weitausholende Runden zu drehen.*

Die einzige Aufgabe, die *Entwicklungsländer* haben, liegt nicht darin, »entwickelt« zu werden oder zu irgendwelchen lichten Höhen besseren Lebens in Wohlstand und Überfluß vorzurücken, sondern: *die Schuldner in den Industrienationen am Leben zu halten.*

Die Industrienationen wären schon längst gekracht, wenn sie nicht in den Entwicklungsländern willige neue Schuldner gefunden hätten, die ihrerseits auch noch durch das Steigen des »Lebensstandards« einschließlich diverser medizinischer Fortschritte etwas inszeniert haben, was diesen Prozeß geradezu ins Unglaubliche gesteigert hat: die größte Bevölkerungsvermehrung aller Zeiten.

Mein Freund **Claus Jacobi** wundert sich in regelmäßigen Abständen in seinen Büchern, daß sich die Weltbevölkerung immer schneller vermehrt.[14]) Abgesehen davon, daß Progressionen in exponentieller Form so ablaufen, wie das anhand der Bevölkerungsvermehrung zu studieren ist, muß man sich nur vor Augen halten, welche ökonomische Bedeutung die vielen lieben neuen Menschen für den debitistischen Kapitalismus haben:

Sie bringen ihre *Urschuld* ein, und zwar in einem Umfang, daß sich die überschuldeten Kapitalisten in den Idustrienationen auf die Schenkel klopfen: Herrlich, weil die armen Teufel von ihrer Urschuld runter wollen, weil sie eben lieber leben als sterben: deshalb machen sie Schulden (man nennt dies gern »Investitionen«, »Entwicklungs-Milliarden« usw.), in der irrigen Meinung, damit etwas anderes zu erreichen als den eigenen Totalbankrott. Mit ihrem Schuldenmachen, wir zählen die Billionen schon nicht mehr, haben die Dritt-Welt-, Entwicklungs- und/oder Schwellenländer nichts anderes gespielt als das perfekte Spiel der Rolle des »späteren« Schuldners.

Sie waren die späteren Schuldner, die den früheren, denen, die in den Industrienationen hocken, geholfen haben. Und damit die Basis des größten Schuldenmachens aller Zeiten auch irgendwie »stimmig« war, wurden die Bevölkerungen zur Explosion gebracht. Letztlich kann sich ein Land mit 100 Millionen Einwohnern mehr »Kredite« »leisten« als eines mit 100 000 Einwohnern.

Jetzt ist die weltweite »Überschuldung« deutlich zu sehen, jetzt, da das Endstadium erreicht ist und solche Scherze wie »Baker-Plan« und »Fresh Money« (alias Gutes-Geld-schlechtem-Hinterherwerfen) die Runde machen.[15])

Was aber heißt »Überschuldung« wirklich? Nach den ehernen Gesetzen des Debitismus kann es nur heißen: *die nächsten Schuldner treffen nicht mehr ein.* Der Schwarze Peter läßt sich nicht mehr weiter schieben. Denn die Entwicklungsländer kämen aus ihren Milliardenlöchern nur heraus, wenn sich die entwickelten Länder einen Ruck gäben und sich nun ihrerseits massiv verschulden würden (weiter verschulden!), um Tequila, Palmöl und Sandaletten aus Mauretanien zu kaufen. Insofern liegt der Schwachsinn des Baker-Plans darin, diejenigen zu mehr Verschuldung zu veranlassen, die sowieso am Ende sind. Statt dessen hätten diejenigen per Baker-Plan zur Verschuldung (und gleichzeitigem Einkauf von Tequila, Palmöl und mauretanischen Sandaletten) gezwungen werden sollen, die dann *als Schuldner* eher eine Chance gehabt hätten, von ihren Schulden wieder herunterzukommen als die armen Teufel in Mexiko, Malaysia oder Mauretanien: die Einwohner der Industrienationen!

Der Baker-Plan ist der schlagende Beweis, daß auch die so kapitalistischen Amerikaner vom Kapitalismus nicht den Schimmer einer Ahnung haben.

9. Neue Chancen per »Wachstum«.

Der Debitismus sieht zunächst vor, daß zurückgezahlt (und verzinst) wird *in dem, was geschuldet wurde*. Wer Weizen leiht, zahlt Weizen zurück.

Nun steht es freilich dem Schuldner frei, außer dem geschuldeten Gut (und dem im verschuldeten Gut ausgedrückten Zins) noch mehr, sogar erheblich mehr, zu »er«-wirtschaften. Denn jeder darf so tüchtig sein, wie er will. Und ein Schuldner hat schon allein deshalb einen Hang zur Tüchtigkeit, weil er ungern immer in der Schuldnerposition verharrt. »Das Tor«, sagte Jean-Paul Getty, »über dem steht: ›Eingang nur für Millionäre‹ ist Tag und Nacht geöffnet.« Schuldenmachen-Müssen ist überdies eine Erfahrung, die mancher nicht so schnell vergißt. Aus einer Schuldnerposition schlüpft man in die des Gläubigers (»Millionärs«) am einfachsten, wenn man ein einmal geschehenes Schuldenmachen dazu benutzt, zu »hebeln«:

Ein Schuldner kann mit Hilfe der Schulden nämlich erheblich mehr »bewegen« als ein Gläubiger, der nur in seiner Gläubigerposition beharrt. Und wer mehr bewegt und diese Bewegung mixt mit Einfallsreichtum und Fleiß, kann den Gläubiger ohne weiteres überholen und schon kurze Zeit später »reicher« sein als der, von dem er sich sein »Geld« (»Startkapital« usw.) geliehen hat.

Dieses alles geschieht mit Hilfe dessen, was wir unter dem Sammelbegriff »Wachstum« zusammenfassen. Dazu zählen Einfallsreichtum, Intelligenz, Schläue, Effizienz, Produktivitätssteigerung und dergleichen mehr.

Wachstum ist nur unter den Bedingungen des debitistischen Kapitalismus möglich. Also nur in einer Wirtschaft, in der es Gläubiger/Schuldner-Beziehungen gibt. Denn nur im Debitismus lassen sich jene Kräfte wecken und vor allem: realisieren, die das legendäre Wirtschaftswachstum in Szene setzen.

Beispiel:
Ein dauernder Schuldner will endlich in die Rolle eines Netto-Gläubigers schlüpfen. Er macht daher Schulden, ohne das Geld unmittelbar zum Abtragen seiner Urschuld zu benötigen (»Wohnen«, »Essen«, »Kleidung«). Er tut dies vielleicht, um sein Urschuld-Problem ein für allemal zu lösen, also für immer »genug« zu haben. Der Mann beginnt zu »investieren«. Mit Hilfe seiner Investition realisiert er Verfahren und Produktionsabläufe, die ihn »mehr« oder »Besseres« aus einer Investition »herausholen« lassen, als das einem anderen möglich ist.

Der eine pflügt intensiver, der andere nutzt seine Felder geschickter aus, der dritte jätet öfter Unkraut. Ein Ingenieur holt mehr aus Blechen und Baustoffen heraus, ein kluger Kopf kommt dahinter, wie man in kürzerer Zeit oder mit weniger Aufwand das gleiche oder mehr herstellt.

Dieser »Fortschritt« (ganz allgemein gesagt) läßt sich wiederum nur unter den Regeln des Debitismus »realisieren«. Das heißt, das »innerbetriebliche« Wachstum, die Produktivitätssteigerung usw. lassen sich nur auf dem Markt realisieren, *wenn sich dort die zusätzlichen Schuldner finden,* um ein »gesamtwirtschaftliches« Wachstum zu ermöglichen.

Der **Debitismus** ist insofern ein geradezu ideales Wirtschaftssystem:

- Weil er *permanenten Druck* schafft, regt er die Köpfe der Beteiligten an, sich etwas einfallen zu lassen, wie man diesem Druck ausweichen kann. Damit öffnet der Debitismus die Tür ins unendliche Reich der **Kreativität.** Je stärker der Druck, um so schneller fällt einem etwas ein, wie man den Druck abschaffen kann. Am einfallsreichsten sind Menschen in »auswegloser Lage«.
- Der Versuch, dem immer wieder erscheinenden Druck auszuweichen, führt zu Abläufen, die wir als »Produktivitätsfortschritte« bezeichnen können – die sich aber wiederum nur per Debitismus realisieren lassen. Denn das Geld, um die *größere* oder *bessere* Produktion vom Markt zu nehmen, haben die Schuldner (Kapitalisten) genauso wenig in den Kreislauf gebracht wie seinerzeit die Marxschen Ausbeuter das »Geld« in die »Cirkulation«, um den Mehrwert zu »realisieren«.
- Weil im Debitismus *jeder* Schulden machen darf und der Kredit a priori *unendlich* ist, besteht die Möglichkeit, die Fortschritte auch in die wirtschaftliche Tat umzusetzen. Auf dem »Markt«, wo die »neuen« (vermehrten und ergo:), »billigeren« oder »besseren« Waren und Dienste angeboten werden, finden sich verschuldungsbereite Wirtschaftsteilnehmer. Sie schaffen das »Geld«, um das Wirtschafts-»Wachstum« zu realisieren.

Dabei kann sich die Verteilung der Wachstums-»Rente«, die Verteilung der Segnungen aus der höheren Produktivität, mehr zugunsten der Produzenten oder der Konsumenten ergeben: Je mehr sich die Konsumenten verschulden, um so mehr »Nachfrage« ist »im Markt«, um die neuen (besseren, vermehrten usw.) Produkte zum alten Preis abzunehmen. Sind die Konsumenten eher zurückhaltend, müssen die Produzenten ihren Produktivitätsfortschritt entsprechend »abgeben«. Also ein qualitativ besseres Auto (das sie selbst nicht mehr gekostet hat) zum gleichen Preis verkaufen.

Diese Fragen der »Verteilung« des Produktivitätsfortschritts spielen in den sogenannten **Lohnverhandlungen** eine große Rolle.

Wenn sich Arbeiterkartelle, sogenannte Gewerkschaften, bilden und den Produktivitätsfortschritt auf ihre Konten leiten, dann ist dies negativ für die Unternehmen, weil die entsprechende Prämie für den Kapitaleinsatz sinkt. Die Arbeiter entledigen sich ihres Urschuld-Problems gleich am Arbeitsplatz, wenn sie den wirtschaftlichen Fortschritt, der auch einen Fortschritt beim Urschuld-Beseitigungsproblem bedeutet (eines Tages erledigen selbsttätige Wohnungs-Kleidungs-Nahrungs-Maschinen alles?), direkt kassieren. Im Debitismus ist es allemal besser, möglichst viele Schuldner zu haben, damit möglichst viele vorwärtszukommen versuchen. Der österreichische Ökonom **Eugen von Böhm-Bawerk** hat diesen Tatbestand in seine bekannte Theorie von der »Ergiebigkeit der Produktionsumwege« bzw. der »Verlängerung der Produktionswege« gekleidet.[16])

Diese Theorie ist richtig, auch wenn Böhm-Bawerk vom Kapitalismus selbst keine Ahnung hatte, wie alle anderen »Professoren« auch, die als Lebenszeitbeamte das Phänomen der »freien Wirtschaft« bestaunen, ohne ein Teil davon zu sein. Böhm-Bawerk definiert den »Kapitalismus«:[17])

> »Man pflegt unsere heutige Wirtschaftsordnung und insbesondere die Organisation unserer wirtschaftlichen Produktion als eine vorwiegend ›kapitalistische‹ zu bezeichnen ... (Man) bezeichnet ... jene Produktionsweise als kapitalistisch, welche unter der Herrschaft und Leitung der Eigentümer des Kapitals, der Kapitalisten, vor sich geht.«

Man bezeichnet eine Veranstaltung als fußballerisch, bei dem mit einem Fußball gespielt wird. Oh, Jammer!

10. Zinseszins-Effekt.
Schulden verschwinden nicht von selbst, auch nicht, wenn sie prolongiert werden. Sie »explodieren« vielmehr in den bekannten »Exponential-Funktionen«, die optisch »immer schneller immer höher laufen«. 10 Prozent von 100 sind 10, 10 Prozent von 1000 sind schon 100 und so weiter.

Der Zinseszins-Effekt ist in der Regel nichts weiter als ein Hochbuchen, das sein Ende in sich selbst findet, weil hier die eherne Logik des bekannten Lüftlschen Theorems einsetzt, das an anderer Stelle ausführlich dargestellt und erläutert wird.[18])

Wir können das Lüftlsche Theorem noch einmal in einer ganz allgemeinen Form präsentieren:

Jede durch Zins und Zinseszins hochgebuchte Schuld, die schneller wächst als das, was der Gläubiger letztlich als Zugriffsmöglichkeit offeriert bekommt, endet in sich selbst.

Also:
- **Private Wirtschaft.** Sobald einem Schuldner seine Schulden schneller wachsen als das, womit er die Schulden letztlich bedienen kann (daher es auch so schön heißt: »Die Schulden ›wachsen‹ mir über den Kopf«), ist er fertig. Der Gläubiger geht leer aus. Inwieweit er überhaupt noch »bedient« wird, ist eine Frage, die jeweils der Einzelfall beantwortet: Wir kennen ehrliche Schuldner, die sofort das Handtuch werfen, sobald ihnen der Zinseszins-Effekt aufgegangen ist, und andere, die es bis zum Konkurs mit Masse Null fahren.
- **Staatliche Wirtschaft.** Sobald die Staatsschulden schneller wachsen als das Sozialprodukt (woraus die Staatsschulden letztlich nur bedient werden können, denn mehr als 100 Prozent Steuern auf »alles« kann kein Staat erheben), ist der Staatsbankrott nur noch eine Frage der Zeit, wobei diese Zeit unschwer zu berechnen ist, weil beide Kurven (hie: Staatsschulden-, letztlich -zinsendienst, hie: Sozialprodukt) aufeinander zulaufen und sich in berechenbarer Zeit schneiden.

Sobald Gläubiger/Schuldner-Beziehungen per Zinseszins-Effekt enteilen[19]), kommt es zu einem weiteren Effekt, den wir als das (ergänzende) Martin-Theorem bezeichnen, das da lautet:

Je höher die Schulden, alias Forderungen gebucht werden, um so stärker nimmt der Wille ab, sie überhaupt noch einmal in den Griff zu kriegen.

- **Private Wirtschaft.** Der Gläubiger wird immer schneller immer reicher und lehnt sich immer weiter zurück, statt noch zu arbeiten. Das ist der bekannte »Rentner-Effekt«, auf den wir noch kommen werden.
- **Staatswirtschaft.** Immer mehr Bürger haben Ansprüche an die öffentliche Hand (»verbriefte« Ansprüche, wie schön!) und lassen ebenfalls in ihren Bemühungen zur Steigerung des Sozialprodukts, alias zur Bewältigung ihrer Urschuld-Probleme nach. Resultat ist die bekannte »Wachstumsschwäche« in den »reifen« Industrienationen. Diese Staaten sind in Wirklichkeit nicht reif, sondern nur reich. Wobei dieser Reichtum aber nichts anderes darstellt als Ansprüche der Gläubiger (des Staates) an sich selbst.[20])

Im übrigen weiß man, daß sich niemand schneller in das Unvermeidliche schickt als der überschuldete Schuldner, der weiß, daß er sowieso nicht mehr »dagegen ankommt«. Daher hört in den Schlußphasen vor der allgemeinen Forderungsvernichtung, alias dem »Crash«, die Wirtschaftstätigkeit weitgehend auf.

Armut, Defaitismus und Marasmus greifen immer schneller um sich. Die zweite Hälfte des 18. Jahrhunderts in Frankreich ist eines der vielen Lehrbeispiele der Geschichte, wie solche *depressiv-deflationären Phasen* dann kurz vor Schluß ablaufen: Überall kümmerlichstes Dahinvegetieren, die Bevölkerung stirbt aus oder versucht, in die Hauptstadt zu ziehen. Frankreich verliert im 18. Jahrhundert fünf Millionen Einwohner. Vorher: 25 Millionen, am Vorabend der Revolution nur mehr 20 Millionen. Nur die Oberschicht, die noch »schuldenfähig« ist, steigert die feine Lebensart auf die absurdesten Höhen und erklärt zugleich wis-

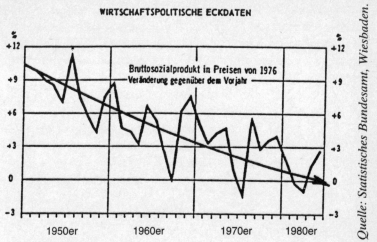

Abbildung 14:
Die Wachstumsraten des deutschen Sozialprodukts (BSP in Preisen von 1976) seit den 1950er Jahren bis Mitte der 1980er Jahre. Die Kurve beginnt 1952 und beweist deutlich, daß jedes Jahrzehnt die durchschnittlichen Wachstumsraten niedriger werden. Die niedrigste Wachstumsrate der 1950er Jahre mit über 4 Prozent gilt inzwischen als unerreichbar. Diese säkulare Wachstumsschwäche kommt aber nicht aus heiterem Himmel. Sie ist vielmehr der Ausdruck für den fehlenden Dampf in einer Volkswirtschaft wie der bundesdeutschen, in der die steigende Staatsverschuldung einschließlich der Guthaben deutscher Adressen im Ausland (Währungsreserven der Bundesbank!) den Rentner-Effekt zur Wirkung bringt. Immer mehr »Ansprüche« ans Sozialprodukt (= Forderungen gegen den nicht leistenden Schuldner »Staat«), werden gebucht – ohne daß sich dafür eine Hand regen muß.

send: »Nach uns die Sintflut!« Selten standen »Kultur« und »Zivilisation« höher im Kurs als in der französischen Oberschicht in der zweiten Hälfte des 18. Jahrhunderts. Danach kamen in bekannter, bunter Folge: Staatsbankrott, Revolution und die Schlächter.

11. Crash (und Vergleich).

Nochmals: Crash heißt nichts anderes als **Forderungsvernichtung** (Vergleich ist entsprechend: Teil-Forderungsvernichtung per beiderseitige Übereinstimmung, also Vertrag). Auch der berühmte Aktien-Crash, z. B. im Jahre 1929, war nichts als eine gigantische Forderungsvernichtung. Den Aktien selbst ist ja damals nichts passiert, auch den Firmen zunächst nicht, die diese Aktien ausgegeben hatten.

Gekracht, gecrasht sind nur jene Börsenspieler, die auf Kredit gespielt hatten und die fertig waren, als die Kurse nicht mehr ausreichten, um die Kredite existent zu halten. Daraufhin regnete es gekrachte Spekulaten. Es empfahl sich tatsächlich, in der Mitte der Straßen rings ums New Yorker Börsenviertel zu gehen, um nicht von einem aus dem Fenster segelnden Pleitier erschlagen zu werden.

Wenn die Forderung vernichtet ist, sieht der Gläubiger nur dumm aus, wenn er

a) Schuldner seiner selbst war. Das ist der berühmte Staatsbankrott, auf den wir bereits genügend vorgelegt haben;

b) keine weiteren Durchgriffs-Rechte hat. Wenn er also buchstäblich »leer« ausgeht.

Punkt b) war in der Geschichte eher selten.

In früheren Kulturen, sagen wir ruhig: »Hochkulturen«, gab es eine Reihe von Durchgriffs-Möglichkeiten.

Die wichtigsten waren:

12. Sklaverei und 13. Umverteilung.

Die Versklavung ist das typische Schicksal des gekrachten Schuldners in voll durchkomponierten debitistischen (= lupenrein kapitalistischen) Gesellschaften. Der Ablauf, wie zum Beispiel im Alten Testament beschrieben, ist üblicherweise der: Schuldner kann nicht zahlen, muß dann als erstes Familienmitglieder »in Dienst« geben.[21]) Schließlich ist er selber dran. Sein Eigentum (Land, Viehherde) bleibt ihm bis zuletzt, da ein Schuldner ohne Eigentum ohnehin keine Rückzahlchancen mehr besitzt.

Im übrigen war seit der Antike die Vorstellung gang und gäbe, daß jemand, der auf einem bestimmten Stück Land lebte, selbstverständlich demjenigen *zu eigen* war, dem das *Land gehörte*.

Späte Formen dieser »Grundherrschaft«, »Gutsherrschaft«, »Leibeigenschaft« (und andere Varianten) haben sich bis ins 19. Jahrhundert sogar im aufgeklärten Mitteleuropa gehalten, bis es dann zur Beendigung dieser Zustände per »Bauernbefreiung« u. ä. gekommen ist.

Wenn jemand bereits einem »Herrn« »gehörte«, weil er auf dessen Land lebte, dann war es höchst kompliziert, von diesem Zustand wieder wegzukommen.[22]) Gelegentlich kommt es zu Revolten, wobei die abgabepflichtigen »Bauern« zu »freien« Lohnarbeitern werden.

Gunnar Heinsohn und **Otto Steiger** haben in ihrem für die Kapitalismus-Analyse bahnbrechenden Aufsatz im »Leviathan« 1981 auf die »Entstehung« des Kapitalismus durch das revolutionär-plötzliche Auftreten freier, aber landloser Lohnarbeiter in England nach den Lollarden-Aufständen unter **Wat Tyler** Ende des 14. Jahrhunderts hingewiesen: Die Lords, die bisher Anspruch darauf hatten, »ihre« Leute für sich auf ihren Feldern einzusetzen, mußten sich jetzt »Geld« besorgen, um die gleichen Leute zu beschäftigen. Denn hinfort gab es diese Arbeit nicht mehr »umsonst«.

Ein ähnlicher Versuch in den deutschen »Bauernkriegen« ging bekanntlich schief. Der »freie« Lohnarbeiter tritt in Deutschland erst sehr spät auf, zunächst im 18. Jahrhundert als Nebenerwerbs-Landwirt, im 19. Jahrhundert, zumal nach der Bauernbefreiung und in den großen Wanderungsbewegungen (Polen ins Ruhrgebiet!) als klassischer »*Proletarier*«, den Marxisten und Sozialisten ins Auge fassen, um ihn zu beglücken.

Die Frage ist natürlich: **Braucht der Kapitalismus überhaupt den Lohnarbeiter?** Müssen wir den Proletarier haben, damit der Kapitalist auch jemand so richtig schön ausbeuten kann?

Die Antwort lautet eindeutig: **NEIN!**

Kapitalismus braucht keine Arbeiter, um zu existieren. Kapitalismus braucht Schuldner!

Das sind zum einen immer schon die Kapitalisten selbst, die an der Abtragung ihrer *Urschuld* arbeiten. Und dann sind es *Vertrags-Schuldner,* die ihrerseits deshalb noch lange keine Arbeiter sein müssen, wobei wir Arbeiter definieren (ganz wie Marx) als jemanden, der nicht im Besitz von Produktionsmitteln ist, von Land zum Beispiel. Kapitalismus ist auch unter lauter Landbesitzern möglich, wobei sich erst graduelle, dann aber immer größer werdende Differenzen (hie Gläubiger – hie Schuldner) ergeben, woraufhin die gekrachten Schuldner dann als Knechte abrücken oder als *Sklaven,* aber nicht als Lohnarbeiter.

Der Kapitalismus entfaltet sich allerdings besser, wenn es möglichst viele Lohnarbeiter gibt, die als Urschuld-Schuldner ins Joch müssen. Denn wenn es keine Kapitalisten gäbe, müßten sie ja auch »von irgend etwas leben«, nicht wahr?

Der moderne, der heutige Kapitalismus, in dem die Lohnarbeiter nicht mehr landlos sind, sondern möglichst viele kleine Häuschen haben, die bis unters Dach mit Hypotheken beladen sind, die außerdem auf Konsumniveaus dahingleiten (GTI, Malediven!), die sämtlich per Raten- und/oder Konsumkredit finanziert sind, hat viel mehr Drive als der Kapitalismus à la Marx & Engels, wo die Arbeiter in irgendwelchen feuchten Mietskasernen dumpf vor sich hinbrüten und der Trunksucht frönen, um ihren 16-Stunden-Arbeitstag zu vergessen.

Insofern ist die Kiste mit dem »Eigentum für jedermann« oder dem »Wohlstand für alle« durchaus ernst zu nehmen: Denn »*Eigentum*« bedeutet immer: »Schulden drauf haben«, und »*Wohlstand*« ist immer nur ein anderes Wort für: »Das habe ich noch nicht abgezahlt.«

Das aber bedeutet noch mehr Druck, noch mehr Streß, noch mehr Drive.

Allerdings kommt es auch schon früh zu einer Konstruktion, in der sich Landlose, aber noch nicht Unfreie sammeln. Denn rein physisch gesehen brauchten sie nur Platz, um irgendwo zu leben, wobei dieser »Aufenthaltsort« keinem Grundherrn gehören durfte, dem sie sonst verpflichtet gewesen wären.

Brillante Lösung: Es entsteht die **»Stadt«.** Dort können die Menschen »frei leben«. Im europäischen Mittelalter gibt es den bekannten Spruch: »Stadtluft macht frei.« Wer also einmal durchs Tor geschlüpft war, mußte keinem Herrn (= Grundbesitzer ringsum) mehr zu Diensten oder gar zu eigen sein.

Die Stadt entsteht nicht, weil sich irgendwelche Städte-»Bauer« oder Stararchitekten austoben wollen, sondern sie ist zunächst nur *Aufenthaltsort von Menschen, die keinen Grundbesitz haben,* aber frei bleiben oder werden wollen. Grundbesitz gibt es auch in der Stadt, aber der Grund und Boden hätte insgesamt nicht ausgereicht, um die darin lebenden Menschen zu ernähren. Um von ihrer Urschuld herunterzukommen, beginnen die Menschen sich in »ihrer« Stadt etwas einfallen zu lassen: Sie werden Handwerker und ähnliches. Aus dem städtischen Grundbesitz leiten sich keine »Herren«-Rechte ab, sondern schlichte Mietverhältnisse. Die altgriechischen Handwerker (»Banausen«) wurden von den Freien verachtet und verlacht.

Einer der reichsten Männer aller Zeiten, der römische Kapitalist **Crassus,** besaß Hunderte von Mietskasernen in der Stadt am Tiber, die Menschen darin hatten mit ihm aber nur per Mietverhältnis zu tun. Zumeist zahlten sie übrigens nicht mit Geld, sondern mit ihrer Stimme, was der politischen Karriere ihres Hausherrn und seiner Reichtumsvermehrung förderlich war.

Die Versklavung der gekrachten Schuldner, was diese durchs Ausweichen in die Städte zu unterlaufen versuchen, hat für den antiken Kapitalismus höchst negative Folgen, die zu dem dauernden Unfrieden in allen antiken Gemeinwesen, zur Eroberung der einen durch die anderen und schließlich zum Untergang aller dieser Staaten geführt haben. Wir kommen auf diese Dinge im Annex gleich noch zurück und werden ausführlicher in der Debitismus-Geschichte darüber berichten.

Zunächst einige Folgerungen:

1. **Eine Sklavenwirtschaft** ist zwar die logische Konsequenz des debitistischen Kapitalismus mit Durchgriff des Gläubigers auf die Person des Schuldners. Die Sklavenwirtschaft ist aber *bei weitem nicht so leistungsfähig, wie eine debitistische Wirtschaft. Ganz einfach weil*

a) der Sklavenhalter keine Vorfinanzierungskosten (bzw. die geringst möglichen, die gerade zum »Lebensunterhalt« der Sklaven ausreichenden Kosten) hat, insofern das gesamtwirtschaftliche Schuldenniveau und damit *der Druck auf die Wirtschaft gering ist*. Eine vollständig durchgestylte Sklavenwirtschaft (hie: die Chefs mit der Nilpferd-Peitsche, dort: das Heer gebrochener armer Teufel) geht fix zugrunde, vor allem weil sich Sklaven unter solchen unmenschlichen Verhältnissen nur ungern vermehren, wozu man sie auch nicht zwingen kann. Da der Zufluß neuer Sklaven (ex gekrachte Schuldner) ausbleibt, besteht für Sklavenwirtschaften, also für voll durchgezogene debitistische Kapitalismen wie im alten Rom beispielsweise, nur die Möglichkeit, zu expandieren, um *neue* Sklaven einzufangen. Wenn diese **Eroberungskriege** zu Ende sind, sich nicht mehr lohnen oder alles erobert ist oder auch Gegner (die guten alten Parther, die nicht minder tüchtigen Germanen) entscheidenden Widerstand entgegensetzen, ist es mit der Sklavenwirtschaft vorbei. Das späte Rom ist an diesem Problem gescheitert. Es gab zwar noch gigantische Güter, einige Senatoren hatten Besitz von Gallien über Nordafrika bis nach Kleinasien, doch niemand hat sie mehr bewirtschaftet.

Und die Sklavenwirtschaft ist nicht so leistungsfähig, weil b) die Sklaven als Teilnehmer an einem debitistischen Durchlauf definitionsgemäß *ausscheiden*. Ein Sklave ist bereits pleite, er kann sich also nichts mehr »leihen«. Er ist keine vertragsfähige Person, der Sklave ist Sache. Dadurch *minimiert* die Sklavenwirtschaft *die Zahl der möglichen Schuldner*, und sie begibt sich so vieler Wachstums-Chancen. Sie ödet schließlich nur noch dahin, stumpfsinnig, ohne Einfälle, Erfindungen und Effizienzen.

2. Eine **Wirtschaft mit permanenter Umverteilung** des (Sachen-) Eigentums ist ebenfalls zum Untergang verurteilt. Dieses war das erstaunliche Schicksal Spartas. Die Spartaner kannten die Versklavung des gekrachten Schuldners bekanntlich nicht.

Manso schreibt so rührend anerkennend:

>»Die Spartaner sind die einzige Nation der Erde, welche *Freiheit* und *Gleichheit* nicht bloß dem Namen nach gekannt, sondern wirklich besessen hat.«[23])

Großartig! Doch genutzt hat es nichts. Obwohl in Sparta Grund und Boden absolut gleich verteilt waren, die letzte dieser Land-»Reformen« kam unter **Lykurg,** hat es nicht lange gedauert, da gab es wiederum nur eine hauchdünne Schicht von Grundbesitzern. **Plutarch** berichtet (Agis, 5,4) für das 3. Jahrhundert von

> »... vielleicht 100, die Grund und Boden besaßen; die übrige Menge saß verachtet und mittellos in der Stadt daneben.«

Frei, weil in der »keinem gehörenden« Stadt lebten sie, frei aber verachtet. Der Spartaner-König **Agis III.** (245–241 v. Chr.) versucht sich noch an einer lykurgischen Reform, will die Schulden tilgen und den Grundbesitz umverteilen. Das erste gelingt halbwegs, wegen des zweiten schafft er sich Feinde, die ihn verhaften und meucheln. Mit dieser Szenerie verabschiedete sich Sparta von der Geschichte. Heute ist es spurlos verschwunden, einst war es die Nummer eins in Griechenland.

Annex (I): Die spartanische Variante

Während die antiken Gemeinwesen auf dem in Annex II beschriebenen Weg ihrem kümmerlichen Ende entgegengingen, gab es in Sparta eine vom üblichen antiken Debitismus abweichende Variante.

Diese spartanische Variante ist ähnlich hoch zu bewerten wie das, was in der unmittelbaren Gegenwart geschieht, da wir den »Staat« als »infalliblen Schuldner« eingebaut haben, um dem debitistischen Ablauf zu entgehen. (Was nicht gelingen kann, worüber aber ein Kapitel weiter unten handelt.)

Die Spartaner, konkret, ihr großer Reformator **Lykurg,** versuchten die Unausweichlichkeiten des debitistischen Kapitalismus nicht dadurch zu umgehen, daß sie das »unendliche Aufschulden« per Sonderkonto »Staat« zuließen. Sie versuchten vielmehr den debitistischen Prozeß zu »verhindern«, indem sie zwei gesetzliche Maßnahmen einführten:

1. Verbot des »Geldes«.
2. Verbot der »Umverteilung«.

Lykurg, mit dessen Namen diese Maßnahmen verbunden sind (er lebte vielleicht um 600 vor Christus), fand das spartanische Gemeinwesen bereits in der Endphase eines typischen debitistischen Durchlaufs vor. Die Spartaner hatten zunächst ihr Land in gleiche Teile aufgeteilt und die ehemals ansässige Bevölkerung (Lakedämonier, »Heloten«) als Unterhunde abgabepflichtig gemacht bzw. versklavt. Nach einigen hundert Jahren aber war das Gemeinwesen zerrüttet. Die beiden großen Historiker **Thukydides** (I,18) und **Herodot** (I,65) berichten übereinstimmend, daß Sparta Schauplatz unaufhörlicher Unruhen gewesen sei und die schlechtesten »Gesetze« aller frühen griechischen Staaten gehabt habe.

Das Resultat war der vollständige Stillstand, wo einer hauchdünnen »Oberschicht« (Gläubiger) der Rest der Spartaner (Schuldner) gegenüberstand. Lykurg, der in dieser Lage an die Spitze trat, informierte sich zunächst auf Auslandsreisen, wie man es denn anderswo und wie man es wohl »richtig« mache. Daraufhin beschloß er, seine »Reformen« durchzuführen, wobei er einmal am Symptom herumdokterte, das zweite Mal aber durchaus an den Herd der (kapitalistischen) Krankheit gelangte.

Sympton-Kur war seine Vorschrift, *den Spartanern das »Geld« zu verbieten.* Jahrhundertelang »kursierte« daher in Sparta nur Eisen als »Münze«. Gold und Silber waren streng verboten, und damit es nicht zu Pleonexie-Effekten und ähnlichen »Raffgier«-Prozeduren käme, wurden die Spartaner auf jene Lebensweise gedrillt, die ihren Namen bis heute unsterblich gemacht hat. Eben »spartanisch«.[24])

Das mit dem Gold-Verbot Lykurgs war präfaschistisch (Hitler verbot Gold), präbolschewistisch (Stalin verbot Gold) und präsozialistisch (Roosevelt verbot Gold), und überdies war das mit dem »Gold«-Verbot Unfug, da ja Geld nichts mit »Münzen« zu tun hat bzw. haben muß und Lykurg insofern der Durchblick fehlte: Er sah nicht, daß es die Gläubiger/Schuldner-Verhältnisse waren, die er hätte abschaffen müssen, nicht das gemünzte Edelmetall. Natürlich wurde auch in Sparta produziert und gehandelt, wenn auch auf denkbar *niedrigem Niveau.* Also erschienen

Vorfinanzierungsphänomene und das bekannte Zeitproblem. Was Lykurg einführen wollte, erinnert an die Wirtschaftspolitik der Wiedertäufer in Münster im 16. Jahrhundert und an andere Versuche, das Geld zu »verbannen«, indem man die »Münzen« abschafft.

Auch darf nicht vergessen werden, daß die Spartaner massenhaft Abhängige hatten, die auf Ländereien und in Städten wohnten, die ihnen abgabepflichtig waren – »zinspflichtig«.[25])

Aufstände gegen das Regime der Spartaner hat es gegeben, aber gegen ihre schiere Macht, die auf eine Militärdiktatur hinauslief, war nichts auszurichten.

Der debitistische Prozeß wirkte allerdings auch innerhalb der Spartaner, die Grundbesitzer waren und die nach dem Willen Lykurgs auch immer Grundbesitzer bleiben sollten, damit es nicht wieder zur Umverteilung durch unaufgelöste, dann nach dem Schuldner-Crash zu ins Eigentum vollstreckte Gläubiger/Schuldner-Beziehungen kommen würde.

Lykurg erließ fünf Vorschriften, um den »ewig gleichen« Landbesitz unter seinen Spartanern zu sichern. Die Zahl der Grundstücke (Lose) sollte immer gleich sein; das Erbe immer vom Vater auf den ältesten Sohn übergehen, Töchter mußten ohne Aussteuer heiraten; alleinerbende Töchter durften nur Spartaner ohne Land heiraten; wer sein Land verkaufte, wurde ehrlos, auch, wer es zerstückelte; Kinderlose durften nur an güterlose Bürger vererben.

Vor allem das Anerbenrecht, gemischt mit einer Art »Fideikommis«, hat Sparta lange Zeit vor der sich nach mehreren debitistischen Durchläufen so typischen »monopolkapitalistischen Konzentration« bewahrt, zum Schluß jedoch lag das Verhältnis der »freien« und Grundeigentum besitzenden Spartanern zu den ebenfalls »freien«, aber »verachteten« landlosen Bürgern doch wie 7:1! (Vgl. Plutarch, die oben zitierte Stelle.) Selbst wenn man also zu verhindern sucht, daß der recht- und landlose Schuldknecht entsteht, irgendein armer Teufel schaut immer wieder dabei heraus.

Annex (II):
Die antike Konstante

Lykurg war eine Ausnahmeerscheinung. Er steht in einer Linie mit den anderen großen »Schuldentilgern« bzw. »Umverteilern«, die von Moses über Solon bis zum »New Dealer« Roosevelt und dem »Brecher der Zinsknechtschaft« Adolf Hitler reicht.

Auf dem Wege, die Gemeinwesen zu »erneuern«, sind viele gescheitert. In der römischen Geschichte sind die Gracchen und Catilina die prominentesten Opfer.

In dem von Karl Bücher, einem der führenden Köpfe der deutschen Nationalökonomie in der zweiten Hälfte des 19. Jahrhunderts, übersetzten Buch »Das Ureigenthum« von **Emile de Lavaleye** ist das Problem des debitistischen Durchlaufs der Antike auf knappstem Raum beschrieben:[26])

> »Das Schicksal der modernen Demokratien ist vorbeschrieben in dem Schicksal der antiken Demokratien. Der Kampf zwischen Reichen und Armen hat sie ins Verderben gestürzt, wie er uns verderben wird, wenn wir nicht auf der Hut sind. Auch in Griechenland hatte man allen Bürgern gleiche Rechte zugestanden. Die alten Gesetzgeber allein hatten jene Grundwahrheit erkannt, welche unablässig von Aristoteles wiederholt wird, daß Freiheit und Volksherrschaft ohne Gleichheit der Lebensbedingungen nicht bestehen können.
>
> Um diese Gleichheit aufrecht zu erhalten, waren sie auf verschiedene Auskunftsmittel verfallen: Unveräußerlichkeit von Stammgütern, Beschränkung des Erbrechts, Aufrechterhaltung des Kollektiveigentums für Wälder und Weiden, öffentliche Mahlzeiten, an welchen alle teilnehmen konnten ...
>
> Wie man weiß, hinderten alle diese Vorsichtsmaßregeln nicht den Fortschritt der Ungleichheit, und dann begann der soziale Kampf und stellte zwei Klassen einander gegenüber, die in ihren Interessen fast ebenso verschieden waren wie zwei rivalisierende Völker ...
>
> Es ist ein Wort von ernster Bedeutung, welches Plato im vierten Buche seines ›Staates‹ ausspricht: ›Jeder der griechischen Staaten‹, sagt er, ›ist nicht einer, sondern schließt zwei Staaten in sich, **den der Reichen und den der Armen**‹.

> Die Armen, welche die politischen Rechte hatten, wollten sich derselben bedienen, um die Gleichheit herzustellen; bald lud man den Reichen alle Steuern auf, bald zog man ihre Güter ein und verurteilte sie zum Tode oder zur Verbannung; nicht selten hob man die **Schulden** auf und schritt selbst zuweilen zu einer gleichmäßigen Neuverteilung des Eigentums. Natürlich wehrten sich die Reichen mit allen Mitteln, selbst mit den Waffen. **Daher fortwährende soziale Kämpfe.**
> Polybius faßt diese jammervolle Geschichte in dem einen Worte zusammen: ›In jedem Bürgerkrieg handelt es sich um die Veränderung der Besitzverhältnisse.‹ ›Die griechischen Stadtgemeinden‹, sagt Fustel de Coulanges in seinem schönen Buche ›Der antike Staat‹, ›schwankten immer zwischen zwei Revolutionen; die eine plünderte die Reichen aus, und die andere setzte sie wieder in den Besitz ihres Vermögens ...‹«

Levaleye spricht vom »Schicksal der modernen Demokratien«, die er in den antiken Durchläufen vorgezeichnet sieht. Er hat recht und unrecht zugleich.

Auch die modernen Demokratien kommen an dem üblichen Durchlauf nicht vorbei, wie er sich aus dem debitistischen Tableau, das wir behandelt haben, von selbst ergibt: In der Post-Crash-Phase kommt es zur »großen Umverteilung«, auf den jetzt unausweichlichen weltweiten Staatsbankrott folgt die **Revolution** mit einer neuen Oberschicht und einem neuen Durchlauf.

Was Lavaleye freilich übersah, ist die große Schleife, die diese Demokratien noch zu fahren imstande sein würden und imstande waren. Die Schleife, die im Debitismus-Tableau oben rechts ausgebeult ist, bezeichnet als **DEMOKRATIE-DURCHLAUF.**

Lavaleye konnte nicht ahnen, welche Möglichkeiten der debitistische Kapitalismus sonst noch eröffnet: den Einbau eines infalliblen Schuldners nämlich. Er konnte nicht ahnen, in welche Rolle der **Staat** im Kapitalismus zu schlüpfen in der Lage war: nämlich in die *eines ad infinitum aufschuldenden Schuldners,* der dabei die Schulden aller anderen, privaten Schuldner unter seinen breiten Mantel nimmt.

Diesem Phämomen wenden wir uns jetzt zu.

Anmerkungen

[1]) Jüdische Schwänke, Wien und Leibzig 1928, hier Seite 17 f.
[2]) Vgl. **Ernst von Lasaulx,** Der Untergang des Hellenismus und die Einziehung seiner Tempelgüter durch die christlichen Kaiser, München 1854, bes. Seite 29 ff.
[3]) **Ulrich Küntzel,** a. a. O. Seite 358; und **Heinrich Quiring,** Geschichte des Goldes, Stuttgart 1948, Seite 286. Wir werden solchen unvermutet-unvermittelten »Geldstößen« durch die Auflösung großer Edelmetallhorte bei der Diskussion der »Goldenen Lösung« noch einmal begegnen. Sie sind die einzige Möglichkeit, lange Depressionen zu beenden; diesmal werden nicht mehr Tempel und Kirchen geplündert, sondern die Tresore der Notenbanken, siehe das Kapitel »Gold«.
[4]) Am scharfsinnigsten hat sich in diesem Zusammenhang bemüht: **Georg Friedrich Knapp,** Staatliche Theorie des Geldes, Leipzig 1905, dessen Grundaussage (Seite 1: »Geld ist ein Geschöpf der Rechtsordnung«) eindeutig debitistisch ist, wenngleich er die daraus resultierende Kontraktgeld-Theorie nicht durchhält und ebenfalls in den Thesaurismus abgleitet: »Das allgemeine Tauschgut (= Edelmetallgeld, PCM) ist ein Gut, das eine bestimmte Verwendung in der Gesellschaft erlangt hat, zuerst durch Sitte (oh!), dann (oh!) durch Recht« (Seite 3).
[5]) Gutenberg war der klassische Pleitier, der trotz allem Genie dem debitistischen Prozeß, den er initiierte und in dem er stand, nicht gewachsen war. In seiner Straßburger Zeit ließ er 180 Pfund Denare unbezahlt, bei ersten Druckversuchen wurden 500 Gulden diverser Financiers verwirtschaftet. In Mainz forderte der Finanzmann Fust von ihm für vorgeschossenes Geld und Zinsen 2020 Gulden, was via Prozeß im finanziellen Zusammenbruch des Erfinders der Druckkunst endete. Schließlich wurde er sogar noch in ein »Achtbuch« (eine Art Schufa des Spätmittelalters) eingetragen, vgl. **Ferdinand Geldner,** Die deutschen Inkunabeldrucker, Stuttgart 1968, Seite 18−28.
[6]) »Gegeben« wird nur das Stück Papier, also der materielle »Wert« der Banknote, die darin verbriefte Forderung aber wird erlassen. Wenn jemand 100 Dollar hergibt, ein anderer 1000, dann »geben« beide gleich viel (= Materialwert des Scheins), aber sie erlassen unterschiedlich hohe Beträge.
[7]) Vgl. Handbuch der Finanzwissenschaft, Band II, Tübingen 1927, Seite 485 ff. und 509 f. Die erste große »nationale« Zwangsanleihe (die früheren waren städtisch-lokal) ist der »Emprunt forcé de l'an 4« des revolutionären Frankreich, der mit 10 Prozent verzinst wur-

de, allerdings nur zweimal, dann war das ganze Geld weg (vgl. Mantel mit Coupons in Sammlung PCM).

8) Zum ersten Mal wurde das Zinsnehmen auf dem **Konzil von Nicaea** im Jahre 325 für Kleriker verboten und 100 Jahre später auch auf die Laien ausgedehnt: »Etiam laicis usura damnabilis.« Andere kirchliche Sprüche lauteten: »Qui plus quam dederit, accipit, usuras expetit«, »Quidquid sorti accedit, usura est«, »Turpe lucrum sequitur qui minus emit et plus vendat« (!), »Rapinam facit qui usuram accipit«. Auf dem Konzil von Vienne im Jahre 1311 erklärt Papst **Clemens V.** den Zins (»usura«) für absolut geächtet.

9) **Jeremy Bentham,** Defense of usury; shewing the impolicy of the present legal restraints on the terms of pecuniary bargains (...) London 1787.

10) Die Herausgeber **Ullmann/Winter** erläutern diesen Text noch mit einer Fußnote: »Wörtlich: Esset nicht den Wucher mit Verdoppelung über Verdoppelung; das heißt: Meidet den Wucher trotz des großen Gewinns, den er bringt.« Vgl. im übrigen: »Die Wirtschaftsordnung des Islams«, in: Der Islam, Juni 1986, Seite 27: »Das arabische Wort für Zins heißt ›Riba‹, ein Ausdruck, der sich nicht ganz mit dem Bedeutungsinhalt des Wortes ›Zins‹ deckt. ›Riba‹ ist ein Zins, der es den Reichen erlaubt, noch reicher zu werden, und zwar auf Kosten der Armen, die sie durch ihre Praktiken ausnützen.« Zum Problem eines »zinsfreien« Wirtschaftens ist eine umfangreiche Literatur erschienen, wobei diese Titel behilflich sind: **Sayyid Muhammad Bakr Sadr,** An Introduction to Principles of Islamic Banking, Teheran 1982; Text ot the Bill of Interest-Free Banking, in: Al-Tawhid, Band I, No. 2, Teheran 1984, Seite 166–174; **Bernhard Müller,** Das islamische Wirtschaftssystem – seine Grundideen und Konsequenzen für unsere westliche Wirtschaft, in: Islam 5/6 1983, Seite 50–55. – Herr **Ahmed Huber,** Bern, war so liebenswürdig, ausführliches Material zu diesem Thema zur Verfügung zu stellen.

11) Ist die »Verdoppelung« die Grenze, die jemand in seinem Leben bestenfalls erreichen kann, dann ergibt sich dies bei einem Durchschnittsalter von 35 Jahren einen Satz von etwa 2 Prozent. Bei der »Verdoppelung der Verdoppelung« in der gleichen Zeit: 4 Prozent. – (In unserem obigen Live-Cattle-Beispiel zur Zinserklärung wird notabene nicht für den Eigenbedarf, sondern für den Markt gearbeitet, woraus der »Schweinezyklus« erst resultiert.)

12) Rosa Luxemburg, die Akkumulation des Kapitals, a. a. O., Seite 287. Vgl. auch Seite 414, wo sie in der Auseinandersetzung mit Kautsky von einem »zusätzlichen Markt« in »nichtkapitalistischen Schichten und Nationen« spricht.

[13]) Vgl. **Wolfgang J. Mommsen,** Artikel »Imperialismus« in HdWW, Band 4, 1978, Seite 85–98 mit ausführlichem Literaturverzeichnis. Als umfangreichstes Buch mit diesem Titel: **Fritz Sternberg,** Der Imperialismus, Berlin (1926).

[14]) **Claus Jacobi,** Die menschliche Springflut. Frankfurt-Berlin 1969; Ders., Uns bleiben 100 Jahre. Frankfurt-Berlin 1986.

[15]) »Baker-Plan«: nach einem US-Finanzminister (1985/86) benannter Vorschlag, wonach drei Jahre lang von Banken, Weltbank und Internationalem Währungsfonds an die 30 Milliarden Dollar »fresh money« (neue Kredite) zur Verfügung gestellt werden sollten, um die »Anpassungs«-(Spar-)Periode in diesen Ländern zu beenden und ein neues »Wachstum« zu initiieren. Der Baker-Plan scheiterte zum einen an der Ölkrise, sprich: es fehlt viel mehr Geld, als von Baker angenommen, zum anderen gibt es in den überschuldeten Ländern keine »Projekte« mehr, die sich noch rechnen, ergo kreditieren lassen. Oder soll Mexiko die neuen Kredite zur Erschließung neuer Ölfelder verwenden, zumal es am 10. Juli 1986 den Preis für seine Marke »Maya« auf 7,40 Dollar/Faß gestellt hat. Haha.

[16]) **Eugen von Böhm-Bawerk,** Kapital und Kapitalzins, hier: Band II, »Positive Theorie des Kapitals«, Innsbruck 1889.

[17]) **Eugen von Böhm-Bawerk,** Artikel »Kapital«, in: Handwörterbuch der Staatswissenschaften, IV, Jena 1892, Seite 654.

[18]) **Walter Lüftl/Paul C. Martin**, Die Formeln für den Staatsbankrott, 2. Auflage, München 1985.

[19]) Jeder bessere Rechner (Preisklasse: ca. 40,- Mark) hat eine Zinseszins-Taste. Man nimmt die Summe plus Zinssatz (Summe: 100, Zinssatz 8% = 1,08), gibt die Zahl ein und drückt die »Hoch-x-Taste« und gibt dann die Zahl der Jahre ein, wie lange es laufen soll. Also 1,08, dann $_y$x, dann 10 für zehn Jahre, macht: 2,15892. Aus 10000 Mark Schulden sind dann also schon 21 598 Mark geworden usw.

[20]) Das ist das bekannte »Janus-Phänomen«, vgl., Die Pleite, Seite 81 ff.

[21]) Vgl. nochmal Nehemia, 5, 11 u.a.: »Wir müssen unsere Söhne und Töchter unterwerfen dem Dienst ...«

[22]) Die »Entlassung« aus der »Leibeigenschaft« ist in speziallen Urkunden festgehalten, Exemplare aus dem 18. Jahrhundert in Sammlung PCM.

[23]) **J. C. F. Manso,** Sparta. Ein Versuch zur Aufklärung der Geschichte und Verfassung dieses Staates. I. Band, Teil 1, Leipzig 1800, Seite 5.

[24]) **Xenophon** gibt uns in seiner »Verfassung der Lakedaimonier«, 7, einen Bericht: »Und ebensowenig müssen sie Geld ansammeln, um

es für den Unterhalt von Freunden und Genossen auszugeben, denn Lykurg hatte es für rühmlicher erklärt, den Gefährten durch körperlichen Einsatz zu helfen als Geld für sie aufzuwenden ... Die Bereicherung aufgrund ungerechter Handlungen verhinderte er mit folgenden Maßnahmen: Zuerst einmal führte er ein derartiges Münzgeld ein, das, wenn es auch nur im Betrage von 10 Minen (= 100 Drachmen, ungefähr 435 Gramm Silber, PCM) ins Haus kommt, weder Herren noch Sklaven entgehen kann, denn man bräuchte dafür einen **großen Raum** und einen Wagen zum Transport. Nach **Gold** und **Silber** wird geforscht, und wenn irgendwo etwas zum Vorschein kommt, wird der, der welches hat, bestraft.«

25) Die »Abgaben«, die von den nicht auf eigenem Land wirtschaftenden »Bauern«, an den »Grundherrn« (Feudalherren, Klöster usw.) zu entrichten waren, sind in der Geschichte inhaltlich und sprachlich ein Synonym für »Zinsen«. Inhaltlich, weil das Schuldverhältnis nicht aufgrund eines »Vertrages« entstanden ist, sondern aufgrund eines »Zustands«, aufgrund der Tatsache, daß jemand »schuldig« ist, weil er nicht auf »eigenem« Grund und Boden, als »freier« (= immer abgabenfreier) »Herr« leben kann. Der große deutsche **Bauernkrieg,** der im Jahr 1525 seinen Höhepunkt erreichte, hat uns zahlreiche gedruckte Textstellen hinterlassen, aus denen klar hervorgeht, was Sache war: Die Bauern versuchten, dem Zins-, alias Schulden-Druck zu entkommen, der übermächtig zu werden drohte, weil die Grundherren (Klöster, Grafen, andere Herren) ihrerseits überschuldet waren. Die »älteste deutsche Verfassung«, der »Tübinger Vertrag« von 1514, war Resultat der Überschuldung des Herrschers, Herzog **Ulrich von Württemberg,** der politische Zugeständnisse machte, weil ihm der Landtag Schulden in Höhe von 910 000 Gulden abnahm, die nunmehr von den unmittelbaren Untertanen der Landtags-Teilnehmer, den Bauern, bedient werden mußten, d. h., an die Stelle der Aufschuldung trat jetzt der Leistungszwang mit der üblichen deflationären Depression, die Kennzeichen aller vorrevolutionärer Phasen ist; vgl. neben dem »seriösen« Schrifttum (Peter Blickle, u. a.) **Leo Sievers,** Revolution in Deutschland. Geschichte der Bauernkriege, Stuttgart 1978.

Eine der ersten Druckschriften über die deutsche Bauernverschwörung vom »Bundschuh«, **Pamphilius Gengenbach,** »Der bundtschu. Disz biechlein sagtt von dem bösen fürnemen der bundtschuher ...«, Basel oder Straßburg 1514, teilt uns einiges über die Not der Schuldner mit. Die Bauern fordern »zu dem driten dz sie alle **zynß** und gült so yr hauptgut haben ein genomen abthun und fürter hin nit me **verzinsen** ... zu den fünfften wellen sye **zinß** und gült der

klöster so sie zu überfluß haben zu yren handen nemen da mit sye und ihre kind dester baß auß kummen mögen«. Aus dieser in verzweifelter Lage formulierten Textstelle geht auch hervor: »Zins« bezieht sich auf das Kapital (»Hauptgut«) und meint zugleich die Abgaben in natura. Der Kapitalzins soll abgeschafft werden, sobald das Kapital zurückgezahlt ist, und die Realzins kassierenden Klöster sollen ihre Überschüsse an die Bauern zurückgeben.
In der »Beclagung aines leyens genant **Hanns Schwalb** über vil missbreuch Christliches lebens (...)«, Augsburg 1521, lesen wir (übertragen):

»Item, wenn ich einem **schuldig** wäre, ... dann daß sie ein Jahr eine Summe Geld geben ihrem Bischof, daß sie die Leute schätzen und schinden? ... Daß sie reich werden, große Häuser kaufen, **Zins** machen, schöne Weiber, eins, zwei, drei, halten, zwei, drei Knechte halten, die die Leute zu Schaden bringen ...« (Otto Clemen, Flugschriften aus den ersten Jahren der Reformation, I, Halle 1907, Seite 349)

Und in der berühmten »Deutschen Vigilie der gottlosen Papisten, Münch und Pfaffen« (Clemen, III, Seite 143) lesen wir:

»Des Adels Güter tut ihr zu euch reißen,
mit **Wucher** ihr Güter zu euch schleißen.
...
Den Wucher predigt ihr für Sund und Schand,
mit Wucher bringt ihr an euch Leut' und Land.«

[26]) Leipzig 1879, hier Seite XII f.

Staat, Blow-off, große Gala

Was der Trick mit dem »infalliblen Schuldner«
bedeutet, wie die staatliche Infallibilität den
Kapitalismus auf den letzten höchsten Gipfel führt,
wie der Staat dabei erst Inflation macht,
und dann die Deflation nicht verhindern kann,
woraufhin sich das beste Wirtschaftssystem aller
Zeiten mit einer großen Gala für immer
verabschiedet.
Dazu: Exkurs über Kartelle, »Kinder der Not«

>»Everybody ought to be rich.«
*Schlagzeile im Ladies' Home Journal,
August 1929*
»Jeder wird viel Geld verdienen.«
*Schlagzeile der BILD-Zeitung,
Juni 1986*

Die letzte, höchste Höhe

Der Kapitalismus ist ein zutiefst privatwirtschaftliches Phänomen. Wie eben Schulden, die ihn auf den Weg bringen, privatwirtschaftliche Angelegenheiten sind. Einen »Staatskapitalismus« kann es nicht geben, weil der »Staat« in einer Wirtschaft, wo ihm alles Kapital gehört, keine Schulden macht, die vollstreckbar wären: Der Bürger kann den Staat nicht zur Leistung zwingen – weshalb sich der Staat ja das Kapital angeeignet hat.

Wo immer es einen »hoheitlichen«, einen »öffentlich-rechtlichen« Sektor, etwas das mit »Souveränität« und ähnlichem zu tun hat, in der Geschichte gab, waren die Menschen umgekehrt diesem Sektor etwas *schuldig:* Sie mußten »Abgaben«, »Steuern«, »Royalties« et cetera entrichten. Es existierten in der Geschichte zwar immer auch »Staatsschulden«, die aber bis in die unmittelbare Gegenwart hinein nur »Vorgriffs-Charakter« hatten: Irgendwie konnten oder wollten Staaten und Staatenlenker nicht »warten«, bis die Steuergelder endlich in den Kasten klängen. Daher haben sie das »Geld« nur sozusagen etwas »schneller« ausgegeben, als es eingekommen ist.

Daß der moderne »Steuerstaat nicht mehr so ganz »problemlos« abläuft, ist ein Gefühl, das sich allenthalben hereinschleicht. So lesen wir im Vorwort zu einer vom Münchner C. H. Beck-Verlag vorzüglich besorgten Steuergeschichte anhand einzelner Aufsätze[1]) von **Uwe Schultz:**

> »Spätestens seit dem Ersten Weltkrieg ... ist der Budget-Staat zum **mächtigsten Staat im Staat** angestiegen ... Folgerichtig ist die Steuer ... schon rein quantitativ in eine **stetige Progression** geraten. Sie hat in einem stillen Triumphzug inzwischen eine Höhe erreicht, die den Staat, der sich heute so selbstherrlich-unangefochten auf sie stützt wie einst der Feudalismus auf das Gottesgnadentum, in seiner Substanz, zumindest in seiner Entwicklung bedrohen kann.« (Seite 8).

Seine Ahnungen (»zumindest«) trügen den Herrn Dr. Schultz keineswegs (er ist Leiter der Hauptabteilung Kulturelles Wort beim Hessischen Rundfunk in Frankfurt am Main): Der »Budget-Staat« wird demnächst genauso verschwinden, wie Kaiser, König, Graf und Edelmann, also der ganze Feudalismus seit dem 18. Jahrhundert, verschwunden sind.

In diesem Ablauf gab es durchaus schon mal »Unfälle«, gab es den »Staatsbankrott«, mit dem sich die Weltenlenker, etwa **Eduard III.** von England 1339, **Philipp II.** von Spanien und **Franz I.** von Frankreich Mitte der 1550er Jahre »entschuldeten«, dem zahllose weitere derartige Vorfälle folgten.[2])

Eine neue Dimension, nicht nur im Bereich der Zahlen, hat die Staats-»Verschuldung« seit Ende der 1960er Jahre erhalten. Jetzt geht es nicht mehr um »Vorgriffe«, *sondern um »überlegte« Politik in ganz großem Stil.* Selbst in Kriegszeiten (damals lautete die Schulden-Begründung: Vorgriff auf die zu erwartende »Beute« alias »Kriegsentschädigung«) sind niemals absolut und relativ so »hohe« Schulden gemacht worden wie heute. Der Staat ist damit nicht nur in eine neue Dimension vorgestoßen, sondern auch in eine völlig neue Rolle geschlüpft.

Kein Mensch kann heute noch, wie früher üblich, erwarten, daß die inzwischen aufgetürmten Staatsschulden jemals »zurückgezahlt« werden. Man geht inzwischen in der Argumentation so weit zu sagen, eine Rückzahlung sei auch völlig sinnlos, da die Leute gar nicht wüßten, was sie mit dem »vielen Geld« anfangen sollten.

Wer indes rudimentäre Kenntnisse der Grundrechenarten, einschließlich der Zinseszinsrechnung besitzt, kann sofort überschlägig ausrechnen, wie es mit dieser Form der immer schneller immer höher (»exponentiell«) hochgebuchten Verschuldung der öffentlichen Hände enden *muß.* Sie gerät buchstäblich »außer Kontrolle«. Ein Ende ist also vorprogrammiert. Aber welches Ende?

Wir werden dieses in verschiedenen Szenarien durchdiskutieren. Welches Szenario letztlich eintritt, ist ausschließlich abhängig von einer ganz bestimmten politischen Entscheidung, die den GOLDPREIS betrifft.

Wird keine Entscheidung getroffen, läuft der bereits in der Gegenwart wunderschön zu beobachtende deflationär-depressive

Prozeß bis hin zur Vernichtung des gesamten kapitalistischen »Systems«:
Alle alten Schulden werden vernichtet, die entsprechenden Forderungen crashen also. Neue Forderungen werden nicht mehr eingegangen, es gibt kein neues Schuldenmachen, alias »Investieren« und so weiter mehr. **Die freie Wirtschaft, jede Form des Wirtschaftens ist dann erloschen. Das Industrie-Zeitalter ist beendet.**

Was der »Staat« mit der Wirtschaft getan hat, welche Rolle er eigentlich spielen sollte und welche er gespielt hat, werden wir in einzelnen Schritten abhandeln, wobei sich das eine ganz logisch aus dem anderen ergibt.

1. Der Nachtwächter

Damit der Kapitalismus ablaufen kann, *brauchen wir den Staat.*
Das klingt überraschend. Denn schließlich ist es der Staat, der den Kapitalismus vernichtet.

Aber zunächst einmal kann es nur der Staat sein, der die Bedingungen schafft, unter denen sich Kapitalismus entwickeln kann, weil nur der (ein) Staat den debitistischen Ablauf starten und sich entfalten lassen kann.

Wir erinnern uns: Debitismus heißt Gläubiger/Schuldner-Beziehungen; diese wiederum bedingen, daß sich beleihungsfähige Aktiva, alias Eigentum, alias »Kapital«, finden.

Der Staat ist notwendig. Denn er muß:
1. Das Eigentum garantieren.
2. Die Vollstreckbarkeit von Gläubiger/Schuldner-Beziehungen sichern.

Ohne (privates) Eigentum keine Verschuldung, das ist das bekannte »Sozialismus«-Problem. Dort gibt es zwar auch einen »Staat«, aber das ist kein Staat in unserem Sinne, sondern eine Menschen-Unterdrückungs-Maschinerie, die von einer herrschenden Clique, der »Nomenklatura«, bedient wird.

Ohne Vollstreckbarkeit von Verträgen, die letztlich immer irgendwie auf eine »Zahlung« (Leistung) hinauslaufen, kann es ebenfalls keinen Debitismus (Kapitalismus) geben. Wo der Schuldner einfach seiner Wege gehen kann, wo kein Gläubiger irgendwie »nachfassen« kann, wird es keine Schuldverhältnisse geben, ergo keinen Kapitalismus. Auch dann sind wir wieder im Sozialismus. *Ein volkseigener Betrieb wird niemals an einen anderen volkseigenen Betrieb einen Zahlungsbefehl schicken.* Der hat zwar irgendeinen »Plan« nicht erfüllt, es mag auch personelle Konsequenzen geben, aber das war's dann auch.

Der Staat, den der Kapitalismus braucht, ist also eine schlichte Übereinkunft, ist der berühmte Minimal-Staat, der von progressiven Geistern das Beiwort »Nachtwächter-Staat« erhalten hat.

Just diesen Nachtwächter braucht der Kapitalismus. Mehr nicht.

Jedenfalls nicht, solange ein großer debitistischer Durchlauf angesagt ist.

Sollte der Kapitalismus »entarten«, sprich in Richtung alt-griechischer Zustände abdriften (siehe oben), käme noch eine zusätzliche »Funktion« des Staates in Betracht, nämlich die einer permanenten »Umverteilung«, um immer wieder einen optimalen debitistischen Prozeß zu starten.

Die frühere Staatstheorie ist interessanterweise der Frage gewidmet, wie man solche optimalen Prozesse sichern kann. Wir müssen nur den Philosophen **Platon** lesen (427–347 vor Christus), der verzweifelt versucht hat, das Gemeinwesen zu »stabilisieren«, indem er die Folgen des debitistischen Prozesses per Dekret zum »Verschwinden« bringen wollte.

Platon ist der klassische Anti-Kapitalist. Er begreift freilich den kapitalistischen Prozeß nicht, wie wir ihn enträtselt haben. Seine Argumentation in seinen beiden Hauptwerken »Staat« und »Gesetze« ist just jene, die uns immer wieder bei den Kritikern des Kapitalismus entgegentritt. Einige Highlights, wobei wir dem Eigentums-Theoretiker **Arnold Künzli** folgen:[3])

Gut sein und reich schließen einander aus. Der »Philosoph«, das Berufs- und Lebensideal Platons,

»hat gar keine Liebe zum Gelde. Das Ziel, das all dem Jagen nach Geld zugrunde liegt, darf für ihn weniger als für jeden anderen erstrebenswert sein.« (Staat, IV, 485)

Platons idealer Mensch ist jemand, der außerhalb des debitistischen Prozesses steht, *ein Mensch also, den es nicht geben kann*, weil wir alle zumindest über die permanent abzutragende Urschuld, die per Zeitablauf selbst bei größter Bescheidenheit immer höher anwächst (auch der »Philosoph« wird durchs Nicht-Essen nicht satter, sondern hungriger), »leisten« müssen – und sei es eben nur an uns selbst.

Ganz kommt Platon an diesem Problem nicht vorbei. Er ahnt zumindest, was es mit dem »Geld« auf sich hat, das er so sehr verachtet. In einem Gespräch zwischen Sokrates und Kephalos ist auf den ersten Seiten der Staatsutopie von »Liebe zum Geld« die Rede. Dabei lieben offenbar jene das Geld mehr, die es selbst erwerben mußten (für uns unmittelbar einleuchtend, denn wer Geld erworben hat, besaß es vorher nicht, hat also das Urschuld-Problem buchstäblich noch am »eigenen Leib« erfahren):

> »Wer es (das Geld, PCM) erwirbt, hat in der Regel doppelt so große Liebe zu ihm. Wie die Dichter ihre Gedichte, die Väter ihre Kinder, so hätscheln die Erwerbenden ihr Geld ... Auch im Umgang werden sie lästig, da sie nichts loben als den Reichtum.« (Staat, I, 330)

Künzli fährt dann fort:

> »Kephalos stimmt Sokrates zu. Für ihn liegt der höchste Wert des Geldbesitzes ... darin, daß man von hinnen gehen kann, **ohne Furcht,** seine Schulden den Menschen und den Göttern gegenüber nicht bezahlt zu haben.« (a. a. O., Seite 86)

Voilà! Debitismus in Reinkultur. Die Menschen haben halt »Schulden«, und daher »Angst« – vor ihren Gläubigern und ihren Göttern.[4])

Ein Leben *ohne Furcht und Angst* – wie schön das wäre!

Nicht nur Sokrates & Platon haben sich an diesem Problem verhoben. Sondern alle »Staats«-Theoretiker, Utopisten, Sozialisten, Christen, Entwicklungshelfer, Armen-Erbarmer, Umverteiler, »Compassion«-Freaks und, und, und. Sie alle mußten scheitern, weil sie nicht kapiert haben, *daß jeder Mensch, sobald er bewußt Zeit erlebt, Angst haben muß.* Diese Angst kann ihm niemand nehmen. Die Angst, seine Urschuld nicht bedienen zu können, die Angst, von den Göttern »bestraft« oder nicht mehr »geliebt« zu werden; die Angst, dem Gläubiger keine ihm genehme Leistung anbieten zu können. Der Mensch ist eine arme Sau. Nichts weiter.

Nur: Mit **Kapitalismus** hat das absolut nichts zu tun. Das kapitalistische »System« zeigt uns die Lage nur ganz deutlich. Im Kapitalismus wird die Ur-Angst wenigstens nicht verdrängt, sondern ausgelebt. *Wer nicht leistet oder leisten kann, muß untergehen.* Da helfen auch die schönsten »Reformen« und/oder Leistungs-»Vertagungs«-Modelle wie der »moderne Staat« nicht weiter: Die Rechnung, die am Schluß präsentiert wird, fällt nur um so höher aus.

Habt also Mitleid mit Platon, wenn er wettert:

> »Sie (die Reichen, PCM) schätzen im geheimen **Gold** und **Silber** gewaltig; denn sie haben ja eigne Kammern und Schatzräume, in denen sie es aufhäufen können, und haben Mauern um ihre Häuser, also ein eignes kleines Reich, in dem sie mit ihren Frauen und mit wem sie sonst wollen, ihr eignes Geld verbrauchen und sich's wohl sein lassen können.« (Staat, VIII, 548)

Platon ist hier wie Marx und wie alle anderen Thesauristen, die wir unten kennenlernen werden: Letztlich kann der Mehrwert, kann alle Pleonexie nur dazu dienen, das »Geld« zu verfressen, zu versaufen und zu verhuren. Das war's.

Und habt Mitleid mit Platon, wenn er die Revolution heraufziehen sieht, weil die wenigen Reichen immer reicher werden:

> »Jedem, der ihnen in die Arme läuft, werfen sie Darlehen zu, ziehen viele Prozente, **Zinsen**, Kinder des Kapitals, ein und mehren nur die Zahl der Drohnen und Bettler.« (Staat, VIII, 555 f.)

So ist das Leben. Das ist der debitistische Prozeß. Und er läuft so lange, bis er bricht. Die Reichen und die Armen, was Karl Marx Jahrhunderte später als »Klassen« entdeckt, das ist immer und überall niemand anderes als die ewig gleiche, ewig neue Paarung: **Gläubiger und Schuldner.**

Wie Marx versucht auch Platon, das »Übel« an der »Wurzel« zu packen, also bei der Basis aller Verschuldungsvorgänge, beim »Eigentum« nämlich.

Marx will es »beseitigen«, will die Eigentümer »expropriieren«. Nur: damit verschwindet nicht das Eigentum, sondern der Eigentümer wechselt. Die Kolchose, der »volkseigene« Betrieb, gehört nicht etwa »niemandem« oder auch »allen«, sondern ganz genau dem, der am wenigsten sinnvoll damit umgehen kann: der *Bürokratie* der Nomenklatura. Alles weitere ist bekannt.

Platon will – und jetzt kommen seine »Reformvorschläge« – Gold und Silber verbieten. Das ist die schon von **Lykurg** her bekannte Symptom-Kur! Zinsen sollen ebenfalls verboten sein, vergleiche dazu den besseren Ansatz bei **Mohammed!** Geliehenes Geld muß bei Platon nicht zurückgezahlt werden, vergleiche dazu den besseren Ansatz bei **Moses** mit seinen Erlaßjahren!

Platon will, und darin war er wirklich schlauer als alle anderen »Weltverbesserer«, einen »New Deal« – konkret, die Umverteilung des Landes: Niemand darf weniger als ein Los, niemand mehr als vier Lose haben. Hier grüßt zwar auch Lykurg herüber, siehe oben, aber diese Vorstellung, daß **jeder wenigstens etwas haben muß**, das ist beim Spartaner nicht enthalten, das hat nach Platon erst wieder jemand in seine Visionen vom »idealen Staat« einbezogen, der eigentlich so gar nicht in diese Reihe paßt: **Adolf Hitler.** Dessen Vorstellung vom »freien« (unverschuldeten), auf »freier Scholle« lebenden »Germanen« lautet:

> »Wir fordern Land und Boden (Kolonien) zur Ernährung unseres Volkes und Ansiedlung unseres Bevölkerungsüberschusses.« (Artikel 3 des Programms der NSdAP)

Der Staat ist zweifellos etwas, das wir brauchen, um überhaupt den kapitalistischen Prozeß starten zu können: Es muß Eigentum vorhanden sein. Notfalls wird es durch Eroberung vermehrt, oder es wird die Zahl der Eigentümer durch Umverteilung erhöht, wobei Eigentum – verschuldet – zu »Kapital« wird. Damit dieser Prozeß möglichst reibungslos abläuft, hat der Staat für entsprechenden Druck auf den Schuldner zu sorgen, damit der immer unter Leistungszwang bleibt.

2. Der Aufschuldner

Der Unterschied zwischen den »antiken« und den »modernen« Demokratien liegt in der Introduktion des »Staates« als **infallliblem Schuldner.**

Zwar gab es auch in der Antike »staatliches Schuldenmachen«, wir sind darüber aber nur indirekt informiert, etwa durch die berühmte Stelle bei Cicero, wonach der Staatshaushalt ausgeglichen werden solle.[5] Auch kennen wir einige frühe griechische Urkunden, die eindeutig von Vorgängen berichten, die wir heute als »öffentlich-rechtliche Kreditnahme« bezeichnen würden. Schließlich haben sich bekannte römische Kapitalisten wie Brutus durch »Darlehen« an öffentlich-rechtliche Körperschaften gesund gestoßen.[6]

Auch im Mittelalter und natürlich in der Renaissance war das öffentlich-rechtliche Schuldenmachen gang und gäbe, worauf zahllose Belegstellen hinweisen, auch gehörten öffentliche »Renten«-Papiere zu den Standard-»Anlagen« der oberen Schichten.[7]

Haushaltspläne, die wir aus der Neuzeit kennen, zeigen uns fröhliche Defizit-Wirtschaften, die sämtlich über kurz oder lang in Zahlungsproblemen der öffentlich-rechtlichen Veranstaltungen und zumeist im Bankrott enden. Zu erwähnen ist der bekannte Fall »Frankreich«, den der Finanz-Fachmann **Jacques Necker** mit der Veröffentlichung des Etats für 1785 ans Licht gehoben hat.[8]

Das wirklich Neue am staatlichen Schuldenmachen der unmittelbaren Gegenwart ist nicht das Schuldenmachen, das es immer gegeben hat, auch nicht die Tatsache, daß dieses Schuldenmachen – wie immer – stracks auf den Bankrott zusteuert. Das Neue am gegenwärtigen »staatlichen« Schuldenmachen ist:

a) Es geschieht unter der *Fiktion, »diesmal« könne nichts »passieren«,* denn diesmal sei der Staat ein Schuldner besonderer Art, ein Schuldner, der nie mehr pleite gehen kann. Der Staat wird zum »infalliblen Schuldner« erklärt.

b) Das staatliche Schuldenmachen dient dazu, den debitistischen Prozeß möglichst »zu strecken«, also den ansonsten automatisch auf die beiden Parteien – Gläubiger und Schuldner – zukommenden »Ausgleich« (Leistung und/oder Crash) so weit es geht hinauszuzögern, indem der »Staat« diesen Ausgleich »besorgt«. *Der Tag der Wahrheit wird also so lange vertagt, wie es überhaupt nur geht.*

Schauen wir uns die beiden Punkte noch genauer an, um dann die automatisch sich daraus ergebenden Folgen (Inflation / Deflation / Blow-off / Crash) zu untersuchen, wobei wir auch auf so interessante Durchlaufstationen wie Rentner-Effekt, das China-Syndrom und die allerletzten Crash-Versuche stoßen werden.

3. Die Inflation

Ist Geld im Spiel, ergibt sich ein »Preisniveau«. Wenn dieses Preisniveau steigt, sprechen wir von »Inflation«, wenn es sinkt, von »Deflation«.

Weil Preise nur steigen können, wenn zusätzliche Nachfrage erscheint, setzt eine »Inflation« zusätzliches »Geld« voraus. Diesem Geld muß aber ein zusätzlicher **»Kredit«-Akt** zugrunde liegen. Es muß sich also eine neue Gläubiger/Schuldner-Beziehung ergeben.

Mit »bereits vorhandenem« Geld kann sich niemals eine Inflation inszenieren lassen. Denn das vorhandene Geld dient ausschließlich dazu, die mit diesem Geld finanzierte Produktion vom Markt zu nehmen. Danach verschwindet beides gleichzeitig: Die Produktion, sofern sie als endgültige Leistung, gemäß unserer Definition, vom Gläubiger akzeptiert, im Idealfall also verkonsumiert wurde; das Geld, alias der Schuldschein, verschwindet, weil damit der Gläubiger die endgültige Leistung »kauft«.

Und ein Schuldschein in der Hand des Schuldners ist eben ein wertloser Fetzen Papier. Die Schuld ist damit erloschen, das Geld ist hin.

Daß der Kapitalismus nach einem solchen »Durchgang« (Entstehen einer Schuld – Leistung – Erlöschen der Schuld) nicht zu Ende sein kann, liegt im Zeitablauf, dem dieser Durchgang unterworfen ist, und der *immer wieder neue Schuldner* auf den Plan ruft, deren Funktion es ist, *die Kosten der Vorfinanzierung ihrerseits vorzufinanzieren.*

Sobald eine neue Schuld entsteht, kommt nicht nur ein neuer Schuldschein, alias neues Geld »in Umlauf«, sondern eben auch neue Nachfrage und neue Kauf-»Kraft«.

Jeder Kreditakt (= jede Geld-»Schöpfung«) trifft auf zunächst noch nicht vermehrte Produktion. Jeder Kreditakt (= Kaufkraft oder »Nachfrage«) muß daher die Preise in die Höhe treiben. Denn die zusätzliche Produktion, die »Leistung«, ist erst fällig, wenn die Schuld als solche fällig wird, also nach Ablauf der in der Gläubiger/Schuldner-Beziehung vereinbarten Periode.

Achtung: Bei diesen »preistreibenden« Krediten handelt es sich um Zusatzkredite, die über jene Kredite **hinausgehen,** die der debitistische Kapitalismus ohnehin braucht, weil spätere Schuldner die Kosten der Vorfinanzierung früherer Schuldner durch eigenes Schuldenmachen finanzieren müssen!

Im Kapitalismus gilt die Gleichgewichtsbedingung:

Summe der vorfinanzierten Produktion	minus	**Vom Gläubiger als endgültig akzeptierte Leistung**	Zinssatz =	**Benötigte Zusatzverschuldung**

Bei der inflationären Zusatzverschuldung geht es um *weitere* Kredite, die über zusätzliche »Nachfrage« die Preise der Produktion (Leistungsangebot) in die Höhe treiben.

Dies alles ist überaus wichtig, weil wir die Rolle des »infalliblen Schuldners«, alias des Staates nur untersuchen können, wenn wir uns die Grundlage des ökonomischen Ablaufs vollständig klar gemacht haben.

Die freie, die kapitalistische, unter debitistischem Druck stehende Wirtschaft ist tendenziell inflationär, weil die neu geschaffene *Schuld*, alias Geld, alias Kaufkraft, alias Nachfrage auf das vorhandene Leistungs- bzw. Produktionsvolumen trifft und ergo die gute alte Vorstellung greift, daß »zuviel Geld« »zuwenig Waren« gegenübersteht, ergo die Preise dieser Waren (ausgedrückt in diesem »Geld« eben) steigen müssen.

Aber: Während die Schuld läuft, ist der Schuldner seinerseits unter Druck und muß anfangen zu leisten. Sobald seine Leistung auf den Markt trifft, gilt natürlich umgekehrt: »Zuviel Waren« treffen auf »zu wenig Geld«. Das heißt: das Verhältnis hat sich jetzt wieder zugunsten der Waren verschoben, die ihrerseits »billiger« werden.

Ein einfaches **Beispiel:**

Phase A (inflationär): Jemand kauft 1000 Porsches auf Kredit. Damit er die Autos kriegt, bietet er höhere Preise, das allgemeine Preisniveau steigt.

Phase B (deflationär): Um den Kredit zum Kauf der 1000 Porsches abzulösen, produziert der Schuldner eine Million Skateboards. Die wirft er auf den Markt, die Skateboard-Preise und damit das allgemeine Preisniveau fallen.

Kurzum: **Der Kapitalismus ist nichts als eine endlose Kette von Millionen kleiner Inflationen und Millionen kleiner Deflationen.** Denn das Porsche/Skateboard-Beispiel ist jeden Tag auf jedem nur denkbaren Markt millionenfach zu sehen.

Der Normalzustand der freien Wirtschaft ist daher das stabile Preisniveau. Denn die Inflationen und Deflationen heben sich letztlich gegenseitig auf. Und wie könnten auch die Preise dauerhaft steigen oder dauerhaft fallen? Denn die Schulden, die gemacht wurden, um an einem Markt Nachfrage zu entfalten, treiben dort die Preise hinauf und führen automatisch an einem anderen Markt zu fallenden Preisen, da dort wenig später die mit Hilfe der Schulden vorfinanzierte Produktion, also »mehr Menge« eintrifft.

Insofern haben die Wirtschaftspolitiker absolut recht, wenn sie als ihr Ideal das »stabile Preisniveau« bezeichnen. Ein so eminent

Inflation und Deflation im Kapitalismus

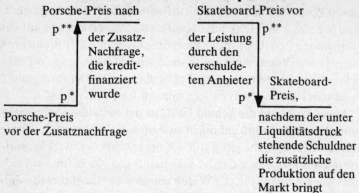

Jeder Kredit treibt zunächst den Preis auf dem betreffenden Markt hinauf
(p^* auf p^{**}).

Danach muß der Schuldner leisten, d. h. dem Markt (= Masse der Gläubiger) zusätzliche Leistung anbieten, der Preis auf diesem Markt fällt
(p^{**} auf p^*)

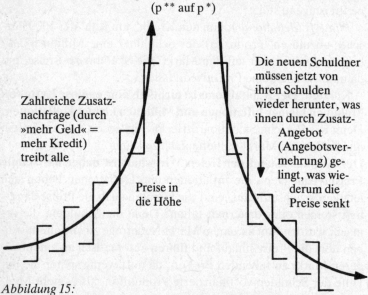

Abbildung 15:
Der Kapitalismus kennt auf zahllosen Märkten Millionen von Inflationen und Deflationen, wobei im Durchschnitt das »stabile Preisniveau« entsteht.

kluger Kopf, wie der ehemalige Mitherausgeber der »Frankfurter Allgemeinen Zeitung« **Jürgen Eick** hat diesen absolut erstrebenswerten und einer freien Wirtschaft angemessenen Zustand einst als »Nonflation« bezeichnet.[9])

Kapitalismus und Nonflation. Das ist es!

Nur leider: So einen schönen Zustand kann es nur geben, wenn wir alle mit ehrlichen Karten spielen. Wenn wir als Schuldner auch alle zur (deflationären) Leistung zu zwingen sind. Sobald ein Falschspieler am Tisch Platz nimmt, ist es aus.

Dieser Falschspieler ist der Staat.

Der Staat als infallibler Schuldner.

Denn ein Schuldner, der zwar Schulden machen darf, der aber anschließend nicht zur Leistung zu zwingen ist, muß das Preisniveau inflationieren.

Daher kann es in einer freien Wirtschaft immer nur eine Inflationsquelle geben: den Staat.

Da der Staat die Schulden, mit deren Hilfe er inflationiert hat, nicht durch zusätzliche Leistung abgetragen hat bzw. durch seine Steuerzahler hat abtragen »lassen«, sind diese Schulden übriggeblieben. *Daher endet auch jede Inflation nicht etwa mit einer allgemeinen »Entschuldung«, sondern damit, daß die Schulden auf Höchststand liegen und anschließend die Schuldner reihenweise krachen.*

Vor allem die Vorstellung, daß sich der Staat durch Inflation »entschulden« könne, ist albern. Denn Inflation ist bekanntlich nur durch immer mehr und immer höhere Schulden möglich. Also müßte der Staat immer mehr Schulden machen, um (»Entschuldung durch Inflation«) schließlich immer weniger Schulden zu haben. Auf diesen Denkfehler, der immer wieder aufgetischt wird, habe ich bereits im CRASH-Buch hingewiesen.[10])

Der Staat muß nicht »selbst« leisten, nachdem er Schulden gemacht hat. Er kann selbstverständlich »seine« Bürger dafür heranziehen. Nur:

Er muß es tun!

Kommt es nach staatlichem Schuldenmachen nicht zu zusätzlicher Leistung (durch den Staat oder diejenigen, die stellvertretend für ihn leisten, die »Steuerzahler«), dann entfällt der sofortige deflationäre Effekt, der jedem Schuldenmachen zwangsläufig innewohnt. Die Inflation startet, wird durch begleitendes privates Schuldenmachen noch verschärft, *bis dann die unausweichliche Deflation doch kommt, je später um so gnadenloser.*

Das staatliche Schuldenmachen wird immer als »Stellvertreter-Schuldenmachen« interpretiert und entsprechend von Staats-Fans, Universitätsprofessoren u. ä. abgesegnet. Der Staat müsse eben da und dort »investieren«, weil es sonst keiner täte. Wer baut schon Straßen, Schulen, Krankenhäuser? Von Airbussen, Challenger-Cockpits und Ariane-Abschußrampen ganz zu schweigen.

Diese Argumentation vom »guten« Staat, der sich eben um »seine« Bürger kümmert und die Stellvertreter-Schulden macht, ist genauso kindisch wie alle anderen Interpretationen staatlicher Aktivitäten im wirtschaftlichen Bereich auch.

Staatliches Schuldenmachen, dies ist in unserem PLEITE-Buch hinreichend bewiesen, ist immer Nonsens. Erstens gibt es keine wirtschaftliche Tätigkeit, die *nicht von der freien und privaten Wirtschaft besser* absolviert werden könnte als durch Bürokraten. Zweitens müssen sich alle wirtschaftlichen Tätigkeiten letztlich *rechnen.* Tun sie das nicht, kann der infallible Schuldner zwar eine Zeitlang aufschulden, dann ereilt ihn (und die gesamte Bevölkerung) das Schicksal nur um so brutaler.[11])

Eine richtig große, lange anhaltende Inflation, wie wir sie seit den 1950er Jahren bis zur Inflations-»Spitze« eingangs der 1980er Jahre erleben durften, setzt immer den infalliblen, den *ganz großen Schuldner* voraus.

Theoretisch können Inflationen auch durch kleinere Schuldner in Gang gesetzt werden, die fallen dann aber auch entsprechend schnell. Nur der Staat kann sich aufgrund des »Goodwill«, der ihm von seinen ihm unendlich tief vertrauenden Gläubigern entgegengebracht wird, sehr, sehr lange halten. Wie lange, weiß a priori niemand.

Spätestens aber, wenn die Deflations-Krise eingesetzt hat und die Staats**ein**nahmen »plötzlich« wegbleiben (nachdem man die lange Jahre aus dem Ruder gelaufenen Staats**aus**gaben »endlich« in den Griff bekommen hat), ist es mit dem Staat als »sicherem« Schuldner vorbei. Wie das Ganze über die Zeit weitergeht, schauen wir uns jetzt an.

Vorher lernen wir jedoch noch schnell diese Sätze auswendig: **Inflation ist nicht: Zuviel Geld jagt zuwenig Waren.**
Sondern Inflation ist: Die Regulierung zu hoher Schulden wird durch Leistungsverzögerung zu lange vertagt.

Die erste Variante ist die von den heutigen amtlich bestallten Ökonomen, die eine »Mengen«-, »Tausch«- und ergo Mickey-Mouse-Wirtschaft lehren. Wir Erwachsenen wissen aber: **Die Inflation ist kein Mengen-, sondern ein Zeitphänomen.**

4. Von der Inflation zur Disinflation

Wie alles in der Wirtschaft läuft auch die Inflation nach den strengen Regeln des Debitismus ab. Da gibt es kein Entrinnen, kein Vertun.

Wir repetieren:

a) Inflation ist nur möglich, wenn Schulden nicht durch **Leistung** zum Erlöschen gebracht werden.

b) Diesen Prozeß kann über längere Zeit nur ein »infallibler Schuldner«, der »**Staat**« also, bewerkstelligen.

c) Der Staat leistet nicht, zwingt aber auch seine Bürger nicht zur (stellvertretenden) Leistung, etwa durch Abforderung höherer **Steuern**.

d) Dies macht der Staat nicht, weil die Bürger dann schnell merken würden, daß sie alle »Segnungen«, die sie angeblich per staatlichem »Kredit« finanziert bekommen haben, nunmehr mit Zins und Zinseszins **zurückzahlen** müssen.

Beispiel:
Der Staat hat das Straßen-Monopol. Er baut die Straße, finanziert das Ganze mit Geld seiner Bürger. Die haben dann beides: einmal die Straße zur kostenlosen Benützung, dann noch die Titel in ihrem Portefeuille, die sich mit Zins und Zinseszins ver-

mehren, weil die Straßenbau-Gelder nicht über Steuern abgefordert werden. Der Bürger ist ja nur scheinbar doppelt reich (Straße *und* Guthaben in Höhe der Straßenbau-Kosten).

Nach ein paar Jahren ist die Straße kaputt. Eine neue wird gebaut, die alte aber steht noch voll als Guthaben in den Büchern der Bürger, die sich entsprechend »reich« vorkommen, wiewohl der »Gegenwert« ihres Reichtums, die alte Straße nämlich, längst unter einer neuen Straße verschwunden ist, die sie nun erneut »finanzieren« dürfen, woraufhin ihre Guthaben weiter steigen und wieder per Zinseszins hochgebucht werden und so weiter und so fort.

e) Inflationäre Prozesse (Schuldenmachen ohne Leistung) führen zu Inflationen auf breiter Front. Wenn das Preisniveau dauernd steigt, ruft dies nicht nur die bekannten **Spekulanten** auf den Plan, die Immobilien-»Haie« und die Gold-»Gurus«, sondern es führt ganz allgemein in der Wirtschaft zu einem Klima des Sich-schnell-und-leicht-Verschuldens.

f) **Unternehmer,** die »vorsichtig« operieren, haben in der Inflation keine Chance. Denn die Konkurrenz stößt in die »neuen Märkte« (geschaffen durch die zusätzliche Nachfrage!) vor. Wer da nicht Marktanteile abgeben will, geht schon in der Inflation unter.

g) Also investieren alle Unternehmer wie wild, um nur ja »dabei« zu sein. Dieses Investieren bedeutet aber **Schuldenmachen en gros.** Das verschlechtert ihre Bilanzen *(Anteil Eigenkapital zu Fremdkapital sinkt laufend)* und macht die Unternehmen höchst anfällig. Den mit tödlicher Sicherheit kommenden deflationären Stoß überleben sie dann nicht, sondern gehen unter.

h) Da die **Gewerkschaften** in der staatsinduzierten Inflation Hoch-Zeit haben, werden in den Unternehmen wie auch sonst in der Wirtschaft Fixkosten-Blöcke eingebaut, die dann den Abwärtstrend rapidissimo beschleunigen, wie wir noch sehen werden.

Über das unausweichliche Ende jeder Inflation habe ich im CRASH-Buch ausführlich geschrieben. *Die Inflation ist spätestens dann tot, wenn die Kosten ihrer Fortsetzung durch die Erträ-*

ge ihrer Fortsetzung nicht mehr gedeckt werden. Und die Kosten sind zunächst schon mal die gigantischen Zinsen, die sich aufhäufen, weil jede Inflation ja immer und überall nur bedeutet: **immer schneller immer mehr Schulden machen.**

Am Ende der Inflation stehen wir vor dem merkwürdigen Phänomen, daß die Staaten zwar **unglaubliche Defizite** haben, daß die Defizite aber keinerlei »Push« mehr auslösen. Ganz einfach, weil diese Defizite zu einem immer größeren Teil aus den **aufgeschuldeten Zinsen aus den früher gemachten Staatsschulden** bestehen, »Push«-Effekt (zusätzliche Nachfrage) aber nur möglich ist, wenn zusätzliche Kredite gegeben werden. Das berühmte »fresh money« halt.

Spätestens in dem Augenblick, wo – im Rahmen einer allgemeinen »Sparpolitik« oder wie diese Sprüche dann lauten – die Staatsdefizite nur noch aus hochgebuchten Zinsen aus den alten Defiziten bestehen, ist der »Push« *zu Ende.* Die ruckartig sich entwickelnde Talfahrt hat begonnen, an deren Ende Deflation, Crash und Staatsbankrott stehen.

Insofern ist jede »Sparpolitik« nach einer Inflation der glatte Wahnsinn. Ein Kopfschuß par excellence.

Denn Sparpolitik bedeutet, daß der Staat als zusätzlicher Schuldenmacher, als der er jahrzehntelang gedient hat, ausfällt, und damit haben alle, alle, alle Schuldner, die auf ihren aus der Inflation stammenden Fremdfinanzierungen sitzen, also bis über die Ohrläppchen verschuldet sind, keine Chance. Sie gehen unter.

Die **Pleitewellen** sind in diesen ersten »disinflationären« Phasen bereits auf All-time-High. Und dann kommt über kurz oder lang der Kollaps, der allgemeine Zusammenbruch.

Da die Unternehmer aber nicht zusammenbrechen wollen, kommt es in der Disinflation zu dem charakteristischen »letzten Aufbäumen« der freien Wirtschaft.

Der Kapitalismus zeigt in einer großartigen Schluß-Gala noch einmal, was er alles kann.

5. Grand Gala

Die Inflation zahlt keine Rechnungen.

Alle die Schulden, die die Inflation überhaupt erst »definiert«, die sie überhaupt erst ermöglicht haben, sind »nach« der Inflation eben nicht verschwunden, sondern höchst real, sprich fühlbar vorhanden. Diese Schulden sind es, die den Schuldner bedrohen, die ihn schließlich vernichten.

Eine richtig schöne Deflation mit Depression und Crash überlebt kein einziger Schuldner, sei es ein Staat, sei es ein Privatmann. *Alle gehen unter.* Und wenn sie untergehen oder die »Zahlung« alias Leistung endgültig verweigern, reißen sie gleich die armen Gläubiger mit ins dumpfe Grab.

Bevor es ans Sterben geht, wehrt sich der unter Liquiditätsdruck stehende Kapitalist aufs äußerste.

Das ist die Stunde, in der noch einmal alles aufgefahren wird, wozu das kapitalistische System fähig ist:

1. Die *»konservativen« Regierungen* kommen ans Ruder. Aus ist der »Schlendrian« mit der Volksbeglückung per Staat. Jetzt muß endlich **»gespart«** werden.

2. Diese *»Wende«* wird von allen gutgläubig und jubelnd als die »richtige Medizin« begrüßt. Die *Stimmung,* vor allem im Unternehmerlager, bessert sich schlagartig.

3. Die Inflation beginnt sich via Disinflation zu verflüchtigen. Jubel. Endlich haben die *Sparer* wieder was von ihrem Geld. Endlich hat der Chef wieder seriöse Kalkulationsgrundlagen. Die *Gewinne,* die er ausweist, sind *echt* und *hart* und nicht aufgeschwemmt durch inflationäres Eingespritze.

4. Die **Börsen** hören es mit Freude. Ganz neue Epochen scheinen am Horizont auf: Die Gewinne sind qualitativ besser, die Erträge jetzt echt erwirtschaftet, alles blüht auf. Eine erste Hausse startet.

5. Die Idee der **»freien Marktwirtschaft«** feiert Triumphe. Immer mehr Märkte werden entflochten, dereguliert. Devisenbeschränkungen fallen, die nationalen Kapitalmärkte öffnen sich. Überall wird dem Freihandel das Wort geredet, dem Protektio-

nismus abgeschworen, Staaten schließen sich zu großen »Gemeinschaften« zusammen. Gleichzeitig werden die Staatsbetriebe **privatisiert**.

6. **Die Supply-Sider treten auf.** Es wird von »Revolutionen« gesprochen, die sich mit den Namen gutmeinender Politiker verbinden (»Reagonomics«). Das Angebot soll es jetzt bringen und nicht mehr die Krücken-Wirtschaft mit der staatlichen Nachfrage, mit den Subventionen, wie sie die »Nachfrage«-Apostel im Anschluß an Keynes und die »überholten« Vorstellungen gepredigt haben.

7. **Der Staat ist out.** Die Steuern werden gesenkt. Eine Entbürokratisierung wird gestartet. Alles soll einfacher, schneller, bürgerlicher und freier zugehen.

Eigentlich, ja eigentlich wäre das die **perfekte Welt.** Jeder, dem Freiheit, freie Wirtschaft, na, sagen wir ruhig: Kapitalismus und Leistungsprinzip, am Herzen liegen, muß aufatmen, darf sich wieder offen zu seinen Prinzipien bekennen.

Stabiler Geldwert, die Aussicht auf langanhaltendes, »störungsfreies« Wirtschaftswachstum, ein Minimalstaat: Was will man mehr? So sollte es doch immer sein, so hätte es auch immer schon sein müssen. Zumal sich auch noch die großen politischen Probleme minimieren lassen, weil doch »endlich« die Vernunft zu obsiegen scheint, die »Verantwortlichen« sich endlich »an einen Tisch setzen«. Und so weiter und so fort.

Solche herrlichen Phasen des befreit-befreienden Durchatmens erleben wir immer wieder in der Geschichte.

Da treten Leute auf wie **Adam Smith** und **Campomanes,** wie **Ludwig Bamberger** oder **John Prince-Smith.** Wie **Briand** und **Stresemann.** Oder **Thatcher, Craxi** und **Gonzales.** Wir sehen, daß der »Freihandel« triumphiert. Wurde nicht der Getreidehandel in Frankreich in einer solchen Phase freigegeben? In einer anderen solchen Phase der erste absolute Freihandels-Vertrag (»Cobden-Vertrag«) unterschrieben? Die EG erweitert, Reagans Veto gegen jedes Protektionismus-Gesetz angekündigt?

Nur: Warum folgt auf den Freihandel in Frankreich die Revolution von 1789? Warum kommt nach dem Cobden-Vertrag die

Hochschutzzollgesetzgebung Bismarcks? Warum kommt nach Stresemann der Nationalsozialismus? Warum endet die Zeit der Befreiung, der Entfesselung der Märkte und Marktkräfte *immer in einer schweren Krise,* meist auch noch in einer **Revolution**?

Warum kommt nach der großen Gala des Kapitalismus immer wieder eine Schreckenszeit mit Etatismus, Protektionismus, Klein-Klein-Staaterei, Nationalismus, Reglementierungen, Börsenschließungen, Run-away-Inflationen?

Kurzum: Warum geht das große Fest der freien Wirtschaft immer wieder so entsetzlich und so entsetzlich kläglich zu Ende?

Wir kennen jetzt die Antwort, endlich.

Weil die große Befreiung, die Reform, der Durchbruch, die Deregulation und Entstaatlichung *niemals am Anfang eines neuen Zeitalters* stehen, sondern immer *am Ende eines alten.*

Weil sich die disinflationären und die deflationären Kräfte bereits überall zeigen. Weil es kneift. Weil der Schuldendruck, der aus den großen vorangegangenen Orgien der staatlichen Schuldenmacherei kommt, jetzt die Unternehmer zum Äußersten zwingt.

Das ist die Zeit, da die Beschleunigungsmaschinen in Zeit und Raum ihren Höhepunkt haben. Autos & Computer werden in sagenhafter Vollendung gefertigt.

Der **Computer** ist dabei noch mehr als das Automobil (der Super-Porsche bringt in der Spitze 340 km/h!) das *Leitfossil* der Schlußphase, die wir diesmal durchleben.

Der Computer arbeitet schneller, steuert schneller, hilft schneller produzieren. Er müßte erfunden werden, wenn es ihn nicht schon gäbe.

Rechnen wir nur überschlägig:

Die lange Phase der Inflation und der Aufschuldung hat der Welt ein Zinsniveau spendiert, das alle kapitalistischen Prozesse unheimlich beschleunigt.

Ein Zinssatz von 2 oder 3 Prozent bedeutet, daß am Ende der Schuld aus 100 gerade 102 oder 103 werden müssen. Ein Zinsniveau von 9 oder gar 15 Prozent bedeutet aber ein drei- bis fünfmal so hohes Zusatz-Produkt. Wenn ich als Unternehmer die schuldigen zwei oder drei Einheiten in einer Schicht herstellen konnte, brauche ich jetzt drei Schichten und muß außerdem noch fixer arbeiten, um zu überleben, also an meinen Schulden nicht kaputtzugehen.

Wenn ich aber (Gewerkschaften!) nach wie vor nur eine Schicht lang arbeiten darf, wenn mir Überstunden (Betriebsrat!) verwehrt werden, wenn ich mich als Unternehmer gar solchen Albernheiten wie der 35-Stunden-Woche beugen muß: *wie komme ich zu meinem Mehr-Produkt,* das mir allein hilft, die hochverzinslichen Schulden zu bedienen? (Denn vergessen wir nicht: Was wir »Wachstum« nennen, ist zunächst nichts als ein vom Zinssatz vorgegebenes zusätzliches Produzieren!)

Da muß ich schon die Abläufe beschleunigen. Muß »rationalisieren«. Muß auch – logo doch! – Arbeitsplätze »weg«-rationalisieren.

Denn ich muß die Produktionsabläufe beschleunigen.

Der Kapitalismus ist in der Spätphase eines debitistischen Durchlaufs eine Karikatur seiner selbst:

Der Staat hat eingegriffen, um die »sozialen Auswirkungen« des »Systems« der »freien« Wirtschaft zu »mildern«. Das heißt dann »soziale Marktwirtschaft«.

Dieses Mildern ist nichts als staatliches Schuldenmachen, denn ein Interessenausgleich innerhalb der Marktparteien findet nicht statt.

Durch das staatliche Schuldenmachen – sprich die Vertagung des Ausgleichs per Inflation und Aufschuldung – geht das Zinsniveau nach oben. Das aber setzt die Kapitalisten unter immer größeren Druck. Sie müssen ganz einfach schneller produzieren. Dies aber erreichen sie nur durch Rationalisieren, durch den computergesteuerten Roboter.

Dadurch entstehen noch größere »soziale« Probleme wie Arbeitslosigkeit, Frustration, Herzinfarkte und Krebskrankheiten. Da ist der »Staat« wieder »gefordert«, und da capo und immer weiter.

Schauen wir uns nur zwei Leitfossil-Kurven an: Das langfristig gestiegene **Zinsniveau** und den Absatz der **Computer-Industrie.**

Schön zu sehen, wie der Debitismus arbeitet und arbeitet und arbeitet.

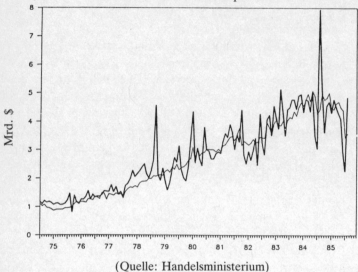

(Quelle: Handelsministerium)

Abbildung 16:
Die seit den 1970er Jahren exponentiell gestiegenen Zinssätze haben zu einem gleichfalls exponentiellen Anstieg der Computer-Industrie geführt. Der Computer ist die »Maschine«, die beim Zins-(= Zeitbeschleunigungs-)Problem behilflich ist. Nach der Umkehr der Zins-Kurve ist auch der Höhepunkt der Computer-Industrie vorbei. Wenn die Zinssätze wieder auf normalem Niveau angekommen sind, wird der Computer überflüssig sein.

6. Der Blow-off, Enchilada, Wealth-Effekt

Die typische Vor-CRASH-Formation ist der Blow-off.
 Dabei handelt es sich um eine sich verstärkende Hausse-Bewegung, *die in ihrer Schlußphase völlig außer Kontrolle zu geraten scheint.* Die Bewegung nach oben wird immer »steiler«, bis endlich fast ein gerader Strich erreicht wird – die finale Senkrechte.

Je steiler die Schlußphase ablief, um so dramatischer kommt dann der Zusammenbruch.

Im idealen Ablauf sieht das so aus:

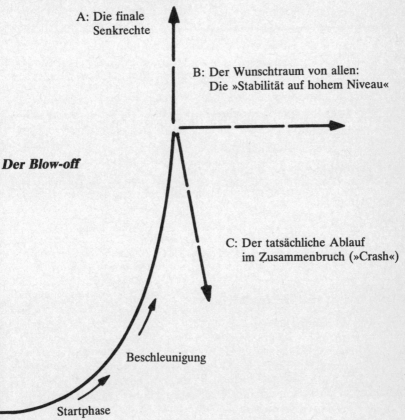

Der Blow-off

Abbildung 17:
Der Blow-off, die beschleunigte Kurs- und/oder Preisbewegung mit ihren kritischen Punkten: A – Die finale Senkrechte. B – Der Wunschtraum aller Spekulanten. C – Die tatsächliche Entwicklung im CRASH. Der Blow-off ist zunächst in der »realen« Wirtschaft zu beobachten (Grundstückspreise, Verbraucher- und Rohstoffpreise, Gold), dann in der Mixtur aus »realen« und »Finanz«-Werten (Aktien-Hausse!), dann nur noch in Finanztiteln und zum Schluß im »Cash« – wenn die Geldvermögen und dann auch noch die »Geldmengen« rätselhaft »explodieren«, während sich immer schneller und immer deutlicher die Deflation zeigt.

In der Praxis, das heißt an ganz konkreten Märkten, haben wir immer wieder Blow-offs erlebt, einige sind bereits im CRASH-Buch abgebildet, andere hier in der Abbildung 18.

Einen Blow-off mit anschließender »Stabilität« oder »Stabilisierung auf hohem Niveau« hat es in der Weltgeschichte noch nie gegeben. Das ist zwar der Wunschtraum aller, die an solchen Märkten operieren: Ach, wie schön wäre es, wenn sich die Preise (Kurse) dort oben »halten« könnten. Das geht aber nicht. Das ist am Goldmarkt 1980 nicht gegangen, nicht am Silbermarkt, nicht am Markt für amerikanisches Farmland, nicht am Markt für Ölbohrungen und so weiter. Und es wird auch nicht am Markt für Aktien und Festverzinsliche so sein können. Nach dem Blow-off folgt immer und überall unausweichlich der CRASH.

Nehmen wir die Vorgänge an der Mailänder Börse als Beispiel. Am 21. Mai 1986 berichtete die »Süddeutsche Zeitung« in ihrer Kolumne »Thema des Tages«:

> »Der (Aktien-)Index stieg in dieser einen Sitzung (Pfingstmontag ist in Italien kein Feiertag) um mehr als 5 Prozent. Bis zum späten Nachmittag wurden die ... Kaufaufträge abgewickelt. Italiens Aktienkurse haben sich nach einer **beispiellosen Hausse** seit Jahresanfang schon wieder fast verdoppelt, nachdem sie im vergangenen Jahr bereits um 100 Prozent gestiegen sind. Nichts scheint mehr unmöglich.
> Es ist zur Modeerscheinung geworden, daß Menschen, die bis gestern nicht einmal wußten, was eine Börse ist, nun täglich auf Aktien wie im Casino setzen, um **schnelle Gewinne** einzustreichen. Verluste gab es seit eineinhalb Jahren praktisch überhaupt keine.
> Die Pfingstnacht verbrachten fast 1000 Einwohner von Bologna in Schlafsäcke gewickelt oder auf Klappstühlen vor den Bankschaltern der Innenstadt, damit sie am Montagfrüh Aktien der Versicherungsgesellschaft Unipol zeichnen konnten. Diese in Bologna ansässige Gesellschaft hatte einen triumphalen Börseneinzug: Ihre Aktien wurden **zehnmal überzeichnet** ...«

Wir wissen inzwischen, was drei Wochen nach dem Pfingstwunder von Mailand geschah: Die Aktienkurse gaben in dem für einen CRASH typischen *Doppelschlag* um insgesamt mehr als 30 Prozent nach.

Warum aber kommt es überhaupt zu solchen Blow-offs, die in der finalen Periode dann wie in Bologna die »Schlafsack-Phase« erleben?[12])

Ist dies nur der übliche spekulative »Taumel«, die »Übertreibung«, der »Exzeß«? Ist es der »kollektive Wahnsinn«, ein letztlich massenpsychologisches Phänomen, das die Mailänder Börsenprofis, denen das Ganze längst »unheimlich« geworden war, laut »Süddeutsche Zeitung« anprangerten, um dennoch ohnmächtig zuzuschauen, wie die Kurse immer weiter in die Höhe gingen?

Ist es nicht immer dasselbe, eine spezielle Form der Gier, eine Unterabteilung der besprochenen »Pleonexie«, die zu solchen Aktien-Exzessen treibt? In den 1470er Jahren, als die Leute in sächsischen Silber-Kuxen spielten und als »des Teufels Vortänzer« bezeichnet wurden[13]), anno 1720, als man sich in der Pariser Rue Quincampoix um die Aktien der Mississippi-Gesellschaft balgte, wobei ein Buckliger, der seinen Höcker als Schreibunterlage zur Abzeichnung der Börsenumsätze zur Verfügung stellte, den Gegenwert einer vergoldeten Kutsche einstrich? Ist es wirklich immer so ein komisches »Fieber«, das alle erfaßt, ob man 1873 schreibt oder 1929 oder 1986?

Der angesehene kanadische Chartist **Ian McAvity** meinte zu diesem Phänomen des »Immer-schneller-immer-höher«:

»Watch out, Blow-offs intend to go beyond your wildest dreams!«

Weshalb aber realisieren sich in solchen Blow-offs selbst die wildesten Träume? Und warum geht das in der Schlußphase so schön entlang einer Standard-Kurve, einer »exponentiellen Funktion« nach oben?

Auch hier gibt der Debitismus die Antwort.

Alle Nachfrage, auch die nach »Spekulations-Objekten« wie Gold, Grundstücken oder Aktien, *muß immer aus einem Kreditakt stammen*. Geld und/oder Nachfrage als solche gibt es bekanntlich *nicht*.

Wenn die Spekulanten das Geld »von der Bank holen« und dort ihre Konten auflösen, weil ihnen jetzt etwas Besseres als Verwendungszweck eingefallen ist, dann ist die in der Bank bis zur Abhebung verbriefte Schuld nicht verschwunden. *Sie wird – gesamtwirtschaftlich gesehen – nur beliehen!*

Denn der Kredit, den die Bank ursprünglich mit dem Geld des Kunden vergeben hat, des Kunden, der sich jetzt per Schlafsack vor einer Bank aufbaut, dieser Kredit ist natürlich nicht just an dem Tag zurückgezahlt worden, an dem der Schlafsack-Besitzer die Schalterhalle betritt.

Die berühmte »**Liquidität**«, die vorhanden sein muß, um große Börsen-Haussen zu starten, *ist immer nur ein zusätzlicher Kredit*, der zumeist aufgrund früherer Kredite vergeben wird. Zwar ist das Konto des Spekulanten in der Bank »erloschen«, sobald er sein Geld in Aktien steckt. Aber insgesamt ist die Summe der Kredite nicht kleiner geworden.

Wir haben es bei der Finanzierung von Börsen-Haussen im Grunde mit dem gleichen Effekt zu tun, wie er oben bei der »Zahlung«, alias dem Gläubiger/Schuldner-Wechsel beschrieben wurde.

Läuft der Blow-off dann richtig los, werden üblicherweise nicht mehr »andere« Liquiditäten (Kredite, Guthaben) »beliehen«, um zusätzliche Liquidität zu schaffen (auch »Liquidität« ist bekanntlich »als solche« *nicht* existent, sondern immer und überall eine Schuld, alias Forderung).

Sondern jetzt beleihen die Spekulanten ihre bisherigen Gewinne!

Damit ist der Blow-off sozusagen mathematisch abgesegnet, wie an einem ganz einfachen Modell erklärt werden kann.

Nehmen wir an:

Es gibt einen bestimmten Kurs und/oder Preis eines Spekulationsobjektes (Gold, Grund, Aktie).

Dieser Kurs/Preis kann von den Eigentümern des Objektes *beliehen* werden.

Der Sinn der Beleihung ist es, mit Hilfe der durch diesen Kreditakt gewonnenen »Kaufkraft« wieder in das gleiche Objekt zu investieren, es also zu kaufen.

Nehmen wir weiter an, daß es einen ganz einfachen Zusammenhang gibt zwischen zusätzlicher Nachfrage nach dem Objekt und der sich aufgrund der zusätzlichen Nachfrage ergebenden Preis/Kurs-Steigerung, also: Nachfrage steigt um 10 Prozent, Preis steigt auch um 10 Prozent usw.

Dann erleben wir automatisch das Blow-off-Phänomen, denn selbst bei »konservativem« Vorgehen, also der eher zurückhaltenden Beleihung des Objekt-(Depot-)Wertes, muß der Kurs-, alias Preis-, alias »Wert«-Zuwachs immer schneller steigen als die Beleihung!

Dieses geht so lange, bis die Beleihungsgrenze erreicht ist. Danach geht der Wertzuwachs noch weiter, aber er nimmt jetzt ab.

Bei dieser Abnahme des Zuwachses kommt unausweichlich der Augenblick, an dem der **Wertzuwachs** von den **Kosten** überholt wird, die der Spekulant aufwenden muß, um überhaupt einen Wertzuwachs zu erzielen. Das sind im Normalfall die Zinskosten.

Die Kosten der Erzielung des Wertzuwachses können noch eine Zeitlang mit den Gewinnen verrechnet werden, die sich aus der »Anlage« selbst ergeben, Aktien zum Beispiel erwirtschaften normalerweise Erträge (»Dividenden«). Am Ende des Blow-offs führt aber auch dieser Tatbestand nicht vorbei.

Wir können das allgemeine CRASH-Theorem wie folgt formulieren:

Wird das Objekt einer spekulativen Nachfrage beliehen, um es weiterhin nachzufragen, kommt es bis zum Erreichen der Beleihungsgrenze zu einer beschleunigten Wertsteigerung (»Blowoff«). Nach Erreichen der Beleihungsgrenze muß der Wertzuwachs abnehmen. Sobald der Wertzuwachs (plus/minus Erträge »aus« der spekulativen Anlage) niedriger wird als die Kosten, die zur Beleihung (= Wertzuwachserzielung) anfallen, ist die CRASH-Zone erreicht: Da die Kosten zur Aufrechterhaltung der »Anlage« höher sind als die Erträge, die aus der Anlage kommen (möglicher restlicher Wertzuwachs plus/minus laufende Erträge) lohnt sich die Anlage nicht mehr. Sie muß verkauft werden.

Da die Lage aber für alle »Halter« einer solchen Anlage gleich

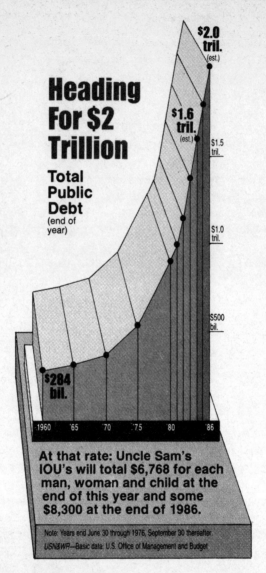

Abbildung 18 (Seite 254–258):
Typische Blow-offs, wie sie in der Geschichte gelaufen sind und wie sie immer wieder laufen werden. Das zur Hervorhebung des »Trends« benutzte Kurvenlineal ist in allen Fällen das gleiche, der »Standardgraph No. 1122a« (ziemlich gleichlaufend auch der 972 c von Faber-Castell).

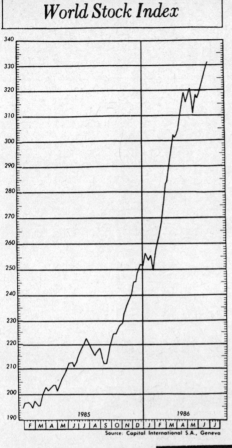

Blow-off total: Der Index aller auf der Welt gehandelten Aktien, unmittelbar in der Phase der »finalen Senkrechten«. Der »World Stock Index« wird von der »Capital International S.A.« in Genf berechnet.

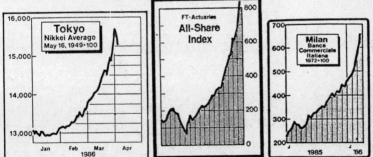

Der 1986er Blow-off an den heißen Aktien-Märkten in Tokio, London und natürlich Mailand. Immer schneller immer steiler immer höher!

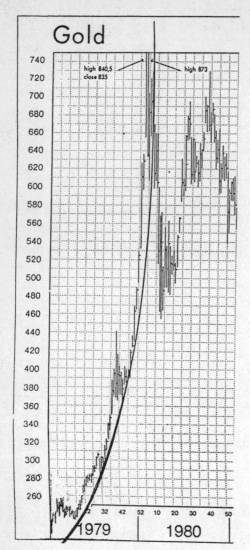

Der Goldpreis im Blow-off des Jahres 1979. Damals stürmte das gelbe Metall von 250 Dollar pro Unze himmelwärts.

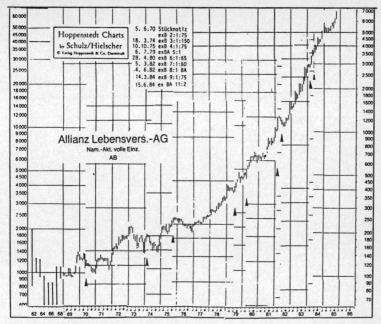

Der unstreitig großartigste deutsche Blow-off: Der Kurs der Aktie des Lebensversicherungs-Unternehmens Allianz. Das Papier hat sich in der Phase der gigantischen Aufschuldung per Zinseszins-Effekt in zwanzig Jahren von Mitte der sechziger bis Mitte der achtziger Jahre mehr als verhundertfacht.

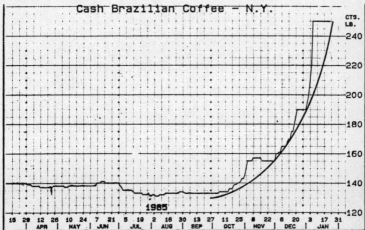

Blow-off auch beim brasilianischen Kaffee, nachdem im Winter 1985 das Land (dort war es Sommer!) von einer Dürre heimgesucht wurde. Nur leider hat sich auch dieser schöne hohe Kaffee-Preis nicht »halten« lassen.

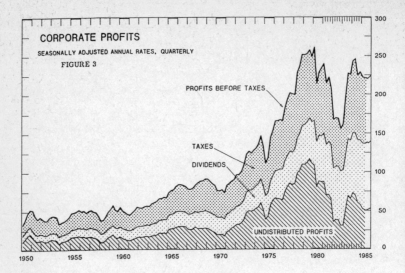

Beim Blow-off stehen die Unternehmensgewinne natürlich nicht zurück. Beflügelt durch die inflationäre Aufblähung sind sie in den Jahren zwischen 1950 und 1980 geradezu klassisch »gekommen«.

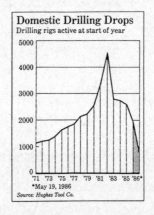

Blow-off bei den amerikanischen Drillern. Diese Grafik der Hughes Tool Company zeigt übrigens sehr schön den »Zwiebelturm«, wie er schon in PCM's CRASH-Buch theoretisch abgeleitet wurde (Cash – Strategie gegen den Crash, a.a.O., Seite 295).

ist, findet sich kein Käufer. Es kommt zum Zusammenbruch des Marktes. Und dann zum CRASH:

Wobei CRASH, um es noch einmal zu wiederholen, nichts anderes heißt als **Forderungsvernichtung.** Nach dem Blow-off werden durch den schnellen Wertverfall der Anlage die Forderungen vernichtet, auf die sich die Schuldner (Spekulanten) eingelassen haben, um den Wertzuwachs zu starten und in den Blow-off zu schicken. Der Spekulant ist »pleite«, was nicht heißt: er hat den früheren Gewinn wieder hergeben müssen, sondern was heißt: Er kann durch den Verkauf seiner »Anlagen« nicht mehr die Schulden abdecken, die er beim Kauf der Anlagen gemacht hat.

Deshalb, wegen der im CRASH entstehenden Überschuldung bzw. »ausweglosen Lage« der Spekulanten, kommt es dann immer zu den herzzerreißenden Szenen, die sich in jenen berüchtigten Witzen aus der Zeit des 1929er Börsen-CRASHs niedergeschlagen haben:

»Empfangs-Chef zum Geschäftsmann: ›Brauchen Sie das Zimmer zum Übernachten oder bloß zum Springen?‹«

Oder:

»Polizist zum Touristen: ›Gehen Sie in der Straßenmitte. Sonst werden Sie noch von einem der vielen Springer erschlagen!‹«

Wir schließen diesen Teil der Blow-off-Analyse mit einem Rechenbeispiel sowie einer Zeichnung ab, die alles noch einmal verdeutlicht:

Beispiel: Beleihungsgrenze liegt bei 80 Prozent. Die Beleihung erfolgt konservativ, also pro Zeiteinheit eine Steigerung um jeweils 10 Prozent vom beleihbaren (Depot-)Wert. Das »gewonnene Geld«, d. h. der Kredit, den ich auf das Depot aufnehmen kann, wird voll für den Kauf identischer Anlagen verwendet, wobei eine einfache Korrelation zwischen Nachfrage- und Preisplus besteht: 10 Prozent mehr Nachfrage macht die Anlage um jeweils auch 10 Prozent »wertvoller«.

Jahr	1	2	3	5	8	10	13
Beleihung	10	20	30	50	80	80	80 %
Schon beliehen	0	9,1	18,0	35,3	59,1	66,2	76 %
Wertzuwachs	10,0	10,9	12,0	14,7	20,9	13,8	4,0 %

Im achten Jahr, wenn also die Beleihungsgrenze erreicht wird, ist die Wertsteigerung *am höchsten*. Danach geht sie noch weiter, nimmt aber ab, wie auch aus der Abbildung, die sogar eine 100-Prozent-Beleihung vorsieht, zu ersehen ist.

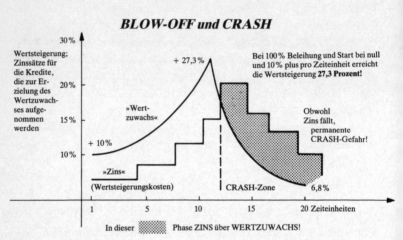

Abbildung 19:
Der ultimative, nicht mehr steigerungsfähige Blow-off. Die Beleihungsgrenze liegt bei 100 Prozent. Wenn dann alle Objekte »voll« beliehen sind, kann es keine zusätzlichen, sondern nur noch abnehmende Wertsteigerungen geben. Die Wertsteigerung fällt dann zwangsläufig unter die Kosten, die zur Erzielung der Wertsteigerung anfallen, üblicherweise sind das die Zinsen auf die Beleihungskredite. In der gestrichelten Phase beginnt dann unausweichlich die CRASH-Zone.

Der Debitismus, also die schlichte Regel, daß man bei der Erklärung wirtschaftlicher Phänomene immer nur nach der »Schuld« suchen muß, ist in der Tat eine feine Sache. Er erklärt uns auch sehr schön, warum der sogenannte »Sachwerte-« und der

»Grundstücks-Boom« zu Ende gegangen ist, ganz einfach weil er zu Ende gehen mußte, *sobald die Beleihungsgrenze erreicht war.*

Die Beleihungsgrenze muß nicht zwangsweise erreicht werden, also durch Ukas der Bank, die einfach keine Kredite mehr heraustut. Es kann sich auch um ein freiwilliges »Sich-zurück-Halten« handeln. Um nichts als »Vorsicht«.[14])

In dem Moment ist es aber auch schon vorbei! Denn sobald die Preis-, alias »Wert«-Steigerungen nicht »weitergehen«, kommt noch mehr »Vorsicht« auf. Diese aber verhindert, daß die Wertsteigerungen weitergehen. Und schon ist mit Windeseile die CRASH-Zone erreicht, die großen Pleiten fangen an, die dann in Giga-Bankrotten enden wie dem der Neuen Heimat in der Bundesrepublik Deutschland. More to come.

Wichtig für Aktien-Spieler:
Die hier vorgetragene Blow-off-Theorie räumt mit der berühmten, immer wieder gehörten Vorstellung auf, »der Markt« sei doch noch nicht »überhitzt« oder »überrissen«, weil »diesmal« doch nicht so hohe »Wertpapierkredite« vergeben wurden/ werden wie »damals«.

Dann kommt auch gleich die Geschichte vom Schuhputzer **Pat Bologna,** der 1929 mit 10 Prozent »Einschuß« (= 90 Prozent Beleihungsgrenze) operieren konnte, was dann alle machten und was zu der »spekulativen Übertreibung« führen mußte.[15])

Es spielt überhaupt keine Rolle, *wie hoch* die Beleihungsgrenze ist (freiwillig oder per Bank-Ukas). **Sobald es eine Beleihungsgrenze gibt und sie erreicht ist, beginnt nach jedem Blow-off die CRASH-Zone!**

Auch spielt es natürlich keine Rolle, ob überhaupt der Gegenstand, in dem spekuliert wird, beliehen wird bzw. werden kann. **Irgend etwas muß immer beliehen werden,** wenn ein neuer Kredit vereinbart werden soll (und nur per neuem Kredit kann es zusätzliche Nachfrage geben). Und ob der Mann in Aktien spekuliert, indem er seine Aktien (und die anfallenden Wertzuwächse) beleiht oder ob er sein Haus beleiht oder einen Kredit auf sein laufendes Einkommen aufnimmt: ganz egal, irgendwann ist die

Beleihungsgrenze, wo sie auch immer liegt, erreicht. Und dann adieu!

Und noch wichtig für Aktien-Spieler:
Börsianer und auch Leute, die es nicht besser wissen, verbreiten gern das Gerücht, die Börse sei ein sogenanntes »**Nullsummen-Spiel**«. Nach dem Motto: Was der eine gewinnt, muß ein anderer verlieren, so daß »unten« eben »Null« rauskommt.

Eine solche Vorstellung konnte nur in den Hirnen von Leuten reifen, die unser freies, kapitalistisches Wirtschaftssystem nicht begriffen haben. Und es ist ganz typisch, daß ein so prominenter amerikanischer Linker wie **Lester C. Thurow,** Professor am weltberühmten M. I. T. (Massachusetts Institute of Technology) dieses »Modell« auf die gesamte Gesellschaft übertragen hat, in seinem Buch »The Zero-Sum Society – Distribution and the Possibilities for Economic Change«.[16]

Wenn der Herr Professor Thurow solchen Unfug verzapft, braucht uns Kapitalismus-Fans das nicht weiter zu berühren. Schlimm ist es nur, wenn Börsenprofis, wie auch mein alter Freund **André Kostolany** solches Zeugs wiederholen. Die Börse ein Nullsummen-Spiel: weil das, was der eine »gewinnt«, logischerweise ein anderer verlieren muß. So ist es aber keineswegs.

Tatsächlich läuft auch während der Börsenstunden **Zeit** ab. Das bedeutet: Allein durch die Tatsache, daß jemand an der Börse etwas gekauft hat (Aktie, Rohstoff) und Zeit verstreicht, entsteht **automatisch ein Verlust.** Und zwar für **alle,** die an der Börse etwas gekauft haben!

Denn alles, was an der Börse gekauft wird, ist genauso (vor-)finanziert wie die Produktion des Kapitalisten, die wir ausführlich diskutiert haben. Selbst wenn der Börsianer »mit eigenem Geld« spekuliert, gerät er im Augenblick des Kaufes in die Verlustzone. Denn das »eigene Geld« hätte er ja zinsbringend anlegen können. Wenn jemand dann mit gepumpten Geld »arbeitet«, ist die Schieflage noch deutlicher zu sehen.

Die Börse weiß natürlich um diese Dinge. Daher zeigt sie uns in vielerlei Gestalt, daß sie die immer und überall ablaufende Zeit sehr genau bewertet.

Zum Beispiel gibt es an den Rohstoff-Märkten (ein Rohstoff wie Gold hat definitionsgemäß keine Rendite wie etwa eine Aktie) nicht nur einen Kassa-Markt, wo man also die Ware, um die es geht, gegen Cash abholen kann. Sondern es gibt natürlich »Termin-Märkte« (»Future Markets«), und die Preise, die auf diesen Märkten, d. h. also für Lieferung zu »späteren« Terminen, gelten, enthalten selbstverständlich einen Zins.

Ein Beispiel aus dem der »Neuen Zürcher Zeitung« macht das sofort klar:

```
New York / Chicago

      Langzeit-           Tages-
      Hoch  Tief    Eröffn. Hoch  Tief  Schluss +/−
Metalle
Gold (Comex)                    100 troy oz.; $/troy oz.
433.50 320.50 Jun  338.80 339.20 338.20 337.90 +1.20
              Jul                       339.10 +1.20
427.50 328.00 Aug  341.00 342.10 340.30 340.50 +1.20
395.70 331.50 Oct  344.20 345.10 343.70 343.50 +1.20
392.00 336.50 Dec  346.50 348.30 346.50 346.80 +1.20
397.50 337.30 Feb  351.30 351.70 350.40 350.40 +1.30
405.00 346.30 Apr  354.80 354.80 354.70 353.80 +1.30
409.00 350.50 Jun  357.70 358.50 357.70 357.20 +1.30
408.50 356.00 Aug  362.50 362.50 361.50 361.00 +1.30
420.00 361.00 Oct  366.00 366.00 365.30 364.80 +1.30
399.40 367.00 Dec  369.10 370.30 369.00 368.90 +1.30
389.00 373.50 Feb  374.50 374.50 374.50 373.20 +1.30
392.50 392.50 Apr                       377.60 +1.30
Vortagesumsatz 32 592.
offene Kontrakte Vortag 116 936 ; +2 863.
```

Abbildung 20:
Die Goldpreise vom 18. Juni 1986 aus der »Neuen Zürcher Zeitung«. Deutlich ist die »Terminstruktur« des Marktes zu sehen: Gold wird immer »teurer«, je später die Lieferung vereinbart wird. Das hat nichts mit »Inflations-Erwartungen« zu tun, sondern mit der Tatsache, daß im Kapitalismus Zeit immer Geld kostet, und das selbstverständlich auch an den freiesten, den Rohstoff-Märkten

Die Preise für die späteren Termine liegen höher als die für die näheren. Das hat nun nichts mit sogenannten »Inflations-Erwartungen« zu tun nach dem Motto: Irgendwann wird alles eh wieder teurer, also auch Gold. Sondern dies ist nichts anderes als der Ausdruck der Tatsache, daß Zeit vergeht und daß Zeit eben »Geld« (Zins) kostet.[17]

Im obigen NZZ-Beispiel lag der Preis für eine Unze Gold für den nahen Kontrakt, also quasi der Kassa-Kurs, bei 337,90 Dollar. (Das veröffentlichte Beispiel ist vom 18. Juni 1986, unmittelbar vor Auslaufen des Juni-Kontrakts, der per Ultimo-Freitag fällig gestellt wird.)

Der August-Preis liegt bei 340,50, der für Oktober bei 343,50, der für Februar 1987 bei 350,40, der für August 1987 bei 361,00 Dollar pro Unze usw.

Wer also »heute schon« eine Unze Gold mit Lieferung August 1987 kaufen will, muß dafür einen »Aufpreis« bezahlen. Dies ist aber *keine* »Risiko-Prämie«, für den Fall, daß Gold wieder teurer wird. Sondern es ist der Preis für die Zeit, die dann natürlich nicht mehr verstreicht, wenn ich schon heute einen Kontrakt abschließen kann, bei dem ich zu einem späteren Zeitpunkt mit Sicherheit beliefert werde bzw. liefern kann. Ich schaffe mir das Zeitproblem vom Hals, muß dann aber den Preis für den Zeitablauf entrichten, eben den Termin-Aufschlag, alias den »Zins«.

Der berechnet sich dann so:

Goldpreis 340,50
Goldpreis 343,50   für zwei Monate ca. 5,6 % p. a.
Goldpreis 350,40   für sechs Monate ca. 5,9 % p. a.
Goldpreis 361,00   für zwölf Monate ca. 6,02 % p. a.

Diese Erscheinung, daß die Zinsen für »längere Fristen« steigen, ist die gleiche, die jeder Bankkunde kennt, dem nicht entgeht, daß die Zinsen für täglich fälliges Geld, für Monats-, Dreimonats-, Sechsmonats- und Zwölfmonats-Gelder ganz leicht ansteigen.

Der Umschlag von der Inflation zur Deflation wird gern als Disinflation bezeichnet. In dieser Phase kommt es in schöner Regelmäßigkeit zu Super-Börsen-Haussen.

Warum?

Disinflation ist nichts anderes als »rückläufige Nachfrage«, und da alle Nachfrage aus Kreditakten resultiert, ist Disinflation »rückläufige Verschuldung«. **Schon in der Disinflation müssen also die Nominal-Zinsen sinken.**

Gleichzeitig fallen die ersten Preise, während andere noch steigen. Als erstes erwischt es die Rohstoffpreise, die – bei diesem Durchlauf – schon 1980 ihren Höhepunkt erreicht hatten; ab 1984 begannen die landwirtschaftlichen Erzeugerpreise selbst in zollgeschützten und subventionierten Ökonomien zu fallen; 1985 gingen die Industriepreise auf breiter Front zurück, wenig später die Großhandelspreise, und seit 1986 sinken sogar die Lebenshaltungskosten immer unübersehbarer. Und zwar in immer mehr Industrienationen.

Solche »Stabilisierung« wird als großer »Erfolg« der »Politik« gefeiert, wenngleich es sich in Wahrheit um nichts anderes handelt als um den *ersten Stoß,* der das ganze Gebäude schließlich zum Einsturz bringen wird.

»Stabilere« oder gar »stabile« Preise sind für die Wirtschaft natürlich zunächst ein Labsal: der permanente Kostendruck scheint zu weichen, vor allem die Lohn-Preis-Spirale scheint gebrochen, wird sogar gelegentlich, wie in Italien, wo sie gesetzlich verankert war (»Scala mobile«), abgeschafft.

Die Zeit der »inflationär aufgeblähten« Gewinne ist vorbei. Was jetzt verdient wird, wird echt verdient. Insofern steigt die sogenannte »Gewinn-Qualität«. Der Chefstratege des Brokerhauses Merrill Lynch, **Stanley Salvigsen**, hat für diesen früh-deflationären Prozeß und seine Wirkung auf die Börse den Ausdruck »Big Enchilada« geprägt.[18])

Dabei handelt es sich um einen »Reihum-Reichmacher«-Prozeß, der entsteht, wenn »anlagesuchendes Kapital« in einem nicht ganz unriskanten Umfeld (Disinflationen und Deflationen beginnen mit ersten großen Pleitewellen!) *sichere Dauer-Renditen* sucht und diese letztlich nur in jenen Titeln zu finden glaubt, wo starke Unternehmen bzw. starke Schuldner Märkte bzw. Schuldner-Positionen besetzt halten.

Der »Enchilada«-Effekt nährt sich aus sich selbst heraus: Weil die Nachfrage nach zusätzlichen, neuen (!) rendite- oder ertragschaffenden Einheiten (Unternehmen, die konkret etwas »herstellen«) *abnimmt, sinkt der Zins.* Wer sich *keine Maschine* mehr kaufen will, weil ihm die nichts mehr einbringt, muß auch *keinen Kredit* nachsuchen.

Diese »Zinssenkung«, die nichts ist als ein plötzlicher Nachfragerückgang nach neuem Kapital, beeinflußt natürlich die Rendite für altes Kapital, da nach dem bekannten Mechanismus die Kurse für bereits vorhandene Papiere steigen müssen, wenn die Zinsen sinken und vice versa.

Weil sich »auch sonst« keine »neuen« Anlagemöglichkeiten mehr zeigen, nimmt die »Enchilada« Fahrt auf: Zum Finanztitel, vornehmlich zur Aktie, gibt es dann »keine Alternative«. Die Zinssenkung wird immer wieder aus der »Stabilität« heraus erklärt nach dem Motto: Weil jetzt die Preise stabil sind, oder sogar sinken, »gehen« auch die Zinsen zurück bzw. entstehen für die Notenbanken und andere hochgemute »Wirtschaftslenker« jetzt »Zinssenkungs-Spielräume«.

Dabei wird nur leider immer wieder übersehen, daß es so etwas wie einen Zins »als solchen« genauso wenig gibt wie Geld »als solches« oder Nachfrage »als solche«.

Daß der »Zins« so etwas wäre wie ein »Preis für Geld«, wie man immer hört, kann sich nur jemand einfallen lassen, der eine Geld-»Mengen«-Vorstellung pflegt. Geld ist danach so etwas wie eine Sache, die ich haben will, und ergo dafür bezahlen muß. Die »Zinsen« werden dabei bekanntlich mit »Geldbesichtigungskosten« verwechselt.

Wenn ich mir »Geld« leihe, dann tue ich das aber nicht, um es mir jeden Abend in Ruhe bei einem Gläschen Wein anzugucken, sondern ich leihe es mir, um es sofort auszugeben. Denn wenn ich es nicht ausgeben wollte, bräuchte ich es nicht – egal, wofür ich es ausgeben will (Schuldentilgung an anderer Stelle, Maschinenkauf, Abtragung von Urschuld, alias Kauf von Lebens-»Mitteln«).

Sinkt der Zins, weil die Kreditnachfrage nach realen Kapitalgütern nachläßt, die wiederum nachläßt, weil sich der Einsatz von Kapitalgütern nicht mehr lohnt, weil die Preise der Güter, die ich mit Hilfe des Kapitals herstellen könnte, fallen, schiebt sich der Kapitalismus die Beretta in den Mund und drückt ab.

Denn ein sinkender Zins läßt die »festverzinslichen« Papiere steigen, und die *Hausse* erfaßt bald sämtliche »Titel«: Weil sie steigen, die Bonds und die Aktien (weil die Bonds ja steigen, weil die Zinsen ja sinken), nimmt man sich noch **Kredite** auf, man beleiht also Aktien und Bonds, um an der Hausse mitzuverdienen, die wiederum durch diese zusätzliche Nachfrage in den bekannten Blow-off übergeht, in die beschleunigte Kursbewegung nach oben also.

In der Schlußphase fällt dann *alles zusammen:* »Big Enchilada«, weil die Zinsen sinken, die sinken, weil die Preise fallen, was wiederum – per bejubelter, weil »endlich« erreichter »Stabilität« – die Börsenkurse erneut explodieren läßt, woraufhin sich alle immer schneller immer reicher rechnen: Das ist dann der berühmte »**Wealth-Effekt«,** die Phase unmittelbar vor dem Zusammenbruch.[19])

Diesen »Reicher-werden-damit-man-reicher-wird«-Effekt hat das amerikanische Brokerhaus **Goldman, Sachs** in einer Analyse Anfang 1986 so beschrieben:

> »Wenn die Aktien-Kurse steigen, ist dies gut für die amerikanische Wirtschaft, weil durch die damit verbundenen Börsen-Gewinne ein allgemeines Klima der Konsumfreude geschaffen wird, was dann wiederum die Wirtschaft und dann die Börse und die Aktienkurse anregt.« (Vgl. »Financial Times«, 29. Januar 1986; als im Juli Wall Street wieder einmal von einem »Mini-Crash« heimgesucht wurde, der 74 Milliarden Dollar »Börsenwerte« vernichtete, beklagte die »International Herald Tribune« einen »negativen Wealth-Effekt«, IHT, 12./13. Juli.)

Natürlich kennen wir diesen Vorgang auch als **Münchhausen-Effekt:** Man zieht sich am eigenen Schopf nicht nur aus dem Sumpf, sondern letztlich immer weiter in die Höhe. (Eine andere Variante dieses Münchhausen-Effekts sind die von den Gewerkschaften geforderten Lohnerhöhungen, die zu mehr Nachfrage, ergo zu mehr Beschäftigung und letztlich dann wieder zu höheren Löhnen führen sollen.)

Manchmal wird dieser Wealth-Effekt auch vollständig skrupellos aufgetischt. Professor **Robert Eisner** gilt als der führende

»Finanzwissenschaftler« der USA. Nachdem Ronald Reagans ehemaliger Budget-Direktor **David Stockman** seinem Meister und Mentor den Judas-Kuß verpaßt und, als frisch bestallter Wall-Street-Berater mit einem siebenstelligen Dollar-Salär, ein Buch über den kommenden amerikanischen Staatsbankrott veröffentlicht hatte[20]), besprach Eisner das Stockman-Buch in der »New York Times« und kam zu unglaublichen Einsichten:

> »Jedem Schuldner steht selbstverständlich ein Gläubiger gegenüber – das sind grundlegende ökonomische Wahrheiten, die Mr. Stockman einfach unterschlägt. Das meiste der (zwei Billionen betragenden) US-Staatsschuld gehört amerikanischen Firmen oder Individuen, entweder direkt oder auf dem Umweg über eine Finanz-Institution. Wenn man schon sagt die Regierung sei ›ärmer‹, weil sie mehr schuldig ist, **dann ist das Publikum natürlich reicher,** denn es hält ja alle diese Treasury Bills, Notes und Bonds. Und – das aber ist der Punkt, auf den es ankommt – **Sich-reicher-Fühlen: das macht es, daß die Leute losgehen und mehr ausgeben.**« (»New York Times«, 4. April 1986)

Diesen »Wealth-Effekt« auf der Grundlage der Staatsverschuldung muß man sich richtig auf der Zunge zergehen lassen, so schön ist er. Wir sollten ihn den »Eisner-Effekt« nennen, damit dieser »Professor« auch von der Geschichte richtig gewürdigt wird.

Der Eisner-Effekt also lautet:

Je mehr Schulden ein Staat macht, um so reicher wird seine Bevölkerung. Je reicher aber die Bevölkerung wird, um so besser für alle, denn dann hat die reiche Bevölkerung auch immer mehr Geld in den Händen, um es auszugeben. Je mehr die Bevölkerung ausgibt, um so besser ist es dann für alle.

Der Eisner-Effekt ist eine Variante des **Laffer-Kurven**-Trugschlusses, auf den wir alle auch lange Zeit hereingefallen sind[21]), weil es eben nicht so einfach ist, die Fesseln der alten ökonomischen Doktrin der Tausch-Wirtschaft abzustreifen.

Man könnte Eisner mit Laffer kombinieren: Der Staat senkt die Steuern auf Null und finanziert sich nur noch über Anleihen. Weil die Steuern auf Null sind, kriegt die Wirtschaft einen Riesen-Push, und weil alle immer schneller immer mehr Staatsanleihen zeichnen, werden sie auch immer reicher, so daß sie schnurstracks ins Paradies marschieren.

Tatsächlich hat die progressive Staatsverschuldung einen ganz anderen Effekt, auf den schon der badische Finanzwissenschaftler **Friedrich Nebenius** in seinem Buch »Der öffentliche Credit« anno 1820 hingewiesen hat:[22])

> »Indem hochanwachsende Staatsschulden eine unangemessene Anhäufung einer Art von Eigentum, welches in **öffentlichen Papieren** besteht, möglich machen, erschaffen sie ein **Werkzeug zu einer ungeregelten Spekulation,** wodurch der natürliche Gang des Handels gestört, und auf mannigfaltige Weise Stockung, Verwirrung und **Unordnung** in der Zirkulation und auf dem Markte hervorgebracht werden können.« (Seite 245)

Was meint Nebenius mit diesem »Werkzeug zu einer ungeregelten Spekulation«?

Debitisten wissen sofort Bescheid: Es ist just jener Effekt, den wir in der Schlußphase vor großen Zusammenbrüchen erleben.

Wenn nämlich die Staatsverschuldung »monetarisiert«, konkret: kurzfristig beliehen wird.[23])

Ein Staatstitel kennt de facto keine Fristigkeit. Wenn er ausläuft, wird er prolongiert. Die Phasen, in denen Staatsschulden zurückgezahlt, also aus dem Steueraufkommen der Bevölkerung abgelöst werden, sind ganz selten. (Schweiz zwischen 1923 und 1933, 1946 bis 1949, 1954 bis 1966; in der Bundesrepublik Deutschland hat der Bund nur einmal, im Jahr 1969, netto getilgt.)

Ein Staatstitel ist von der Bonität her allen anderen Titeln turmhoch überlegen. *Der Staat ist ja der Schuldner, dem nie etwas »passieren« kann.* Einen Staatstitel kann man daher hoch beleihen, was besonders in Phasen sinkender Zinsen geschieht, weil man dann auf den weiteren Anstieg der Staatspapiere setzt und diesen beschleunigt. Diese Beleihung von Staatstiteln kann auch über die Notenbank geschehen, indem die Staatstitel zum Lombard und anderen Formen der »Liquiditätsbeschaffung« gegeben werden. »Liquidität« ist dabei nur eine Transformation: *Mit einem Staatstitel selbst kann ich keine anderen Staatstitel kaufen, wenn ich aber den Staatstitel beleihe, geht das.*

Daher erleben wir in der Finanzgeschichte immer dann die größten Spekulationen und die von Nebenius beklagte »Störung« im »natürlichen Gang des Handels«, wenn Staatstitel »liquidisiert« werden. Einen bemerkenswerten Höhepunkt erreichte dieser, hinfort zu Ehren seiner Entdecker »**Nebenius-Gallatin-Effekt**« benannte Vorgang bereits Mitte des 14. Jahrhunderts in Florenz:

>»Für die Florentiner Geldleute war der ›Monte‹ (= Staatspapiere, siehe oben, PCM) eine willkommene Alternative zu kommerziellen Engagements und Investitionen in Grund und Boden, er hatte den doppelten Vorteil, sowohl sicher als auch **lukrativ** zu sein.«[24])

Noch schöner war es dann im Jahre 1720 in London und in Paris, als die englischen und die französischen Staatstitel mit Hilfe von Bank- und Notenbank-Diskonten »verflüssigt« wurden, um die bekannte Superspekulation in Aktien der Südsee- und der Mississippi-Gesellschaft zu starten.

Heute ist dies natürlich nicht anders. Der größte und berühmteste deutsche Börsenbrief von **Hans Bernecker** in Düsseldorf (»Die Actien-Börse« – man beachte das feine »c«!) baut die »Muster-Portefeuilles« für die Spekulanten auf sogenannten »Zerobonds« auf, Papieren also, die abgezinst begeben werden und im Wert immer schneller »steigen« sollen. Aus 10.000 Dollar werden dann im Laufe einer Generation 300.000 Dollar und mehr – und so hat man immer mehr »Geld« zur Verfügung (Beleihung des obendrein noch steigenden »Wertes« dieser Zerobonds), um damit weiter an der Aktienbörse rumzumachen.[25])

Es lohnt sich, in alten Zeitungen zu blättern. Denn die Geschichte muß sich so lange wiederholen, bis wir endlich aus ihr lernen. Insofern lesen wir auch immer wieder den gleichen Unsinn.

Zum Beispiel schreibt das »Wall Street Journal« am 4. September 1929, am Tag nachdem der Dow-Jones-Index seinen Höchststand erreicht hatte, den er erst wieder im Jahr 1955, also 26 Jahre (!) später, wieder erreichen sollte:

»General George R. Dyer von Dyer, Hudson & Co. ist nach Europa abgereist und meinte: ›Ich glaube, daß jeder, der unsere Spitzenwerte kauft, Eisenbahnen, Industriepapiere, Stahl-, Kupfer- und Versorgungswerte, eine Menge Geld verdienen wird, denn diese Aktien werden ganz einfach nach und nach vom Markt verschwinden. Der Aufschwung der Versorgungswerte steht überhaupt erst am Anfang. Und für die Nachfrage nach Stahl, Kupfer und Blei gilt **ein Wachstum ohne Grenzen.**«

Das klingt wie jenes »no limits to growth«, mit dem der amerikanische Supply-King **Jack Kemp** heute aufwartet, eine Idee, die er gemeinsam mit dem Börsenberater und Kapitalmarktexperten **Roland Leuschel** in ein Buch gegossen hat.[26])

Yale-Professor **Irving Fisher** prägte damals den Begriff vom »permanent plateau of prosperity« und schrieb am 24. Oktober 1929 im »Wall Street Journal«, fünf Tage vor dem Crash:

»Jemand, der Aktien von Allied Chemical hat, sagt mir, er habe sie bei 35 erworben, jetzt stünden sie auf über 300. Nur wenn er verkaufen würde, wären hohe Steuern fällig. Das bedeutet aber, daß gerade die Aktien, die schon am meisten gestiegen sind, nicht verkauft werden ... oder erst, wenn sie noch viel höher gestiegen sein werden. Mit anderen Worten: Je höher sie steigen, um so mehr tendieren sie dazu, noch höher zu steigen (**›the more they advance, the more they tend to advance still further‹**).«

Diesen letzten Satz (»the more ...«) sollten alle Börsen-»Experten« ihren Kunden aufschreiben, damit diese ihn auswendig lernen können!

Kurz vor dem Ende ist bekanntlich jedes Argument recht, um es noch ein wenig hinauszuzögern. Publikum, Bankiers, Politiker: jeder versichert jedem, wie toll jetzt alles ist. »Diesmal« ist alles ganz »anders«, diesmal kann »nichts mehr passieren«.

Kurt Schiltknecht, Schweizer Bankier, versicherte als stellvertretender Generaldirektor der Schweizerischen Nationalbank im Sommer 1984 einem erstaunten, aber willfährigen Publikum auf dem Münchner Investment Congress, daß »man« schließlich aus der Geschichte »gelernt« habe und die Notenbanken »immer bereit« stünden. Dieses »Bereit-sein-ist-alles«-Theorem ist besonders kindisch, weil es im Kapitalismus nicht darauf ankommt, sich gegenseitig immer wieder zu versichern, und das auch noch durch Notenbank-»Garantie«, daß die alten Forderungen »in Ordnung« gehen, daß da also »nichts passiert«. Davon geht der Kapitalismus ohnedies aus, daß Forderungen letztlich nicht verschwinden, sondern daß sie erhalten und vollstreckbar bleiben, sonst würde ja kein Mensch Forderungskontrakte eingehen! Was der unter Zeitablauf stehende debitistische Kapitalismus braucht, sind nicht »Garantien«, sondern **neue Schuldner,** zusätzliche Verschuldung, ohne die kein einziger Unternehmer auf seine »Kosten« kommt, weil diese Kosten die nicht im Kreislauf vorhandenen Kosten der Vorfinanzierung der Produktion umfassen.[27])

Lothar Julitz, der Deflations-Experte der FAZ, meint treuherzig (und die Bourgeoisie wird ihm sicherlich Glauben schenken, denn so manchem schwant wohl, was für ein Desaster angesagt ist):

> »Völlig **verschieden** sind (heute gegenüber 1929, PCM) die jeweiligen wirtschaftlichen und politischen ›Rahmenbedingungen‹ ... Im Vergleich (zu damals) gibt es heute unverkennbare und zuversichtlich stimmende Fortschritte sowohl in der nationalen Wirtschaftspolitik als auch in der internationalen **Kooperation**.« (FAZ, 20. Juni 1986)

»Völlig verschieden«, »unverkennbar«, »zuversichtlich«, »Fortschritte«, »Kooperation«. Wer so schreibt, entpuppt sich zwar als Hayek-Schüler und Menschenfreund, er wirkt sympathisch und trotz gewisser sorgenvoller Untertöne bemüht. Aber: Er hat vom Wesen der freien, kapitalistischen Wirtschaft keine Ahnung. Leider. Ich habe Lothar Julitz, der mit seinem »Gerede-von-der-›Deflation‹«-Artikel mich und den überaus weitsichtigen **Johann Philipp von Bethmann** gemeint hat, geschrieben: *Die Deflation benötigt nur eine einzige »Rahmenbedingung«, um voll zu laufen.* Und das ist eine **vorangegangene Inflation.** Ganz einfach.

Alles andere erledigt sich dann von selbst.

Nachdem sich die deutsche Börse nach einer Hyper-Hausse im Januar 1986 fürs erste still verabschiedet hatte und allmählich

Angst hochkroch, meinte der »Gnom aus Zürich«, der Börsen-Kolumnist des »Handelsblatts«:

> »Was wünschenswert ist, wäre ... eine engere **Kooperation** zwischen den Unternehmen selbst und den Aktionären. Nicht zu viele Kapitalwünsche auf einmal, denn auch der Anleger will eine reelle Chance. Wichtig (ist) mehr **gegenseitiges Interesse** und **Gemeinschaftssinn** ...« (»Handelsblatt«, 20. Juni 1986)

Wer hätte das gedacht! Die Börse als eine Institution des »Gemeinwohls«, wo alle mehr »kooperieren« sollen, um einzusehen, daß es doch nur ums »gegenseitige Interesse« geht. Das ist genauso albern wie die uns unten noch ausführlicher begegnende Vorstellung des Mickey-Mouse-Ökonomen **Milton Friedman** vom »wechselseitigen Gewinn«, den die Menschen unter dem Kapitalismus haben, wenn sie nur schön »freiwillig« »tauschen«:

> » ... ist der charakteristische Zug der Markttechnik, nämlich das Erreichen der **Koordination** ... bleibt auch in der komplexen Unternehmens- und Geldwirtschaft die **Kooperation** vollkommen privat und freiwillig.« (Kapitalismus und Freiheit, Stuttgart 1971, Seite 35)

Kapitalisten und Börsianer sind gar nicht Kapitalisten und Börsenspieler, sondern Elfen. Richtige Engelchen, die man nur machen lassen muß. Und wenn sie sich ein bißchen danebenbenehmen und auf ihren rosaroten Wolken Hasch-mich spielen und Purzelbäume schlagen, dann muß man ihnen per Zeitungskolumne einen kleinen Stüber geben. Alles ist dann wieder gut.

Kooperation, Koordination, Gemeinschaftssinn. Aha!

So Sachen wie Rechnungen, Mahnungen, Vollstreckungsbescheide, Vergleiche, Konkursverfahren, Gerichtsvollzieher: das alles ist nur ein böser Traum. In Wirklichkeit gibt's das alles gar nicht.

In Wirklichkeit schweben wir alle.

Und auch du da hinten, du arme Sau, die gerade pleite gemacht hat, du, der du gleich in die Garage gehst, um das Auto anzulassen und tief durchzuatmen. Auch du bist ein Engel, sogar schon hier auf Erden, wo du bis zuletzt nur von Lichtgestalten umgeben gewesen bist.

7. Konsumrausch, große Illusion und Monopol-Kapitalismus

Am 14. August 1929 erschien im »Wall Street Journal« eine Anzeige der Firma Incorporated Investors, die ganz genau jene Stimmung wiedergibt, die *unmittelbar vor dem Zusammenbruch* herrschen muß:

> »The richest heritage, the most precious birthright, is to be an American in this day and age.
>
> For never was a country so happy, so prosperous, so peaceful as America today. Never were man's **horizons wider,** his opportunities for the finer things of life greater ...
>
> The creation of new wealth in fabulous quantities is America's special faculty. The wide diffusion of this wealth is her greatest discovery.
>
> And anyone may participate ...«

Am 25. April 1986 hielt US-Präsident **Ronald Reagan** eine Rede, in der er diese Begriffe wieder aufgriff. Reagan stand auf dem Höhepunkt von Macht und Ansehen. 70 Prozent der amerikanischen Wähler fanden ihn »gut, kompetent und sympathisch«:

> »Der Ausblick für das Wohlergehen in der Welt ist der beste seit Jahren – ein Wind des Friedens weht quer durch die Menschheit, die Lüfte reinigend und den Blick auf einen **neuen und wunderbaren Horizont** öffnend.« (In der Übersetzung der US-Botschaft in Bern)

Im August 1929 erschien die damals größte amerikanische Zeitschrift, das »Ladies' Home Journal«, mit einem Artikel von Samuel Crowther:

> »Everybody Ought to Be Rich.«

Darin war auch ein Mann namens **Jacob Raskob** interviewt worden, der den amerikanischen Traum verkörperte. Denn Raskob war in den Slums von New York groß geworden und hatte beim Zusammenschustern von General Motors eine zentrale Rolle gespielt. 1929 legte er den Grundstein für New Yorks größtes Gebäude, das »Empire State (!) Center«. Raskob gleicht aufs Haar dem derzeitigen New Yorker Immobilien-Tycoon **Trump,** der 1985 seine Pläne, das größte Gebäude aller Zeiten zu errichten, bekanntgibt.

Jeder soll und muß jetzt also gefälligst reich werden!

Das ist auch genau die Stimmung, die von der größten Zeitung der westlichen Hemisphäre am 14. Juni 1986 verbreitet wurde, von der BILD-Zeitung, die mit der Schlagzeile aufwartete (gleich neben dem BILD-Emblem, also so prominent, wie man nur prominent berichten kann):

»Goldene Jahre – Jeder wird viel Geld verdienen.«

Von den »Jeder«-Leuten waren einige freilich erkennbar nicht dabei, die Besitzer von noblen Boutiquen zum Beispiel. Denn auf der gleichen Seite eins des Blattes erschien das Bild einer jungen Frau im gelben Strickkleid mit diesem Text daneben:

»**Traumhafte** Preisstürze bei **Traumkleidern.**

Haben Sie schon mal von so einem Superstrickkleid geträumt? Ist aus Paris, entworfen von Claude Montana, reine Baumwolle – kostet regulär 798 Mark. Also unerschwinglich.

Seit gestern jedoch kostet es 500 Mark (67%) weniger: 298 Mark – einer von den traumhaften Preisstürzen, die jetzt in den teuren Boutiquen und Modehäusern stattfinden ...«

An ihren »Traumkleidern« haben die Boutiquenbesitzer keinesfalls »viel Geld« verdient, wie die Schlagzeile verheißen hat. Aber es waren auch nur die »teuren«.

An diesem Beispiel kann man sehr schön studieren, wie sich der Umschlag von der Inflation zur Deflation in einer Bombenstimmung bei den Verbrauchern niederschlägt, die ja überall, wo sie hinschauen von »traumhaften Preisstürzen« überrascht werden. In der Schlußphase kommt es daher auch beim **Konsumklima** zu einem **Blow-off** (siehe Abbildung 22), der im September 1985 für Deutschland einsetzt, als die BILD-Zeitung die »Inflation« offiziell für tot erklärt und ein Kommentar des Blattes (geschrieben übrigens vom Chefredakteur der »Welt«, Peter Gillies) so lautet:

> »Ein Traum wird wahr.
> Inflation: Für die Älteren unter uns klingt das Wort wie ein Peitschenhieb ...
>
> Niedrige Inflationsrate oder stabile Preise: Das ist auch ein Stück Sicherheit.« (BILD, 6.9.1985)

Es ist die Welt des »Traums«, der »wahr« wird, der »traumhaften« Preisstürze bei »Traumkleidern«. Dieser Traum erreicht dann seinen absoluten Höhepunkt, **wenn es alles umsonst gibt.** Wenn die traumhaften Preisstürze so weit gegangen sind, daß die Traumkleider zum Schluß verschenkt werden.

Das ist eine einfache psychologische Erfahrung: Natürlich bin ich glücklicher, wenn mir etwas geschenkt wird, als wenn ich dafür noch etwas bezahlen muß.

Das ist auch die Erklärung für jene Euphorie, die losbrach, nachdem der Ölpreis Anfang 1986 kollabierte.

Am 10. Februar 1986 macht die bürgerliche »Frankfurter Allgemeine Zeitung« mit der Schlagzeile auf:

> »Der Ölpreisverfall wirkt wie ein Konjunkturschub.«

Die Prognosen für das Wirtschaftswachstum wurden »nach oben« korrigiert:

> »Sachverständiger Schneider: Zusätzliches Wirtschaftswachstum in Sicht/Jetzt 3,5 Prozent oder mehr möglich.«

Im gleichen Quartal, als der »Konjunkturschub« wirken sollte, ging in der Bundesrepublik Deutschland bekanntlich die Wirtschaftsleistung (Sozialprodukt) um 1 Prozent **zurück.** Unverdrossen meldete das renommierte Institut für Weltwirtschaft an der Universität Kiel (»Kurzberichte« 8/86) für 1987 sogar eine Wachstumsrate von »real 4 Prozent«! Man gewann den Eindruck: **je später es kommt, das Wachstum, um so gigantischer muß es ausfallen.** Viele Unternehmen meldeten aber schon zum Teil dramatische Umsatzeinbußen. Gleichzeitig saßen sie auf »prall gefüllten Kriegskassen« wie der Röhren-Gigant Mannesmann, und der Öl-Multi Mobil Oil AG in Hamburg fragte überrascht und schier verzweifelt:

> »Was sollen wir mit einer Milliarde DM in der Kasse?«

Abbildung 21:
Schlagzeile der BILD-Zeitung vom 14. Juni 1986. Hintergrund der Story, die so prominent (noch über dem Zeitungskopf) herausgestellt worden war: Der Bonner Wirtschafts-Staatssekretär für 1986 Otto Schlecht hatte die Wachstumsprognosen für 1986 »noch einmal nach oben korrigiert« – von 3 auf 3,5 Prozent. Das erste Quartal 1986 hatte allerdings soeben mit einem Rückgang des Sozialprodukts um 1 Prozent abgeschlossen. Am 20. Juni 1986, kaum eine Woche nach der »Nach-oben-Korrektur« von Staatssekretär Schlecht, brachte das Deutsche Institut für Wirtschaftsforschung DIW in Berlin eine scharfe Korrektur der Wachstumsprognose auf »nur noch 2,5 Prozent«. Dazu muß man wissen: Am 15. Juni 1986 waren Landtagswahlen in Niedersachsen. Wie wird das Publikum für dumm verkauft? So wird das Publikum für dumm verkauft.

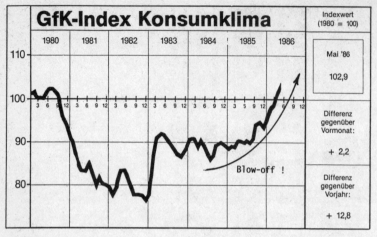

Abbildung 22:
Der Konsumklima-Index (ermittelt für die Bundesrepublik Deutschland von der GfK-Marktforschung in Nürnberg) zeigt den finalen Blow-off, dessen letzter Schub einsetzte, als im September 1985 die Inflation als »besiegt« erklärt wurde. Je schneller die Preise danach fielen, um so »wohler« fühlten sich die Befragten.

Die »Geldmenge« steigt in dieser Illusionsphase in allen Industrienationen dramatisch an, und alle wundern sich, warum sich in der wirklichen Wirtschaft so wenig »rührt«.

Die Erklärung ist denkbar einfach: Alle Unternehmen »könnten« zwar ihre prall gefüllten Kriegskassen öffnen und »investieren«. Aber in den Bereichen, wo sie schon tätig sind, lohnt es sich nicht. Mannesmann will sich daher vom Röhrengeschäft »zurückziehen«, der Multi Mobil vom Öl. Alle sind »für Großakquisitionen gerüstet«, wie die »Frankfurter Allgemeine Zeitung« am 2. Juni 1986 die Lage bei Mobil beschrieb.

Dies gilt stellvertretend für die gesamte Großindustrie. Wir haben dies an anderer Stelle das »Siemens-Syndrom« genannt.[28]) Es beschreibt die Lage am Ende eines großen Durchlaufs, wie sie deckungsgleich in der zweiten Hälfte der zwanziger Jahre zu verzeichnen war: Die Super-Unternehmen stellen fest, daß sie immer »liquider« werden. Große und größte Privatvermögen werden mit Hilfe der Börse »verflüssigt«. Smart Money macht Kasse, von **Friedrich Karl Flick** bis zu den **Rockefellern**. Raffköppe wie **Adnan Kashoggi** kommen zu spät und krachen. Der fette Araber hätte besser PCM lesen sollen, als für 50 Mille pro Nacht blonde Europäerinnen aufzureißen. Kismet, Adnan!

Gelegentlich kommt es noch zu »Großakquisitionen«, wenn Daimler-Benz AEG kauft und in Amerika die großen Fusionen laufen. Diesem Umstand, daß nun alles immer größer wird, trägt sogar die – einst auf Monopol-Bekämpfung und »Entflechtung« großer Unternehmen bzw. auf Verhinderung »wirtschaftlicher Macht« programmierte – offizielle Wirtschaftspolitik Rechnung. Konsequenterweise liest man in der FAZ dann am 16. Juni 1986 auf der Seite eins des Wirtschaftsteils:

»Schlecht: Größe allein ist kein Übel.«

Und:

»Britische Regierung fürchtet die Groß-Fusionen nicht.«

Otto Schlecht ist Staatssekretär im Bundeswirtschaftsministerium und alter Ludwig-Erhard-Mann, ein Liberaler also, dem »Größe« immer suspekt gewesen ist. Die britische Regierungs-Chefin Maggie Thatcher ist immer wieder vom Top-Liberalen und erklärten Monopolisierungs-Feind **Friedrich August von Hayek** beraten worden. Aber alle diese guten Vorstellungen und Vorsätze gehen über Bord, wenn die Macht des Faktischen an die Tür klopft. Wenn der in der Schlußphase **unvermeidliche Monopolkapitalismus** entsteht.

Dabei wäre es ganz einfach gewesen, die Dinge zu durchschauen, und man hätte in Deutschland bei der Daimler/AEG-Fusion nur fragen müssen: Ei, warum kauft denn das nobelste deutsche Unternehmen ein anderes auf? Hat man bei DB keinen Mumm mehr, selbst etwas zu wagen? Mit dem gleichen Geld, das die AEG gekostet hat (AEG = Allgemeine Elektrizitäts-Gesellschaft) hätten die Daimler-Leute auch eine BEG gründen können, eine Besondere Elektrizitäts-Gesellschaft. Das hätte doch auch zehntausende von neuen Arbeitsplätzen bedeutet, nicht wahr?

Zu den unguten Begleiterscheinungen des vom infalliblen Schuldner »Staat« induzierten debitistischen Durchlaufs gehört – kurz vor dem allgemeinen Zusammenbruch – der universelle unternehmerische Größenwahn, die Fusionitis, die Leveraged-Buyout-Manie, kurzum das Zerrbild einer freien Wirtschaft: der **Monopol-Kapitalismus.**

Exkurs: Kartelle – »Kinder der Not«

In allen »aufgeklärten« Industrienationen sind Kartelle per Gesetz verboten, in der Bundesrepublik Deutschland durch das »Gesetz gegen Wettbewerbsbeschränkungen« GWB.

Gerade in der deutschen Wirtschaftsgeschichte hat es aber immer wieder haufenweise Kartelle gegeben, in der Großen Depression lag ihre Zahl bei etwa 3000.

Die traditionelle Wirtschaftspolitik ist der Meinung, Kartelle seien eine ganz besondere Teufelei, die sich Unternehmer ausdenken, um die Marktgegenseite, den Konsumenten, auszuplündern, was dann insgesamt zu unerfreulichen Aspekten, rückläufigem Wachstum, Entlassungen und Konzentration auch politischer Macht in den Händen weniger führt.

Davon kann jedoch keine Rede sein. Die Wirtschaftspolitik, und darin besonders die sogenannten »Wettbewerbs-Experten«, übersieht die wahren Ursachen der Kartellierung. Warum schließen sich Unternehmer zusammen, sprechen Preise und/oder Mengen ab?

Ist dies etwa ein »natürliches Gesetz« des Kapitalismus, dem man nur durch beherzte Anti-Kartell-Gesetzgebung entgegentreten müsse? Reicht es wirklich aus, ein »Kartellamt« zu haben, das solche Dinge verbietet?

Die Antwort ist für jeden Kenner der debitistischen Abläufe unschwer zu geben: Kartelle sind die Folge von Marktzusammenbrüchen und Preisverfall. Sie gehören also in das Erscheinungsbild der **Deflation,** die auf die Inflation folgt und folgen muß wie das Amen nach dem Vaterunser. Im folgenden geben wir einen Aufsatz von Paul C. Martin wieder, der den entsprechenden Nachweis aus der Wirtschaftsgeschichte bringt.[29])

Kinder der Not

»Bei Wimpfen am Neckar, einer hessischen, zwischen Baden und Württemberg eingeklemmten Exklave, liegen auf engem Raum von kaum 6 Quadratkilometern 4 Salinen von 3 verschiedenen Staaten zusammen ... Diese 4 so nahe beisammen liegenden Werke machten sich auf ihrem lokalen Gebiet keine Konkurrenz, weil in allen 3 Staaten das staatliche Salzmonopol bestand. Aber da viele kleinere und größere Staaten, die selbst keine Salzbergwerke hatten, Salz ankaufen mußten, so ergab sich eine erhebliche Konkurrenz zwischen den Neckarsalinen beim Verkauf ins ›Ausland‹ ... Jedenfalls kamen im Jahr 1828 ›Vertreter der Neckarsalinen wiederholt zusammen‹ und vereinbarten am 12. September 1828 in Heidelberg die folgende Übereinkunft ...« So beschreibt der Wirtschaftsforscher Robert Liefmann einen der ersten überlieferten Unternehmenszusammenschlüsse zur Ausschaltung des freien Wettbewerbs: ein »Kartell«.

Nomen est omen: Der Ausdruck stammt aus der Duell-Sprache des ausgehenden Mittelalters. »Kartell, französisch Cartel, italienisch cártello, vom lateinischen carta, ein Stück Papier«, belehrt Ende des 19. Jahrhunderts der Brockhaus seine Leser in den gehobenen Ständen, »ursprünglich die bei Turnierspielen zu beobachtende Kampfordnung: dann eine schriftliche Aufforderung zum Zweikampf.« Das Wort war im 19. Jahrhundert zunächst noch ganz wirtschaftsfrei gebraucht. So hieß der Überbringer einer Herausforderung zum Klingenkreuzen im Morgengrauen der »Kartellträger«.

Auswärtige Ämter schlossen »Kartelle« aller Art, etwa um Deserteure beidseitig dingfest zu machen und auszuliefern oder um Schmuggler und andere Defraudanten den jeweils beteiligten Staaten zurückzuschicken. Mitte des 19. Jahrhunderts bildeten sich die studentischen Kartelle: Gruppen von einzelnen Verbindungen, die nicht nur auf ihrem eigenen Bundeshause kneipen wollten, und selbst die ersten überörtlichen Arbeitervereine erhielten den Beinamen »Gewerkschaftskartelle«, sozusagen in Umdrehung dessen, was mit dem sprachlich wie eine Hülse mehrfach verwendbaren Begriff später geschehen sollte: Die Bezeichnung für eine der mächtigsten und bis heute rätselhaftesten Erscheinungen des kapitalistischen Prozesses, die für einen so eingeschworenen Kritiker des Kapitalismus, wie Lenin, unmittelbar in die Endzeit des Klassenfeindes hineinführen, um jedoch plötzlich – wenn auch nicht immer aus eigenem Entschluß – wieder von der historischen Bühne zu verschwinden.

Die älteste Monographie zum Thema, Kleinwächters »Die Kartelle« (Innsbruck 1883), gibt eigentlich schon den alles entscheidenden Hinweis. Kartelle, schreibt der Autor schlicht, seien »Kinder der Not«.

Und in der Tat: Die Bildung von Kartellen, soweit sie sich noch relativ »staatsfrei«, also ohne Verbote, entfalten konnten, geht nicht kontinuierlich vor sich, sondern in Wellen, die sich genau spiegelbildlich verkehrt zum Auf und Ab der großen Konjunktur entwickeln: Floriert die Wirtschaft allgemein, nimmt die Zahl der Unternehmenszusammenschlüsse ab, laufen Kartellverträge oftmals aus; kommt es zur Krise, zumal zu langanhaltenden deflationären Prozessen, steigt die Zahl der Kartelle schlagartig an.

Schon die eingangs erwähnte, erste dokumentierte Kartellierung südwestdeutscher Salinen wird ausdrücklich wegen der »erheblichen Konkurrenz« beim Verkauf ins »Ausland« gestartet, wobei »erhebliche Konkurrenz« nichts ist als ein anderer Ausdruck für Preiskonkurrenz und dies wiederum für eine Deflation. Das europäische Preisniveau war nach den Napoleonischen Kriegen tatsächlich zusammengebrochen. Die vom russischen Konjunkturforscher Kondratieff benutzten »Indexzahlen der in Gold ausgedrückten Warenpreise« (Basis 1901–1910 = 100) sprechen für zwei der wichtigsten »ausländischen« Staaten eine deutliche Sprache:

- In England war der Preisindex im Jahre 1814 mit 203 Punkten auf dem Gipfel, um dann in einem Rutsch um etwa 40 Prozent zu fallen. 1820: 163; 1825: 155; 1830: 122 Indexpunkte. (Das Salzkartell war von 1828.)
- In den USA fielen die Preise im gleichen Zeitraum sogar um über die Hälfte! 1814 = 265 Punkte; 1830 = 107 Punkte ...

I. Deflation und Kartelle um 1500

Die erste große Welle, Märkte mit Hilfe von Unternehmensabsprachen zu kartellieren oder zu monopolisieren, beginnt im 15. Jahrhundert und geht mit den großen Staats- und Privatbankrotten der zweiten Hälfe des 16. Jahrhunderts zu Ende. Die Versuche, den allgemeinen Preisverfall zu stoppen, gehen in zwei Richtungen:

- Zum einen werden durch die Behörden quasi öffentlich-rechtliche Zwangskartelle in Form der Zünfte, sogar in überregionaler Form, geschaffen.

• Zum anderen schließen sich freie Unternehmer, die überregional operieren, zusammen, um Preise und Märkte abzusprechen. Damit geraten zum erstenmal in der Geschichte der »große Kaufmann« und mit ihm das ganze »System« in die Schußlinie der öffentlichen Kritik, wobei als Reizworte »Monopol« und »Wucher« ins Publikum gestreut werden.

Die Renaissance-Kartelle (Ursache):

1. **Alaun.** Dieser Beiz- und Gerbstoff, für den die Päpste zunächst das Monopol besessen hatten und das eine Zeitlang exklusiv an die Medici vergeben war, wurde im 16. Jahrhundert an große Handelshäuser zum exklusiven Weiterhandel verpachtet, darunter an die Affaitadi, Ducci, Neidhart, Grimmel, Spinola. Das Antwerpener Bankhaus der Schetz hatte 1540 vorübergehend den Handel in der Hand. Das Kartell, das sich hier ergeben hatte, war durch die regionale Begrenztheit des Vorkommens vorgegeben.
2. **Bernstein.** Kartell von Kaufleuten aus Königsberg, Lübeck und Danzig. Die besten Sorten verkaufte der Landesfürst (Albrecht von Brandenburg) selbst.
3. **Kupfer.** Seit 1495 Marktführerschaft seitens der Fugger und Thurzo, die den »Gemeinen Ungarischen Handel« gründeten, der aber durch freie Lieferungen aus Tirol immer wieder unterlaufen wurde. 1498 tatsächlicher Abschluß eines Kartells zwischen den Fuggern, Herwart, Gossembrot und Paumgartner für den Verkauf in Venedig. In diesem ältesten bekannten Kartellvertrag sind alle Elemente enthalten, die seither in allen anderen Kartellverträgen wieder zu beobachten sind. Auszüge (aus Ehrenberg, Zeitalter der Fugger):

»Vermerkt, ain vertrag beschehen ainer summa kupfer, so zusammengelegt und durch ain handt hinfuran zu Venedig verkauft sol werden ...

Ist angesöhen worden, sy auff ain zimlichen kauff zu stellen, und nemlich ain meyler umb bargeldt umb 43 duc(aten) und zum erborgen ain halb jar 46 duc(aten) und auf ain gantz jar 47 zu geben und nit höher, ausserhalb der parteyen aller willen und wissen.«

Doch das Kartell platzte bald. Ehrenberg: »Bevor der Rest des Kupfers verkauft war, ließen die Fugger durch die ihnen eng befreundete Familie Thurzo einen großen Posten Kupfer in Venedig verkaufen, und zwar billiger, als das Syndikat vertragsgemäß verkaufen durfte.«

In einem zweiten Kupferrevier, in den Gruben des Grafen von Mansfeld am Herz, gab es wenig später noch einen zweiten Versuch seitens des Unternehmers Christoph Fürer, die Saiger-(Rohkupfer-)Händler zu einem Kartell zusammenzuschließen, um den Preisverfall zu stoppen (der nebenbei auch zu den von Thomas Müntzer geschürten Aufständen unter den Kupfer-Bergleuten geführt hatte). Denn: »Eine jede War, so in wenig Händen ist, wird würdig (= wertvoller).«

Nach langem Hin und Her kam 1529 tatsächlich ein Kupferkartell zustande, das den Preisverfall vorübergehend stoppen und Kupfer von 5,5 auf 7,5 Gulden hinauftreiben konnte. Doch das Preisplus mußte mit einem empfindlichen Rückgang des Outputs »bezahlt« werden; so halbierte sich die Kupfererzeugung im tirolischen Schwaz zwischen 1531 und 1537. Einen ähnlichen »Kauf« eines »besseren« Preises durch starken Verfall bei der Produktion, so daß sich »unterm Strich« die Lage weder des Produzenten noch seiner Financiers oder gar der Arbeitnehmer bessert, haben wir besonders stark im Deutschland der Weltwirtschaftskrise wieder erlebt (siehe unten).

4. **Zinn.** Das Metall wurde in Sachsen, Schlesien, Böhmen und England gefunden, ließ sich also von der Produktionsseite her nicht kartellieren; Versuche, ein Handelskartell zu errichten, schlugen ebenfalls fehl, zuletzt scheiterte ein Augsburger Kaufmann namens Konrad Mayr trotz finanzieller Unterstützung der Fugger im Jahre 1549.

5. **Gewürze.** Dabei war der König von Portugal Angebots-Monopolist, der sich von seinen Kunden mehrjährige Kontrakte im voraus bezahlen ließ, was bei der Volatilität der Preise, vor allem für Pfeffer (die Preise schwanken tatsächlich um 400 Prozent), ein besseres Hazard-Spiel war. Alle Versuche, den Gewürzhandel zu kartellieren, scheiterten ebenfalls, zuletzt ging der thüringische Kaufmann Konrad Rott, der mit zahlreichen Teilhabern, darunter dem Kurfürsten von Sachsen, Gebietskartelle abgeschlossen hatte, im Jahre 1580 bankrott.

Die Kartell-Kritik (Wirkung):

Obwohl es den freien Unternehmern des Frühkapitalismus bei all ihren Talenten, Geldmitteln und Beziehungen (die Fugger hatten immerhin die Wahl Karls V. finanziert) in keinem einzigen Fall gelungen war, ein dauerhaft funktionierendes Kartell zu schaffen, brach seit Beginn des 15. Jahrhunderts ein Schwall von Hetztiraden gegen die verhaßten »Monopolisten« herein, der erst wieder in der marxistisch-sozialistischen Literatur seit dem Ende des 19. Jahrhunderts ein gleiches fand.

Vielfach wird alles in einen Topf geworfen: Habsucht, Eigennutz, »Fürkauf« (Ankauf, um höhere Preise durchzusetzen), Wucher. Hans Sachs aus Nürnberg reimt:

»Wer ist der böse Wicht,
der treulose Feind alles Guts?
Sie sprach: Es ist der eygen Nutz,
das greulich, dückisch, geytzig Thier ...«

Im Straßburger Münster predigt Geiler von Kaysersberg von den Kaufleuten: Sie »heißen Monopoli, die da ein War allein feil hond und haben wellen ... Die anderen Monopoli seind, die nit ein Ding wellend allein verkaufen, aber sie stupfen miteinander um den Preis, wie sie es geben wellend, also und anders nit ...«

Geiler fragt schließlich nach dem volkswirtschaftlichen Sinn der Preisabsprachen: »Warumb ist das Stupfen unzimlich? Darum ... es ist doch dem gemeinen Nutz schedlich. Wie ist das? Es nimmt dem Merck (Markt) sein Freiheit.«

II. Deflation und Kartelle im 19. Jahrhundert

Erst das 19. Jahrhundert brachte den Märkten weltweit ihre Freiheit zurück, nur wurden – vor allem beeinflußt durch die Gedanken des schottischen Moralphilosophen Adam Smith (»Wealth of Nations«, 1776) – nicht etwa vorhandene Kartelle geknackt, die sich aus der frühen Neuzeit herübergerettet hätten. Kartelle größeren Stils hat es weder im 17. noch im 18. Jahrhundert irgendwo gegeben! Die Rückkehr der Freiheit auf die Märkte geschah vielmehr durch das Sprengen der Zünfte, also jener quasi-amtlichen »Kartelle« aus dem Mittelalter, mit Hilfe der Gewerbefreiheit, die im 19. Jahrhundert in allen größeren Staaten offizielle Doktrin geworden war.

Doch wieder starteten die Versuche der Produzenten, sich Wettbewerbszwängen – zumal bei fallenden Preisen – durch Kartellabsprachen zu entziehen. Als entscheidendes Jahr ist 1873 anzusehen, als die große »Gründerzeit« nach dem Deutsch-Französischen Krieg in einem Crash (Wiener Börse zuerst) zu Ende ging und eine langanhaltende Depression mit fallenden Preisen begann, die bis in die 1890er Jahre reichte.

Vor 1873 kam es gelegentlich zu Kartellgründungen, die jedoch so unbedeutend waren, daß sie erst nach und nach aus den Akten ans Licht geholt wurden. Kartellspezialist Liefmann nannte bis 1865 erst vier Kartelle, deren Zahl der marxistische Historiker Jürgen Kuczynski in letzter Zeit noch ein wenig angefettet hat: Nach dem Neckarsalinenverein von 1828 gibt es 1831 einen Verein der Stahlwerksbesitzer im Siegerland, dann 1836 bis 1844 ein Kartell der vier preußischen Alaunwerke und 1838 die Essen-Werdensche Steinkohlenhandlung. In der Krise 1840 bis 1844 bildet sich ein Roheisen-Kartell im Lahngebiet. Die Hüttenbesitzer des Dillenburger Bezirks versuchten sich an einer Kartellgründung.

Die Verhältnisse sind schließlich nach dem Crash des Jahres 1873 so traurig wie seit Menschengedenken nicht mehr, so daß die erste große Kartellwelle des Industriezeitalters startet.

Zunächst hatte sich in den 1860er Jahren ein fulminanter Aufschwung ergeben, so hatte sich der Essener Börsenpreis für Fettkohle pro Tonne verdreifacht, von 1863 = 5,50 Mark bis 15,80 Mark Anfang 1874. Danach brachen die Preise vollständig zusammen. Die Zeche Sälzer & Neuak, die 1873 noch 14,77 Mark pro Tonne erlöste, erzielte im Tief 1879 nur noch 4,73 Mark.

Zechen mit bis in die Gegenwart bekannten Namen wie Dahlbusch oder Gelsenberg mußten allein 1874/75 Preiseinbußen von 31 und 27 Prozent hinnehmen. Die Bildung eines Kartells, das schließlich zum bedeutendsten der privatwirtschaftlichen Industriegeschichte werden und das fast die gesamte Kohleförderung des dafür damals wichtigsten Rohstofflandes der Welt umfassen sollte, war nur noch eine Frage der Zeit.

Zunächst wurde – ähnlich dem Salinenkartell von 1828 – ein Ausfuhrverein gegründet (1877), aus dem schließlich 1894 das gigantische Kartell des »Rheinisch-Westfälischen Kohlesyndikats« werden wird.

Am 1. Februar 1878 wird von den beteiligten Grubenbesitzern eine »Erklärung« abgegeben, die aus dem Protokoll einer heutigen Opec-Sitzung stammen könnte, wenn man die »Kohle« durch »Öl«, »Grubenverwaltung« durch »Förderländer« und »Werke« durch »Ölfelder« ersetzt:

»Die unterzeichnete Grubenverwaltung verpflichtet sich in Gemeinschaft mit den übrigen Grubenverwaltungen ... auf ihrem Werke eine Reduktion der Förderung eintreten zu lassen, welche 10 Prozent des auf ihrem Werke in dem letzten Quartal ... geförderten Kohlequantums entspricht.«

Die Kartellierung in Deutschland, das im Laufe der folgenden Jahrzehnte zum klassischen Land dieser Wettbewerbsbeschränkungen werden sollte, geschah in einen sozusagen »rechtsfreien« Raum hinein: Es herrschte im Deutschen Reich nach Erlaß der Gewerbeordnung vom Juni 1869 offiziell zwar »Gewerbefreiheit«. Diese Freiheit umfaßte aber offenbar nach Meinung der Gerichte auch die Freiheit, Kartelle abzuschließen und damit den Wettbewerb nicht etwa freier zu machen, sondern zu beschränken.

Der alles entscheidende Break in Richtung auf die beinahe vollständige Kartellierung einer Volkswirtschaft, wie dies dann im Deutschen Reich während der Weltwirtschaftskrise sein sollte, kam indes zu einem Zeitpunkt, als die Kartellwelle, die aus dem langjährigen Abschwung nach 1873/74 entstanden war, bereits wieder abzuebben begann.

Im März 1893 hatten sich sächsische Holzstoffindustrielle zu einem »Fabrikantenverband« zusammengeschlossen.

Für die Dauer von zweieinhalb Jahren sollte: 1. ein »verderblicher

Wettbewerb« untereinander unterbunden sein und 2. ein »angemessener Preis« für die Fabrikate des Verbandes erzielt werden.

Die Mitglieder errichteten eine gemeinsame Verkaufsstelle und verpflichteten sich, Direktverkäufe zu unterlassen – wie einst schon die oberdeutschen Handelsherren bei ihrem venezianischen Kupferkartell anno 1498.

In den Jahren 1894 und 1895 verkaufte ein Mitglied jedoch direkt an Kunden. Es war zeitlich der Beginn des letzten Abschnitts der säkularen Deflation – anno 1896 erreichten die Preise weltweit ihren bis heute tiefsten Stand! Da sich auch die Wirtschaftsgeschichte immer wieder in Scherzen von fragwürdigem Geschmack gefällt, war es just dieser in letzter Not vorgenommene Direktverkauf eines sächsischen Holzstofffabrikanten, welcher der Kartellgeschichte die entscheidende Wende geben sollte – hin zum Schlechteren. Hätte das Sachsen-Kartell nur zwei Jahre länger gehalten, wären vermutlich die Gerichte nie mit einem Kartellverfahren an höchster Stelle befaßt worden und hätte sich also nicht ereignet, was in die Wirtschaftsgeschichte als das berüchtigte »Reichsgerichtsurteil vom 4. Februar 1897« eingegangen ist.

Die obersten deutschen Richter in Leipzig befanden in ihrem Urteil nämlich, daß ein Kartellvertrag durchaus nicht gegen die offiziell geltende Gewerbefreiheit verstoße, daß er einklagbar sei und daß jener sächsische Fabrikant die Konventionalstrafe zu zahlen habe.

Daß selbst ein durch Kartelle »geschütztes« Dauerpreisniveau die Volkswirtschaft dennoch nicht vor dem umfassenden Ruin bewahren konnte, beweist indes der Höhe- und Endpunkt der Kartellgeschichte, der Niedergang der deutschen Wirtschaft in der Weltkrise 1929 ff.

Deflation und Kartelle in der Weltwirtschaftskrise

Niemals in der Geschichte hatte eine Volkswirtschaft einen höheren »Monopolgrad« erreicht als die deutsche zu Beginn der 1930er Jahre. Laut der ersten amtlichen Kartellenquête aus dem Jahre 1905 gab es im Deutschen Reich 385 Kartelle, nach Angaben der Regierung waren es Mitte der Roaring Twenties schon 2500, die Spitze wurde dann wenig später mit mehr als 3000 Kartellen erreicht. Die Entwicklung überschlug sich dabei selbst; so nahmen in einigen Bereichen die Kartelle zahlenmäßig ab: Zum Teil wurde die Kartellentwicklung von der zwischenbetrieblichen Konzentration überholt.

Zahl der Kartelle nach Branchen (1930)

Branche	Kartelle	Branche	Kartelle
Textil	267 (272)	Elektro, Optik	63 (56)
Chemie	200 (91)	Bergbau	62 (51)
Eisen-, Stahlwaren	167 (234)	Schiffahrt	40 (40)
Bau	160 (0)	Glas	40 (20)
Nahrung, Genuß	130 (170)	Leder	38 (46)
		Metallhütten	37 (17)
Maschinen	115 (195)	Metallwaren	36 (78)
Eisen und Stahl	108 (73)	Keramik	35 (10)
Holz	67 (44)	Steine, Erden	25 (30)
Papier	66 (107)	Autos	15 (9)

(In Klammern: 1925)

Nimmt man das jeweilige Sozialprodukt der einzelnen Branchen als Messzahl, so erhält man ein nicht minder beeindruckendes Bild. Vom gesamten Produktionswert der jeweiligen Branche wurde zumeist weit über die Hälfte (bis zwei Drittel) der gesamten Produktion kartellmäßig vertrieben.

Kartelle und Sozialprodukt

Branche/Produkt	Anteil der kartelliert vertriebenen Produktion (%)	Branche	Kartell (%)
Steinkohle	100	Braunkohle	78
Kalisalz	100	Chemie	70
Koks	100	Mühlen	70
Großeisen	92	Papierverarbeitung	70
Zement	90	Glas	66
Ziegel	90	Brauereien	60
LKW	90	Eisenerz	60
Papiererzeugung	90		

In der Zwischenkriegszeit erlebte die Weltwirtschaft eine Deflation in zwei Schüben: Zuerst brachen die kriegsbedingt hochgepuschten Preise bis 1922 zusammen, eine Bewegung, die in einigen mitteleuropäischen Staaten, die eine eigene Hochinflation durchlebten, hinausgezögert wurde (Deutsches Reich, Ungarn, Österreich und so weiter). Dann »erholte« sich das Preisniveau wieder und erreichte am Ende der zwanziger Jahre noch einmal einen Hochpunkt, um dann geradezu dramatisch abzufallen – diesmal übrigens in allen Industrienationen gleichförmig. Das neue Tief bei den Preisen wurde dann wieder 1932/33, bei einigen Bereichen erst noch später erreicht. Anhand der starken Kartellierung in Deutschland kann nun sehr genau beobachtet werden, wie Kartelle in der Deflation wirken (deren »Kinder« sie ohnehin ja sind):

1. **Obwohl der Trend** beim allgemeinen Preisniveau deutlich nach unten geneigt war, gelang es Branchen mit hohem Kartellgrad, noch nach 1929 die Preise zu erhöhen: Maschinen, Mühlen und LKWs. Bei Wasser, Gas, Elektrizität und Brauereien, also Branchen, die zum Teil Staatsmonopole waren beziehungsweise sehr hohe Kartellquoten aufwiesen. Bei Brauereien im Reichsdurchschnitt trotz zahlreicher regionaler Zersplitterung – allein in Bayern existierten damals noch fast 5000 einzelne Betriebe! – 60 Prozent, wurden die Preise sogar noch 1931 – also in einem Krisenjahr sondergleichen – erhöht!

2. **Der Grad der Preisstarrheit** richtet sich ebenfalls nach der Kartellquote. So liegt die Standardabweichung der Preise aufaddiert bei klassischen Kartellbereichen wie Kali, Kohle und Chemie bei 1,9, 2,5 und 2,6. Bei freien in unkartellierter Konkurrenz untereinanderstehenden Branchen wie Holz, Leder und Textil sind es 9,5, 10,5 und 13,8.

3. **Die Kartellbranchen** senken die Preise auch auf dem Höhepunkt der Krise am wenigsten. Setzt man das Preisniveau des letzten Jahres mit »guter« Konjunktur, also 1929, auf 100 Indexpunkte, erhalten 1932 für folgende Preisniveaus:

Kartellbranchen	1932	»Freie« Branchen	1932
Brauereien	97,6	Bekleidung	68,8
Mühlen	94,0	Holz	59,3
Wasser, Gas	91,0	Elektro	57,5
LKW	87,6	Leder	49,0
Kohle	84,2	Textil	44,5
Chemie	81,8		

4. **Kartellbranchen** haben die Beschäftigung am schnellsten und nachhaltigsten heruntergefahren; sie konnten ihre Preise fast immer nur durch dramatische Output-Senkungen festschreiben.

Zusammenfassung

Anhand vor allem der deutschen Wirtschaftsgeschichte, die in Sachen Kartelle besonders intensiv verlaufen ist und ausführliches statistisches Material bereithält, können Ursache und Wirkung der Kartelle so beurteilt werden:

- Kartelle sind in der Tat immer Kinder der Not. Sie treten massiert erst nach Preiszusammenbrüchen auf.
- Daß seit dem Zweiten Weltkrieg das Kartellproblem in der Bundesrepublik »verschwunden« zu sein scheint, ist eine optische Täuschung.
- Da die Rohstoffmärkte seit Mitte 1984 eine neue, schwere Deflation signalisieren, die in den europäischen Industrienationen nur noch nicht erkannt wurde, weil die Deflation sich auf dem »Weltmarkt« abspielt, kommt das Kartellproblem demnächst wieder breit auf den Tisch.
- Die Ansicht, das Kartellproblem sei »besiegt«, weil Wettbewerbstheoretiker mit ihren Analysen der »negativen« Wirkungen von Kartellen »recht« gehabt hätten, ist durch nichts belegt. Das Kartellproblem ist immer ein Preisverbesserungsproblem, das sich in den Jahrzehnten der säkularen Inflation bis 1984 nur nicht gestellt hat.
- Kehren die »Kinder der Not« in der kommenden Deflation zurück, werden sie die Krise indes nicht mindern, sondern verschärfen, jedenfalls was das – für jede Krise in modernen Industrienationen »typische« und »sozial unerträgliche« – Arbeitslosenproblem betrifft: Kartelle müssen in dem Umfang, in dem sie die Preise »halten« (oder bis kurz vor den Höhepunkt der Krise sogar noch erhöhen, was unter anderem auch dazu führt, daß die Deflation nicht klar oder zu spät erkannt wird), Leute entlassen, weil sie den Output entsprechend herunterfahren müssen. Auf der Spitze einer Deflationskrise kann ein durchkomponiertes Brauereikartell zwar den Preis für ein Glas Bier noch einmal um 50 Pfennig hinauftreiben, nur: Die Beizen sind leer, und das Sudhaus liefert noch ein einziges Fäßchen aus – pro Monat.

Anmerkungen:
[1] **Uwe Schultz** (Herausgeber), Mit dem Zehnten fing es an. Eine Kulturgeschichte der Steuer. München 1986.
[2] Vgl. zuletzt **Paul C. Martin**, Wann kommt der Staatsbankrott, München 1983; derselbe, Sachwert schlägt Geldwert, München 1983, vor allem Seite 335 ff.
[3] Eine ausgezeichnete Zusammenfassung der antikapitalistischen »Philosophie« Platons, auf die wir uns im folgenden ohne Einzelzitate beziehen, ist in dem bereits erwähnten Buch von **Arnold Künzli,** Mein und Dein. Zur Ideengeschichte der Eigentumsfeindlichkeit, Köln 1986, enthalten (Seite 84–99).
[4] Auf dieses Phänomen ist hervorragend eingegangen (wenngleich er das debitistische Ur-Phänomen ebenfalls nicht begriffen hat): **Dieter Duhm,** Angst im Kapitalismus. Versuch der gesellschaftlichen Begründung zwischenmenschlicher Angst in der kapitalistischen Warengesellschaft, Heidelberg 1972, inzwischen in der 17. Auflage (1984). Duhm ist auch »Thesaurist«, er spricht von der »Warengesellschaft« statt von der »Schuldengesellschaft«, siehe auch das nächste Kapitel.
[5] **Cicero,** De officiis, II, 24: »Man muß Vorsorge treffen, daß dem Staat keine nachteilige Schuldenlast anwächst, was durch Mittel verschiedener Art verhindert werden kann. Wenn aber der Fall der Verschuldung eingetreten ist, darf nicht so verfahren werden, daß die Begüterten ihr Eigentum einbüßen, während die Schuldner fremdes Gut gewinnen.«
[6] Vgl. **Austin/Vidal-Naquet,** a. a. O., Seite 266: »Der zweite Teil des 2. Buches der pseudo-aristotelischen ›Oikonomika‹ ist eine Sammlung fiskalischer und monetärer Strategeme. Einige dieser Strategeme betreffen *poleis* ..., die sich grundsätzlich fast immer in finanziellen Schwierigkeiten befanden ...« In diesem Zusammenhang wird ein Inschriftenstein erwähnt, der in der Nähe von Sparta gefunden wurde und der aufführt, wer den Spartanern welche Summen zur Kriegsführung 426 (oder 396/95) »gegeben« (geliehen) hat (a. a. O., Seite 262). In der römischen Zeit sind die Stadtanleihen zu »Wucherzinsen«, z. B. für Salamis auf Zypern (Brutus!), überall gebräuchlich.
[7] Vgl. **Gene Brucker,** The Society of Renaissance Florence. A Documentary Study, New York u. a. 1971, der Auszüge aus dem »Catasto« von 1427 bringt, worin die Steuerpflichtigen sämtlich »Monte«-Anteile aufführen (»Monte« = städtisches Schuldenbuch); bei einer Zwangsabgabe 1442 hat eine Familie Ammanatini nur dreimal jährlich 47 fl. Einkünfte aus einem der Stadt geliehenen »Kapital« von 3821 fl., der Vater (Frau, vier Kinder, ein fünftes ist unter-

wegs): »Ich schlafe auf Stroh, habe nichts, mich zuzudecken ...« (a. a. O., Seite 19) – die typische deflationäre Depression bei öffentlich-rechtlicher Überschuldung.

[8]) Im Original abgebildet in **Paul C. Martin,** Cash. Strategie gegen den Crash. München 1985, Seite 262/263. Der Haushalt schließt mit einem Defizit von knapp 34 Prozent. Das sind Finanzzustände, die heute (1986) in Europa von so gesegneten »Gemeinwesen« wie den Niederlanden, Schweden, Belgien, Italien, Österreich usw. wieder zügig angesteuert werden. Staatliches Schuldenmachen führt immer zu Massenelend und **Revolution,** wie schon das Beispiel Florenz lehrt: »Zur Deckung ihres Finanzbedarfs hatte die Republik nach 1324 damit begonnen, Staatsschuldenpapiere auszugeben, deren Wert durch jährliche Zinsgutschriften im **Libro del Monte** ... vermehrt wurde ... Um die Zinsen dieser Anleihen aufbringen zu können, mußte Florenz schließlich indirekte Steuern erheben, die insbesondere die unteren Schichten der Stadt schwer belasteten. Alle diese Faktoren wirkten beim Ausbruch des **Tumulto dei Ciompi** zusammen ...« (**Herfried Münkler,** Machiavelli. Die Begründung des politischen Denkens der Neuzeit aus der Krise der Republik Florenz, Frankfurt 1982, Seite 178). Eine solche »Krise« wird sich jetzt, 600 Jahre später, wieder mitten in Europa, erneut begeben.

[9]) **Jürgen Eick**, Die Nonflation, Zeitschrift für das Gesamte Kreditwesen, 1949.

[10]) A. a. O., Seite 184 ff.

[11]) Martin/Lüftl, a. a. O., Seite 374 ff.

[12]) Wie es immer zugeht, hat **Otto Glagau** für die 1870er Jahre, kurz vor dem damaligen Crash, beschrieben (»Der Börsen- und Gründungsschwindel«, Berlin 1876, Seite 80 f.): »Und sie kamen in hellen Haufen, sie versperrten die Straße, sie belagerten das Haus. Und als die Türen sich endlich öffneten, quoll der Strom herein, und in einem Augenblick waren die ausliegenden Bogen mit Unterschriften bedeckt. Der eine zeichnete 100 Thaler, der andere 500, der dritte 1000, der vierte 3000, der fünfte 10.000 Thaler. ›Drei-, fünfmal überzeichnet!‹ – ›**Kolossal überzeichnet!**‹, meldeten noch am selben Abend die Zeitungen im Chor.« Wie das Ende der 1920er Jahre abgelaufen ist, ist zu lesen in der ausgezeichneten Zusammenstellung von **Joe Granville,** The Warning. The Coming Great Crash in the Stock Market, New York 1985. – Im Januar 1986 gab der Industrielle Friedrich Karl Flick seine Aktien preis, als erstes wurde ein gewaltiges Paket Daimler-Benz-Aktien – immerhin mehr als 10 Prozent des Kapitals – auf den Markt geworfen. Das Publikum war so verrückt nach den Stücken, daß die Deutsche Bank

als Placierungsstelle die Emission nach weniger als einer halben Stunde schließen mußte, sie sei »**acht- bis zehnfach überzeichnet**« gewesen.

[13]) **Karl Neidlinger,** Studien zur Geschichte der deutschen Effektenspekulation von ihren Anfängen bis zum Beginn der Eisenbahnaktienspekulation (Ein Beitrag zur Börsengeschichte). Jena 1930, Seite 6.

[14]) Grundlegend für die Beleihungs-Grenzen-Theorie ist ein wenig bekannter Aufsatz des Ökonometrikers **Martin F. Hellwig,** »A Modell of Borrowing and Lending with Bankruptcy«, Econometrica 45, 1977, Seite 1879–1906.

[15]) Ausführlicher im besten Buch über das 1929er Debakel: **Gordon Thomas** und **Max Morgan-Witts,** The Day the Bubble Burst. London 1980.

[16]) Deutsch unter dem Titel »Die Null-Summen-Gesellschaft. Einkommensverteilung und Möglichkeiten des wirtschaftlichen Wandels.« München 1980. Thurow ist klassischer Mickey-Mouse-Ökonom, der den Kapitalismus mit einer Tauschwirtschaft für kleine Kinder verwechselt, wo auch »nichts« übrigbleibt, wenn man die Geburtstagstorte nur schön »gerecht« auf alle Kinderchen verteilt.

[17]) Ich darf an dieser Stelle ausdrücklich **Peter Schurr** für seine Options-, Zins- und Zeit-Analysen danken.

[18]) In bester Zusammenfassung: **Walter Hirt**, COMRENT aktuell, 6. Jahrgang, Zürich 1986, Nr. 7.

[19]) Dieser Zusammenbruch (wo wir doch endlich stabile Preise hatten!) trifft jedes Mal auf totales Erstaunen. Am 1. November 1873, nach dem »Großen Krach« in Wien, schrieb die »Neue Freie Presse« dort: »Und als die Theuerung geschwunden, das Preisverhältniß gemäßigt ... (da ist) jene furchtbare Finanzkatastrophe hereingebrochen, welche ... heute ... in ihren entsetzlichen Wirkungen nicht nur nicht überwunden ist, sondern eben noch weitere verderbliche Kreise zieht.«

[20]) **David A. Stockman**, The Triumph of Politics, New York 1986. Der traditionell amerikahassende »Spiegel« druckte daraus gleich mehrere Folgen ab, ohne daß das Publikum ob der aufgetischten Horror-Zahlen beunruhigt gewesen wäre. Inzwischen ist vom Stockman-Buch eine deutsche Übersetzung erschienen (Bertelsmann 1986).

[21]) Nach der »Laffer-Kurve« soll die Gesamtsumme der Steuern, die ein Staat einnimmt steigen, wenn der Steuersatz sinkt, weil sinkende Steuern die Wirtschaft ankurbeln und auf diesem Umweg die Staatskasse füllen, vgl. Paul. C. Martin, Wann kommt der Staatsbankrott, München 1984, Seite 37.

[22]) **Friedrich Nebenius,** Der öffentliche Credit, (...) Karlsruhe 1820, vor allem I. Abteilung, Kapitel 5: »Von dem Einfluß der öffentlichen Anlehen und beträchtlicher Staatsschulden auf den ökonomischen Zustand der Völker« (Seite 230−250).

[23]) Außer **Nebenius** ist auch **Albert Gallatin,** geborener Schweizer, später US-Finanzminister und Sanierer der Staatsfinanzen der Union zu Beginn des 19. Jahrhunderts, auf den Effekt gestoßen: »(The Public Debt) becomes an article of barter, an **object of speculation ... and is well known, upon many occasions, to have caused some of the greatest distresses** which the mercantile world has experienced« (Albert Gallatin, A Sketch of the Finances of the United States, New York 1796, Seite 128).

[24]) **Gino Capponi,** Geschichte der florentinischen Republik, Leipzig 1876, Band I, Seite 281.

[25]) Daß keiner dieser über 30 Jahre laufenden Zerobonds, die 30faches (!!) Geld versprechen, zurückgezahlt wird, verschweigt der Meister. Bernecker ist zwar ein Börsen-Kenner der Extra-Klasse, vom Wesen des Zinseszinses hat er aber keine Vorstellung. 30faches Geld in 30 Jahren, und das obendrein bei fallenden Preisen − Gute Nacht, Herr Emittent!

[26]) **Jack Kemp** und **Roland Leuschel,** Die amerikanische Idee, Wirtschaftsverlag Langen-Müller/Herbig, München 1985.
Im amerikanischen Original (Washington 1984) lautet der Titel von Kemp's Buch: »The American Idea: **Ending Limits to Growth**«. Das Vorwort schrieb kein geringerer als **Ronald Reagan**, eine Einleitung verfaßte **Irving Kristol**, der Grandmaster des amerikanischen Kapitalismus, den wir im Kapitel »Dinseyland« leider als Mickey-Mouse-Ökonomen und Perspektivagenten des Sozialismus enttarnen müssen.

[27]) Das Schiltknecht-Theorem ist auch als »Casino-Theorem« bekannt: Es kann in einem Casino nie etwas passieren, wenn die Verluste der Spieler von der Direktion immer ausgeglichen werden. Nur: Dann spielt eben niemand, weil keine Differenzen (»Gewinne«) zu anderen Spielern zu erzielen sind, dann ist jedem die Zeit zu schade, sich ans Roulette zu setzen. In die Wirtschaft übertragen heißt dies: Werden alle Verluste »ersetzt«, hört das Wirtschaften auf. Dann haben die Notenbanken alle Forderungen übernommen, indem sie die Schulden aller Schuldner auf ihre Aktivseite gebucht haben. Die Gläubiger, wir, das Publikum, haben dann buchstäblich »alles Geld der Welt« (Banknoten stehen bei den Notenbanken auf der Passivseite), nur: für das Geld gibt es nirgends was zu kaufen, weil alle Produktion längst eingestellt wurde. Es wäre auch sinnlos zu produzieren, wo man doch das »Geld«, das man mit Hilfe des

Produkts bekommen möchte, bei der Notenbank kostenlos abholen kann. Gell!

[28]) Martin/Lüftl, Die Plcite, a. a. O., Seite 79 ff. Das Siemens-Syndrom ist eine weltweite Erscheinung. Am 8. Juli 1986 berichtete die FAZ über den englischen Elektro-Multi GEC: »Der **Geldberg** der GEC wächst weiter – Erstmals weniger Gewinn bei der englischen General Electric Company«, und am selben Tag erscheint die »Financial Times« mit der Zeile: »Matsushita Electric reluctant to part with $ 11 bn cash mountain.« Die elf Milliarden Dollar **Cash** – wohin, wohin, zumal sich der »Berg« in fünf Jahren verdoppelt hatte. Vielleicht kann Matsushita (»Panasonic«, »National«) Siemens fragen, was man da macht, und Siemens fragt GEC, und die fragen Matsushita – wer sonst – außer diesen Super-Multis – sollte sich im Electric-Geschäft auskennen?

[29]) »Kinder der Not«, in »bilanz«, Schweizer Wirtschaftsmagazin, Heft 2, 1985, Seite 67–71. – Notabene: Es werden nur privatwirtschaftliche Kartelle behandelt, also die normalen Zusammenschlüsse privatkapitalistischer Unternehmer.

Disneyland

Woher die Vorstellung von der »Tauschwirtschaft« stammt, wer der erste Supply-Side-Theoretiker war, und warum die großen Stars der »freien Marktwirtschaft« in Wirklichkeit Perspektivagenten des Sozialismus sind

>»Tauschen, wie hochdeutsch, mittelhochdeutsch tūschen, factitiv zu tūzen, schweigen. Der Tausch (mittelhochdeutsch tusch) heimliches Wesen, Betrug. Daz getiusche, mittelhochdeutsch, Täuschung, Betrug.«
> *Johann Andreas Schmeller,*
> *Bayerisches Wörterbuch*
> *(1872−1877)*

Der große Irrtum von Truhen & Schätzen

Die Vorstellung der Politiker und der Wirtschaftsprofessoren von der Wirtschaft sind TTS-Theorien.
T wie **Truhe. T** wie **Tausch. S** wie **Schatz.**
Die Unternehmer haben irgendwo im Keller ihrer Etablissements eine große Truhe. In die können sie nach Herzenslust greifen, um »Investitionen« zu finanzieren oder auch »Lohnerhöhungen«. Wenn die Unternehmer »ihre Taschen ›zu‹ halten«, muß man sie halt dazu zwingen. Zum Investieren durch staatliche Anreize, Senkung der Steuern, bessere Abschreibungsmöglichkeiten, oder direkte Staats-»Nachfrage«, also ein sogenanntes »Ankurbelungsprogramm«. Das dann wundersame Wirkungen zeitigt, sogenannte »Multiplikator«-Effekte: Der erste Unternehmer macht mehr Umsätze, dann bestellt er mehr bei seinem Lieferanten, dann der bei seinem und so fort. Und die ganze Wirtschaft läuft wieder »wie geschmiert«.
Leider vergessen die Menschen mal zu fragen, was denn das im Ernst für »*Geld*« ist, das der Staat bei solchen »*Ankurbelungsprogrammen*« unters Volk streut. Es ist natürlich kein »Geld«, sondern es sind »*Schulden*«, die der Staat macht, und wie das mit den Staatsschulden zu Ende geht, haben Walter Lüftl und ich in unserem Buch »Die Pleite« vorgezeichnet: in **Staatsbankrott** und **Massenelend**.
Auch die Gewerkschaften »zwingen« gelegentlich die Unternehmer, die »Kapitalisten«, in ihre Truhen zu greifen, um höhere Löhne zu spendieren. Dabei sind die Unternehmer auch noch verstockt und sehen einfach nicht ein, daß höhere Löhne höhere Nachfrage schaffen, ergo auch höhere Gewinne und so fort.
Was die Gewerkschafter, wie Politiker und Wirtschaftsprofessoren, nie begreifen, ist der schlichte Fakt, daß es *keine Truhe gibt*. Daß vielmehr alles, was in Form von Aus-»Zahlungen« eine Unternehmung verläßt, und sei es in Form höherer Löhne, vorfinanziert werden muß. Nachfrage »als solche« gibt es ebenso wenig wie »Geld« als »solches«. Immer handelt es sich um debitistische Prozesse, um Schuldenmachen also – mit dem nun hinrei-

chend bekannten Zeitproblem. Die Marktwirtschaft ist in der Vorstellungswelt dieser Leute, die den Kapitalismus nicht kapiert haben, *eine riesige Tauschveranstaltung*. Auf (möglichst freien!) Märkten treffen sie sich alle, um ihre »Überschüsse« loszuwerden, und um damit anderes »ein«zutauschen. Und wenn es gerade nichts gibt, was man eintauschen könnte, dann nimmt man halt Geld, und dieses Geld wird dann wieder zu Hause in die Truhe gelegt und bildet so einen immer größeren »Schatz«.

Solche »Schatz«-Vorstellungen werden aufgetischt, wenn zum Beispiel von »Devisenreserven«, noch besser: **»Währungsreserven«,** die Rede ist. Dabei schlagen sich alle Deutschen achtungsvoll an die Brust. Wir sind wieder wer. Denn wir haben einen riesigen Schatz, der sogar »international« unvergleichlich ist. Denn wir haben die größten »Devisenreserven« der Welt. Schon dieses schöne Wort »Reserven«. Das ist bekanntlich etwas für den Fall der Fälle. Und wenn es hart auf hart kommt, können »wir« da ebenso von leben, wie halt alle Leute, die auch sonst irgendwie und irgendwo einen »Schatz« haben.

Im Fall der Fälle sind die »Devisenreserven« leider aber *futsch*. Denn unter diesem hochtrabenden Titel verbergen sich nichts anderes als **Schulden von anderen Leuten,** vornehmlich Schulden öffentlich-rechtlicher Körperschaften, genannt »Staaten«, ganz oben der »Vereinigten Staaten«.

In dem mit Windeseile auf uns zueilenden Staatsbankrott der USA aber stellt sich die Frage nach dem »nationalen Schatz«, nach unseren »Währungsreserven« nicht mehr. Sie sind dann nämlich mit einem Streich verschwunden. Weil der Schuldner ausfällt.

Wie aber ist es zu diesem verhängnisvollen Denkfehler gekommen? Warum ist die TTS-Theorie nicht längst als völliger Blödsinn entlarvt worden?

Warum lernen unsere »Volkswirtschafts«-Studenten an den Universitäten nichts als eine **Mickey-Mouse-Ökonomie?** Sie lernen nämlich Tauschwirtschaft. Und tauschen können, das muß man nur im Kindergarten, im Mickey-Mouse-Alter. Warum wird an keiner wirtschaftswissenschaftlichen Fakultät die Wahrheit gelehrt, daß nämlich die Schuld am Anfang aller Ökonomie steht, und nicht der Überschuß, den man dann gegen andere Überschüsse »tauschen« kann?

Um die Vertreter der TTS-Theorie klar von unserer Position abzugrenzen, nennen wir sie **Thesauristen,** vom griechischen Wort Thesauros = Schatz.

Wir sind die **Debitisten.**

Thesauristen contra Debitisten. Nur einer kann gewinnen. Das sind wir.

Historiker, Notenbanker, Finanzjournalisten: Disneyland ist überall

Es gibt praktisch keine Veröffentlichung zum Thema »Wirtschaft«, die nicht ein Lehrbeispiel in TTS-Vorstellungen wäre. Disneyland ist überall.

Zum Beispiel brachte der Kindler-Verlag im Frühjahr 1986 **Fernand Braudels** dreibändige »Sozialgeschichte des 15. bis 18. Jahrhunderts« auf den Markt.[1])

Braudels Einleitung zu Band II, »Der Handel«, enthüllt, daß er im »Kapitalismus« so eine Art *letzte und feinste Stufe* des Wirtschaftens sieht, wobei er unabdingbare Bestandteile des Kapitalismus, also jeder Art des Wirtschaftens unter Einsatz von »Kapital« (einschließlich des eigenen Körpers des Arbeiters!) unter der Bedingung von Zeitablauf, anführt:

> »Der vorliegende Band verfolgt das Ziel, die **Stockwerke** über dem Erdgeschoß des im Band »Der Alltag« behandelten materiellen Lebens zu erforschen, und zwar zunächst die unmittelbar anschließenden des Wirtschaftslebens und darüber das **Aktionsfeld** (!) des Kapitalismus ...
> Zwischen dem ›materiellen Leben‹ im Sinne des allerelementarsten (!) Wirtschaftens und dem Wirtschaftsleben gibt es ... lediglich Tausende bescheidener Berührungspunkte – Märkte (!), Verkaufsstände, Läden usf. –, die zugleich auch jene Stellen markieren, an denen sich das Wirtschaftsleben mit seinem Tauschverkehr (!), seinem Geldwesen (!), seinen Knotenpunkten und über-

legenen Hilfsmitteln – Handelsplätzen, Börsen, Messen – von dem hartnäckig im Zeichen (!) der Selbstversorgung, der Nicht-Wirtschaft (!) stehenden materiellen Lebens scheidet. **Wobei an der Schwelle** (!) **des Tauschwertes** (!) **die Wirtschaft** (!) **beginnt.** Im vorliegenden Band habe ich nun versucht, den **Tausch** (!) in all seinen Spielarten vom schlichten (!) Tauschhandel bis zum **raffiniertesten** (!) **Kapitalismus** zu analysieren ...« (Band II, Seite 11, Ausrufezeichen, wie immer von mir.)

Bei Braudel sind die Menschen, die nur ihre Urschuld abtragen, also sich selbst als Kapital einsetzen, die Leute des »allerelementarsten Wirtschaftens«. Danach kommen die Bossler, denen also rätselhafterweise etwas »übrigbleibt«. Dieses führt dann zum »Tauschhandel«, seiner zweiten Stufe, die er »Wirtschaftsleben« nennt, oder auch »Wirtschaftsleben mit seinem (!) Tauschverkehr«.

Dabei rutschen ihm die verräterischen Debitismus-Begriffe wie »Geldwesen«, ja sogar »Handelsplätze, Börsen, Messen« heraus. Zum Schluß wird es »raffiniert«. Der »Kapitalismus« ist da, Bonjour, sozusagen der Beau Brummell der wirtschaftlichen Gesamtentwicklung. Aber auch der »*Kapitalismus*« bleibt für Braudel ein »*Tausch*« (»den Tausch in all seinen Spielarten vom ... bis ...«).

Die Worte entlarven Braudel schnell: Er benutzt zunächst einen Vergleich mit einem Bauwerk. Im Erdgeschoß lungert der »Alltag« herum, ganz oben im Penthouse sitzen die Kapitalisten.

Dann gibt es »Berührungspunkte«, wo sich scheinbar etwas »tut«, wie in der Sixtina Gottvater den Adam per Finger-Tip berührt, und schon fängt der an zu leben.

Auch ein Vergleich mit dem »Hereintreten in« oder »Heraustreten aus« etwas darf bei Braudel nicht fehlen. Daher benutzt er den Vergleich mit der »*Schwelle*«, bei deren Überschreiten etwas »beginnt«.

Wenn wir uns Braudels Modell veranschaulichen, kommen wir auf so etwas ähnliches wie jene »Stufentheorie«, die im 19. Jahrhundert in der Nationalökonomie eine gewisse Rolle gespielt hat.[2])

Also Braudels Theorie der wirtschaftlichen Entwicklung bis hin zum Kapitalismus:

Stufen/Entwicklungs-Stadien o. ä.	*Was geschieht da?*
»Erdgeschoß« »Alltag«	»Allerelementarstes Wirtschaften« »Materielles Leben« »Steht hartnäckig im Zeichen der Selbstversorgung« »Nicht-Wirtschaft«
»Schwelle« »Tausende bescheidener Berührungspunkte« »Jene Stellen, die scheiden«	»Schlichter Tauschhandel« »Die Wirtschaft beginnt«
»Wirtschaftsleben«	»Wirtschaftsleben mit seinem Tauschverkehr« »Geldwesen«
»Knotenpunkte« »Überlegene Hilfsmittel«	»Handelsplätze« »Börsen« »Messen«
»Darüber das Aktionsfeld des Kapitalismus«	»Raffiniertester Kapitalismus«

Armer Braudel! Entweder er muß uns erklären, wieso aus seiner Nicht-Wirtschaft die Wirtschaft wird, warum danach auch noch getauscht wird, woher vor allem dann das *Geldwesen* kommt, wenn sich das eine aus dem anderen entwickelt (Modell: Ein

Stockwerk wird über das andere gebaut, also **Sukzessiv**-Vorstellung).

Oder er muß uns erklären, wie es möglich ist, daß auf der einen Seite der Alltag existiert, aber gleichzeitig eine Wirtschaft »irgendwoher« startet, die dann mit dem Alltag wiederum in Beziehungen tritt (»Berührungspunkte«). Und wenn das so ist, wie es zu den überlegenen Hilfsmitteln, speziell dem *Geldwesen* kommt (Modell: Etwas entwickelt sich aus etwas anderem heraus, ist dann aber gleichzeitig zu dem anderen vorhanden, also **Sukzessiv-Simultan**-Vorstellung).

Es ist die alte Leier: Nicht-Wirtschaft plus Tausch ist Wirtschaft. Wirtschaftsleben mit Hilfsmitteln, Knotenpunkten und Geldwesen führt dann »irgendwie« zum Kapitalismus.

Wenig später wird Braudel noch einmal konkret und präzisiert:

»Das materielle Leben in den Jahrhunderten vor der Französischen Revolution (stellt) die selbst noch **unterhalb des Tauschverkehrs** liegende, breiteste Schicht von allen dar.«

»Den für die Aufstellung jedes Modells geltenden Regeln folgend, bin ich ... vorsichtig vom Einfachen zum Komplizierten fortgeschritten. Was sich bei den Wirtschaftsgesellschaften der Vergangenheit auf Anhieb mühelos beobachten läßt, ist die sogenannte Zirkulation oder Marktwirtschaft.«

»(Dann) bin ich immer wieder auf den unabweisbaren Gegensatz zwischen einer normalen, vielfach **routinemäßig eingespielten Tauschwirtschaft,** und einer höheren, **raffinierten Wirtschaft** gestoßen.«

»Als ich zur Kennzeichnung dieser Zone, die sich von der wirklichen Marktwirtschaft nicht nur abhebt, sondern vielfach sogar in offenen Widerspruch zu ihr tritt, eine Bezeichnung suchte, kam mir unabweisbar das Wort **Kapitalismus** in den Sinn.« (a. a. O., Seite 12 und 13).

Wenn sich das eine aus dem anderen *entwickelt:* Wo kommt die Entwicklung her, was treibt sie voran?

Wenn das eine zum anderen *in Gegensatz tritt:* Warum kommt es zu diesem Gegensatz, worin besteht er?

Natürlich wirkt ein Pariser Börsenspieler des 18. Jahrhunderts »raffinierter« als ein gleichzeitig ein Feld hackender Bauer in der Auvergne. Nur ersetzen solche Beobachtungen nicht die Arbeit, die man sich machen muß, wenn man wirklich ein »Modell« aufstellen will, wie Braudel es fordert.

Der große Gelehrte gibt sich jedoch wenig später selbst den Bauchschuß, als er sich über seinen »urtümlichen Markt« ausläßt, der sich »in gleichbleibender Form über die Jahrhunderte halten kann«. Da kommt der französische Bonvivant so richtig ins Schwärmen: Dieser Markt sei von einer »robusten Einfachheit«, da beschreibt Braudel die »unüberbietbare Frische der direkt aus den Gärten und von den Feldern der Umgebung angelieferten verderblichen Waren«. Ach, wie knackig, Nouvelle Cuisine quer durch alle Zeiten.

Und dann hat Braudels »Markt« auch noch »unschlagbar billige Preise«. Aha, in was wird dieser **Preis** wohl festgesetzt? *Wo es »Preise« gibt, existiert bekanntlich* **kein Tausch** – nicht wahr, Monsieur?

Das übersieht Fernand aber, denn sein Markt mit den »unschlagbaren Preisen« ist zugleich die »direkteste, überschaubarste, striktest überwachte und gegen Betrug abgesicherte, mit einem Wort, reellste Form des Tausches«.

Also, was denn nun? **Kauf** oder **Tausch? Preis** oder **Menge?** Haben die Damen und Herren Marktteilnehmer Artischocken gegen Auberginen getauscht, oder gibt es Preisschildchen mit der Aufschrift »1 Pfund = 10 Sous«?

Und schon drückt er ab, der Meister, die Mündung Richtung Bauchhöhle:

> »Dieser **unmittelbare Austausch** ist ein ›Hand-in-Hand‹, ein ›Auge-in-Auge-Handel‹: Der Verkauf erfolgt auf der Stelle, der Käufer nimmt die erstandene Ware an sich und **bezahlt bar,** Kredit wird lediglich in geringem Umfang von Markt zu Markt gewährt.«
> (Alle Zitate a. a. O., Seite 20)

»Kredit« gibt er also zu. Aber, was ist dieses rätselhafte »bar«? Da wird getauscht, klar doch: 10 *Stück* Artischocken gegen 10 *Stück* Geld. Und die einen gehen wieder aufs Feld zurück und ziehen Artischocken, während die anderen zurück in ihre Bergwerke eilen, um dort weiterhin ihr Geld auszubuddeln. Denn das besteht ja aus Silber und so seltenen Metallen. Und alles ist unüberbietbar frisch und reell.

Was Fernand Braudel wortgewaltig und voller Harmoniebedürfnis erzählt (»unmittelbarer Austausch«, »Hand in Hand«, »Auge-in-Auge-Handel«), hört sich zwar toll an, hat aber mit der Geschichte, so wie sie wirklich gelaufen ist, *nichts zu tun*. Braudel hat sich von Stimmungen mitreißen lassen, wahrscheinlich war er immer begeistert, wenn ihm seine Frau vom Wochenmarkt die frischen Ingredienzen für seine feinen Mahlzeiten mitgebracht hat.

Ein anderer Wirtschaftshistoriker, der nicht weniger intensiv gelebt, aber auch lange Jahre in Archiven zugebracht hat, ist der Deutsche **Karl Bücher,** einer der Hauptvertreter der berühmten »historischen Schule der Nationalökonomie«, die in Deutschland vor dem Ersten Weltkrieg regierte. Dieser Bücher faßt das Ergebnis seiner Forschungen in Sätzen zusammen, die den Erkenntnissen Braudels diametral entgegengesetzt sind:

>**»Der Tausch ist ursprünglich ganz unbekannt.** Der primitive Mensch, weit entfernt, eine angeborene Neigung zum Tauschen zu besitzen, hat im Gegenteil eine **Abneigung** gegen dasselbe. **Tauschen** und **täuschen** ist in der älteren Sprache eins« (Die Entstehung der Volkswirtschaft, a. a. O., Seite 16)

Auch die Sprachforschung bestätigt das. »Exchange« ist der »Wechsel« (»Austausch«). Im Englischen gibt es kein richtiges Wort für »tauschen«. Das Wort »barter« käme ihm noch am nächsten, es leitet sich ab vom lateinischen Stamm »pars« (französisch: »parter«, altdeutsch »partieren«, was bedeutet: *»hausieren«,* »auf unerlaubte Weise beiseite schaffen«, *»betrügen«).* Das »trucking«, was wir oben beim »Trucksystem« schon als übelbeleumundet kennen gelernt haben, kommt vom französischen »troc«, das wir im »Essai« von Cantillon unten intensiver verfolgen dürfen. Beim »changer« denkt man unwillkürlich an »changierend«, im Sinn von *»schillernd«.* Die »Wechsler«, das weiß man auch aus der Geschichte, waren immer eine höchst dubiose

Berufsklasse. Der Wechsler (und Bankier?) Diogenes legte einen betrügerischen Bankrott hin, Christus vertreibt solche Leute aus dem Tempel (vermutlich waren die auch noch Wucherer), das Wort »Bankrott« leitet sich her aus dem Zerbrechen der Wechslerbank (**»banca rotta«**)**,** sobald einer beim falschen Tauschen, beim »Täuschen« eben, erwischt wurde. In Schmellers »Bayerischem Wörterbuch«, das gerade wieder in einer Neuausgabe zugänglich ist und wo Sprache wirklich unverfälscht erscheint, wird auf Hans Sachs verwiesen und ein

>**»Täuscheln und mäuscheln,** heimlich Kleinigkeiten vertauschen«.

Im Mittelhochdeutschen hängt »tauschen« zusammen mit »tuschen« (Vertuschen), bedeutet auch soviel wie **»schweigen«.** Der »Tusch« (»Tausch«) ist ein heimliches Wesen, ist »Betrug«![3]) Warum sehen das Braudel und andere »Tausch-Historiker« nicht? Noch nie was von »tuschelnden Roßtäuschern« gehört, Ferdi?

Bei ihm wird es »zum Schluß« nicht nur »raffiniert«, wenn nicht nur kräftig getauscht wird, sondern auch noch mit Hilfe des »Geldwesens« getauscht wird, und dabei quasi »besondere Techniken« (Braudel) sich entfalten (»Börsen«, »Messen«): Es ist Disneyland, wo alles irgendwie »da« ist bzw. sich alles irgendwie »entwickelt« hat.

Niemand nimmt Mickey Mouse die Maske ab.

Auch die viel gerühmten Notenbankgewaltigen und die ihre Berichte kommentierenden Finanzexperten fallen immer wieder auf die TTS-Geschichten rein.

Dazu muß man nur einen x-beliebigen Monatsbericht der Deutschen Bundesbank und seine Kommentierung durch die Wirtschaftspresse heranziehen. Nehmen wir den Buba-Bericht vom Juni 1986. **Hans D. Barbier,** Kommentator der »Frankfurter Allgemeinen Zeitung«, schreibt unter dem Titel »Stabilitätsgewinn«:

>»Zögernd, aber nun immer kräftiger werdend, setzen sich jetzt die binnenwirtschaftlichen Expansionskräfte durch ... Hier fällt der Ertrag der Stabilisierungspolitik an. Die Ökonomen sprechen

vom ›**Realkasseneffekt**‹: **bei sinkenden Inflationsraten steigt der Wert der Geldvermögensbestände;** die Haushalte können – bei nominal **unveränderten** Einkommen – **mehr** Güter kaufen und gleichzeitig **mehr** sparen. Das stützt die Konjunktur und schafft die Grundlage für ein spannungsfreies Wachstum. Der Stabilitätsgewinn einer Volkswirtschaft kann gar nicht hoch genug eingeschätzt werden.« (FAZ, 24. Juni 1986)

Klingt absolut plausibel, steckt aber bis über den Hals im TTS-Sumpf: Weil alle Güter billiger werden, kann ich mir jetzt mehr Güter mit meinem Geld, das mehr »wert« geworden ist, eintauschen. Ich kann aber nicht nur mehr Güter eintauschen, sondern sogar gleichzeitig mehr sparen, weil jetzt die Güter so viel billiger sind.[4])

Schauen wir uns das Bundesbank-Barbier-Modell, das die gesamte »bürgerliche« Presse selbstverständlich begeistert in allen möglichen Varianten durchgespielt hat, genauer an:

Das bürgerliche TTS-Modell in der Praxis
(Wirtschaftliche Lage der Bundesrepublik Deutschland im Sommer 1986)

Mein Einkommen in »Einheiten«:	Die Preise der Güter-»Einheiten« entwickeln sich so:	Was kann ich (werde ich tun?
100	100 auf 110	Ich kann mir 10 Einheiten weniger kaufen, weil alles teurer geworden ist
100	100 steigt nur noch auf 105	Gegenüber der Zeit, da »alles teurer« wurde, ist jetzt meine Kaufkraft gestiegen, wir haben »sinkende Inflationsraten«! Ich kann »mehr« kaufen.

Mein Einkommen in »Einheiten«:	Die Preise der Güter-»Einheiten« entwickeln sich so:	Was kann ich (werde ich tun?
100	100 bleibt 100	Weil die Preise stabil sind, habe ich mein »Geld« jetzt voll »für mich«. Ich kann mir mehr kaufen.
100	100 auf 90	Ich kann mir »mehr« kaufen (10 Einheiten), weil alles noch billiger geworden ist
100	100 auf 80	Ich kann mir nicht nur 10 Einheiten mehr kaufen, sondern noch 10 Einheiten extra auf die hohe Kante legen. Konsum *und* Sparen steigen an!
100	100 auf 0	Ich kann jetzt alles kaufen, was produziert wird, weil es nichts mehr kostet. *Und* außerdem kann ich noch mein ganzes Einkommen sparen.

Kapiert? Kapiert!

Ein wunderschönes Beispiel für eindimensionales Denken in Reinkultur nach dem Motto: Es regnet, also ist die Straße naß.

Das »Einkommen« ist einfach immer »da«. Es gibt eine Truhe, in die wird gegriffen, von wem auch immer: vom Arbeitgeber, der aus dieser Truhe die Löhne und Gehälter bezahlt, der Staat, der – im Fall der Arbeitslosigkeit oder einer überraschenden »Störung« dieses wunderschönen Prozesses – mit »Transfer-Zahlungen« dafür sorgt, daß die Konsumausgaben auch immer schön auf gleicher Höhe bleiben. Oder gar vom betreffenden einzelnen, der schließlich auch irgendwo so eine Truhe hat, hilfsweise stellt die Bank, bei der er sein Konto beliebig überziehen darf, ihrerseits ihren Schatz zur Verfügung, der dort in zahlreichen Truhen schlummert.

Dann kommt auch kein Mensch auf die Idee, daß im Grunde der einzelne doch immer nur das ausgibt, was er als »Einkommen« erhalten hat, also 100. Daß also die »Umsätze« der anderen Seite natürlich nicht gestiegen sein können. Denn selbst wenn der Konsument »mehr« kauft, weil es »billiger« geworden ist, kann er **unterm Strich** (Menge mal Preis) doch nur *das ausgeben, was er als Einkommen zur Verfügung hatte* – oder? (Oder er muß sich verschulden, aber davon ist ja nirgendwo die Rede.)

Auch das Sparen, daß alle erst recht reicher macht, wird von den bürgerlichen TTS-Anhängern nicht kapiert. So schreibt die Bundesbank in ihrem Juni-Bericht, daß sich das »Sparaufkommen« um 6 Prozent erhöht hätte und die Sparquote bei 16 Prozent läge.[5])

Die Bundesbank meint dann allerdings, daß ein guter Teil dieser Mittel »in nicht allzuferner Zeit konsumtiv verwendet« würde.

Aha. Und bis dahin ruhen diese »Mittel« also wohlbehütet im Schatzraum der Banken, dort, wo die Riesentruhen stehen. Es ist schon abenteuerlich, daß selbst die hochgerühmten »Währungshüter« sich nicht vorstellen können, daß es so etwas wie »Geld«, »liquide Mittel« oder »demnächst konsumtiv verausgabte Mittel« **nicht gibt.** Und daß insofern auch die Vorstellung, daß »die privaten Haushalte künftig verstärkt konsumieren« würden, überhaupt nichts mit dem »Geld« zu tun hat, das da in den Schatztruhen schlummert wie einst Dornröschen in seinem Turmzimmer.

Das »Geld«, das die Konsumenten auf die Banken getragen haben, liegt dort nicht. Es ist in dem Augenblick, da es einging, auch schon *wieder rausgegangen,* »angelegt«, das heißt von einem Kreditnehmer **»ausgegeben«** worden.

Sollten die Konsumenten tatsächlich eines Tages »mehr konsumieren«, **dann handelt es sich nicht um das Geld, das sie »damals auf die hohe Kante« gelegt hatten!** Sondern es muß »neues Geld« sein, das heißt: neue Kredite, zum Beispiel durch (gesamtwirtschaftlich gesehen) Beleihung der vorhandenen Guthaben, die dann durch das »Abheben« nicht verschwinden, sondern per Gläubiger/Schuldner-Wechsel nur woanders verbucht werden.

Was sagte Hans D. Barbier, der Wirtschaftskommentator der angesehenen »Frankfurter Allgemeinen«? Er sagt:

> »Die Haushalte können – bei nominal **unverändertem** Einkommen – **mehr** Güter kaufen und **gleichzeitig mehr** sparen.«

Was ist TTS in Reinkultur? Das ist Tauschwirtschaft in Reinkultur: Ich habe 100 Stück Geld. Früher, als alles teurer war, mußte ich die 100 Stück Geld für 100 Stück Waren ausgeben, sparen konnte ich damals nichts. Heute, da die Waren um die Hälfte billiger sind, sieht es für mich viel, viel besser aus. Denn: Ich kann mir 150 Stück Waren tauschen (FAZ: »Mehr Güter kaufen«). Das kostet nur noch 75 Stück Geld. Und ich habe immer noch 25 Stück Geld übrig. Die kann ich auf die hohe Kante legen (FAZ: »Gleichzeitig mehr sparen«). Und da liegen die und lauern, und weil ich die »demnächst« auch noch »ausgeben« werde, kurble ich dann noch einmal und erst recht die Konjunktur an.

Dr. Hans D. Barbier ist »verantwortlicher Redakteur« (!) für »Wirtschaftspolitik« (!) der »Frankfurter Allgemeinen Zeitung«. Im Sommer 1986 wurde diesem Top-Experten vom Kieler **Institut für Weltwirtschaft** die »Bernhard-Harms-Medaille« verliehen, die, so ein Bericht der FAZ vom 28. Juni 1986, »an Persönlichkeiten (geht), die sich um weltwirtschaftliche Forschung verdient gemacht haben«. In der Begründung des Instituts heißt es:

> »Dr. Barbier ist einer der **besten** Wirtschaftsjournalisten in der Bundesrepublik; er ist nicht nur ein **hervorragender** Journalist, sondern auch ein **vorzüglicher** Ökonom.« (FAZ, 28. Juni 1986)

Eine strahlendere Lichtgestalt kann es also kaum geben. Und es muß auch stimmen, was die Leute vom Kieler Institut sagen. Denn das sind erst recht »Experten«, »Professoren« und »Wirtschaftswissenschaftler« von internationalem Rang.

Lauschen wir doch noch einmal dem geehrten, vorzüglichen Ökonomen selbst. Was schreibt er in seinem »Stabilitätsgewinn«-Kommentar? Er schreibt:

»Bei **sinkenden Inflationsraten steigt** der Wert der Geldvermögensbestände ...«

Dies ist schon von vorneherein falsch. Denn jede Inflation, die bekanntlich anhand von »Inflationsraten« gemessen wird, läßt den »Wert der Geldvermögensbestände« *immer* sinken.

Auch wenn die Inflationsraten »sinken«, bleiben es noch Inflationsraten, ergo fällt auch bei fallenden Inflationsraten der Wert von Geldvermögensbeständen.

Aber der vorzügliche Ökonom ist selbstverständlich auch lupenreiner TTS-Theoretiker. Denn was sind seine »Geldvermögensbestände« anderes als der Inhalt der berühmten Truhe, in die wir ja jeden Tag greifen, um uns nach Herzenslust irgendwas zu kaufen. Barbier hat den Schatz im Auge, wenn er von »Geldvermögensbeständen« und ihrem »Wert« spricht. Ein Schatz – und das ist absolut und immer richtig – wird wertvoller, wenn man diesen Schatz gegen andere Dinge günstiger tauschen kann.

Also: Barbier hat zu Hause eine Truhe voller Silber- und Goldstücke stehen. Die Preise aller anderen Güter dieser Erde – außer Gold und Silber – steigen nicht mehr so schnell wie die Preise von Gold und Silber bzw. sie fallen, während die Preise für Gold und Silber noch steigen, gleich bleiben oder weniger schnell fallen. Daraufhin bricht der vorzügliche Ökonom in den Ruf aus:

»Der Wert meines Vermögens ist gestiegen!«

Wir alle finden: Barbier hat recht, und wir stellen uns an, um ihm zu gratulieren.

Was Barbier in seinem Kommentar vielleicht gemeint hat, war:

»Bei steigenden Deflationsraten steigt der Wert der Geldvermögensbestände ...«

Denn bei **Inflationsraten,** ob steigenden, gleichbleibenden oder fallenden, **muß der Wert von Geldvermögensbeständen immer**

abnehmen, weil die Güterpreise steigen, während das Geldvermögen, da in nominalen Zahlen fixiert, immer fallen muß. Für 1000 Mark auf dem Sparbuch kann ich mir dann immer weniger kaufen.

Das wird aber anders, wenn die Preise sinken. Das aber ist die »**Deflation«,** Herr Doktor Barbier, auch wenn Sie so ein schlimmes Wort nicht gern in den Mund nehmen, wo Ihr Kollege Julitz das mit der »Deflation« in Ihrer Zeitung gerade erst als »Gerede« abgetan hat.

Doch selbst wenn Barbier solches offen zugestanden hätte, das mit der Deflation und den dann selbstverständlich steigenden Werten der Geldvermögensbestände, wäre das wieder ein Denken von der Qualität gewesen: Es regnet, also ist die Straße naß.

Denn woher kommen denn diese rätselhaften »Geldvermögen«?

Handelt es sich dabei tatsächlich um einen Schatz, der in einer Truhe schlummert?

Natürlich nicht! »Geldvermögen« sind Aktiva des Sparers, ergo müssen sie **irgendwo anders Passiva** sein. Und siehe da: Es sind just die Passiva jener Leute, *die jetzt über die sinkenden Preise gar nicht lachen können.* Es sind Passiva vor allem der Unternehmer, die Schulden gemacht haben, um zu investieren. Und von diesen Schulden kommen sie jetzt nicht mehr herunter, denn der Verfall der Preise macht die Bedienung (Zinsen, Tilgung) der Kredite mehr und mehr unmöglich.

Das »Sich-reich-Rechnen« beim Konsumenten führt leider zu einem »Schnell-Bankrott-Gehen« bei den Unternehmen. Die »Geldvermögen« sind nicht unendlich prall gefüllte Schatztruhen beim Doktor Barbier und anderswo zu Hause. **Die »Geldvermögen« sind vielmehr bei fallenden Preisen immer schneller unbedienbar werdende Schulden weltweit immer schneller krachender Schuldner.** Der »Gegenwert« der »Geldvermögen« sind (kleine Auswahl): *stillgelegte Ölbohrinseln* in der Nordsee (im Dezember 1985 lagen vier solcher Inseln still, Mitte 1986 ware es schon fast 40); *unverkäufliche Immobilien,* etwa der »Neuen Heimat«; *Schulden von sogenannten »Staaten«,* die in Windeseile dem Bankrott zueilen und – wie selbst in der Bundesrepublik Deutschland unter dem Puritaner Stoltenberg auch – der »Sparpolitik« endgültig abgeschworen haben; *US-Farmen,* die unter den Hammer kommen; die Forderungen gegenüber Firmen, die in allen Staaten auf immer höher schaukelnden *Pleitewellen* reiten.

Je schneller jetzt die Preise fallen, um so höher wird der »Wert« der »Geldvermögen«, klaro. Sind die Preise dann endlich auf Null, sind nicht nur Einkommen und Ersparnisse maximiert (siehe Barbiers anderen »Denkansatz«), sondern auch noch die Geldvermögen.

Was ist Schwachsinn?

Das ist Schwachsinn! Hinter der FAZ steckt nicht nur ein kluger Kopf beim Lesen, sondern zweifellos auch beim Schreiben.

Zum guten Schluß läuft das mit dem »Realkassen-Effekt«, alias dem »Stabilitätsgewinn«, alias der »Geldvermögens-Wert-Steigerung« auf einen gigantischen Bluff hinaus:

Der Stabilitäts-»Gewinn« bzw. der »Ertrag« einer Stabilisierungspolitik setzt notwendigerweise eine *zeitlich früher liegende »Instabilität«* voraus. Einen Stabilitätsgewinn nach einer Stabilität kann es nicht geben, daher auch das verräterische Wort »Stabilisierung«, also sozusagen der Übergang von wenig oder keiner Stabilität zu Stabilität.

Keine oder wenig Stabilität aber ist/war Inflation, staatliches Schuldenmachen, Wohlfahrtsstaat usw.

Das bedeutet: Ohne solche Inflation pp. kein Stabilisierungsgewinn. Das bedeutet aber auch: Nach der Inflation wird es nicht etwa schlechter, sondern besser.

Oder: Eine Inflation kann jeder Staat schon deshalb ungefährdet und ungestraft vor allem starten, weil sich nachher eine Belohnung einstellt – eben der Stabilisierungsgewinn!

Oder: **Wer Inflation macht, wird dafür belohnt.**

Oder: Wer Inflation macht, geht den Problemen des Lebens bekanntlich aus dem Weg, er löst die sozialen Konflikte mit Hilfe des »leichten Geldes«. Inflation ist also schon etwas, bei dem etwas gewonnen wird. Denn Geld, das man als Politiker nicht über

Steuern und Leistungsdruck abfordern muß, ist ja besser als Steuern und Leistungsdruck.

Die Inflation kann man dann völlig problemlos beenden, was sich ohnehin immer mal wieder empfiehlt, denn dann winkt ja der »Stabilitätsgewinn«.

Dann muß sich der verantwortungsbewußte Politiker nur noch fragen, wie er dieses Vorgehen optimiert, um möglichst oft die Vorteile des »leichten Geldes« mit den Vorteilen der »Stabilitätspolitik« zu koppeln.

Denn dann würde das Gemeinwohl insgesamt nicht mehr zu steigern sein.

Und wenn sie nicht gestorben sind, dann leben sie noch heute! Ganz real, mit einer prall gefüllten Cassa plena realis ...

Ein Mord in der Albemarle Street

Um dem TTS-Irrtum auf die Spur zu kommen, müssen wir sehr weit zurückgreifen – in die Ideengeschichte der »Nationalökonomie«. Wir müssen die heutigen »Kapitalisten« oder »Freie-Marktwirtschaftler« von Hayek über Friedman bis Irving Kristol und George Gilder verlassen und auch über Keynes zurückblicken. Marx verschwindet wie ein Schatten, aber auch die großen Namen der »bürgerlichen« Ökonomie des 19. Jahrhunderts wie Ricardo oder Mill.

Auch Adam Smith, der sogenannte »Vater« der Lehre von der freien Wirtschaft, ist es nicht. Es sind auch nicht die großen Namen der französischen Ökonomiewissenschaft, die sogenannten »Physiokraten«, wie François Quesnay, der Leibarzt der Madame Pompadour und ihres königlichen Galans.

Nein, am Anfang der TTS-Theorie, dieses größten aller Irrtümer, den es in einer »Wissenschaft« wohl jemals gegeben hat, steht eine höchst mysteriöse Gestalt namens **Richard Cantillon.**[6])

Richard Cantillon entstammte einem uralten englisch-irisch-französischen Adelsgeschlecht, ein Hugh Cantillon war mit Wilhelm dem Eroberer nach England gekommen, andere Mitglieder

der Familie zogen mit Gottfried von Boullion zum Kreuzzug ins Heilige Land. Im August 1717 stirbt in Paris ein Bankier mit Namen Richard Cantillon, woraufhin ein klassischer Nachlaß-Konkurs steigt: 68.200 Livres Aktiva stehen auf der Passivseite 310.000 Livres gegenüber. In diesen Bankrott hinein erscheint ein anderer Richard Cantillon, ein Cousin des verstorbenen Chevaliers, der selbst unter die Gläubiger fällt und die anderen großzügig auszahlt, offenbar um den Namen des Onkels, der auch sein eigener ist, nicht der Verachtung und der Kreditlosigkeit anheimzugeben. Der jüngere Richard Cantillon ist damals 27 Jahre alt, nach anderen Angaben 37.

In Paris, wo er seinerseits ein Bankgeschäft betreibt, wütet gerade die schwere Rezession, die nach dem Tode des »Sonnenkönigs« ausgebrochen war. Der Staat war de facto bankrott, und die Krise schien ausweglos. Da betritt der schottische Berufsspieler **John Law** die Szene und schlägt dem Regenten (für den unmündigen Ludwig XV.) ein »Système« vor, das darauf hinausläuft, mit Hilfe einer Notenbank neue kreditäre Impulse in die Wirtschaft zu geben, um den typischen debitistischen Prozeß zu starten, was zunächst auch schnell gelingt. *Frankreich blüht binnen kurzem auf,* zumal die »Banque« den Staatskredit verflüssigt (monetarisiert). Als dann noch eine Aktiengesellschaft gegründet wird, die jene sagenhaften Schätze heben soll, die nach ersten Berichten in Französisch-Louisiana, am Unterlauf des Mississippi lagern sollten, die Rede war sogar von einem »Berg aus Smaragd«, kommt es in Aktien dieser »Compagnie des Indes«, alias »Mississippi-Gesellschaft«, zum **klassischen Blow-off,** wie er uns aus der Gegenwart 1927 ff. und jetzt natürlich 1984 ff. bestens bekannt ist.

Cantillon ist **Baissier.** Er mißtraut dem »Système« des Schotten, der es seinerseits immerhin zum Chef der gesamten französischen Staatsfinanzen bringt. Cantillon reitet die Hausse in Mississippi-Aktien voll mit, in der Schlußphase des Blow-off stiegen die Titel auf das **Zwanzigfache,** also mehr, als selbst Mailänder Titel 1985/86 fertig brachten. Kursgewinne läßt Cantillon aber nicht in französischer Währung stehen, schon gar nicht in Noten der Lawschen Bank, sondern er remittiert nach London und Amsterdam, in **Cash,** was damals natürlich Goldmünzen waren.

Als die Mississippi-Aktien crashen, ist Cantillon voll mit Leerverkäufen dabei und krönt seine Strategie noch durch das Spritzen der französischen Währung gegen englische Pfunde. Allein in »ein paar Tagen«, so Cantillons Kassierer, zog der Super-Bär, der mit so glorreichen Baissiers wie **Jesse Livermore** oder **Joseph Kennedy** 1929 ff. verglichen werden kann, einen Profit von 2,5 Millionen Pfund, einen Betrag, der in heutiger Währung und Kaufkraft wohl eher über als unter einer Milliarde Mark oder Schweizer Franken liegen dürfte.

In der nach dem Mississippi-Desaster folgenden typischen Post-Crash-Depression quetscht der »marchand mercier à Paris« Richard Cantillon seine Geschäftspartner gnadenlos aus. Die Abwertung der französischen »Krone« überleben von 200 Pariser Bankiers nur vier oder fünf. Was sie verlieren, streicht der clevere Cantillon ein. Dieses Squeezing bringt ihm 1730 schließlich einen Prozeß wegen »Wucher« ein. Er habe, so die Anklageschrift, *»l'usure la plus énorme«* betrieben. Cantillon zieht sich nach London zurück. Im Juni 1734 ereilt ihn das Schicksal. Sein Haus in der Albemarle Street wird ausgeraubt und angezündet. Die Berichte über sein Ende widersprechen sich. Nach einer Quelle wurde er erst erstochen, bevor er verbrannte, nach anderen Angaben erstickte er im Bett, wo er sich stundenlang mit Korrespondenzen und Geschäftspapieren beschäftigte.

Das Lawsche Desaster wird zum Schlüsselerlebnis nicht nur der ganzen Epoche, sondern natürlich auch für den »soliden«, wenn auch zynisch seinen Vorteil nehmenden Cantillon. John Law war der Prototyp des Debitisten. Er basierte sein ganzes »Système« keineswegs a priori auf »Schwindel«, sondern auf der absolut richtigen Erkenntnis, daß die Wirtschaft floriert, in der es möglichst viel Kredit gibt, weil dies vice versa zu entsprechendem Schuldendruck führen muß, der den Prozeß der Schaffung zusätzlichen Sozialprodukts bzw. des »Wirtschaftswachstums« vorantreibt.[7])

Nachdem Law nun aber vollständig gescheitert war, bedeutete

Money and Trade

CONSIDERED,

WITH A

PROPOSAL

For Supplying the NATION with MONEY.

EDINBURGH,

Printed by the Heirs and Succeſſors of *Andrew Anderſon*, Printer to the Queens moſt Excellent Majeſty, *Anno DOM.* 1705.

Abbildung 23:
Das Titelblatt des Hauptwerks des Berufsspielers und späteren französischen Staatsbankiers John Law. Es ist der erste Versuch, den Kapitalismus als Debitismus zu enträtseln: Geld und Kredit bringen die Wirtschaft voran. Exemplare dieser Erstausgabe kosten 25.000 Mark.

dies natürlich für den debitistischen Kapitalismus ein Cannae sondersgleichen. Man kann die Folgen des Zusammenbruchs von 1720 für die Wirtschaftsgeschichte gar nicht hoch genug veranschlagen. **Damals hat die freie Wirtschaft bereits die entscheidende Schlacht verloren.** Und damals war es genauso wie heute: Die Anhänger des Kapitalismus, die Debitisten, die genau wissen, warum der Kredit der Motor der Wirtschaft ist und nicht der »Überschuß« oder gar die Überschuß-»Gier«, alias das Profitstreben oder die Pleonexie, und daß vorhandene Staatsschulden (damals der »Sonnenkönig«, heute Ronald Reagan) die Basis zum **finalen Blow-off** in Finanztiteln legen, *aus dem heraus sich Crash und Krise ganz automatisch ergeben.*

Der Mann, der nach dem Cannae des Kapitalismus die Leichen fleddert, ist Richard Cantillon. Das ist der Mann, der nun seinerseits zum Gegenschlag ausholt und ein Manuskript verfertigt, das zur Basis der heute gelehrten, grundfalschen Ökonomie wird.

Dieses Manuskript wird 1755, also 21 Jahre nach Cantillons Tod, vom älteren **Mirabeau** veröffentlicht. Es trägt den Titel »Essai sur la nature du commerce en général.«[8])

Die Aufnahme des Werkes war zunächst flau. Das Publikum war es sichtlich satt, während der permanenten Wirtschaftskrise, in der Frankreich infolge der Überschuldung des Staates steckte, immer wieder neue »Essays« zu lesen. Doch der Einfluß Cantillons auf die Wirtschaftswissenschaften wurde zur Lawine. Die französischen »Economistes«, die Physiokraten um Mirabeau und Quesnay, übernahmen seine Gedanken ebenso wie der Schotte **Adam Smith,** der Cantillon ausdrücklich erwähnt, was er, in seinem Lob geizend (und vermutlich auch eifersüchtig), mit kaum einem anderen Wirtschafts-»Wissenschaftler« machte. Ein so profunder Kenner der nationalökonomischen Literatur wie **Henry Higgs** urteilt:

> »Nachdem ich wohl über tausend wirtschaftliche Schriften vor 1734 gelesen habe, möchte ich Cantillons Analyse der **Zirkulation des Reichtums** (»circulation of wealth«) auf dasselbe Prioritäts-Niveau stellen, wie Harveys Studie der Zirkulation des Blutes.« (a. a. O., Seite 388)

ESSAI
SUR LA NATURE
DU
COMMERCE
EN GÉNÉRAL.

TRADUIT DE L'ANGLOIS.

A LONDRES,
Chez FLETCHER GYLES,
dans Holborn

M. DCC. LV.

Abbildung 24:
Das Titelblatt des nachgelassenen Werks des Bankiers Richard Cantillon. Es ist sozusagen die Geburtsurkunde der heutigen »bürgerlichen« Nationalökonomie, alias der TTS-(Truhe-Tausch-Schatz)-Theorie. Exemplare dieser Erstausgabe sind nicht unter 20.000 Mark zu haben.

Nur leider: Im Gegensatz zum wahrlich unsterblichen Verdienst, den sich Harvey mit seiner Trouvaille erworben hat, ist das, was Cantillons Verdienst ausmacht, nicht die Enträtselung des kapitalistisch-debitistischen Prozesses, sondern – und daher wohl auch die Analogie zum Blut-»Strom« als einer realen Sache, die in sich immer wieder plus/minus Null aufgeht – nichts anderes, als der Umlauf von Tausch-Gütern.

Schon der Beginn der Cantillonschen Analyse ist typisch TTS-Theorie, hier: Abteilung »Schatz«. Er überschreibt sein erstes Kapitel mit **»De la Richesse«**. Es geht also um den »Reichtum«. Und wo kommt der »Reichtum« letztlich her? Erraten: Er entsteht sozusagen »von selbst«, indem sich per Gnade der Natur ein **Überschuß** ergibt, mit dem dann die ganze »Wirtschaft«, inklusive »Zirkulation«, startet. Alles, was der Mensch dabei zu tun hat, ist das Ernten (Pflücken, Buddeln, Fischen). Also ein bißchen »Arbeit« muß noch sein, aber dann ist alles paletti, »la richesse« ist in der Welt und kann zirkulieren und jedermann beglücken:

> »La Terre est **la source** ou la matiere d'ou l'on tire la Richesse; le travail de l'Homme est la forme qui la produit: & la Richesse en elle-même, n'est autre chose que la nourriture, les commodités & les agrémens de la vie.« (Essai 1755, Seite 1 f.)

Und danach kommt alles, was bis heute die Ökonomen begeistert. Das Kapitel 13 des Ersten Teils ist überschrieben:

> **»Le circulation & le troc** de denrées & des marchandises, de même que leur production, se conduisent en Europe par les Entrepreneurs, & au hazard.« (Seite 62)

Das ist also der »Kapitalismus« à la Cantillon, die Vorstellung, die bis heute gilt: Güter und Waren werden produziert, zirkulieren und werden getauscht (»le troc«!) von Unternehmern und das Ganze natürlich auf Risiko.

Wenn wir schon beim Blutkreislauf-Beispiel bleiben und all die schönen Sachen zirkulieren sehen: Was soll dann eigentlich das »Risiko« sein (»au hazard«)?

Vermutlich, daß die Waren verschwinden oder irgendwie geklaut werden oder einfach liegenbleiben, weil sie keiner haben will, oder wie oder was?

Cantillon war, wie der andere große englische Nationalökonom **David Ricardo** Bankier, übrigens die weißen Raben unter den Ökonomen, die ansonsten Rentner (Smith), Pfarrer (Morelly, Malthus) oder einfach Lebenszeitbeamte (Hayek, Friedman, Kristol usw. usw.) waren, aber niemals unter Existenzdruck operierende freie Unternehmer.

Dennoch hat Cantillon übersehen, daß das Risiko (»hazard«) nicht in Problemen der Zirkulation liegt, sondern einfach darin, daß die Unternehmer in dem Augenblick *verschuldet* sind, da sie produzieren oder Waren mit auf die Reise nehmen, *und allein durch Zeitablauf bankrott machen* – es sei denn, sie kommen rechtzeitig, siehe oben, von ihren Schulden wieder runter.

Selbstverständlich finden wir auch bei Cantillon schon die niedliche Vorstellung vom »produzierten Geld« wie beim heutigen Lehrbuchautor **Woll,** siehe oben. Dieses Geld muß dann nur artig zirkulieren, wird mit den Waren getauscht, und alles, alles ist in Butter.

Das erste Kapitel im Zweiten Teil überschreibt Cantillon mit »Du troc« (über das Tauschen, Erstausgabe, Seite 151), und im dritten Kapitel erscheint der Prinz; es heißt: »De la circulation de l'Argent« (Seite 161). Cantillon ist auch ein wunderschöner *Monetarist.* Er gibt »Geldmengen-Ziele« vor, da sollen sich mal **Milton Friedman** und **Karl Brunner** nichts einbilden und die Notenbankpräsidenten schon lange nichts. Textpröbchen genügen:

> »Le seul argent comptant **qui est nécessaire** à la Campagne ...« (Seite 164)
>
> »Il faut par conséquent de l'argent comptant, non-seulement pour la rente du Propriétaire, qui correspond au tiers du produit ...« (Seite 165)
>
> »... je supposerai que l'argent comptant **qui doit conduire la circulation** des trois rentes, est égal en Valeur à deux de ces rentes, ou égal au produit des deux tiers de la terre ...« (Seite 166 f.)

Wir können das traurige Spiel also abbrechen. Was uns Cantillon verzapft, ist haargenau dasselbe, was die Friedman, Brunner und die Notenbanken verzapfen: Man braucht eine bestimmte, möglichst »optimale« Menge »Geld«, damit alles schon in Ordnung geht. Und ob Cantillon diese optimale Menge mit »einem Drittel« des landwirtschaftlichen Produkts ansetzt oder ähnliches und anderes oder ob die Monetaristen die Geld-»Menge« mit »zwischen 4 und 6 Prozent« Zuwachs pro Jahr oder ähnliches und anderes angeben: es ist dasselbe.

Es ist Quatsch.

Cantillons Erben:
Das Trauerspiel vom Geld

Richard Cantillon war der beste Perspektiv-Agent, den die Sowjetunion jemals hatte. Einer, der sogar schon vor ihr da war. Einer der allen nach ihm auftretenden »bürgerlichen« Ökonomen die Ein-für-allemal-Gehirnwäsche verpaßt hat, von wegen die Wirtschaft ist ein *fröhliches Drauflos-Tauschen mit Unternehmern plus Risiko,* wobei nur die *Geldmenge* in Ordnung gehen muß, um alles schön *zu schmieren.*

Seit 250 Jahren regieren uns die TTS-Theoretiker. Sie halten alle Lehrstühle an den Universitäten besetzt, sie sitzen in den Notenbanken und den Wirtschafts- und Finanzministerien. Und sie werden sich jetzt wundern, was mit der schönen »freien Wirtschaft«, die man gern noch so ein bißchen »sozial« garniert hat, geschieht, deren Uhr nun abgelaufen ist. Der Sozialismus, alias ein sowjetisches System wird möglicherweise schneller da sein, als wir es heute ahnen.

Schuld am Kollaps des Kapitalismus ist, wie wir nachweisen konnten, die Tatsache, daß in die freie Wirtschaft der »infallible Schuldner«, alias der »Staat« eingeschleust wurde. Damit sind alle Aufschuldungs-, Inflations-, Blow-off- und Deflations-Phänomene plus Depression und Crash erklärt.

Wer als Promoter der freien Wirtschaft und bedingungsloser Anhänger des kapitalistischen Systems zusehen muß, wie das

Ganze jetzt in einer letzten Zuckung pervertiert, entwickelt auch Galgenhumor. Wenn Cantillon schon dem Klassenfeind in die Hände arbeitet (dem Feind der Kapitalistenklasse, wohlgemerkt), und der war immerhin *Bankier,* dann kann man auch noch ganz andere Spielchen machen: War **John Maynard Keynes,** der die Staatsverschuldung letztlich initiierte, nicht mit einer Russin verheiratet, War nicht Keynes' Schwager noch lange Jahrzehnte nach der bolschewistischen Revolution als Ballettmeister im schönen Leningrad tätig? War Keynes nicht Mitglied in einem schwärmerisch-sozialistischen Geheim-Club an der Universität Cambridge, genannt die »Zwölf Apostel«, von seinen intimen Kontakten zu der linksintellektuellen, für das »Sowjet-Experiment« schwärmenden Bloomsbury-Gruppe mit **Clive Bell** u. a. und seiner Freundschaft zum Kommunisten **Pablo Picasso** ganz zu schweigen? Woher kommt eigentlich der berühmteste aller Staatsverschuldungs-Apologeten, der amerikanische Universitätsprofessor **Evsey Domar,** der Erfinder der berühmten »Domar«-Formel[9]), wonach bei Staatsverschuldung nie etwas »passieren« kann? Taucht dieser Domar nicht plötzlich aus dem russischen Osten (Mandschurei?) auf? Was ist mit **Wassily Leontieff,** dem Gelehrten, der die TTS-Theorie vervollkommnet hat, indem er die berühmte »Input-Output-Analyse« schuf, also das Tauschen (»hier rein – dort raus – da wieder rein – usw.«) in den Rang einer absoluten Wissenschaft erhob?

Das sind natürlich alles nur kleine Scherze. Was wir aber noch ernsthaft absolvieren müssen, ist die kurze Parade abzunehmen, die uns die sogenannten Champions der freien Marktwirtschaft, die Liberalen, die Konservativen und wie sie alle heißen, spendieren.

Alle jene also, die wir Thesauristen nennen. Weil sie der irrigen Meinung sind, »da« sei immer schon etwas »da«, bevor es aber existieren kann. Und die der irrigen Meinung sind, man müsse »es« nur tüchtig »vermehren« – und dann sei alles, alles gut.

Eine besonders traurige Rolle spielen jene Wirtschaftstheoretiker, die sich mit dem »Geld« beschäftigt haben. Schon seit dem 15. und 16. Jahrhundert wird »Geld« konstant mit »Münzgeld« verwechselt. Über die Stöpseleien etwa von **Biel** und **Aquila** [10]) sind auch kluge Köpfe späterer Jahrhunderte nicht hinausgekommen[11]), und ein so brillanter Kapitalist wie Milton Friedman fährt den Karren dann vollends in den Morast.[12])

»Geldmenge«!

Schon dieser Ausdruck weist den monetaristischen Ansatz nach Disney-Land. Dort wo die anderen Mickey-Mouse-Ökonomen hausen und ihre Tausch-, Truhen- & Schatztheorien runterleiern. Ich bin schon im CRASH-Buch auf die Verwechslung von »Tausch«-Geld mit tatsächlichem Geld eingegangen.[13])

Auch die berühmte »Quantitäts-Theorie« des Geldes gehört hierher. Dagobert Duck läßt grüßen.

»Quantität«!

In seinen »Three Lectures on the Value of Money, Delivered before the University of Oxford« formuliert 1829 einer der großen Cracks der Wirtschaftswissenschaften des 19. Jahrhunderts, der »Professor of Political Economy« (!) **Nassau W. Senior,** diese Quantitätstheorie aufs feinste:[14])

> »The Value of money depends partly on its **quantity,** and partly on the **rapidity** of its circulation.« (Seite 5)

Das ist ja beinahe Einstein!

Das Geld ist die »Masse«, und wird so eine Masse schön schnell beschleunigt, dann kommt Power, Freunde!

Das ist Energie, das ist Wirtschaft.

Es ist Schwachsinn.

Senior zitiert auch noch eine sehr schöne Passage aus **James Mills** »Elements of Political Economy« (London 1821), die im »Palgrave« (Dictionary of Political Economy) schlankweg als »Meisterwerk« gefeiert werden. Ich darf zitieren (übersetzt):

> »Stellen wir uns vor: alle Güter eines Landes auf der einen Seite, alles Geld auf der anderen Seite (!), und sie werden dann **eins gegen das andere** getauscht (»exchanged« !), dann ist klar, daß ein Zehntel oder ein Hundertstel der Güter gegen ein Zehntel oder

ein Hundertstel des ganzen Geldes (»the whole of the money«!) getauscht wird ...«

»Wenn nun jedes Stück (»pieces«!) des Geldes in dem Land zehn Käufe durchführt, dann ist das ganz genau dasselbe (»exactly the same thing«, »thing«!), wie wenn man alle Stücke mit Zehn multipliziert und mit jedem nur einen Kauf durchgeführt hätte (»performed«!) ...«

»Dies, und das ist evident, ist eine Annahme, die universal gilt.« (Section 7; Ausrufungszeichen und Hervorhebungen, wie immer von mir, PCM.)

Das ist genauso »universell« richtig, wie das berüchtigte Hubschrauber-wirft-Geld-ab-Beispiel, mit dem **Milton Friedman** seine »geldtheoretischen« Überlegungen einführt.[15])

Wie stark dieser Denkfehler der TTS-Theoretiker ins allgemeine Bewußtsein gesickert ist, beweisen die Lexika. So behauptet die **Encyclopaedia Britannica** in ihrer 14. Auflage, die just im Schicksalsjahr 1929 herauskam, im Anschluß an die von Irving Fisher (»Purchasing Power of Money«, 1911) so richtig schön »verwissenschaftlichte« Quantitätstheorie:

> »Additional **supplies** of money constitute an incentive to additional spending.« (Band 18, Seite 813)

Mit einer derart primitiven Vorstellung mußte die Welt natürlich die Große Depresssion durchleben. Und weil sich an dieser Primitivvorstellung bis heute nichts geändert hat, gibt es ein Depressions-Da-Capo.

Gewiß gab es in der Geschichte der wirtschaftlichen Literatur immer wieder Ansätze, die gesamte Ökonomie als debitistisch zu begreifen. Interessanterweise zählen dazu gerade jene Ansätze, die heute von der »aufgeklärten« Wissenschaft als besonders »rückständig« verlacht werden, die Ansätze der **Merkantilisten** und **Kameralisten.**

Die Merkantilisten & Kameralisten stammten zumeist aus der Praxis, waren Geschäftsleute oder hatten ein abenteuerliches Leben hinter sich.[16]) (Ihre Leistung wird an anderer Stelle noch ausführlicher gewürdigt werden.) Dabei wollten beide das »Geld« vermehren, aber nicht als primitive TTS-Fans, wiewohl es

Abildung 25:
Das Frontispiz von Johann Joachim Bechers »Institutiones Chimicae Prodromae, id est ... Oedipus Chimicus«, Amsterdam 1664. Dies ist die Schlüsseldarstellung der Grundprobleme des Kapitalismus: Ödipus (Hintergrund) löst das Zinsrätsel der Sphinx, Merkur, der Gott der freien Wirtschaft, wartet auf die Produktion von neuem (Gold-)Geld, um den Debitismus wieder zu starten und um damit aus der deflationären Depression nach dem 30jährigen Krieg herauszukommen.

manchmal den Anschein hat, wenn sie gar von »Schätzen« sprechen.[17]) Merkantilisten und Kameralisten wollten das Geld niemals »als solches« vermehren, sondern hatten dabei immer eine Förderung der »Commercien«, des allgemeinen Landeswohlstands, im Auge. Die Merkantilisten versuchten das Geld vor allem über »aktive Handelsbilanzen« zu mehren, die Kameralisten zielten eher auf ein Bündel von Maßnahmen, um die »Camera«, die fürstliche Schatztruhe, zu füllen, was aber auch nicht Selbstzweck sein sollte, wie immer gern behauptet wird. In einem von der Forschung unbeachtet gebliebenen **Frontispiz** aus einem frühen Werk Bechers sieht man genau, worum es geht: Merkur, der Gott des Handels, schaut einem Alchimisten über die Schulter und hofft, daß es ihm gelingen möge, Gold zu machen, denn nur mit »mehr Geld« ist der Handel anzuregen. Tief im Inneren spürten nämlich die Profis, die mitten im Leben standen, daß der Kapitalismus, daß jede Form des freien Wirtschaftens also, das Debitismusproblem mit sich herumschleppt.

Sie spürten, daß immer und »irgendwie« Geld fehlt. Der »Geldmangel« ist in zahlreichen Pamphleten ein Standardthema, dem die Wirtschaftswissenschaften viel zuwenig Beachtung geschenkt haben. Schon 1524, also in einer typischen Depressionsphase, die sich dann auch prompt in der Revolution der Bauernkriege entlädt, erscheint ein Pamphlet des berühmten Zeitkritikers und Sozial-Utopisten **Eberlin von Günzburg:** »Mich wundert, daß kein Geld im Land ist.« 1564 kommt es zu einer weiteren Auflage.

Eberlin gibt zahlreiche »naheliegende« Gründe für diesen schlimmen Zustand an. Das reicht von den Preissteigerungen (die teuren »Güter« kann sich nun kein Mensch mehr leisten; Frage nur: Warum werden sie dann nicht billiger, wenn sie niemand kauft?) über den Kauf von Luxuswaren im Ausland bis hin zur Ausbeutung durch die Pfaffen. Aber auch Zinskauf und »Wucher« treten auf.

Wir wissen endlich, daß in einer kapitalistischen Wirtschaft mit Zeitablauf, ergo mit Zins, immer »kein Geld im Land ist«. Das Geld nämlich, um den Zins zu zahlen. Insofern war Eberlin

Abbildung 26:
Titelblatt des ersten »Warum-fehlt-eigentlich-immer-Geld?«-Traktats, »Mich wundert das kein gelt im land ist« des Eberlin von Günzburg 1524. In Form eines Trialogs unterhalten sich drei Landfahrer über die möglichen Ursachen des »Geldmangels«. Eberlin erklärt dem Leser: »Lies dieses Büchlein ‚und du wirst dich wundern, daß überhaupt noch ein Pfennig im Land geblieben ist!«

schon auf der richtigen Fährte, auch wenn sich die von ihm und vielen anderen, vor allem natürlich von **Martin Luther,** angestachelte Volkswut in Richtung auf die Pfaffen und den Papst entlädt. So nach dem Motto: Alles Geld geht nach Rom und wird dort vom Papst, seiner Kurtisanenwirtschaft (Alexander VI.!) und seinen Bauten (Petersdom!) verwirtschaftet. Nur: *Und dann?*

Wenn der Papst schon alles Geld nach Rom zieht, obendrein mit solchen schmutzigen Tricks wie dem Verkauf von Ablaßbriefen, dann *bleibt* ja das Geld auch in Rom. Denn die Kurtisanen und die Künstler, die Borgias und die Bramantes lebten doch an Ort und Stelle.

Dann hätte Rom in der Tat die beste aller Welten sein müssen: **Immer mehr Geld kommt rein und bleibt auch drin.** Und immer mehr Genüsse kann man sich leisten, obendrein die Stanzen Rafaels und den Petersdom. Nach dieser Theorie war Roms Ende vorgezeichnet: Sagenhafter Luxus, die wahnwitzigsten Prachtbauten und obendrein alles so hoch mit Gold bedeckt, das jedes Leben darunter leider ersticken mußte.

Solche »Geld-Abzugs-Theorien« können zwar Reformationen entfachen. Dennoch sind sie völlig verkehrt.

Was der alte **Eberlin** beklagt, was sich in den Traktaten nach dem Ende des Dreißigjährigen Krieges findet[18]), was in der großen Deflation in der ersten Hälfte des 19. Jahrhunderts als »Kapitalmangel« beklagt wird[19]), was die »Große Depression der Bismarckzeit« begleitet[20]), was schließlich **Milton Friedman** in der noch größeren Depression der 1930er Jahre als »Fall der Geldmenge« beklagt:[21]) Es ist und bleibt immer dasselbe. **Geld fehlt immer im debitistischen Kapitalismus.** In Zeiten des wirtschaftlichen Niedergangs, wenn die deflationäre Depression endlich wieder einmal obsiegt, ist dieser »Geldmangel« halt besonders intensiv zu spüren.

Es ist das säkulare Verdienst von **Gunnar Heinsohn** und **Otto Steiger,** das Tausch-Theorem auf den Müllhaufen der Geschichte gekippt zu haben.[22])

Zur Ehrenrettung der Zunft führen Heinsohn/Steiger eine

Stelle von **John Maynard Keynes** aus den zwanziger Jahren an, die erst jüngst, bei der Herausgabe des Keynesschen Gesamtwerks wieder ans Tageslicht getreten ist.[23])

Dabei gibt Keynes zwar die Tausch-Theorie des Geldes noch nicht preis. Für ihn kann Geld ausdrücklich als »habitual medium of exchange«, als herkömmliches Tauschmittel, verwendet werden. **Senior** und **Mill** lassen grüßen (»exchange«), und die Frage »woher« denn das »Herkommen«, die Habitüde, kommt, bleibt natürlich mysteriös.

Aber Keynes hat einen Genieblitz und definiert Geld auch:

> »... if it is used as the term in which loans and contracts are expressed or ... if it is used as the term in which prices are expressed ...« (Seite 252 f.)

Keynes nennt dieses »Geld« dann auch ausdrücklich

»**a money of account**«,

und kommt zum entscheidenden Punkt:

> »Now for most important social and economic purposes what matters is the money of account; for it is the money of account which is the **subject of contracts**.«

Diese Stelle haben wir im Original belassen, um klarzumachen, daß Keynes *ganz nahe dran war*. Den eigentlichen Punkt aber hat er nicht erwischt, nämlich den, daß es bei seinen »contracts« nicht etwa *nur um Geld »geht«* (»subject of contracts«).
Sondern daß bei den »contracts« Geld entsteht!
Daß Geld immer und überall nur durch Kontrakte entsteht. Daß »Kontrakte« nicht »woanders« bereits entstandenes (in anderen Kontrakten entstandenes?) Geld zum Gegenstand haben. Keynes murkst da genauso schauerlich herum wie später der »Kapitalismustheoretiker« **George Gilder**, siehe unten.

Hätte Keynes wirklich kapiert, was er da für einen sensationellen Fund gemacht hat, mit seinem »Money of account«, dann hätte er es bestimmt nicht bei dieser apokryphen Stelle bewenden lassen. In seiner großangelegten Geld-»Theorie« greift er dann auch prompt nicht mehr auf diese Trouvaille zurück.[24])

Beim Studium früherer englischer Ökonomen habe ich überdies entdeckt, daß das Keynessche Mauerblümchen schon einmal zu besichtigen war, nämlich bei **James Steuart.**[25])

Im ersten Teil des dritten Buches seiner »Political Oeconomy« behandelt Steuart »Money and Coin« (ein Ansatz, der schon hoffen läßt) und führt auch prompt und wörtlich den Keynesschen Ausdruck ein: »Money of Accompt«. Steuart sieht auch klar:

> »The metals have so long performed the use of money, that **money and coin** are become almost **synonimous,** although in their principles they be quite different.« (Seite 102)

Doch dem hoffnungsvollen Ansatz (endlich sieht jemand, daß »Geld« nicht »Münzen«, sondern »Schulden« sind, die eben »gebucht« werden – »Accompt«, »account«!) folgt die große Enttäuschung. Steuart versteht unter dem »Money of Accompt« nur die altbekannte »Rechengeld«-Kiste, also den Vorgang, daß die Geschäftswelt in »Talern« rechnet, aber mit »Batzen«, »Pittermännchen« oder »Groschen« bezahlt. Bei seinen Beispielen für das »Money of Accompt« kommt Steuart denn auch prompt auf die Rechengeld-Institutionen wie die Bank in Amsterdam (andere waren die in Hamburg, Venedig oder Nürnberg) zu sprechen, wo die Geschäftsleute einen bestimmten Edelmetall-Betrag einzahlten (in »specie«, also »cash«), der dann je nach Kurs zwischen den einzelnen Konten hin- und hergebucht wurde, eine typische Giroeinrichtung also, die eine schön funktionierende Clearing-Stelle war, aber mit »Geld« nichts zu tun hat.

Die Enttäuschung, die uns Steuart mit seinem »Money of Accompt«, alias Rechen- oder »Bank«-Geld bereitet, verflüchtigt sich aber, wenn wir uns den kleinen Vorspann, die »Introduction« zu seinem »Money-and-Coin«-Kapitel, zu Gemüte führen.

Darin beklagt sich der Autor zwar:

> »Ich habe keinen Zweig meines Themas (= Politische Ökonomie, PCM) gefunden, der sich so schwer auf Prinzipien zurückführen ließ, wie die Lehre (»doctrine«) vom Gelde.« (Seite 101)

Dann aber tischt er grandios auf, was wir uns wegen der historischen Bedeutung noch einmal im O-Ton zu Gemüte führen müssen:

> »Symbolical or paper **money** is but a species of **credit:** ist is no more than the measure by which credit is reckoned. **Credit is the basis of all contracts between men** ...« (Seite 100)

Hier haben wir den prä-existenten Keynes mit seinen »contracts« und dem »Geld«, um das es bei diesen Verträgen »geht« (Steuart: »the measure«, das Maß also, in dem diese Kontrakte »gemessen« werden).

Und bei Steuart geht es um dasselbe wie bei Keynes. Hie »credit«, hie »loans«. Dann denkt Steuart aber um eine entscheidende Länge weiter:

> »Few (contracts, PCM) can be so simultaneous as not to leave some performance, or prestation, as the civilians call it, on one side or other, at least for a short **time** (!!!), in suspense.« (a. a. O.)

Herzlichen Glückwunsch, Sir James!

Selbst wenn die Verträge »Zug um Zug« abgewickelt werden, kann es vorkommen, das zwischen dem einen und dem anderen Zug a bisserl **Zeit** (» a short time«) verstreicht.

Infinitesimal, **aber Zeit verstreicht** – und damit bricht sich der Debitismus mit voller Wucht seine Bahn. Denn Zeit heißt immer **Zins,** und Zins heißt »Geld«, das »fehlt«. Steuart kommt dann immer näher an den Kern der Dinge. Es muß ihm so ergangen sein wie dem armen Marx, der beinahe, aber auch nur beinahe, das Rätsel des Kapitalismus gelöst hätte. Steuart also:

> »He therefore who fulfills his part, **gives credit** to the party who only **promises** to fulfil ... and the security given for fulfilling what is not performed, credit assumes different forms, and communicates to us different ideas ...«

Schon möchte man aufschreien: Ja, das ist es endlich! Endlich wird die Gleichung »Credit = Money« gezogen, da driftet Steuart plötzlich ab und fährt fort:

> »Paper credit or symbolical money, on the other hand (??!), is more simple. It is an obligation to pay the intrinsic value of certain denominations of money contained in the paper.«

Er kann sich halt einfach nicht von der Vorstellung lösen, daß das Papiergeld, auch wenn es ein Kredit ist, *nicht ein Kredit »als sol-*

cher« *ist,* sondern eben nur ein Kredit über die im Kreditvertrag angegebene »Menge Geldes« (»certain denomination of money contained in the paper« – der Kreditvertrag ist also quasi der Container für das »echte«, das »harte«, das »Tauschgeld«, das nur noch nicht sichtbar ist).

Geldtheorie ist verzwickt, wie recht er doch hat! Nur leider entdeckt Steuart, so nahe am Ziel, letztlich nicht das »Geld«, sondern wieder nur ein »*Tauschmittel*«, genannt »Cash«, Gold und Silber. In seiner Vorstellung können nur Gold und Silber kreditiert werden, aber nicht die Produktion oder Leistung, die mit Hilfe des Kredits überhaupt erst ins Leben treten.

Steuart hätte vielleicht draufkommen können, wenn er seine »short time« etwas ausgedehnt und sich folgendes **Beispiel** vor Augen geführt hätte:

Ein reicher Londoner bestellt beim Goldschmied ein Armband für seine Frau. Es soll zehn Goldstücke kosten. Weil der Mann auf eine Reise um die Welt geht, vergißt er in der Aufregung der Vorbereitung die Goldstücke, als er das Armband abholen will. Aus dem Zug um Zug wird also nichts. Der reiche Londoner, dessen Kredit außer Frage steht, hinterlegt einen Schuldschein. Gerade als er schreiben will »Gut für zehn Goldstücke«, fragt ihn der Juwelier, wann er denn wohl von seiner Weltreise zurück sei und die Goldstückeschuld begleichen wird. »In drei Jahren«, sagt der Reiche, »Sie wissen doch, wie lange Captain Cook unterwegs gewesen ist.« Dann schreibt er sein »Gut für zehn Goldstücke«, unterzeichnet und siegelt es und läßt den staunenden Goldschmied zurück. –

In einem Punkt schließlich, wo sich Steuart mit den »Zahlungen« beschäftigt, ist er noch einmal eine debitistische Schleife gefahren, um danach seinen Gegenstand »Geld« (»so difficult«) endgültig fahrenzulassen. Dieser Punkt liest sich so:

»Here then lies the difference between a payment made in intrinsic value, and another made in paper. He who pays in intrinsic value, puts the person to whom he pays in the real (!) possession of what he owed; and this done, there is no more place for credit.«

»He who pays in paper puts his creditor only in possession **of another person's obligation** to make that value good to him: here credit is necessary even after payment is made.« (Seite 101 f.)

Na wenigstens etwas. Steuart hat – als erster und unbezweifelbar richtig – erkannt, daß in einer »Papiergeld«-(Kreditgeld-)Wirtschaft (»he who pays in paper«) »Zahlungen« nichts anderes sind als Gläubiger/Schuldner-Wechsel. »Credit after payment«, ein Fortdauern der Gläubiger/Schuldner-Beziehung auch über den Zeitpunkt der Zahlung hinaus: Voilà, ein Edelstein blitzt uns da aus der Staubwüste der TTS-Theorien entgegen.

Johann Baptist auf dem Gipfel der Tauschwirtschaft

Mit der TTS-Theorie ist es wie mit der unendlichen Geschichte. Einmal in die Welt gesetzt, höret sie nimmer auf. Schon vor Marx ist ein Franzose auf die Idee vom »Wirtschaftskreislauf« gekommen. Wo halt alles schön zirkuliert und ringsum getauscht wird und die Unternehmer und die Konsumenten sich benehmen wie die Tischtennisspieler beim »Rundlauf« um die Platte. Dabei wird immer der gleiche Ball »ausgetauscht«, und nur wenn ihn einer fallenläßt, muß er leider raus.

Dieser Franzose heißt **Jean-Baptiste Say.**

Die Idee vom endlosen Rundlauf kam dem Meister zu Beginn des 19. Jahrhunderts, als er sein Buch »Traité d'économie politique« zu Papier brachte.[26]) Say tischt in diesem Buch eine Theorie der »Absatzwege« auf, die bis zum heutigen Tage in immer wieder neuen und auch eleganten Varianten vorgelegt wird und deren Grundsatz lautet:[27])

> »Produkte kauft man nur mit Produkten, und das zum Einkauf dienende **Geld** selber mußte erst mit irgendeinem anderen Produkt eingetauscht werden.« (Seite 205)

An sich beobachtet Say die kapitalistische Wirtschaft ganz gut. Was sieht er dort? Den typischen debitistischen Druck:

> »Die Unternehmer in den verschiedenen Industriezweigen pflegen zu sagen, die Schwierigkeit liege nicht in der Produktion, sondern im Verkaufe: und man würde stets Waren genug produzieren, wenn sie leicht abzusetzen wären. Sobald der Verschluß (Absatz, PCM) ihrer Produkte langsam, mühselig und wenig vorteilhaft ist, sagen sie: *das Geld ist rar.*« (a. a. O., gesperrt im Original)

Statt nun aber über das, was sich da so »rar« macht, das »Geld« eben, nachzuhirnen, wird Say sofort zum platten Hurra-Supply-Sider. Man muß nur genug produzieren, dann schafft man sich (durch den Verkauf der Produkte) das Geld, um die Produkte des anderen zu kaufen:

> »Ließe ein Tuchhändler sich einfallen: Nicht andere Produkte sind es, was ich gegen die meinigen einzutauschen trachte, sondern **Geld;** so könnte man ihm leicht beweisen, daß ein Käufer nur dadurch in den Stand kömmt, ihn in Geld zu bezahlen, daß auch er seinerseits Waren verkauft ...«
>
> »**Du behauptest, Geld sei es, was dir nottut; ich aber sage dir: andere Produkte sind es.**« (a. a. O. Seite 206)

Kann man den ganzen Quatsch mit der Supply-Side-Economy, mit den gefeierten »Reagonomics«, dem »Thatcherismus«, der Wirtschaftspolitik der deutschen »Wende-Regierung« knapper formulieren, als es Johann Baptist tat?

Man kann es nicht.

Schön auch diese Sätze, sie könnten von **Laffer, Leuschel, Kemp** oder anderen Faxenmachern aus den Reihen der »Angebots-Theoretiker« von heute stammen:

> »**Man sollte nicht sagen, der Verkauf geht nicht, weil das Geld rar ist; sondern weil die anderen Produkte rar sind.**« (a. a. O., Seite 208)

Bravo! Kemp sollte sich nicht Jack, sondern gleich John Baptist nennen. Und weiter:

> »**Geld gibt es immer genug** zum Behuf des **Umlaufes** und wechselseitigen **Austausches** der sonstigen Werte, sobald diese Werte wirklich existieren. Fängt der Masse von Geschäften das Geld an zu gebrechen, so ersetzt man es **leicht** ...«

Das ist richtig modern! Auch die Supply-Freaks setzen selbstverständlich »flexible« Geld-»Mengen« voraus, damit dann auch gar nichts »passieren« kann. In einem Grundsatzartikel hat das »Wall Street Journal« am 30. Juni 1986 noch einmal seine und die Position aller Supplier definiert (»A Neglected Question: U. S. Growth Potential«):

> »Die amerikanische Wirtschaft erlebte die Depression der 30er Jahre nicht, weil Arbeitskräfte und Material plötzlich knapp geworden wären. Sondern ... weil die Federal Reserve so restriktiv gewesen ist, daß die **Geldmenge** in weniger als vier Jahren um ein Drittel zurückging.
> Wenn die Wirtschaft schon erheblich stärker (als die in den letzten Jahren durchschnittlich erreichten 3 Prozent, PCM) **wachsen kann,** dann sollte das endlich die Ängste all jener verscheuchen, die das Budget-Defizit mit Argwohn betrachten und den **Geldmengenzuwachs,** der gelegentlich über die vorgegebenen Zielzonen hinausschießt.«

Wie stark die Amerikaner zu diesem Zeitpunkt über dem Ziel gelegen hatten, zeigt diese Darstellung der »Financial Times« vom 30. Juni 86:

Und wenn jemand dem guten Kemp, immerhin einem der Anwärter auf die Präsidentschaft der USA, vorwirft, da sei ja inzwischen wohl ein ziemlich hohes Defizit aufgelaufen, dann sagt der King of the Supply:

> »Ich habe noch nie am Altar des ausgeglichenen Budgets gebetet.«

Das ist mutig, das ist konsequent. Und das genau sind die Sprüche, die wir hören, kurz bevor sich die Wirtschaft trotz aller Streckungs- und Geld-flexibel-Machungs-Bemühungen doch wieder in Richtung auf die Große Depression verabschiedet.

Sehr zur Überraschung von Jean-Baptiste Say hat sich nämlich auch damals *eine schwere Krise entwickelt,* die armen Supplier, die sich verschuldet hatten, um nur ja möglichst viel »Angebot« auf die Beine zu stellen, damit möglichst viel »Geld«, alias »Nachfrage« in die Wirtschaft kommt, gingen allesamt im Bankrott unter. Da nutzten auch nichts die typischen Begleitsprüche, mit denen die Angebotstheoretiker immer wieder aufwarten, wenn sie ein »Gesamtbild« von »ihrer« Wirtschaft entwerfen, nämlich die Sprüche von der »freien« Marktwirtschaft.

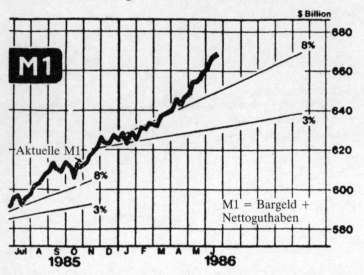

Abbildung 27:
Mitte 1986 kam es zum Blow-off der amerikanischen Geldmenge – dem verzweifelten letzten Versuch, das Verhängnis noch einmal abzuwenden, indem die Wirtschaft noch einmal gepusht wird. Die Supply-Sider hatten damals aller Welt erklärt, daß es immer nur am »Geld« liegen kann, wenn sich eine Wirtschaft nicht maximal entfaltet, daß man dieses Geld daher in jeder gewünschten Menge zur Verfügung stellen muß, damit sich jedes Angebot sein »Geld« auf dem Markt besorgen kann. Dies ist genau dieselbe Theorie, die der Angebotstheoretiker J. B. Say bereits zu Beginn des 19. Jahrhunderts aufgetischt hatte.

Dazu gleich mehr:
Zwischendurch müssen wir uns nur leider noch von der albernsten Vorstellung der »Monetaristen« verabschieden, *daß nämlich so etwas wie eine »rückläufige Geldmenge« am Desaster der Großen Depression schuld gewesen sei.* Die Große Depression

begann mit dem **Aktien-Crash** in Wall Street, und dieser Crash vernichtete, wie jeder andere Crash auch, Forderungen (die dazugehörigen Schuldner sprangen aus dem 30. Stock). Und der Aktien-Crash vernichtete die **Basis für zusätzliche Kreditgewährung,** ganz einfach weil es nichts mehr gab, was man hätte zusätzlich beleihen können. Ohne zusätzliche Beleihung aber ist der debitistische Kapitalismus tot.

Bis zum Oktober 1929, als die schwarzen Tage dann endlich kamen, ist die Geldmenge in den USA nämlich **super gelaufen,** es wurde jeden Monat mehr. **Friedman** selbst gibt uns die Zahlen durch, man vergleiche auch seine große Grafik a. a. O. zwischen den Seiten 684 und 685.

Monat und Jahr	Geldmenge[28])
Dezember 1927	**53,402 Milliarden Dollar**
Dezember 1928	**55,505 Milliarden Dollar**
Oktober 1929	**57,158 Milliarden Dollar**
November 1929	**54,023 Milliarden Dollar**
Dezember 1929	**54,850 Milliarden Dollar**
Dezember 1933	**41,545 Milliarden Dollar**

Sonnenklar: Der »fatale« Geldmengenrückgang setzt unmittelbar **nach** dem Aktien-Crash ein. Bis zum Oktober 1929 war die amerikanische Geldmengenpolitik geradezu optimal. Hätte es damals Monetaristen gegeben, hätten sie ein Telegramm geschickt:

»Herr Notenbankpräsident! Wir umarmen Sie! Die Geldmenge vermehrt sich absolut super! Jetzt kann nie mehr was passieren!«

Und dann der plötzliche Rückgang in einem einzigen Monat um mehr als drei Milliarden Dollar! Wie das? *Hätte die Fed damals vielleicht Aktien kaufen sollen,* um den Rückgang der Geldmenge zu verhindern?

Ja, und sakra, haben denn die »Verantwortlichen« nicht sofort alles »getan«, um die Ausweitung der Geldmenge nach diesem Plumpser wieder in Gang zu setzen? Was geschah denn unmittelbar »danach«?

1. Der **Diskont** wurde rapidissimo gesenkt. Er ging bis Juni 1930 von 6 auf 2,5 Prozent herunter.
2. Die New Yorker Banken durften ihre **Broker-Loans** (Kredite für die Spielchen in Wall Street) um 1,3 Milliarden Dollar erhöhen.
3. Am 12. November 1929, also kaum zwei Wochen nach dem Crash, wurde das Limit für den Ankauf von **Regierungstiteln** durch die Notenbank vom Open Market Investment Committee von 25 auf 200 Millionen Dollar aufgestockt.

Ja war das denn alles nix?

Außerdem ging die Geldmenge nach dem Knaller kaum zurück. Genau zwölf Monate **nach** dem Crash, im Oktober **1930**, lag Friedmans wunderschöner Money Stock immerhin noch bei 54,531 Milliarden Dollar, also **höher** als im November **1929**!

Aber pfui, dann so viele Arbeitslose, Pleiten, Preisverfall und Depressionen. Wie denn das?

Nimmt man nämlich beispielsweise das Jahr zwischen Mai 1929 und April 1930:

Was sehen wir da? Geldmenge ist absolut gleich geblieben: 54,795 zu 54,799 Milliarden Dollar. Und sie war überdies genauso hoch wie im März 1928: 54,657 Milliarden Dollar.

Und doch war zwischen Frühjahr 1928 und Frühjahr 1929 Prosperität, Vollbeschäftigung, Neue-Horizonte-Stimmung. Und ein Frühjahr später war alles auf einmal verwelkt?

Oh, Milton Friedman, einen besseren Verbündeten als den Monetarismus hat der Bolschewismus nie gehabt!

Von der »unsichtbaren Hand«, der schönen Fee »Katallaxie« und andere Kindergeschichten

Die Lehre von der freien Wirtschaft ist ohne **Adam Smith** nicht denkbar. Was der Schotte in seinem großangelegten Hauptwerk »Über den Reichtum der Nationen« (1776) niedergelegt hat, ist völlig richtig. Nur hat er das Thema verfehlt.

Adam Smith bringt ein überzeugendes Plädoyer für Arbeitsteilung, für freie Märkte, für den möglichst ungehinderten Austausch von Waren, Menschen und Ideen. Das ist »Liberalismus« in action. Und weil das zum Wohle möglichst vieler Menschen abläuft, hinter allem so eine Art »Ordnungs-Prinzip« aufschimmert, hat Smith dies mit einer »unsichtbaren Hand« verglichen, die sich da im Sinne des Gemeinwohls rührt.[29]) Das ist schön zu lesen. Aber das hat nichts mit dem Wesen, dem Kern, der Essenz der freien Wirtschaft zu tun.

Liberalismus, eine »freie Wirtschaft« mit »freien Märkten« und »unbehindertem Marktzugang«: das sind alles nichts als *Randerscheinungen* des eigentlichen Dings an sich. Es sind Petitessen. Läuft der debitistische Prozeß ohne diese herrliche Welt der Freiheit ab, dann läuft er dennoch ab.

Nur daß es halt teurer ist.

Der »Markt«, und das müssen sich all die Liberalen und die Adam-Smith-Fans, einschließlich des Professors **Horst Claus Recktenwald,** der soeben erst eine sehr schöne Faksimile-Ausgabe des Grand Œuvre besorgt hat, hinter die Ohren schreiben, der »Markt« ist nichts als ein Ort, wo die verschuldeten Privateigentümer, alias die Kapitalisten von ihrem Liquiditätsdruck herunterzukommen versuchen. Ist der Markt »frei«, gibt es keine dieser albernen staatlich-bürokratischen Hemmnisse wie Zölle, Subventionen, Monopole, Papierkram, Anträge usw., kann sich also der »Prozeß« des Findens von Gläubigern und Schuldnern möglichst optimal entfalten, läuft »es« oder »alles« selbstverständlich »besser«. Ganz einfach schon deshalb, weil Zeit gespart wird. Siehe dazu auch unten das Olson-Argument vom Fix-Preis-Sektor.

Die Schuldner kommen schneller an die Liquiditäten, die sie brauchen. Und sie finden schneller den im Debitismus unabdingbaren Folge-Schuldner, wenn die Märkte frei sind. Darüber muß man nicht diskutieren.

Mit freien Märkten verflüchtigt sich immer auch ein Teil des Zeitproblems, unter dem der Kapitalismus ja leider krankt. Daher kommt auch der »Druck« in der Schlußphase vor dem kapitalistischen Kollaps, möglichst alle Märkte zu »deregulieren«, zu »entstaatlichen«, für »mehr Privatinitiative« zu sorgen, und wie die Sprüche alle heißen. *Alles auch völlig richtig!* Nur hat dies nichts mit Erkenntnissen zu tun, daß man also Adam Smith auf einmal »begriffen« hat und »plötzlich« merkt, welche Segnungen doch freie Märkte, reprivatisierte Aktiengesellschaften und ein allgemeiner Liberalismus mit sich bringen.

Sondern es ist der unausweichliche Zeitdruck, der in der Schlußphase über dem System liegt und es zur Beschleunigung treibt, und das heißt eben: zu freien Märkten, weil man auf freien Märkten schneller zu seinem »Geld« kommt.

Daß die Frage »freie Marktwirtschaft« oder nicht überhaupt so lange und so leidenschaftlich diskutiert wurde, beweist schon, daß die ganze Fragestellung danebenlag. **Das Problem des Kapitalismus ist nicht der »freie« Markt.** Man muß wirklich kein Wort darüber verlieren, daß es zum völlig freien Markt im Ernst **keine diskutable Alternative gibt,** von solchem Schwachsinn wie »Planwirtschaft« und ähnlichen »Modellen« (»Planification«, »Dritter Weg«, »Zentralverwaltungswirtschaft«) ganz zu schweigen.

Die freie Marktwirtschaft ist selbstverständlich richtig. Schon allein deshalb, weil alles andere nur Zeit und also Geld kostet. Nur die absolut freie und unbeschränkte Marktwirtschaft gibt uns die Gewähr dafür, effizient und produktiv zu wirtschaften, weil sie uns ganz genau zeigt, was Sache ist: wo es »Knappheiten« gibt, welche Konsum-Trends vorherrschen, wohin die Mode geht.

Nur die freie Marktwirtschaft ist daher sozial, weil in ihr ja ganz genau das stattfindet, was alle gemeinsam wollen, und zwar so, daß jeder sich selbst verwirklichen kann, daß keinem ein Recht genommen wird, daß also die Summe des gesellschaftlichen »Nutzens« (Wohlstands, Wohlgefühls) maximiert wird.

Denn nur in der völlig freien Marktwirtschaft bekommt jeder ganz genau das, was die anderen freiwillig bereit sind, ihm zu geben. Und weil dies wiederum für jeden gilt: Es kann kein besseres »Steuerungs-Element« für das soziale Ganze geben!

Nur leider: *Mit Kapitalismus hat das nichts zu tun!* Die Existenz und das Überleben der freien Wirtschaft, des Privateigentums und der bürgerlichen Freiheiten hängen nicht von der freien Marktwirtschaft ab. *Sondern einzig und allein davon, ob die freie Wirtschaft in der Lage ist, ihre Vorfinanzierungskosten einzuspielen.* Bei diesem Einspielen hat der freie Markt seinen Sinn. Das war's aber auch.

Es ist müßig, in Diskussionen über den weiteren Verlauf der Kapitalismus-Geschichte, die via Deflation im unausweichlichen CRASH enden muß (ganz einfach, weil ein Schurke ins Spiel gelassen wurde, der »infallible Schuldner« STAAT), immer wieder ein Bekenntnis zur freien Marktwirtschaft abzulegen. **Die Autoren dieses Buches bejahen die freie Wirtschaft, das Privateigentum, freie Märkte und das Leistungsprinzip un-ein-ge-schränkt.**

Danke!

Aber kehren wir noch einmal kurz zu den großen »Liberalen« zurück, den vermeintlichen Promotoren der »freien Wirtschaft« und des »kapitalistischen Systems«. Zu Adam Smith und seinen Epigonen.

Alle, wir wiederholen: alle, begehen den gleichen Denkfehler: Alle sind der Meinung, man müsse den Menschen nur »frei« sich »entfalten« »lassen« – und schwupp-di-wupp: schon trifft er ein, der »Wohlstand der Nationen«, das dauerhafte, langanhaltende »Wirtschaftswachstum«, die unendlich schöne Welt von morgen.

Wenn man die Schriften dieser großen Liberalen, denen man ja eigentlich spontan und von ganzem Herzen zustimmen möchte[30]), genau analysiert – was kommt dabei heraus: Nichts als kümmerlichste TTS-Theorien. Tausch-Wirtschaftler, Mickey-Mouse-Ökonomie.

Alle diese großen Liberalen gehen einfach davon aus, daß halt *gewirtschaftet* wird, und wenn man den Menschen dabei *frei schalten und walten läßt,* dann wird schon alles gut und richtig werden.

Warum aber wird denn gewirtschaftet?

Da gibt es einen besonders rührenden Ansatz, den wir kurz vorstellen wollen, den des großen Liberalen **Friedrich August von Hayek.** Dieser Mann ist fraglos eine hoch bedeutende Figur des Jahrhunderts, Nobelpreisträger für Ökonomie und jemand, der mehr als alle anderen zur geistigen Auseinandersetzung und Überwindung des »Sozialismus« geleistet hat.[31])

Doch auch Friedrich August von Hayek hat die freie Wirtschaft **nicht begriffen.** Seine Vorstellung darüber, warum überhaupt gewirtschaftet wird und nicht vielmehr nicht, ist die mit Hilfe einer »Evolution«. Es entwickelt sich etwas, »irgendwie« geht es »vorwärts« mit dem Menschengeschlecht. Was sich da abspielt, nennt der große Gelehrte (und, leider muß es immer wieder gesagt werden, existenzdruckfreie Lebenszeitbeamte) gern »die spontanen Kräfte des gesellschaftlichen Zusammenlebens«.[32]) Sogenanntes »menschliches Handeln« ist einfach »da«, »liegt vor«, ohne daß erklärt wird, warum.

Die ganze Geschichte ist dann nach Hayek ein großer Kampf, die »ungeplanten Ergebnisse individueller Handlungen« entweder zu »steuern« oder eben »sich selbst« zu überlassen, wie das dann von den großen Liberalen des 18. Jahrhunderts auch philosophisch begründet wurde, die »eine umfassende Theorie der spontanen Ordnung des Marktes lieferte(n)«. Alles klingt bei Hayek nicht nur ungeheuer logisch, sondern obendrein auch noch sehr gescheit:

> »Wichtig ist die Tatsache, daß die spontane Ordnung im Gegensatz zur Organisation keinem bestimmten Zweck dient ... Speziell die marktwirtschaftliche Ordnung beruht nicht auf irgendwelchen gemeinsamen Zielsetzungen, sondern auf Reziprozität, d. h. auf dem Ausgleich verschiedener Interessen zum **wechselseitigen Vorteil** der Teilnehmer.« (a. a. O., Seite 33).

Völlig klar und richtig.

Danach bleibt Hayek aber nicht sachlich, sondern beginnt – in Unkenntnis der wahren, der debitistischen Verhältnisse, mit denen der Mensch sich herumschlagen muß – einen klebrigsüßen Weltbürger-Beglückungs-Cocktail zu mixen:

> »Die große Bedeutung der **spontanen Ordnung** ... liegt darin, daß sie eine friedliche Zusammenarbeit (oh!) zum wechselseitigen Nutzen der Menschen über den kleinen Kreis derjenigen hinaus ermöglicht (oh!), die dieselben konkreten Ziele verfolgen oder

einem gemeinsamen Herrn dienen (oh!), mit anderen Worten, daß sie die Bildung (oh!) einer Großen (oh!) oder Offenen (oh!) Gesellschaft ermöglicht.« (a. a. O. Seite 33; die Oh's entfuhren mir, PCM.)

Den Spruch von der »friedlichen Zusammenarbeit« kennen wir auch aus jedem Abschlußprotokoll einer Sitzung des Warschauer Paktes bestens. Hayek hat den Kapitalismus, hat die freie Wirtschaft nicht begriffen, sonst wüßte er, daß es so etwas wie eine »Zusammenarbeit« **niemals geben kann.** In der wirklichen Welt gibt es nur **Gläubiger** und **Schuldner** – *und wie die »zusammenarbeiten« sollen, bleibt unerfindlich.*

Richtig schlimm sind solche (im Original noch durch Kursivdruck, also als besonders wichtig herausgehobenen) Takes, wie **»Große Gesellschaft«** oder **»Offene Gesellschaft«.** Mit solchen Sprüchen haben uns Staatssozialisten, wie US-Präsident **Lyndon B. Johnson** (»Great Society«) ebenso beglückt wie der dann als Bundeskanzler ins Wolkenkuckucksheim abgedriftete große Marktwirtschaftler **Ludwig Erhard** (»Formierte Gesellschaft«).

Schon Tätigkeitsworte wie »sich bilden« oder »ermöglichen« machen klar: hier wird geschwafelt. Hier werden »Alles-ist-gut-wenn-nur-endlich«-Wolken verschoben von jemandem, der das Wesen der freien Wirtschaft, des Kapitalismus nicht erfaßt hat.

Vollends als TTS-Fan entpuppt sich der Herr »Professor« von Hayek, wenn er den Schleier von seinem »Weltbild« wegzieht:

> »Ich schlage vor, diese spontane Ordnung eines Marktes Katallaxie zu nennen, analog dem Ausdruck »Katallaktik«, der öfter als Ersatz für »Ökonomik« (oder Wirtschaftstheorie) vorgeschlagen wurde ...«

Und nun kommt's, endlich:

> »... (beide Ausdrücke, »Katallaxie« und »Katallaktik«, stammen von dem altgriechischen Verb *katallattein* ab, das sehr bezeichnend nicht nur **»tauschen«** und »handeln«, sondern auch »in die Gemeinschaft aufnehmen« und »vom Feind zum **Freund** machen« bedeutet).« (Seite 34)

Tja, das war's dann wohl. Der große »Ökonom« und »Nobelpreisträger« bekennt selbst, ein Mickey-Mouse-Fan zu sein, ein

Tauschwirtschaftler, wobei es in seinem Kindergarten nur besonders »friedlich« zugeht (»vom Feind zum Freund«), weil alle Kinder ganz besonders lieb und artig zueinander sind. Recht so, Donald Duck von Hayek, zankt euch nicht!

Milton Mouse tauscht sein Jutesäckchen

Zur Vorbereitung auf dieses Buch haben wir buchstäblich alle Bücher in die Hand genommen, die das Wort »Kapitalismus« oder »Kapital« im Titel tragen. Es waren über 300 verschiedene Publikationen.

Wir hatten eine erregende Reise erwartet, Spannung, Kampf der Ideen, Action.

Herausgekommen ist nichts als ein Waten durch einen öden Sumpf. Stumpfsinnig werden immer die gleichen Argumente wiederholt, von den »Linken« die linken Argumente, Ausbeutung und so. Von den »Rechten« die rechten Argumente, Freiheit, Wohlstand, Fortschritt und so.

Die Hongkong-Chinesen, die es nicht fertig bringen, sich eine Verfassung zu geben, weil sie es nicht schaffen, »Kapitalismus« zu definieren (egal, was dann für ein Smith-Friedman-Hayek-Gebräu dabei herauskommt, es kann nur Stuß sein!), sind nicht etwa eine Ausnahme. Sie sind die Regel.

In der amerikanischen Kapitalismustheorie gibt es das Dreigestirn Friedman-Gilder-Kristol.[33])

Milton Friedman decouvriert sich ohne Umschweife gleich auf den ersten Seiten seines »Kapitalismus und Freiheit« (Stuttgart 1971) als Mickey-Mouse-Ökonom. Bitte sehr (seinerzeit von PCM himself ins Deutsche übertragen):

> »Grundsätzlich gibt es nur zwei Arten, die wirtschaftlichen Aktivitäten von Millionen von Menschen zu koordinieren: Die eine ist die zentral gelenkte, wobei mit Hilfe von Zwangsmaßnahmen gearbeitet wird, also mit Techniken, wie sie Armeen und totalitäre Staaten anwenden. Die zweite Art ist die freiwillig gesteuerte, also die **Kooperation** einzelner Individuen, wie man sie auf jedem Marktplatz erleben kann.« (Seite 33 f.)

Hört sich Klasse an, nicht wahr? Wir, klaro, entscheiden uns natürlich für die »freiwillig gesteuerte Art«!

> »Die Möglichkeit der **Koordination** durch freiwillige Kooperation basiert auf der elementaren – freilich häufig verneinten – Voraussetzung, daß beide Parteien einer wirtschaftlichen Transaktion von ihr profitieren, vorausgesetzt, die Transaktion geschieht auf beiden Seiten freiwillig und in vollem Wissen darüber, was geschieht.« (Seite 34)

Go, Milt, go! Gleich bist du endlich in deinem Disneyland:

> »Der **Austausch** (!) kann daher Koordination ohne Zwang herbeiführen. Das funktionierende Modell einer Gesellschaft, die durch das Mittel des **freiwilligen Austausches** organisiert wird, ist die freie, auf privatem Unternehmertum basierende Marktwirtschaft – was wir den Wettbewerbs-Kapitalismus nennen.« (Seite 34)

Here we are! Mister Milton Friedman, Träger zahlloser Doktorhüte, Professor, Nobelpreisträger für Wirtschaft, hat die Maske abgenommen. Wer erscheint? Mickey Mouse. Ein TTS-Theoretiker reinster Kultur. Einer der nur möchte, das in seinem Kindergarten auch alle Kinderlein möglichst »frei« und artig mit ihren Tauschgütern umgehen und dann natürlich, wenn sie das auf beiden Seiten machen, auch von ihrer »wirtschaftlichen Transaktion profitieren«.

Die Worte verraten schon alles: »Kooperation«, wir denken an Hayeks, Honeckers und Husaks »friedliche Zusammenarbeit«; »Koordination«, »wirtschaftliche Transaktion«, »Transaktion auf beiden Seiten«, schließlich der **»Austausch«,** alias der **»freiwillige Austausch«.**

Milton Friedman ist genauso denkfaul wie alle anderen TTS-Ökonomen. So fängt er einfach mit »wirtschaftlichen Aktivitäten« an.

Was mag das wohl sein?

Friedman erklärt es uns nicht. *Er geht eben davon aus,* daß das so ist, daß der Mensch halt so seine »wirtschaftlichen Aktivitäten« entfaltet. Vermutlich gleich so »spontan« wie bei seinem Freund Hayek. Wie heißt das im Standardlehrbuch der deutschen Ökonomiestudenten? Warum *muß* gewirtschaftet werden? Weil gewirtschaftet *wird*.

»Wirtschaftliche Aktivitäten«. Aha. Da bosselt jeder so vor sich hin. Dann muß es frei zugehen, es darf keine »Zwangsmaßnahmen« geben. Aber, bitte, wer will denn die Vor-sich-hin-Bossler zwingen. Laßt sie doch bosseln.

Dann treten alle mit dem Ergebnis ihrer Bosselei auf den »freien Markt«. Der eine bringt ein Jutesäckchen, liebevoll gehäkelt. Der andere kommt mit ein paar Birnen, die er gepflückt hat. Ein dritter bringt ein Schwein, das bei ihm im Stall halt so »übrig« war. Ein vierter, der besonders klug dreinschaut, kommt schon mit einem Rechenschieber daher. Eines Tages wird er sogar einen Computer bringen. Denn bei so »wirtschaftlichen Aktivitäten« kommt allerlei heraus, vor allem, wenn das »Millionen von Menschen« machen! Und dann tauschen alle, freiwillig. Das ist das »funktionierende Modell« einer »Gesellschaft«. Au weia!

Die Vorstellung, daß beim Tausch »beide Parteien« etwas gewinnen (Friedman: »von ihr profitieren«, Hayek oben: »wechselseitiger Vorteil«), ist besonders albern.

Was sollte beim Tausch wohl gewonnen werden? Wie mag der dabei erzielte »Profit«, alias »Vorteil« wohl aussehen?

Die TTS-Theoretiker glauben, daß aus der Tatsache, daß einer etwas hat, was er vorher noch nicht hatte, ein »Profit« für ihn herausschaut.

Das wäre natürlich der Fall, wenn er es ohne Gegenleistung erhalten hätte. Wenn sich also auf dem »freien Markt« folgende Parteien träfen: die einen mit dem Ergebnis ihrer Bosselei, also mit Waren, die anderen aber mit leeren Händen. Dann sagen die mit den Waren: Laßt uns tauschen. Ihr zeigt uns eure leeren Hände, und wir geben euch dafür unsere Waren.

Der Gewinn der Jungs mit den leeren Händen ist klar, sie haben jetzt Waren. Und die anderen?

Die haben natürlich auch ihren Vorteil gehabt und genossen: Denn sie haben endlich wieder mal Jungs mit leeren Händen gesehen. So etwas ist doch selten in Disneyland, wo alle »wirtschaftliche Aktivitäten« entfalten, also jeder eigentlich mit irgend etwas in der Hand auf dem Marktplatz erscheinen müßte.

Wenn wir uns nur einen Markt vorstellen, so wie er den TTS-Fritzen auch immer vorschwebt, auf dem alle mit irgendwelchen Waren eintreffen, dann ist zunächst mal eines klar: **Vor und nach dem Markt hat sich in Menge, Zahl, Volumen usw. der Waren überhaupt nichts verändert.** Selbst wenn sogar jemand mit »Geld« auf dem Markt eintrifft und sagt: Kinders, ich tausche Jutesack und Schwein gegen ein kleines Goldstück ein – selbst dann ist am Abend nicht ein Fitzelchen zusätzlich in den Händen aller Marktteilnehmer. **Alles ist nur anders verteilt.**

Wo bleibt also der »Gewinn«, der »Profit«, lieber Mister Mikkey Friedman?

Ach so, der existiert im »Kopf« der Marktteilnehmer. Aha, es ist der »zusätzliche Nutzen«, den alle gezogen haben, weil sie ja so schön frei tauschen durften. Der »Vorteil«, über den der Donald Duck von Hayek so liebenswürdig plaudert.

Aber was ist denn nun, wenn die Marktteilnehmer bilanzieren wollen, um endlich mal festzuhalten, wie hoch denn ihr »wechselseitiger Vorteil« gewesen ist, den ihnen die TTS-Leute bei »freien Märkten« versprochen haben?

Bilanz der Marktteilnehmer bei einer »Tauschwirtschaft«

Vor dem Tauschen: (A = Aktivseite; P = Passivseite)

Marktteilnehmer A		**Marktteilnehmer B**		**Marktteilnehmer C**	
A	P	A	P	A	P
-1- Schwein	Das Kapital	-1- Jutesack	Das Kapital	-10- Birnen	Das Kapital

Nach dem Tauschen:

Marktteilnehmer A		Marktteilnehmer B		Marktteilnehmer C	
A	P	A	P	A	P
-1- Jutesack	Kapital Gewinn	-10- Birnen	Kapital Gewinn	-1- Schwein	Kapital Gewinn

Wir sehen sofort: Alle haben frei getauscht. Und weil dieser Vorgang laut den Nobelpreisträgern Hayek und Friedman zu einem »Vorteil« bzw. »Profit«, alias »Gewinn« führen muß, wird der natürlich ordentlich verbucht, wie immer: auf der *Passivseite*.

Die Bilanzen sind ganz rätselhaft »länger« geworden. Denn daß die Marktteilnehmer dort einen Gewinn buchen, wo vorher das gleich hohe Kapital gestanden hat, bzw. daß sie das Kapital herabsetzen, nur um einen Gewinn auszuweisen, aber, bitte, wer macht denn so was?

Noch besser wird es, wenn wir jetzt noch einen weiteren Herren auf den Marktplatz rufen, den mit dem Edelmetall, alias den Münzen, alias dem »Geld«, das er nun ebenfalls zum Tausch durch die Reihen der Marktteilnehmer wandern läßt. Dabei müssen wir nur davon ausgehen, daß alle mit dem gleichen Startkapital ins Rennen gegangen sind, um zu sehen, wie toll sich dann die »wirtschaftlichen Aktivitäten« von Mickey Friedman entwickeln.

Bilanz der Marktteilnehmer bei einer »Geldwirtschaft«

Alle Marktteilnehmer haben gleichviel, jewoils 9 Einheiten, die dann auch gegen die gleichen Einheiten ausgetauscht werden, was die Marktteilnehmer natürlich machen, um »Profit«, »Vorteil« und »Gewinn« davon zu haben. Vorher also:

Marktteilnehmer A		Marktteilnehmer B		Marktteilnehmer C	
A	P	A	P	A	P
-9- Schweine	-9- Kapital	-9- Jutesäcke	-9- Kapital	-9- Goldstücke	-9- Kapital

Und nachher dann:

Marktteilnehmer A		Marktteilnehmer B		Marktteilnehmer C	
A	P	A	P	A	P
-3- Schweine -3- Jutesäcke -3- Goldstücke	-9- Kapital -?- Gewinn	-3- Jutesäcke -3- Schweine -3- Goldstücke	-9- Kapital -?- Gewinn	-3- Goldstücke -3- Jutesäcke -3- Schweine	-9- Kapital -?- Gewinn

Ein Gewinn ist zweifellos entstanden, sonst hätten die drei ja nie getauscht, denn nur der »wechselseitige Tausch« war doch zu ihrem »Vorteil«. Und den Gewinn können die drei auch ausschütten. Denn sie haben auf der Aktivseite sogar richtig Bares stehen, Goldstücke nämlich.

Oder ist der Gewinn zwar entstanden, aber nicht ordentlich verbucht worden? Hat da ein Buchhalter ein böses Spiel gespielt? Ist er mit dem Gewinn gar nach Paraguay?

Tja, liebe TTS-Theoretiker, liebe Hochschullehrer der Ökonomie aller Länder, vereinigt euch: **Erklärt doch bitte, wie und** wo bei einer Tauschwirtschaft, also in Eurem Bild von einer »freien Wirtschaft«, der Gewinn entsteht? Natürlich gibt es immer einen »Vorteil« beim Tauschen. Das war's dann aber auch. Ich tausche einen Sachsen-Dreier gegen einen Bayern-Einser. Beide Parteien »fühlen« sich anschließend besser.

André Kostolany möchte von mir immer mein Exemplar des ersten Buches über die Börse, die »Confusiones de las confusiones« von **José de la Vega** (Amsterdam 1688) haben. Ich sage ihm immer wieder: »Kannst du haben, Kosto, aber dann gibst du mir deinen **Chiarini**.« Das ist die zweite Ausgabe des ersten gedruckten Buches zum Thema Wirtschaft, die mit dem berühmten Holzschnitt, der Edelleute aus der Toskana in einer Wechselstube zeigt, Florenz, etwa 1494. Leider kommt der Tausch nicht zustande, weil Kosto nicht abgeben will. So müssen wir beide auf einen Vorteil verzichten, auf einen »Nutzen«, auf die Erfüllung von Sammlerfreuden.

Das sind liebe G'schichterln. Aber mit »Wirtschaft«, mit dem unausweichlich unter Schuldendruck operierenden, debitistischen Kapitalismus hat das überhaupt nichts zu tun.

Wirtschaft wäre nämlich, wenn ich Kosto sagen würde: »30 Mille für meine ›Confusiones‹.« Da Kosto seinen Chiarini nicht hergeben will, müßte er sich an die Schreibmaschine setzen und wieder neue Bücher und Kolumnen schreiben, was wir so gerne lesen von ihm. Er wäre dann unter Leistungsdruck, denn er müßte den Kaufpreis verdienen. Und ich hätte einen »Gewinn« an meinen »Confusiones«, weil ich die mal günstig von einem Deutsche-Bank-Direktor erstehen konnte.

Mr. Capitalism, Goofy Gilder und die Potlatch-Saga

Schließen wir das traurige Kapitel über die Kapitalismustheoretiker mit einem kleinen Blick auf Irving Kristol und George Gilder ab.

Irving Kristol ist »John M. Olin Professor of social thoughts«

an der New York University Graduate School of Business und Senior Fellow des American Enterprise Institute. Er gehört zum »Board of Contributors« des »Wall Street Journal«, also des Leib-und-Magen-Blatts der amerikanischen freien Wirtschaft und gilt als **»Mister Capitalism«**.

Aber was fällt einem solchen Superstar der freien Wirtschaft bei seinen »social thoughts«, bei seinem Nachdenken über die freie Gesellschaft ein?

Mumpitz.

In einem seiner großangelegten *Grundsatz-Artikel* auf der Meinungsseite des »Wall Street Journal« schreibt Irving Kristol unter der sagenhaften Überschrift

»U. S.: An Economy **Too Good** to Be True?«

am 4. Oktober 1985, daß nun noch die letzten Wolken über der US-Wirtschaft verschwinden werden; dann kommt die decouvrierende Einblockung:

»If foreigners are so eager to buy dollars, a **commodity** (!!!) America can produce cheaply, why should America obstinately frustrate them?«

Das ist nicht nur TTS auf primitivstem Niveau – Dollars, also »Geld« ist eine »Ware« (»commodity«), die man »produzieren« kann –, sondern das ist just jener Zynismus, der die Mächtigen *unmittelbar vor ihrem Fall* auszeichnet. Amerika kann die Dollars nicht nur einfach »produzieren«, sondern es kann sie sogar »billig« (»cheaply«) produzieren, denn: wie jeder weiß, liegen die Herstellkosten für Geldscheine erheblich unter dem, was man darauf als »Wert« drucken kann. Eine Tausend-Dollar-Note kostet nach Auskunft der Druckerei in Washington »etwa vier Cents«. Und bei solchen Margen besteht nun wirklich kein Anlaß, daß Amerika die Fremden groß frustriert!

Wenn ein Verteidiger der freien Wirtschaft, wenn ein Mann wie Kristol, der einmal eine Professur für »Urban Values (!)« innehatte und eine Zeitschrift mit dem Titel »The Public Interest« herausgab, wenn jemand mit einem so hohen ethischen Anspruch von »billig produzierbaren Dollars« spricht, dann wird es keinen wundern, warum die freie Wirtschaft diesmal untergeht. **Die Unternehmer hatten den Feind in ihren Reihen.**

Es versteht sich daher schon beiläufig, daß eine solche Karikatur eines Kapitalisten wie Irving Kristol, das, wovon er redet, genauso wenig begriffen hat wie all die anderen TTS-Theoretiker auch, »Kapitalismus« nämlich. In seinem Standardwerk »Two Cheers for Capitalism«[34]) lesen wir:

> »Es ist die Grundvoraussetzung einer liberal-kapitalistischen Gesellschaft, daß eine ›faire‹ Verteilung des Einkommens durch den produktiven Input bestimmt (**»determined«**) ist, den die Individuen für die Wirtschaft leisten, wobei wiederum vom Markt bestimmt (**»determined«**) wird, was ›produktiv‹ ist. Solche Produktivität ist bestimmt (**»determined«**) durch spezielle Talente, generelle Charakterzüge und auch einfach Glück (eben zum richtigen Zeitpunkt an der richtigen Stelle zu sein). Diese marktbasierte Verteilung des Einkommens wird **wirtschaftliche Anreize** schaffen und dadurch wirtschaftliches Wachstum ermutigen. Als Resultat dieses Wachstums wird es dann jedem besser gehen.« (Seite 189)

Das klingt unheimlich toll, wie alles, was die Liberalen so verzapfen. Ist doch klar: Wer tüchtiger ist, verdient halt mehr, und das reißt die anderen mit, ebenfalls tüchtiger zu werden, und so kommt dann das Wachstum zustande und all die anderen fabelhaften Dinge.

Nur, leider: Es ist der immer gleiche Denkfehler der TTS-Theoretiker, diesmal freilich unschwer zu entdecken, weil Irving Kristol dreimal unmittelbar hintereinander das gleiche Wort (**»determined«**) gebraucht:

Einmal »bestimmt« der Marktteilnehmer selbst, durch seine Talente usw., wie produktiv er ist.

Zum zweiten »bestimmt« aber der Markt, das heißt: die Einschätzung aller anderen, was produktiv ist.

Drittens ist es diese Produktivität, die »bestimmt«, wer wieviel bekommt.

Und aus diesem »unterschiedlichen« Etwas-Bekommen ergibt sich dann die (weitere) Produktion.

Was Kristol selbstverständlich nicht erklärt, ist zunächst einmal, warum überhaupt gewirtschaftet wird, und nicht vielmehr nicht. Denn sein Wachstum ergibt sich ja erst, **nachdem** gewirtschaftet wurde, **nachdem** also Einkommensunterschiede aufgetreten sind, die dann für Dampf sorgen (plausibel? Plausibel!).

Aber die allererste Produktion ist ja auch schon ein Wachstum gegenüber der davor liegenden Periode, wo weniger oder vielleicht überhaupt noch nicht gewirtschaftet wurde. Kristols Theorie ist also nur eine besonders schick verpackte *Variante* der Wollschen Lehrbuch-Theorie, wonach gewirtschaftet werden muß, nachdem gewirtschaftet wurde.

Woll: Weil es Produkte (»Wohnung«, »Kleidung«, »Essen«) gibt, gibt es den Wunsch, die »Bedürfnisse« mit Hilfe dieser Produkte zu befriedigen.

Kristol: Weil es unterschiedliche Einkommen gibt, gibt es den Wunsch, auch so viel zu verdienen wie die, die schon so viel verdienen.

Woll ist TTS-Theoretiker von der Produktionsseite her. Kristol ist TTS-Theoretiker von der Einkommensseite her. Beide quatschen.

Kristol begeht überdies noch den bösen Schnitzer mit seiner Verwechslung von »Selbst«- (Talente!) und »Markt«-Bestimmung! Was, wenn der Markt

a) das Talent *nicht mag?* Dann sind wir wieder bei Marx, wo die Unternehmer auch die Arbeiter nicht »mögen«, sonst würden sie ihnen ja nicht immer den Mehrwert vorenthalten, oder beim »verkannten Künstler«. Der Sozialist Marx und der Kapitalist Kristol: Wo ist der Unterschied?

Was, wenn das Individuum

b) zwar wahnsinnig »produktiv« ist, aber sich auch keiner drum kümmert. Es gibt Muttis, die stricken irre schnell einen Pullover. Wenn aber schon alle zehn Pullover haben? Kristol kapiert einfach nicht, daß Wirtschaften überhaupt nichts mit »Fleiß« (noch so ein schöner Ausdruck für »produktiv«) zu tun hat, sondern einzig und allein damit, **daß die Schuldner Folge-Schuldner finden,** und daß deshalb gerade die Fleißigsten eines

Volkes, zum Beispiel die armen Bauern, in einer Großen Depression, wie sie jetzt begonnen hat, die allerärmsten Schweine sind und reihum bankrott machen.

Aber der feinsinnige Herr, der mit den Chefredakteuren des »Wall Street Journal« tafelt, wird schon noch dahinterkommen, warum einer von den ganz großen Praktikern des Kapitalismus, die Nummer Eins des Euro-Marktes, der Bankier **Hans-Jörg Rudloff,** in einem Interview mit der Schweizer »bilanz« im Februar 1986 zum besten gab:

»Der einzige Rohstoff, der heute noch wirklich etwas einbringt, ist das **Geld.** Wir leben aus dieser Sicht in der **kapitalistischsten** (!!!) **Welt** die es je gab. Es ist schrecklich, daran zu denken, daß wir in der City mit dem **Rohstoff Geld** große Saläre verdienen und es in Manchester Leute gibt, die sich nicht einmal ein Paar Schuhe kaufen können.« (Seite 64)

Bei Rudloff verdienen fixe Euro-Trader sechsstellig im Jahr, und zwar in Pfund Sterling. Und das ist auch gut und richtig so, denn je mehr Leute viel Geld verdienen, um so weniger Leute gibt es, die wenig Geld verdienen.

Aber: Geld ist in; Produzieren ist out. Das haben wir schon oben bei der Behandlung der Schlußszene des kapitalistischen Bildes gesehen.

Da wir freie Märkte haben, für Geld und für Waren, ist also klar, daß der Markt die Entscheidung getroffen hat: für das Geld, gegen die Waren.

Damit ist aber auch klar, daß der Markt darüber entscheidet, was »produktiv« ist. Da Kristol aber in seinem TTS-Modell davon ausgeht, das es eine »Produktivität« »an sich« gibt (Talente usw.) und die nur »irgendwie« auch noch der Markt »richtig bewerten« muß (wie das eigentlich funktionieren soll, bleibt ohnehin sein süßes Geheimnis), ist völlig klar, daß auch der Papst des Kapitalismus keine Ahnung hat von seinem Gegenstand. Auch Irving Kristol ist in jenem grundlosen Morast versunken, in dem auch die anderen Wirtschafts-»Wissenschaftler« stecken, in dem Morast, über dem steht: Zirkelschluß & Denkfehler.

Mit dem Super-Star der »modernen« amerikanischen Kapitalismustheorie, mit **George Gilder,** ist es nicht anders. Gilders Buch »Reichtum und Armut« hat den »Umdenkern«, den amerikanischen »Wende-Politikern«, den »Reagonomics« schließlich die Via Triumphalis gepflastert, auf der sie seither daherstolzieren wie einst Cäsar nach dem Sieg über Vercingetorix.[35])

Gilder ist der Ziehvater der Angebots-Freaks, der große Guru der Supplier, und wurde von den anderen Downtown-Manhattan-Kapitalisten wie **Kristol, Jude (»Mr. Supply«) Wanninski, Nathan Glazer** und natürlich auch **Bill Buckley** frenetisch begrüßt. Für Ronald Reagan war Gilders Approach eine »Offenbarung«. Er lud den Autor ins Weiße Haus ein, um ihm lange die Hand zu drücken.

Gilder muß man immer wieder lesen, um zu sehen, wohin es führt, *wenn man sich gleich von vornherein und vollständig irrt.* Gilder bringt nämlich eine als besonders intellektuell geltende, weil angeblich *anthropologisch untermauerte,* Variante der TTS-Theorie:

> »Der Kapitalismus beginnt historisch mit dem Geben ...
> Die ersten Kapitalisten waren Stammeshäuptlinge, die einander im Veranstalten großer Festlichkeiten zu **übertreffen** suchten. Ähnlich entstand auch der Brauch, sich gegenseitig zu **beschenken.**« (Seite 34)

Man sieht sofort, daß diese »Geschenk«-Theorie nichts ist als die altbekannte »Tausch«-Theorie, nur diesmal so, daß die beiden »Markt-Teilnehmer« nicht mehr auf ihren eigenen »Vorteil« (»Profit«) bedacht sind, sondern es sich gegenseitig so angenehm wie möglich machen wollen. Schade, daß spätere Kapitalisten von diesem schönen Brauchtum abgerückt sind. Man stelle sich vor, wie sich die Flicks und die Rockefellers heute beschenken könnten!

Gilder kommt dann zügig zu den beiden entscheidenden Punkten, zu »Zins« und »Geld«:

> »Die Geschenke wurden in der Regel im Rahmen einer kultischen Handlung und natürlich in der Hoffnung auf ein späteres **Gegen-**

geschenk dargebracht. Der Wert dieser Gegenleistung war nicht festgelegt, doch wurde wohl auch **eine Art Zinsen** (!) erwartet, denn der Beschenkte versuchte stets, den Wert der empfangenen Geschenke durch seine Gegengabe zu überbieten ...

Solche Geschenk-Konkurrenzen sind **Wettbewerbe in Altruismus,** denn eine Gabe wird nur dann mit einer größeren Gegengabe beantwortet werden, wenn der Beschenkte, überrascht und angenehm berührt, seinerseits den Spender **beglücken** will, wozu ihm wiederum dessen Wünsche und Bedürfnisse bekannt sein müssen. So fördert der Geschenkwettbewerb **Verständnis** und **Sympathie** der Menschen füreinander.

Der Kreislauf der Geschenke – und damit der wirtschaftliche Nutzen – wird wachsen, solange die Gaben von den Beschenkten höher eingeschätzt werden als von den Spendern. Diese Sitte **überwand den Tauschhandel** – mehr noch, **sie schuf eine Art Geld** (!), bestehend aus Verpflichtungen, Schulden oder Versprechungen ...

Das gleiche geschieht, wenn Sie jemandem einen Dollar geben, einerseits erkennen Sie eine Schuld in bestimmter Höhe ihm gegenüber an, andererseits geben Sie das **Schuldanerkenntnis eines Dritten** an ihn weiter. Doch dieser Vorgang, der Verbindlichkeiten schafft, muß irgendwo mit einem Spender und einem Geschenk, einem Fest ..., einer Investition und einem Investor beginnen.

Die Verbindlichkeiten führten zu Gegengeschenken und neuen Verbindlichkeiten und verwoben so zu einem immer größer werdenden **Teppich** aus wirtschaftlichem Schaffen und Güteraustausch ... Diese Ausweitung der Verbindlichkeiten ist der Vergrößerung der **Geldmenge** gleichzusetzen. Der springende Punkt liegt in der Schaffung von Verbindlichkeiten (oder dem Gefühl der Verpflichtung auf seiten des Gastes) durch die Hingabe eines Gutes ...« (Seite 34 f.)

Damit wir uns alle recht verstehen: Was wir soeben lesen durften, ist nicht eine obskure Stelle in einem Hintertreppenpamphlet. **Sondern es ist die Schlüsselpassage, mit der Amerikas führender Kapitalismus-Theoretiker die Entstehung und Entwicklung des Kapitalismus erklärt!**

Deshalb wollen wir uns dieser Passage auch mit Hingabe widmen.

Die Sprache Gilders ist unpräziser Kautschuk. Er spricht nicht von »Zinsen« und »Geld«, sondern von »einer **Art** Zinsen« und »einer **Art** Geld«. Die Sprache ist zudem klebrig-qualmig, wie oben bei von Hayek (»friedliche Zusammenarbeit«): Der »Beschenkte« ist »überrascht und angenehm berührt« (wer hätte das gedacht!); er will seinerseits »beglücken«, und, wiewohl es sich um eine Gegnerschaft, um Konkurrenz, handelt, ist alles nicht so ernst gemeint, denn es ist ein »Geschenkwettbewerb«, der letztlich »Verständnis und Sympathie der Menschen füreinander« weckt (wie lieb).

Dann öffnet Gilder seine ganz spezielle TTS-Kiste, wo die Rede ist von »Tauschhandel«, »Gaben« und »Nutzen«. Man sieht förmlich, wie sich die Herrschaften gegenseitig mit Schätzen überhäufen. Gilders Idee, aus einer sich gegenseitig hochschaukelnden Schenkerei »Verpflichtungen«, ergo »Schulden« und »eine Art Geld« abzuleiten, ist sozusagen TTS-extra-Modell »turbo«. Die anderen Ökonomen und Kapitalismus-Theoretiker hatten beim »Dynamisieren« ihrer Tauscherei Probleme. Denn tauschen kann man immer nur, was eh schon da ist, aber wie wird es wohl mehr?

Bei Gilder wird nun der »Altruismus« eingebaut, die Maschine »Nächstenliebe«, und schon schnurrt das Gefährt durch die Weltgeschichte.

Gilder muß Adam Smith gelesen haben, auch Bentham und die anderen englischen Klassiker, jedenfalls gibt er das an. Die aber haben klipp und klar gesagt, daß gerade das Gegenteil des Altruismus, der **»Egoismus«,** die Gewinnsucht, der Selbsterhaltungstrieb und ähnliche ich-bezogene Motivationen für »Dynamik« und »Wachstum« sorgen, wobei die berühmte »unsichtbare Hand« dafür sorgt, daß aus der Maximierung des Nutzens des einzelnen auch eine Maximierung des Nutzens der Gesamtheit wird.

Mit »irgendeinem Fest«, alias einer »Investition und einem Investor« beginnt dann die kapitalistische Dynamik. Aha.

Gilder baut sein Kapitalismus-Modell etwa so auf:
1. Stammeswirtschaft mit Tauschhandel.

2. Verschiedene Stammeshäuptlinge fangen an, sich gegenseitig zu beschenken.
3. Diese Schenkerei **schaukelt sich gegenseitig hoch.** Der jeweils zuletzt Beschenkte fühlt sich »schuldig«. Aus solchen Verpflichtungs-Gefühlen entsteht das **»Geld«.**
4. Mit Hilfe dieses Geldes wird dann auch der Tauschhandel endlich **überwunden.**
5. Die Geldwirtschaft entsteht, wobei Geld (»Schuldanerkenntnis eines Dritten«) **umlauffähig gemachte Schulden** sind.

Der Kapitalismus ist »da«.

An Gilders Modell sind zwei Aspekte *richtig:*
a) der *historische;* die von ihm zitierte gegenseitige Schenkerei hat es nach übereinstimmenden Angaben der Anthropologen tatsächlich gegeben, die einschlägigen Stichworte heißen »Mumi« bei einem Stamm namens Siuai auf den Salomonen oder »Potlatch« bei den Kwatiukl-Indianern im nordwestlichen Nordamerika;

b) der *monetäre;* Gilder hat »Geld« kapiert, wo er beschreibt, wie jemand, der einen Dollar hergibt, das »Schuldanerkenntnis eines Dritten« weiterreicht. Das ist debitistisch und richtig gedacht: »Geld« sind »Schulden« und »Zahlungen« nichts als *Gläubiger/Schuldner-Wechsel.* Gilder steht in diesem Punkt turmhoch etwa über seinem Kollegen Irving Kristol, der die Dollars noch ausdrücklich als »billig produzierbare ›commodities‹« bezeichnet hat.

Der Rest von Gilders Ansatz ist indes abenteuerlich.[36])

Zunächst einmal plumpst er in die Fallgrube mit dem »Tauschhandel« und ist insofern in bester Gesellschaft. Denn dort liegen alle anderen Ökonomen bekanntlich auch. Und genauso wenig wie alle anderen Ökonomen löst Gilder das Rätsel, woher denn die Waren (oder Sachen) kommen, die da getauscht werden. Wer hat die wohl produziert, und warum hat man sie produziert?

Dann sieht Gilder aber ein, daß es mit der Tauscherei allein ohnehin nicht weitergeht. Denn alle tauschen immer nur das gleiche, und das war's. Der Bäcker tauscht Brot gegen Fleisch, der

Fleischer tauscht Fleisch gegen Brot. Und mehr als satt werden können beide dabei nicht.

Also muß Gilder sich einen »Dynamo« einfallen lassen, *mit dessen Hilfe er die Tatsache umgeht,* **daß jede Tauschwirtschaft** (lassen wir uns ruhig gedanklich auf so eine Vorstellung ein) **nie zu einem »Mehr«-Produkt führt,** also immer nur **stagniert.** Gilder macht den Bäcker und den Fleischer zu »Häuptlingen« (naheliegend, denn »früher« gab's ja mal »Stämme« und so). Damit jetzt alles mehr wird, schenkt der Bäcker dem Fleischer das Brot, und zwar gleich mehr Brot, als der überhaupt braucht. Woraufhin der Fleischer mit entsprechenden Ladungen Fleisch antwortet, was den Bäcker dann zu Tag- und Nachtschichten veranlaßt, damit er dem Fleischer endlich den ganzen Hof voll Brezeln kippen kann, woraufhin der Fleischer mit einer ganzen Herde geschlachteter Rinder kontert, die er dem Bäcker auf die Backstube packt, woraufhin diese zusammenbricht und das Sich-per-Geschenke-Hochschaukeln ein Ende nimmt, da der Bäcker mit Lungenquetschung und Herzbeutellähmung abgeht.

Über solche Szenen kann man ja noch lachen und auch darüber, daß die Salomonen-Inseln und Britisch-Kolumbien, wo sich die Jungs gegenseitig mit Geschenken erdrückt haben, erdteilweitweg sind von jenen Plätzen, wo wir in der Antike bereits lupenreinen Kapitalismus finden, in Babylon, in Griechenland und in Rom.

Nur dann kommt der alles entscheidende Punkt, kommt ein Denkfehler der Extraklasse: wo nämlich der kleine Georgie versucht, die Kurve zu nehmen, die vom »Verpflichtet-Sein« zum »Geld« hinführt. Da haut's ihn nämlich raus, und zwar hochkant.

Wir verzeihen dem Georgielein, daß er uns nicht verrät, um *welche* Geschenke es sich ganz konkret handelt (Steine, Edelsteine? Blumen, Blumenkränze? Viecher, Frauen?), und vor allem, wenn es »Sachen« waren, *wie denn diese Sachen entstanden sind.* Hat sie der Häuptling vorher bei seinem Hoflieferanten gekauft? Oder haben alle vom Stamm daran gebosselt, aber wer hat den Bosslern den Arbeitsausfall ersetzt, wer hat sie in dieser Zeit gefüttert, zumal in der Spätphase, wenn die Geschenkelawine richtig in Fahrt gekommen ist, das geht dann bitte nicht nur nach der Regel 1, 2, 3 und so (ich schenke dir ein Fäßchen Schnaps, du mir zwei, ich dir wieder drei), sondern es geht flockiger zu: 1−2−4−8, und da muß dann so ein Stamm schon richtig ran, und außerdem muß man sich auf den Gegenschlag gefaßt machen, um dann zu einem noch größeren Hit auszuholen. Und so.

Wir wollen auch dem Georgielein glauben, daß sich jemand, der beschenkt wird, verpflichtet fühlt. **Otto Steiger** weist immer gern darauf hin, daß mindestens 5 Prozent des Sozialprodukts einer Industrienation aus Geschenken bestehen und wenn man dazu noch die Spesen, Bewirtungen und anderen geschäftlichen Zweckmäßigkeiten nimmt, werden es wahrscheinlich sogar 10 Prozent sein.

Wir glauben dem Gilder auch, daß der jeweils zuletzt Beschenkte nicht nur eine »Verpflichtung« in Höhe des letzten Geschenks in sich fühlt, sondern eine viel größere, weil er ja mit »mehr« kontern muß (»Die ersten Kapitalisten ... die einander ... zu übertreffen suchten«).

Aber:
Was ist das für eine Verpflichtung? Sie beruht nicht auf einem Vertrag, es gibt keine Schriftform, kein Dokument. Es gibt nichts, was der andere, dem »gegenüber« die Verpflichtung besteht, mit diesem »Anrecht« (Oh, ich werde demnächst wieder gewaltig beschenkt) anfangen könnte. **Insofern kann beim Potlatch auch niemals »Geld« entstehen.**

Denn das ist, wie wir bei der Enträtselung des Kapitalismus gesehen haben, *immer eine Forderung in der Hand des Gläubigers,* die dieser auch *umlauffähig* machen kann, indem es zum Gläubiger-Wechsel kommt, der Schuldtitel also »kursiert«. Eine »Selbstverpflichtung« à la George Gilder ist kein Geld und darf auch nicht mit einem *Sola-Wechsel* verwechselt werden. Ich ziehe ja nur einen Wechsel auf mich selbst (vorausgesetzt, ich finde auch jemanden, der mir den Wechsel *abnimmt),* weil ich mit dem »Geld« oder der »Kaufkraft«, die dieser Wechsel darstellt, nachdem er in andere Hände geraten ist, mir etwas kaufen bzw. besorgen will.

Theoretisch könnte natürlich der Häuptling, der gerade, weil zuletzt beschenkt, »dran« ist, diese Verpflichtung auch dokumentieren, also einen Sola-Wechsel ziehen.

Aber das hätte nur einen Sinn, wenn der Häuptling die Geschenke, die er aufgrund der früheren Geschenke demnächst schuldig ist, nicht selbst herstellen (also »leisten«) kann, sondern sich kaufen muß. Dann würde er mit Hilfe dieses Wechsels seine »Schuld« dem anderen Häuptling gegenüber bezahlen, aber er wäre dann weiterhin einen später fälligen Betrag schuldig, weil er das Geschenk nicht rechtzeitig auf die Beine stellen konnte.

Beim Häuptlings-»Kapitalismus« aber ist der schenkende Häuptling *immer von der Leistung frei, nachdem er geleistet hat.* Er hat dann einen »Anspruch« auf das »noch größere Gegengeschenk«, aber keine »Schuld«, weil er »sein Geschenk« nicht auf die Beine stellen konnte.

Gilders »Kapitalismus« läuft auf ein simples »**Ponzi-System**« hinaus, auf die Geschichte also vom »Finanz-Genie«, das seine jeweiligen Auszahlungen mit immer größeren Einzahlungn finanziert, bis halt der Punkt kommt, da die Einzahlungen nicht mehr ausreichen, um die Auszahlungen auf die Beine zu stellen.[37]) Wir nennen das »Ponzi-System« in Mitteleuropa »Schneeball-Effekt«.

Die Häuptlinge müssen ja nur einmal kapieren, daß sie vom Gegen-Häuptling mit immer größeren Geschenken übertrumpft werden. Das werden sie spätestens dann kapieren müssen, wenn der eigene Stamm nicht mehr in der Lage ist, die Geschenke des anderen durch eigene Arbeit zu übertreffen. Dann müssen die Geschenke eingekauft werden. Das ist kein Problem, da ja als Sicherheit die Tatsache dient, daß unmittelbar nach dem einen Geschenk, das hinausgeht, automatisch ein zweites, noch größeres hereinkommt.

Das Potlatch-Phänomen läßt sich am einfachsten ad absurdum führen, wenn man es nicht mit »Geschenken« ablaufen läßt, deren Aufgabe ohnedies nur darin besteht, »Verpflichtungen« auszulösen und damit »Geld« zu »schaffen«, sondern der Einfachheit halber gleich mit Geld.

Nehmen wir an, die »kapitalistischen« Häuptlinge schenken sich Geld und dann jeweils mehr Geld. Dann bleibt zum Schluß nur jeweils die »Spitze« übrig, nämlich die Differenz zum jeweiligen vorhergegangenen Geld-Geschenk. Diese Differenz kann ich aber unschwer ertragen, weil ich, sobald ich aus einer solchen »Spitze« verpflichtet bin, sofort weiß, daß ich wenig später meinerseits einen »Anspruch« auf eine solche nächste, *noch höhere* Spitze habe, und so fort.

Das Ganze stellt sich als albern heraus.

Denn zum Schluß kann man sich der Einfachheit halber gleich mit Schecks beschenken, die auf eine jeweils höhere Summe lauten. Wobei es ganz unerheblich ist, ob der ganze Scheck oder ein Teil der geschenkten Summe dann jeweils noch verkonsumiert wird.

Interessanterweise sind die Potlatch-Orgien auch nicht fortgesetzt worden. Oder gibt es vielleicht im geheimen heute noch solche Spielchen, wo sich der eine Chef gerade mit zehn Billionen Dollar revanchiert, weil ihm der andere eine Anweisung über fünf Billionen geschickt hat. Daraufhin schenkt der andere dem ersten gleich die ganzen USA, woraufhin der mit dem Rest der Welt kontert? Vielleicht passiert das ja alles in dem Augenblick, da wir das hier lesen, nur weiß es noch niemand? Wer weiß?

George Gilder gibt, wenn man ihn genau liest, letztlich sogar ganz offen zu, daß er den *üblichen Zirkelschluß* der Ökonomie aufgetischt hat. Das ist diese Stelle:

> »Das gleiche (Überwindung des Tauschhandels durch »eine Art Geld«, PCM) geschieht, wenn Sie jemandem einen Dollar geben, einerseits erkennen Sie eine Schuld in bestimmter Höhe ihm gegenüber an ...« (Seite 35)

Indem Sie jemandem also einen Dollar geben, »*erkennen Sie eine Schuld an*«. Das ist geschickt formuliert, weil Gilder ja verkehrt herum argumentieren muß. Wer »zahlt«, »erkennt« an.

Nur:
a) Wo kommt die Schuld her?
b) Wo kommt der Dollar her?

Gilder begreift eben nicht, daß der Dollar, in so einem vereinfachten Beispiel, nämlich just aus der Schuld stammt, die jetzt anerkannt wird, das heißt, durch Bezahlung mit dem Schuldschein Dollar verschwindet.
Gilders falsche TTS-Theorie noch einmal:
Schulden entstehen als solche, Geld entsteht als solches. Beides trifft dann zusammen, die Schuld wird bezahlt, das Geld wandert weiter und so. Gilder hatte den Zipfel der Wahrheit in der Hand, als er sein Beispiel fortsetzte:

»... andererseits geben Sie das Schuldanerkenntnis eines Dritten an ihn weiter.« (Seite 35)

Gilder hat durchaus kapiert, daß der Dollar letztlich das Schuldanerkenntnis eines Dritten ist, also Geld im Zusammenhang mit, als »Dokumentierung« einer Schuld entsteht und dann nur umlauffähig gemacht wird (»... an ihn weiter«). Nur hätte er sich jetzt konzentrieren müssen, um endlich auf die richtige Fährte zu gelangen. Wenn der Dollar schon das »Schuldanerkenntnis eines Dritten« ist, wenn also »Geld« als »Schuldschein« existiert, warum ist das bei der »Anerkennung« der »Schuld in bestimmter Höhe« beim ersten und zweiten (Gilders »einerseits«) nicht genauso?

Warum geht der Schuldner nicht her und sagt: Ich erkenne die Schuld an, und damit du auch siehst, daß ich sie anerkenne, gebe ich es dir schriftlich, und das sind dann Dollar-»Noten«, mit denen du zahlen kannst.

Der große Crack verwechselt **das Entstehen einer Schuld** (»Anerkennung« ist immer die Entstehung einer Schuld!) **mit ihrem Ende, mit dem, was wir »Zahlung«** (und im Debitismus dann Gläubiger/Schuldner-Wechsel) **nennen** (den Gilder ja auch kapiert hat).

Die »Anerkennung« einer Schuld besteht *nicht* aus einer »Zahlung«. Sondern die *Anerkennung* einer Schuld ist mit der *Entstehung* der Schuld identisch. Das **Dokument dieser Anerkennung** ist in der Hand des Gläubigers ein Schuldschein, der dann umlauffähig und zu »**Geld**« wird, mit dessen Hilfe (sofern die benötigten Zinsen per Nach-Schuldner-Findung auch noch dargestellt werden können) die Schuld wieder zum Erlöschen gebracht wird.

Der führende Kapitalismustheoretiker der westlichen Welt hat diesen schlichten Umstand nicht begriffen. Er faselt rum und spricht von einer »Anerkennung« einer Schuld im Augenblick der Zahlung. Im Augenblick der Zahlung erkennt man aber nicht die Schuld als solche an, sondern nur die Tatsache, daß jetzt der **Zeitpunkt** gekommen ist, wo die Schuld fällig wird!

Was wäre denn, wenn Gilders Schuldner (der erste »Kapitalist«, au weia) sagen würde: Selbstverständlich erkenne ich die Schuld an, und schöne Grüße auch an alle Stammesbrüder. Wieso muß er denn »bezahlen« (also den »Dollar« herausrücken)? Wo wohnt Gilder? In Disneyland! Wie heißt er wirklich? Goofy! Dieser böse Denkfehler Gilders zeigt uns Debitisten wieder einmal, daß im Reich der TTS-Theoretiker das Allerwichtigste überhaupt nicht existiert:

ZEIT.

Die TTS-Theoretiker, die Schatz- & Tausch-Freaks, die unter der Maske von Kapitalismuskennern daherstolzieren, haben das Phänomen »Zeit« nicht begriffen.

Für sie alle ist nicht nur Geld »also solches« »vorhanden«, sondern auch »unendlich währendes« Geld.

Denn schauen wir uns doch den Dollar noch ein letztes Mal an, mit dem der Häuptling zahlt, wobei Goofy Gilder die Tatsache, daß eine Schuld existiert mit der Tatsache verwechselt, daß existierende Schulden eben auch fällig werden.

Dieser Dollar wird korrekt definiert als »Schuldanerkenntnis eines Dritten«. Nun geht der beschenkte Häuptling mit dem Lappen zu dem Dritten und sagt: Junge, latzen!

Daraufhin sagt der: Klar, ganz deutlich meine Unterschrift, also mein Schuldanerkenntnis. Guten Tag, und schönste Grüße an den ganzen Stamm!

Dann sagt der andre: Hör zu, du mußt jetzt aber zahlen! Der erste: Bruder, du mußt Goofy Gilder lesen. Wenn ich jetzt zahlen würde, wäre das ja ein Schuldanerkenntnis. Ich habe aber, wie du siehst, meine Schuld schon anerkannt. Denn die liegt in

Form des Dollarscheins hier vor dir! Jetzt laß mich endlich mit deinem Generve in Frieden. Ich will auf die Jagd.

Und er entschwindet in den Bergen westlich Vancouvers ...

Persönliche Anmerkung:
Warum muß jemand, der von der freien Wirtschaft, vom Leistungsprinzip, vom liberalen Kapitalismus so überzeugt ist wie die Autoren auf den großen Liberalen herumtrampeln, Jahrhundert-Figuren, wie Hayek der Lächerlichkeit preisgeben, warum Kristol als primitiven Zyniker enttarnen, Friedman als vollständigen Laien in Sachen »Geld« bezeichnen und George Gilder als Zirkelschluß-Idioten brandmarken?

Weil diese Leute mit ihren Tauschwirtschaftsvorstellungen und Denkfehlern leider die Totengräber dieser freien Wirtschaft sind. Sie sind, wie schon Richard Cantillon, nichts als Perspektiv-Agenten des Sozialismus.

Anmerkungen

[1]) Der 1985 verstorbene **Braudel** gilt als bedeutendster Wirtschafts- und Sozialhistoriker aller Zeiten. Seine Kenntnisse der Details des wirtschaftlichen Ablaufs sind stupend, die von ihm ausgebreitete Faktenfülle ist überwältigend, der Stil faszinierend. Im französischen Original (erschienen 1979) lautet der Obertitel: »Civilisation matérielle, économie et capitalisme, $XV^e-XVIII^e$ siècle«. Das Wort »**Kapitalismus**« wird im Deutschen unnötigerweise unterschlagen.

[2]) Vgl. **Karl Bücher,** Die Entstehung der Volkswirtschaft. Sechs Vorträge. Tübingen 1893, besonders Seite 1−78*. Bücher teilt die Wirtschaftsgeschichte ein in: Hauswirtschaft − Stadtwirtschaft − Volkswirtschaft (Seite 15).

[3]) **Johann Andreas Schmeller,** Bayerisches Wörterbuch, Neuausgabe München 1985, Band I/I, Seite 628.

[4]) Der »Stabilitätsgewinn« im Titel des Kommentars wird im Text selbst dann zum »Ertrag der Stabilisierungspolitik«. Der Ertrag einer Politik (Sinn: Mehr Gemeinwohl?) ist etwas anderes als der Profit, den ein einzelner einschiebt, weil er etwas »günstiger« kaufen kann. Doch auf solche Feinheiten soll niemand achten. − Das

Wort »Realkasseneffekt« beweist im übrigen, daß diese Leute entweder böswillig sind oder überhaupt keine Ahnung haben: Eine »Kasse« wird immer nominal geführt. Es gibt nicht eine einzige Bilanz der Weltgeschichte, die der Buchhalter mit der Notiz abschloß: »Kasse. Inhalt: 100 Stück Geld.«
In der englisch-sprachigen Literatur wird der Realkasseneffekt wenigstens **»real-balance-effect«** bezeichnet, wobei in den Lehrbüchern ausdrücklich – und korrekt – auf eine »Senkung des Preisniveaus«, also auf die **Deflation** abgestellt wird, vgl. Barro, a.a.O., Seite 141: »Diese durch die Senkung des Preisniveaus verursachte Vermögens**erhöhung** . . .«

[5]) Das »Handelsblatt« nennt diese Sparquote in einem redaktionellen Bericht (keinem Kommentar!) ausdrücklich **»stolze** Sparquote« (Ausgabe Nr. 117 vom 24. Juni 1986, Seite 3)! Man sieht richtig die Freude des Redakteurs über diese »Leistung«, so daß er in die Wortkiste, Abteilung »überschwenglich«, greift. Das ist Dagobert Duck bei der Besichtigung seines Silos.

[6]) Zum folgenden vgl. **W. Stanley Jevons,** Richard Cantillon and the Nationality of Political Economy, in: Contemporary Review, Januar 1881, und **Henry Higgs,** Life and Work of Richard Cantillon, in: Essai sur la Nature du Commerce en Général (...), London 1931, Seite 363 ff.

[7]) Diese Gedankenfolge »Kredit« = »Aufblühen der Wirtschaft« hat **Law** in seinem großartigen Werk »Money and Trade«, Edinburgh 1705, entwickelt, vgl. dazu besonders sein Kapitel III: »Of the different Measurs have been used to Preserve and Increase Money. And of Banks.« Darin auf Seite 36: »The use of Banks has been the best Method yet practis'd for the increase of Money.«
Der Titel des Lawschen Debitismus-Buches weist genau den Weg: »Money and Trade considered, with a proposal for supplying the Nation with Money« (!). Es ist das »Geld«, das den Reichtum sozusagen »hervorruft«. Bei Christie's in London wurde im Sommer 1985 ein Sammelband mit der höchst seltenen Erstausgabe Laws für 3700 Pfund versteigert.

[8]) Ein Exemplar der als überaus selten geltenden Erstausgabe wurde im Juni 1986 bei Beijers in Utrecht für 22.000 holländische Gulden versteigert. **Palgrave** schreibt (London 1894, Band I) unter dem Stichwort »Cantillon«: »The influence of the book is evidenced not by the number but by the distinction of its students, including Gournay, Quesnay, Mirabeau, Turgot, and Adam Smith. It gave birth to Mirabeau's ›L'Ami des Hommes‹, and apparently much of the ›Tableau Oeconomique‹ of Quesnay and parts of the ›Wealth of Nations‹.« (Seite 215).

⁹) Nach seinem klassischen Aufsatz aus dem Jahre 1944 (deutsch als: »›Staatsschuldenbelastung‹ und Volkseinkommen«, in **E. Nowotny** (Hrsg.), Öffentliche Verschuldung, Stuttgart 1979, Seite 95–107) ist staatliches Schuldenmachen für Domar niemals ein Problem, das zum Staatsbankrott führen kann. Dieser Ansatz ist widerlegt durch **Walter Lüftl,** Der Domar-Schwindel. Oder: Der Staatsbankrott kommt doch, Typoskript, Wien 1985.

¹⁰) Zusammengefaßt sind die Traktate der frühen Geldtheoretiker in: **Rener Budelius,** De Monetis, et de Re Numaria, Libri Duo, Köln 1591, darunter Aquila, Pirkheimer, du Moulin, Bodin u. a.

¹¹) Vgl. etwa: A Select Collection of Scarce and Valuable Tracts on Money, from the Originals of Vaughan, Cotton, Petty, Lowndes, Newton, Prior, Harris, and Others, London 1856.

¹²) Vor allem sein Fakten-Friedhof: **Milton Friedman** and **Anna J. Schwartz,** A Monetary History of the United States 1867–1960, NBER 1963, Paperback, New York u. a. 1971.

¹³) A. a. O., Seite 134 ff., über Molina, Friedman, Haberler und Keynes.

¹⁴) (Unpublished) London 1840. Reprints der London School of Economics No. 4, London 1931. Die Quantitäts-Theorie ist bis heute absolut »in«, vgl. dazu nur das letzte Werk des »Zukunftsforschers« **Herman Kahn,** Der kommende Boom, Programm für eine zukunftsorientierte Wirtschafts- und Geldpolitik«, deutsch München 1983, Seite 115: »... Daraus folgt dann: ›Der Wert des BSP wird bestimmt durch das Produkt der Geldmenge und der Größe, die aussagt, wie oft sie im Jahr ausgegeben wird.‹ Nehmen wir für den Augenblick einmal an, daß das Geldausgeben (Umlaufgeschwindigkeit) konstant bleibt oder sicher voraussagbar ist, so daß sich der Wert des BSP ausschließlich entsprechend der verfügbaren Geldmenge verändert ... Der Wert des Geldes (das Preisniveau richtet sich also nach der Verfügbarkeit des BSP [Waren und Dienstleistungen] und nach der Geldversorgung) ...« Seit 140 Jahren nichts Neues unter der Sonne! –

¹⁵) **Milton Friedman,** The Optimum (!) Quantity (!) of Money, Chicago 1969, Seite 4 f.

¹⁶) Der Engländer **Thomans Mun** (1571–1641), Autor des posthum erschienenen »Discourse on England's Treasure by Forraigne Trade« (1664) war laut Encyclopaedia Britannica »a prominent figure in mercantile circles« und Mitglied des Komittees der East India Company. Auch **Charles Davenant** (1656–1714), Autor des Klassikers »An Essay on the Probable Means of Making the people gainers in the ballance of Trade« (1699), war zunächst Geschäftsmann und Parlamentsmitglied, später Generalinspektor für Exporte und

Importe. – Der Deutsche **Johann Joachim Becher** (1635–1682), Autor des »Politischer Discurs von den eigentlichen Ursachen des Auf- und Abnehmens der Städte, Länder und Republicken« (1668), war Geschäftsmann und (mehrfach gekrachter) Projekte-Schmied. Sein Nachfolger als Chef des Wiener »Manufacturhauses« **Wilhelm Freiherr von Schröder** ist Autor des wohl bekanntesten Kameralismus-Werkes: »Fürstliche Schatz- und Rent-Cammer« (1686).

[17]) Die zum Teil abenteuerlichen Titel, die ihre Traktate schmücken, haben das Lächerliche über das Erhabene siegen lassen. So erschien 1704 ein im Grundgedanke absolut richtiger debitistischer Ansatz unter dem Titel: »Das Gold des publiquen Credits, welches ... auf dem Probierstein der gesunden Vernunft zum Commercio untauglich befunden«, der ein anderes Werk kritisierte, das 1702 herausgekommen war: »Fürstliche Macht-Kunst, Oder unerschöpfliche Gold-Grube, Wodurch sich ein Fürst kan mächtig und seine Unterthanen reich machen«. Natürlich ist der Kredit (auch der »öffentliche«) immer eine »Gold-Grube«, denn via Kredit läßt sich der Debitismus starten, der Wirtschaftswachstum und Wohlstand bringt.

Schon J. J. Becher hatte immer wieder die Grenze zwischen Ökonomie und Alchimie gestreift. In seinem »Nachmaligen Zusatz über Unter-erdische Naturkündigung« greift er zu diesem Untertitel: »Chymische/die Wahr- und Möglichkeit derer Metallen Verwandelung in Gold (!) bestreitende Lehrsätze«, vgl. die Ausgabe (Hamburg?) 1680. Besonders beeindruckend ist das Frontispiz zu Bechers »**Oedipus Chimicus**« von 1664, das wir neben dem **Eberlin** abdrucken. Es gibt keine Allegorie über die Grundprobleme der Ökonomie, die aussagefähiger wäre: Im Hintergrund erledigt Ödipus das Zins-Rätsel, das ihm gestellt wurde (50% von 100 ist 50, 50% wieder dazu, ist 75, vgl. Martin/Lüftl, Die Pleite, a. a. O., Seite 240–248), im Vordergrund wartet der Gott der freien Wirtschaft auf die Lösung des Geld-(Gold-)Produktions-Problems.

[18]) **Gottlieb Warmund** (Pseudonym), Geldmangel in Teutschlande und desselben gründliche Ursachen (...), Bayreuth 1664. Beklagt werden auf 821 Seiten u. a. Kreditlosigkeit, Betrug, zu hohe Steuern, Wucher durch Christen und Juden usw. Roscher nannte das Werk »ein würdiges Seitenstück zu Faust«, vgl. unten unser Kapitel über GOLD.

[19]) **Knut Borchardt,** Zur Frage des Kapitalmangels in der ersten Hälfte des 19. Jahrhunderts in Deutschland, in: Industrielle Revolution, Köln-Berlin 1972, Seite 216–236.

[20]) **Hans Rosenberg,** Große Depression und Bismarckzeit. Wirt-

schaftsablauf, Gesellschaft und Politik in Mitteleuropa, Berlin 1967.

[21]) »Im Jahresdurchschnitt fiel die Geldmenge in den vier Jahren von 1929 bis 1933 um 2, dann 7, dann 11 und schließlich um 12 Prozent, was insgesamt 33 Prozent ausmacht oder eine durchschnittliche Jahresrate von 10 Prozent« (Friedman/Schwartz, a. a. O., »Summing Up«, Kapitel 13).

[22]) Der schon erwähnte Aufsatz »The Veil of Barter« ist auf dem »IIe. séminaire international monnaie et production« am bekannten Institut des Sciences Mathématiques et Economiques Appliquées (I. S. M. E. A.) in Paris am 14. und 15. Juni 1985 zum ersten Mal vorgestellt worden.

[23]) The Collected Writings of **John Maynard Keynes,** hier: »Keynes and Ancient Currencies« (1920–1928), Band XXVIII, London 1982.

[24]) »A Treatise on Money«, 2 Bände, London 1930, enthält nur noch als gebuchte Ausdrucksform des Geldes: »Money-of-Account, namely in which Debts and Prices and General Purchasing Power are **expressed**« (kursiv im Original) (Seite 3).

[25]) **James Steuart,** An Inquiry into the Principles of Political Oeconomy: Being an Essay on the Science of Domestic Policy in Free Nations (erste Ausgabe London 1767), hier zitiert nach der dreibändigen Ausgabe Dublin 1770. Steuart gebraucht als erster den Ausdruck »Political Economy« und bringt die erste Systematik dieser »Wissenschaft«.

[26]) Paris 1803, in zwei Bänden.

[27]) Wir halten uns an die endgültige Fassung der fünften Auflage, wie sie vom deutschen Say-Fan **Carl Eduard Morstadt** in drei Bänden herausgebracht wurde: »Ausführliche Darstellung der Nationalökonomie oder der Staatswirthschaft«, Stuttgart 1833, in der dritten »äußerst stark vermehrten« Ausgabe, die auch einen Auszug aus Says späterem (Paris 1828–1829) Da Capo enthält (»Cours Complet d'économie politique pratique«). – Das berühmte »Tableau« von **Quesnay,** das 1758 ff. den Auflagen von Mirabeaus »L'Ami des hommes« beigefügt wurde, ist keine richtige »Kreislauf«-Theorie.

[28]) Tabelle »Money Stock«, Friedman-Schwartz, a. a. O., Seite 712.

[29]) Selbst **Rosa Luxemburg** verfällt diesem Harmonie-Fetischismus, indem sie schreibt: »Allein in all dem wirren Durcheinander der Konkurrenz und der Anarchie (des Kapitalismus, PCM) gibt es offenbar schließlich **unsichtbare Regeln** (!), die sich durchsetzen, sonst wäre die kapitalistische Gesellschaft schon längst in Trümmer gegangen« (Die Akkumulation …, Antikritik, Seite 390).

[30]) **Paul C. Martin** hat **Milton Friedman** in Deutschland überhaupt erst

populär gemacht, Anfang 1970 in einer Serie in »Christ und Welt« den »Monetarismus« zum ersten Mal einem breiteren deutschen Publikum vorgestellt und 1971 Friedmans Buch »Capitalism and Freedom« (!) übersetzt.

[31]) Sein Buch »The Road to Serfdom« (London und Chicago 1944) ist vor allem zu nennen, neben von Mises' »Gemeinwirtschaft« die beste Anti-Sozialismus-Schrift aller Zeiten.

[32]) Die Zitate sind aus den »Freiburger Studien«, den gesammelten Aufsätzen von F. A. von Hayek, Tübingen 1969, die von der Zürcher Bank Hoffmann 1982 dankenswerterweise in einem Privatdruck herausgegeben wurden (Seitenzahl von dort). Von der Bank Hoffmann wurde Professor von Hayek 1983 auch gebeten, über »Evolution und spontane Ordnung« zu plaudern. Kopien dieses Vortrages sind noch erhältlich (Bank Hoffmann AG, Talstraße 27, CH-8001 Zürich).

[33]) Wir dürfen uns auf die »rechten« Kapitalismus-Theoretiker beschränken, denn solche Hervorbringungen wie eben erst das Buch über den Kapitalismus vom Krypto-Marxisten **Robert Heilbroner** (»The Nature and Logic of Capitalism«, New York-London 1985) kann man beim besten Willen nicht ernst nehmen. Da ist der Open-Air-Marxist **Ernest Mandel** sogar noch besser (»Marxistische Wirtschaftstheorie«, Frankfurt 1968; »Einführung in die marxistische Wirtschaftstheorie«, 22. Auflage, Frankfurt 1978; »Der Spätkapitalismus«, zweite Auflage, Frankfurt 1973).

Die »reinste« Kapitalismustheorie hat zweifellos **Ayn Rand** entwickelt (»Capitalism – the Unknown Ideal«, ein heimlicher Bestseller in den USA, der über 30 Auflagen erlebte und die Grundlage für die als »extrem kapitalistisch« geltende Bewegung der »Libertarians« schuf).

Sie überragt an Scharfsinn und in der Eleganz der Aufbereitung ihrer Vorstellung alle ihre männlichen Kollegen, nur hat sie leider das Problem des Kapitalisten bloß in Form einer Parabel (begriffen und) mitgeteilt: Der Unternehmer ist für Ayn Rand der Halbgott Atlas, der die Erde trägt, und wenn er mit den Schultern zuckt, ist alles vorbei (einer ihrer Erfolgsromane trägt den Titel »Atlas Shrugged«).

Interessanterweise benutzen die Autoren und die Verleger von Büchern über den Kapitalismus gern das Wort »dynamisch«, um anzudeuten, was der Kapitalismus alles drauf hat. Die Sozialistin **Natalie Moszkowska** ließ im Verlag »Der Aufbruch« (!), Zürich und New York, im Kriegsjahr 1943 einen Verriß der freien Wirtschaft erscheinen, der den Titel trug »Zur Dynamik des Spätkapitalismus«, und das neueste Werk über die freie Wirtschaft vom bedeutenden, jüngst verstorbenen französischen Sozial-Historiker **Fernand Braudel** hat den Titel »La dynamique du capitalisme« (Paris 1985, deutsch: Stuttgart 1986). Beide kommen bei der Analyse der »eigentlichen« Antriebskräfte des Kapitalismus zum Ergebnis, daß es »letztlich« das Profitstreben sei. Bei der Sozialistin kommt der Profit durch die bekannte Ausbeuterei, beim Historiker aus dem schnellen Reagieren auf neue Marktgegebenheiten, z. B., wenn Getreideschiffe, die eigentlich nach Amsterdam sollten, nach Italien umdirigiert werden, weil dort eine Hungersnot herrscht. Beides sind also Beschreibungen bzw. Vermutungen, aber keine Erklärungen außer der, daß der Kapitalismus eine Dynamik entfaltet, weil er eben ein dynamisches Wirtschaftssystem ist.

[34]) New York 1978. Darin faßt **Kristol** vor allem Beiträge zusammen, die 1970 ff. im »Wall Street Journal« und »The Public Interest« erschienen sind. Er bricht nur in zwei, statt drei Hurra-Rufe aus, weil: »A capitalist society does not want more than two cheers for itself« (Seite IX, Vorwort). Wie selbstlos!

[35]) **George Gilder,** Reichtum und Armut. Berlin 1981. Übersetzt nach dem amerikanischen Original (ebenfalls 1981) »Wealth and Poverty«. Zitate nach der deutschen Übersetzung.

[36]) Es muß im Zusammenhang mit der These von der Entstehung des Kapitalismus via **Potlatch** noch einmal auf die einschlägigen Arbeiten von Gunnar Heinsohn und Otto Steiger verwiesen werden, vor allem auf den »Veil of Barter« mit allen wichtigen weiterführenden Literaturhinweisen.

[37]) **Charles Ponzi** nutzte mit seinem »System« unmittelbar nach dem Ersten Weltkrieg die Tatsache aus, daß in den Währungswirren die internationalen Postantwortscheine zu unterschiedlichen Kursen gehandelt wurden. Daraus leitete Ponzi Rendite-Versprechen ab, die dazu führten, daß gewaltig Geld in seine Kassen brandete, mit dem er schließlich die Renditen auch bequem finanzieren konnte, und so weiter, bis der Tag der Wahrheit kam, vgl. **John Train,** Famous Financial Fiascos, London u. a. 1985, Seite 11−16.

Der Kracher

Wenn sich die Herren Juglar, Kitchin und Kondratieff beim Händchen halten und gemeinsam springen, was die lange Welle wirklich bedeutet, und was die Kata-Falte, warum jeder, der noch investiert, untergeht, und weshalb die Arbeitslosigkeit explodieren muß

»Weder Verelendung noch Prosperität als solche können zur Revolution führen, sondern die Wechsel von Prosperität und Verelendung, Krisen, Schwankungen, das Fehlen jeglicher Stabilität – das sind die treibenden Kräfte der Revolution.«
Leo Trotzki (1926)

Die lange Welle bricht

Konjunkturexperten sprechen gern von den »Zyklen« und der »Welle«.

Zyklen: Das sind kurzfristige Aufs und Abs, wobei der Normalfall ein Zyklus mit einer Dauer von sieben bis elf Jahren gilt. Unterhalb dieses Normalfalls, der nach seinem »Erfinder« den Namen **Juglar** trägt, existiert noch ein kürzerfristiges, etwa dreieinhalb bis vierjähriges Auf und Ab, das nach »**Kitchin**« benannt ist.[1])

Welle: Das ist das Große Ding, das der Russe *Kondratieff* entdeckt hat[2]) und so beschreibt:

> »Aber nicht genug damit (mit den beiden Pinscher-Zyklen, PCM) – man hat Grund zu der Annahme, daß es in der kapitalistischen Wirtschaft außerdem noch *lange Wellen* von einer Durchschnittslänge von etwa 50 Jahren gibt. Kommen nun aber zu den mittleren

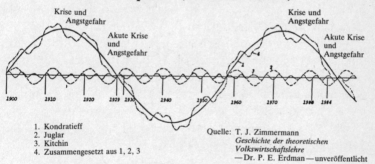

Wirtschaftszyklen des 20. Jahrhunderts und Krisenpunkte (erwarteter Ablauf)

1. Kondratieff
2. Juglar
3. Kitchin
4. Zusammengesetzt aus 1, 2, 3

Quelle: T. J. Zimmermann
Geschichte der theoretischen Volkswirtschaftslehre
— Dr. P. E. Erdman — unveröffentlicht

Abbildung 28:
Zyklen und lange Welle aus dem Börsen-Buch von Onkel Joe. Im Laufe der Abwärtswelle kommt es zur »akuten Krisen- und Panik-Gefahr«. Diese Gefahr ist vor allem dann besonders groß, wenn sich Welle und Zyklen überlagern und alle drei gleichzeitig in die Tiefe rauschen. Dieses großartige Schauspiel ist nur alle 50 bis 60 Jahre einmal zu betrachten.

Wellen auch noch lange und kurze hinzu, so ist es klar, daß das Problem der Wirtschaftsdynamik sehr kompliziert wird.« (Reprint 1972, a. a. O., Seite 133)

Wie kompliziert geht aus einer großen Grafik hervor, die Joe Granville veröffentlicht, wobei er sich auf ein unpubliziertes Paper des ehedem gekrachten Basler Bankiers (»United California Bank«) und Kakao-Spekulanten (»How can cocoa go down?«) **Paul Erdman** bezieht.[3])

Warum's die langen Wellen gibt, sagt uns Kondratieff *nicht*. Es gibt eine Reihe von Vermutungen, die aber sämtlich nicht überzeugend klingen. Von »technischen Zyklen« ist da die Rede: Irgendwann treten besonders viele *Erfinder* auf, und dann werden es wieder weniger. Dann ist auch die Rede von »Generationen« und von »langen, langen Zeitabläufen«, in denen »vieles vergessen« wurde. Weshalb dann immer wieder »die gleichen Fehler« gemacht werden. Wenn man sich die *Geburtenzahlen* anschaut, dann sind die in den Jahren einer schweren Depression scharf rückläufig. Kinder kosten schließlich Geld. Und die Kinder, die dennoch großgezogen werden, haben es hart in den ersten Jahren. Da kann sie prägen, so daß sie dann, wenn sie 40 Jahre später in die Bereiche vorrücken, wo sie Verantwortung tragen und Entscheidungen fällen dürfen, diese Ärmlichkeiten »verdrängen« und besonders exzessiv ihr Leben ausleben – woraufhin dann ein entsprechender Rückschlag unausweichlich ist.

Amerikaner, die in den frühen dreißiger Jahren eine armselige Kindheit à la Steinbeck und Arthur Miller verbringen mußten, treten auf dem Höhepunkt ihrer Karrieren vermutlich als jene Gestalten auf, von denen das »Wall Street Journal« am 10. Juli 1986 auf Seite eins so bewegt berichtet:

> »Boat Sales soar, with most buyers opting for **luxury**. Sales are up as much as 25 % ... Even first time buyers are starting big ... Posh interiors and sleek styling are in demand.«

Die amerikanischen »Boat People« werden natürlich überrascht sein, wenn Kondratieff eintrifft.

Aber warum kehrt er immer wieder zurück?

In einem Buch, das den Kapitalismus per Zinsen und Schulden erklärt, sollte es einen Weg geben, die langen Wellen entsprechend zu enträtseln:

Im Debitismus vergeht nicht nur Zeit, *sondern es vergehen auch die Menschen.* Das heißt: Gläubiger und Schuldner sterben. Da aber Schulden bekanntlich nicht vererbt werden (der Tod löst, wie wir sahen, alle diesbezüglichen Probleme), und ein »überschuldetes Erbe« ausdrücklich ausgeschlagen werden kann, haben wir folgendes zu bedenken:

1. Die **Gläubiger** werden reicher und reicher, dabei aber auch älter und älter. Nach einem Menschenalter (früher: 30 bis 50, inzwischen: 50 bis 70 Jahre) sterben sie und vererben ihre »Guthaben«. Was passiert eigentlich, wenn sie ihre Guthaben an die Schuldner vererben?

Dann stellen sich die Schuldner netto auf Null.

Gleichzeitig sind aber **Schuldner**, die altersmäßig zu den Gläubigern gepaßt haben, auch immer älter und immer ärmer geworden (ärmer, weil sie immer höhere Schulden aufgetürmt hatten, denn irgend jemand ist das ja schuldig, was wir das »Geldvermögen« nennen). Dann sterben die Schuldner. Sie vererben ihre Verpflichtung aber an keinen. Denn alle schlagen das Erbe »Schuld« aus.

Wenn die Gläubiger das, was sie in einem langen Leben an »Geldvermögen« zusammengetragen haben, an jemand vererben, der weder Gläubiger noch Schuldner ist, sondern einfach jemand, der sich (kontraktschuldenmäßig) auf plus/minus Null stellt, und wenn gleichzeitig der Schuldner stirbt, ohne daß sich ein Nachfolge-Schuldner findet: Kann dann das Geldvermögen des Erben noch einen Sinn geben? *Muß es nicht ersatzlos gestrichen werden?*

2. Wer spart, stellt sich immer vor, »eines Tages« von seinen »Ersparnissen« **leben** zu können. Je mehr »Geldvermögen« als Schuldner letztlich die öffentliche Hand (den Gläubiger also, ohne daß er es merkt) gegen sich hat, um so intensiver muß aufgeschuldet werden. Nun ist zu fragen: *Wie lange muß ich ein Guthaben stehen lassen,* bis es – bei einem vorgegebenen Zins – just den

Betrag erreicht hat, der dann jährlich laufend *so viel an Zinsen ausschüttet, wie ursprünglich eingezahlt wurde.*

Wie lange dauert es also, bis ein Guthaben sich quasi selbst verrentet: Man zahlt es ein, läßt es dann stehen und erhält zum Schluß jährlich den Betrag heraus, den man ursprünglich eingezahlt hat. Dann kann man von dem »Kapital« leben, ohne es angreifen zu müssen.

Bei den in der Geschichte und der Gegenwart relevanten Zinssätzen kommen wir auf diese Zeiträume:

Ein Kapital (= 100) wird zu diesem ... Zinssatz angelegt

und ergibt dann durchs Stehenlassen per Zinseszins nach etwa ... Jahren als jährlichen Ertrag das Kapital (= 100)

2 %	ca. 198
4 %	82
5 %	62
6 %	48
8 %	33
10 %	25

Rechenbeispiel: Eine Einzahlung von 100 ergibt zu einem Zinssatz von 4 Prozent nach 82 Jahren ein Kapital von 2493, und daraus erzielt der Anleger bei 4 Prozent Zinsen jährlich 99,72 Mark, also aufgerundet den Hunderter, den er ursprünglich eingezahlt hat.

Nimmt man einen Zinssatz von 5 bis 6 Prozent als Durchschnitt an, so hat sich im zeitlichen Rahmen der Kondratieffschen Betrachtung ein Guthaben ebenfalls **verselbständigt.** Es genügt, es einmal eingezahlt und dann zwischen 48 und 62 Jahre lang »stehengelassen« zu haben, um anschließend den eingezahlten Betrag zum betreffenden Durchschnittszinssatz jedes Jahr abkassieren zu können. Weitere »Anstrengungen« (Arbeit usw.) sind dann nicht mehr nötig.

Wenn aber *nicht mehr gearbeitet* wird, weil sich »eines Tages«

alle am Hochgebuchten erfreuen und »davon leben« können, *muß es einen Forderungs-Crash* geben. Wenn nämlich niemand mehr arbeitet, ist auch niemand »da«, der noch für die Zinsen, die anderswo kassiert wurden, »Sozialprodukt« (»Nahrung, Kleidung, Wohnung«) erstellt.

Nehmen wir an, alle Eltern und Paten schenken allen Kindern zur Geburt genau den Betrag, den ein Mensch durchschnittlich im Jahr zum Leben braucht, sagen wir 20 000 Mark. Dieses Geld wird zu 5 Prozent Zinseszins angelegt. Nach 62 Jahren geht das ehemalige Kind in Rente und kassiert die 20 000 Mark jährlich. Plötzlich fällt der Neu-Rentner infolge Pensionierungs-Schock und Herzinfarkt um. Die 20 000 Mark jährliche Rente vererbt er seinem (einzigen) Kind, das daraufhin ebenfalls in Rente geht, denn jetzt muß es nicht mehr arbeiten. Und so machen es alle mit allen Kindern. Und schon erscheint Meister Kondratieff und sagt: Wenn niemand mehr arbeitet, weil ja alle so so toll geerbt haben, ist mein Zyklus wieder dran, mit der Extra-Nummer »Crash«.

Kurzum: Forderungen, alias »Geldvermögen« müssen in regelmäßigen Abständen crashen, was schon das Beispiel mit dem **Pfennig Karls des Großen** zeigt, der, hätte der große Kaiser ihn nur zu 2 Prozent Zinsen angelegt, bis heute auf 210 Millionen Mark angeschwollen wäre.[4])

Deflation, J-Kurve, China-Syndrom und Kollaps

Nach einer Inflation müssen die Preise fallen.
  Alle Preise fallen, und zwar auf das Preisniveau, das vor Beginn der Inflation gegolten hat. Das Preisniveau könnte nur »stabilisiert« werden, wenn es zu einer »Goldenen Lösung« kommt, die wir ganz zum Schluß besprechen werden.
  Die Vorstellung, nach einer Inflation könne es »stabile Preise« geben, ist *naiv und gefährlich*.
  In meinem CRASH-Buch habe ich den theoretischen Nachweis geführt, warum

a) jede Inflation zu Ende gehen muß, und
b) warum es dann nicht etwa »stabile Preise« (»Stabilität auf hohem Niveau«) geben kann, sondern daß die Preise kollabieren müssen.[5])

Die Inflation geht dann zu Ende, wenn sie nicht progressiv fortgesetzt werden kann, *weil die Kosten einer weiteren Inflationierung die Erträge dieser Inflationierung überschreiten.* Die Analyse ist die gleiche, wie beim BLOW-OFF: Sobald die Beleihungsgrenzen erreicht sind, kann es nicht weitergehen, weder mit Kurs- noch mit Preissteigerungen.

Danach können die Preise auch nicht auf ihrem erreichten Niveau »verharren«, ganz einfach weil Zeit vergeht, weil sich die unerbittliche Medusa des debitistischen Kapitalismus in vollem Schrecken zeigt und die Unternehmer zu Preissenkungen zwingt.

Die Preise würden selbstverständlich auf dem »hohen Niveau« verharren, wenn die Unternehmer *zeitlose* Wesen wären. Denn dann könnten sie unendlich lange warten, ob und bis **ein Kunde** kommt.

Da aber die Uhr gnadenlos läuft und da im Kapitalismus alle Produktion vorfinanziert ist, muß der Unternehmer immer für Liquidität sorgen. Wartet er, nachdem er produziert hat, geht er bankrott – *allein durch Zeitablauf!*

Kommt die Liquidität nicht herein, die der Unternehmer braucht, um nicht bankrott zu gehen, hat er nur ein einziges Mittel, den Markt zur beschleunigten Hergabe von Liquidität zu »zwingen«: **Indem er die Preise senkt.**

Das soll beim Abnehmer die Vorstellung wecken, jetzt zugreifen zu müssen, jetzt seine Chance (Preissenkung!) wahrzunehmen, also nicht zu warten.

Durch Preissenkung eines Unternehmers verschlechtert sich die Lage **aller** Unternehmen aber schlagartig. Selbst wenn es einem Unternehmer gelänge, durch einen »Rabatt« o. ä. sofort Nachfrage auf sich zu ziehen, müssen alle anderen Unternehmer sehr schnell mit eigenen »Nachlässen« **nachziehen.** Das ganze Preisniveau des betreffenden Marktes gerät ins Rutschen, **die Preise fallen plötzlich und stark.** Dadurch kommen alle Unter-

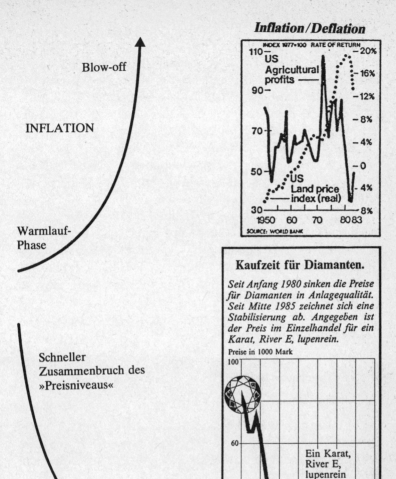

Abbildung 29:
Ablauf einer Inflation (idealtypisch) und real (Preis für »US Land« – gepunktete Linie – seit 1950 aus der Zeitung »Financial Times«)
Ablauf einer Deflation (idealtypisch) und real (Preis für Einkaräter seit 1980 aus der Zeitschrift »Capital«)

nehmer nur noch mehr unter Druck, denn jetzt wird die Zeit immer knapper. Ein gegenseitiges Unterbieten beginnt, der »Preiskampf«, »Unterkostenverkauf« usw.

Inflationen müssen sich erst *langsam warmlaufen:* Ein Kapitalist, der die Preise ändert, also vom Marktpreis entfernt, riskiert seine Existenz. Denn alle anderen Unternehmer sind billiger.

Deflationen laufen aber *schnell ab,* es kommt zum Preiskollaps, weil der Kapitalist, der sich vom Marktpreis entfernt, die Existenz aller anderen Anbieter gefährdet. Er ist billiger als sie. Alle anderen müssen sofort nachziehen.

Sie können nicht wie bei der Inflation »in Ruhe abwarten«, ob sich der neue, höhere Preis überhaupt »durchsetzt«.

Sobald sich die **Deflation** zeigt, wird das Bürgertum unruhig. Die FAZ schreibt zum 100. Geburtstag des deutschen Reichskanzlers, mit dessen Namen die »Deflationspolitik« der Notverordnungen verbunden war:

»Brüning wiederholt sich nicht.« (Zum 100. Geburtstag des Reichskanzlers/Von Horst Dhom, FAZ, 26. November 1985)

Wenig später, in ihrem Konjunkturbericht im Mai 1986, übertitelt das bürgerliche Blatt seinen Bericht freilich schon:

»Jetzt sinken die Preise.«

Um der Unruhe, die sich angesichts fallender Preise allgemein ausbreitet, zu steuern, wird das Problem abgewiegelt. In einem mit historischen Zahlen aus den Jahren 1928 ff. »belegten« Artikel unter der Überschrift

»Das Gerede von der ›Deflation‹.
Stabilität ist keine Krise/Weder ein Preis- noch ein Einkommensverfall«

schreibt **Lothar Julitz in der FAZ:**

»Wer hier von ›Deflation‹ spricht, weiß nicht, wovon er redet.« (20. Juni 1986)

Auch das bürgerliche »Handelsblatt« schließt sich in einem Grundsatzartikel des stellvertretenden Chefredakteurs **Hans Mundorf** an:

»Trotz sinkender Erzeugerpreise keine Deflationsgefahr.«

Und:

»Statt Inflation und Stagflation wird jetzt erstmalig nach dem Kriege das Phänomen einer Preisdeflation bei kräftigem Wirtschaftswachstum, allerdings hoher Arbeitslosigkeit, erlebt. Mancher wird sich fragen, ob damit bereits eine volkswirtschaftliche Kettenreaktion begonnen hat, die in einer **großen Krise** enden muß.«

Wir Debitisten können Hans Mundorf beruhigen: **Ja, es muß in der Großen Krise enden,** nur hat das nichts mit »Kettenreaktionen« zu tun (wie überhaupt sämtliche Vergleiche aus anderen Lebensbereichen – »Wachstum«, »Aufschwung«, »Kettenreaktion« – in der Ökonomie albern sind), sondern mit der schlichten Tatsache, daß nach einer Inflation die in dieser Inflation gemachten Schulden ihr unerbittliches Recht fordern: **Bedienung oder Untergang.** Und Bedienung, also Liquditätsbeschaffung, ist dann nur noch zu immer schneller sinkenden Preisen möglich.

»Frankfurter Allgemeine Zeitung« und »Handelsblatt« widersprechen sich: Für Julitz ist die Deflation ein »Gerede«, für Mundorf immerhin schon etwas, das wir »erleben«. Und so recht wohl kann es beiden Redakteuren nicht sein in ihrer Haut. Im »Handelsblatt« erscheint in der gleichen Ausgabe, wo »keine Deflationsgefahr« gesehen wird, eine Anzeige, die das Top-Unternehmen Schwarzkopf in der »Lebensmittelzeitung« geschaltet hat. Überschrift:

»Wann sind Niedrigpreise erniedrigend?« (11. Juni 1986)

Und einen Tag bevor die FAZ die Deflationisten als Schwätzer abtut und darauf hinweist, daß es »nur damals« eine »inkompetente Wirtschaftspolitik«, insonderheit die Brüningschen Notverordnungen (die zwangsweise Kürzung von Beamtengehältern und anderen Haushaltstiteln vorgesehen hatten!), gegeben hat, daß heute also »alles anders« ist, einen Tag bevor die Deflation als »Gerede« vom Tisch gefegt wird, lautet die Schlagzeile auf der Seite eins:

»Stoltenberg **sperrt Ausgaben** von einer Milliarde Mark im Haushalt 1986.« (19. Juni 1986)

Selbstverständlich wird sich die Parallele Brüning/Stoltenberg (oder wie immer dann der arme Bundesfinanzminister heißen wird) *vollenden.* Denn auch »damals« »fehlten« halt rätselhafterweise »Mittel« im Haushalt, weil in einer Deflation die Staatseinnahmen immer schneller zurückgehen. Und was lesen wir in der »Frankfurter Allgemeinen«?

»Sorge (!) bereitet dem Minister die Entwicklung der Steuereinnahmen des Bundes. In den ersten fünf Monaten dieses Jahres (1986, PCM) hat sich lediglich ein Zuwachs von 1,9 Prozent ergeben, während im Haushalt eine Steigerungsrate von 2,7 Prozent veranschlagt worden ist«. (19. Juni 1986)

Die Mehrwertsteuereinnahmen waren in der Bundesrepublik schon seit 1982 rückläufig. 1983 kassierte der deutsche Staat 59,19 Milliarden Mark Mehrwertsteuern, 1985 waren es nur noch 51,43 Milliarden. Nanu! Bei sinkenden Preisen wird demnächst **der große Einnahmen-Notstand** bei der öffentlichen Hand ausbrechen. Dann wird »gespart« werden müssen, was den perfiden deflationären Prozeß weiter verstärkt.

In der ersten Phase der Deflation gehen zwar Aufträge, Gewinne, Umsätze und Preise und auch das Sozialprodukt zurück. Typisch dafür war das erste Quartal 1986, wo in den wichtigsten Industrienationen nur Minuszeichen vor den Statistiken erschienen. Aber dieses wird nicht als Schrift an der Wand erkannt, sondern als »vorübergehende« Abschwächung belächelt. Dahinter steht der **J-Kurven-Optimismus.**

Die **J-Kurve** (sprich »Dschäi«, weil es eine amerikanische Erfindung ist) zeigt durch ihren Verlauf, daß es erst »noch einmal« runtergehen muß, bevor es dann richtig raufgeht.

Solche J-Kurven-Effekte werden in immer größeren Bereichen der Wirtschaft erwartet, bis man dann überrascht feststellt, daß die J-Kurve in Wirklichkeit eine ⌒-Kurve war, mit steil abfallendem Schwänzchen.

Eine J-Kurve sollte die amerikanische Handelsbilanz mit ihrem gewaltigen Defizit haben, nachdem durch die »Aktion«

der Notenbanken im September 1985 der Dollarkurs nach unten gedrückt wurde, was vice versa die übrigen Währungen und also die Produkte aus den Ländern dieser Währungen verteuerte. Erst »muß« es noch schlechter werden, weil die ausländischen Unternehmen durch den »Anstieg« ihrer Währung bei den bereits abgeschlossenen Verträgen noch enorme Zusatzgewinne in eigener Valuta einstreichen, bis dann ihre Produkte zu »teuer« werden bzw. ihre Gewinnmargen so weit zurückgehen, daß sie aufhören, den US-Markt mit ihren Produkten weiter zuzuschütten.

Wie wir wissen, lag das Defizit der US-Handelsbilanz aber noch im ersten Quartal 1986 – also über ein Jahr nach dem Höhepunkt der Dollar-Hausse – knapp bei All-time-High. Und für 1986 insgesamt ist mit einem neuen Rekord-Minus zu rechnen.

Einen ähnlichen J-Kurven-Effekt erwarteten sich Mitte 1986 die Konjunkturforscher in bezug auf die gesamte Wirtschaftslage und das Wirtschaftswachstum, das immer höher projiziert wurde, obwohl es zunächst deutlich sichtbar ins Minus gerutscht war (I. Quartal 1986). Dabei stand die J-Kurven-Vorstellung Pate, »irgendwann« würden die Verbraucher schon »merken«, wie gut es ihnen geht, und dann werden die das viele Geld auch ausgeben, das sie auf dem Wege über »Steuersenkungen« und/oder »Reallohnerhöhungen« in Händen halten.

Und dann sei endlich alles gut, das endlose »störungsfreie« Wirtschaftswachstum würde endlich starten.

Debitisten wissen freilich, daß diese J-Kurven-Idee nichts als ein *modischer Gag der TTS-Theoretiker* ist: **Weil man merkt, daß man jetzt »real mehr« tauschen kann (Geld gegen Ware), tauscht man auch »echt mehr«.**

In Wirklichkeit können die Verbraucher zunächst immer nur das Geld ausgeben, was sie selbst als Einkommen erhalten haben. Daher liegt in einer Einkommenserhöhung genauso*wenig* ein expansiver Effekt wie in einer Steuer*senkung*.

Bei der *Einkommenserhöhung* sind die gestiegenen Einkommen auch gestiegene Kosten, die der Unternehmer dringend wieder einfangen muß.

Bei der *Steuersenkung* gibt zwar jetzt der Bürger sein Geld wieder selber aus, aber dadurch, daß er das Geld ausgibt und nicht mehr der Staat, wird die Summe des Geldes, das ausgegeben wird, nicht verändert.
Eins und eins bleibt halt zwei, nicht drei.
Und wenn die Preise gesunken sind, wird auch nicht »mehr« Geld ausgegeben, sondern zunächst einmal gleich viel, nur eben anders. Statt Benzin kauft man sich vielleicht Champagner, um damit den Benzinpreisverfall zu feiern.
Unterm Strich aber wird nicht »mehr« Geld in Waren »getauscht« als vorher.
Und die Ölproduzenten, Tankstellenpächter, aber auch die Finanzminister, die entsprechende Steuereinnahmen erwartet haben, schauen just in dem Umfang dumm drein, in dem sich die Schampushersteller freuen.
Ein Netto-Effekt, also tatsächlich zusätzliche Nachfrage der Konsumenten, setzt immer voraus, daß sich die Konsumenten **zusätzlich verschulden,** also zu dem Einkommen (das nichts anderes ist als die Verschuldung zeitlich vor ihnen liegender Schuldner, alias Arbeitgeber) ihrerseits Schulden machen.
Also:
Ölpreis sinkt. Die Verbraucher finden das so toll, daß sie sich verschulden, um aus dem Preisverfall einen Nutzen zu ziehen, sie kaufen Ölheizungsanlagen und Autos **auf Kredit.**
Oder:
Steuern sinken: Das freut die Steuerzahler so sehr, daß sie jetzt mehr Geld in der Hand haben, um damit eine **»Anzahlung«** auf größere, schon seit längerem geplante Ausgaben (Haus, Wohnungseinrichtung) vorzunehmen.
Bleibt dieser Zusatz-Verschuldungs-Effekt aus, geben die Verbraucher also nur das Geld wieder her, was sie erhalten haben, ist es *nichts* mit der »Konsumkonjunktur«, die dann die Gesamtkonjunktur »stützen« soll, findet die »Umlagerung« von der Auslands- zur Inlandsnachfrage, von der in Deutschland und Japan nach dem Zusammenklappen der Exporte (nominal und real!) gesprochen wurde, *nicht statt.*

Jede Steuersenkung ist nur dann effizient, wenn sie mit einer Zusatzverschuldung gekoppelt wird. So etwas haben die Amis 1981 ff. durchgezogen: Wer investierte, erhielt so gewaltige Abschreibungserleichterungen, daß er sich zu Zwecken der Investition verschuldete, sonst hätte er die Steuer-»Vorteile« nicht wahrnehmen können.

Viel besser als die deutsche Steuersenkung zu Beginn des Deflationsjahres 1986, als alles schon auf der Kippe stand, wäre ein Steuersenkungs*anreiz* gewesen: Also statt dem Bürger einfach das Geld zum eigenen Ausgeben zu belassen, das bisher auch ausgegeben wurde, wenn auch völlig ineffizient durch die öffentliche Hand, hätte die Steuerentlastung gekoppelt sein müssen mit einer großen Konsumenten-Verschuldung. *Nur wer einen Kredit aufnimmt* (Autokauf, Hausbau, Wohnung, Inlandsreise usw.) *erhält eine Steuervergünstigung,* weil er dann die Kreditzinsen von der Steuer absetzen darf bzw. sogar den Kaufpreis in Raten.

Warum sollte man nicht das Auto und das Haus überhaupt vom steuerpflichtigen Einkommen absetzen können, pro rata temporis, also jährlich mit 10 oder 20 Prozent vom Kaufpreis?

Was kurbelt eine Binnenkonjunktur an?

Das kurbelt eine Binnenkonjunktur an.

Weil man sich aber nicht getraut hat, und zwar aus »sozialen« Gründen, ist das bei der Steuersenkung unterblieben. Denn solche Kredite hätten sich wieder nur »Großverdiener« leisten können, und man wollte doch »allen«, und vor allem den »sozial Schwächeren« was Gutes tun. Daher mußte der riesige Hebel, mit dem man bei einer Steuersenkung arbeiten könnte, schon beim Ansatz abrutschen.

Statt 20 Milliarden unters Volk zu bringen, was gewiß besser ist, als es von Bürokraten ausgeben und ergo verplempern zu lassen, hätte man sagen sollen: 20 Milliarden, aber nur wenn ihr Kredite in Höhe von einem Vielfachen der 20 Milliarden aufnehmt. Klaro?

Bei einer beginnenden Deflation kommt überdies der bekannte »**Attentismus**« ins Spiel:

Weil die Preise sinken, warte ich, ob sie nicht noch weiter sinken. Woraufhin sie erst recht noch weiter sinken. In Amerika gab es in der Schlußphase der Inflation eine Anzeige:

»Warum wollen Sie für dieses Flugzeug eine Million Dollar mehr bezahlen, als es kostet?«

Abgebildet war der Traum jedes Top-Managers, ein superschneller Privat-Jet. Drunter stand:

»Sie zahlen eine Million Dollar mehr, wenn sie warten. Denn nächstes Jahr kostet dieses Flugzeug eine Million Dollar mehr als heute.«

Damit wird der typische »**Schnellkauf-Mythos**« angeheizt, der in der Inflation regiert.

In der Deflation geht es aber genau andersherum. Warum warten sie nicht ein Jahr? Dann ist ihr Traum-Jet eine Million Dollar billiger. Zum Schluß können Sie ihn sowieso fast kostenlos erwerben – aus der Konkursmasse des Unternehmens.

Der Verbraucher ist das arme Schwein, auf dessen Schultern die gesamte Verantwortung für die »Konjunktur« in der Frühphase der Deflation, also jener Spanne unmittelbar vor dem Kollaps, lastet. Er muß noch bei Laune gehalten werden, möglichst bis das Establishment & Smart Money Kasse gemacht haben.

Typisch dafür wurde ein Spitzenunternehmen der »gehobenen« Konsumkultur, die Firma **Hugo Boss AG** in Metzingen. Die Firma war von den Inhabern, den Gebrüdern **Jochen** und **Uwe Holy**, rechtzeitig über die Börse an »Anleger« verkauft worden. Wer meinen Freund Jochen fragte: »Braucht ihr denn das Geld – für Erweiterungsinvestitionen oder so?«, erhielt zur Antwort nur ein Lächeln. Nachdem das Inkasso gelaufen war, der Dumme also gefunden, berichtet die »Frankfurter Allgemeine« über die erste Hauptversammlung:

»Ausgegeben wurde die stimmrechtslose (!) Vorzugsaktie zum Preis von 815 DM, am 18. Juni lag der Kurs bei 2000 DM ... Die Boss-Aktie ist damit die **teuerste deutsche Industrieaktie**, eine Entwicklung, die sowohl Börsen- wie Branchenbeobachter kaum nachvollziehen können.«

Aber nicht doch, liebe FAZ! Zum Schluß, wenn die letzte Schleife im Kapitalismus gedreht wird, stehen die »feinsten« Sachen am höchsten im Kurs, dann ist der große Zyklus endlich vollendet, der Genuß als solcher als höchste Stufe des dann nur noch möglichen letzten kapitalistischen Sprungs, nämlich der Konsumkonjunktur, ist erreicht. Unmittelbar vor der Französischen Revolution haussierten Perückenmacher-Aktien, 1929 waren Champagner-Werte nicht zu schlagen, heute haben wir Hugo Boss.

Aber weiter:

»**Größere Investitionen in Produktionskapazitäten fallen nicht an,** da Boss inzwischen mehr als die Hälfte der Produktion von Lohnbetrieben herstellen läßt und auf diesem Weg noch ausreichende Steigerungsmöglichkeiten sieht.«

Ein Meisterstück der Unternehmens-Strategie! Wer wird wirklich noch so blöd sein, kurz vor Schluß zu »investieren«, gar Arbeitsplätze zu schaffen, indem man Schulden macht?

Und endlich:

»Vom Jahresüberschuß 1985 erhalten **nur** die Stammaktionäre, die Brüder Uwe und Jochen Holy, eine Dividende von 16 Millionen DM auf 15 Millionen DM Grundkapital.« (FAZ, 19. Juni 1986)

Bravissimi! Als ich mit Jochen Holy in München Betriebswirtschaft studierte und lieber mit ihm zum Skifahren als in den Hörsaal ging, habe ich es mir nicht träumen lassen, welch ein perfekter Kapitalist mit einem welch perfekten Timing er doch werden sollte. Holy – Ihr seid die Allergrößten!

Es gibt natürlich nicht nur Ausnahme-Unternehmer wie die Holys, die genau kapieren, daß man kurz vor Schluß keine solchen dummen Sachen mehr macht wie »Investitionen in Produktionsanlagen« und so.

Der Chefstratege des Broker-Hauses Merrill Lynch, unser Freund **Stanley D. Salvigsen,** den wir beim Börsen-Blow-off bereits mit seiner »Enchilada«-Theorie kennengelernt haben, läßt für die Kunden des größten Wertpapierhändlers aller Zeiten folgende Sätzlein drucken. Schwarz auf weiß zu lesen:[6])

»Mehr und mehr Regionen und Industrien werden jetzt eine **Beute einer überschuldeten Welt** (»overleveraged world«), die weltweite Finanzszene entpuppt sich als ein **Verzweiflungskampf** um jene Erträge und Geldflüsse, die noch existieren ...« (Seite 5)

»Das **Durchschmelzen der Welt-Schulden-Pyramide** wird vor allem jene Individuen und wirtschaftlichen Einheiten schädigen, die darauf bestehen, weiterhin **Schulden** zu machen, im Glauben, ihr ganz spezielles Gewerbe oder ihr Aktivum sei immun gegen diesen Prozeß.« (Seite 12)

Klartext: Wer noch investiert, geht unter! Denn das deflationäre Durchschmelzen wird jeden Schuldner vernichten. Nicht von ungefähr vergleicht Salvigsen den Prozeß der Deflation mit einem außer Kontrolle geratenen Reaktor.

Und kurz vor Tschernobyl gab er seiner Analyse den Titel »Das China-Syndrom«. So war auch der Titel eines Films, der das Durchschmelzen eines Reaktors zeigte ...

Wie das mit dem Kollaps abläuft und immer wieder ablaufen muß, wenn nicht endlich der debitistische Prozeß als das wirkliche Wesen des Kapitalismus erkannt und mit entsprechender Stabilisierung versehen wird, hat niemand besser von seinen Computern ausdrucken lassen als der amerikanische »Big-Wave«-Spezialist Professor **Jay W. Forrester.**[7])

Zunächst glaubten Forrester und seine Gruppe an einen Scherz des Computers, als immer wieder eine »lange Welle« im Stil jenes Kondratieff-Zyklus ausgedruckt wurde, den der bekannte russische Konjunkturforscher eingangs der zwanziger Jahre vor allem über seine Preis-, Zins- und Mengenreihen entdeckt hat.[8])

Doch alles Re- & Double-Checking half nichts: Es lag nicht am Modell, nicht am Computer, nicht an den Zahlen. Die Daten: Investitionen, Bankenkredite, Staatsfinanzen, Konsumentenverhalten, Arbeitskräfteeinsatz, und alles schön mit allen möglichen Maßnahmen der Notenbank (Federal Reserve Board) gemixt, kamen immer wieder zum gleichen Ergebnis:

»Wir müssen ganz einfach akzeptieren, daß die ganz gewöhnliche Politik der Wirtschaft und der Regierung auf eine Art und Weise zusammenhängen (»interact with one another«), daß ein zyklisches Wirtschaftsverhalten herauskommt, das durch eine lange aufwärts gerichtete Ausbauphase gekennzeichnet ist, **die ein schneller Kollaps** (»rapid collapse«) **beendet.**«[9])

Professor Forrester kam auf der Tagung im Mai 1986 auch auf das »Verdrängungsproblem« zu sprechen:

> »Die Große Depression der dreißiger Jahre ist nicht als ein Abschwung in einer langen Welle erkannt worden. Statt dessen gilt sie nur als ein besonders schwerer Fall einer ganz gewöhnlichen Rezession, die dann durch gewisse Irrtümer der Notenbank verschärft wurde. Weil Regierungen und Notenbank außerstande sind, **die wahren Ursachen der Großen Depression** zu begreifen, haben sie die Chance vertan, aus der Vergangenheit zu lernen.«

Und wer sich zu fein ist, aus der Vergangeheit zu lernen, muß sie halt wiederholen. Das ist in der Schule auch nicht anders.

Nur daß Regierungen und Notenbanken immer außerstande sein werden, aus der Vergangenheit zu lernen.

Die Regierungen nicht, weil sie aus Politikern bestehen, die nur an die Macht kommen (also »regieren«) können, indem sie den debitistischen Prozeß durch Staatsverschuldung (»Volksbeglückung«) unterlaufen. Die Notenbanken nicht, weil sie dieses finanzieren (Ankauf von Staatstiteln, die dann so komische Bezeichnungen tragen wie »Währungs-« oder »Devisen-Reserven«) und weil sie den unausweichlichen Bankrott durch möglichst langes Einräumen von Kreditlinien an die »infalliblen Schuldner«, alias die Staaten dieser Erde, hinauszögern.

Woraufhin der Kollaps nur um so brutaler ausfällt.

Die Katastrophe

Das Wort »Katastrophe« klingt schon so dramatisch wie das, was es bedeutet. Es kommt, wie alle guten Worte, aus dem Griechischen und heißt schlicht: Zusammenbruch.

Der Zusammenbruch hat immer etwas Plötzliches an sich. Eben stand er doch noch. Jetzt, plautz, liegt er da. Dieser Umschlag vom »Noch« zum »Nicht-Mehr« hat einen Haufen Wissenschaftler auf den Plan gerufen, die sogenannten »Katastrophen-Theoretiker«. Von ihnen kann man viel lernen, auch wenn die Modelle, die sie schreinern, kompliziert sind. Sie befassen sich allesamt mit dem **plötzlichen** »**Abbrechen**« oder »**Abreißen**« von Prozessen, die »bis dahin« ganz »normal« gelaufen sind. Ein Vorgang, der sich überdies regelmäßig wiederholt, wie die Parallel-Darstellung zwischen den 1920er Jahren und der Gegenwart durch **Ralph Acampora,** den Chefanalytiker des Broker-Hauses Kidder, Peabody, beweist:

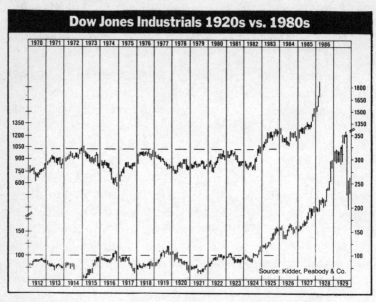

Abbildung 30:
Die Entwicklung der wichtigsten Kurve des Kapitalismus, der Dow-Jones-Index (Industriewerte) in den 1920er und den 1980er Jahren. Die Parallele mit dem Blow-off am Schluß ist nicht zu übersehen. Während alle Haussen und Baissen in den Jahren davor in einer »Bogenform« verlaufen (langsamer verlaufender Abstieg, sich beschleunigender Abstieg), endet ein Blow-off (beschleunigte Aufwärtsbewegung) immer im Crash. Die Darstellung ist vom US-Broker-Haus Kidder, Peabody & Co., dessen Chef-Analytiker nach einem Super-Dow-Jones-Stand von 3500 bis 4000 Punkten einen »Super-Crash« vorhersagt, den »vollständigen Zusammenbruch des amerikanischen Börsen- und Finanzwesens«.

Die Katastrophen-Theorie ist inzwischen auch für die Wirtschaftswissenschaftler hoffähig geworden. Wer sich die Details zu Gemüte führen möchte, liest den sehr instruktiven Aufsatz von **Edwin Fischer**.[10]) Auch der Amerikaner **Minsky** ist positioniert und hat zahlreiche diesbezügliche Arbeiten veröffentlicht.[11]) Wenn man diese und andere, mehr historisch oder auch anlagetechnisch orientierten Werke zu Rate zieht[12]), kann man die Vorbereitung und den Ablauf einer Katastrophe am besten in die folgenden Punkte fassen. Sie gelten für alle Märkte. Das heißt, jetzt nur noch für den letzten Markt, der den Durchlauf zu absolvieren hat: den Markt für Finanztitel und den für Cash.

Die einzelnen Stationen auf dem Weg in den Untergang tragen diese Bezeichnungen:

1. **Displacement.** Der Start ist immer ein Ereignis, das *völlig neue Bedingungen* schafft, sozusagen die Möbel zurecht rückt, alles oder etwas sehr Wichtiges an einen neuen Platz (Place) stellt. Dabei kann es sich um alles Mögliche handeln, um Preiserhöhungen (Ölschock) genauso wie um Preissenkungen (Ölkollaps); Kriegsende, Kriegsbeginn; Mißernten, Superernten usw.; Hauptsache, es ist ein Schock, der von außen an das System herangetragen wird, um es in eine neue Richtung zu schaukeln. Daraufhin paßt sich die Wirtschaft an. Ein »Boom« beginnt.

2. **Expansion.** In die neue Lage hinein wird, so ist der Mensch nun mal, der unverbesserliche Optimist, investiert. Es werden *Kredite* aufgenommen. Neue Marktteilnehmer treten auf.

3. **Euphorie.** Es wird mit immer weiterer Ausweitung gerechnet. *Großartige Vorstellungen* machen die Runde. Als der Ölboom auf der Höhe stand, machten »Preisprognosen« von 60 und 80 Dollar pro Faß von sich her.

4. **Spekulation.** An dem neuen Geschäft wollen *immer mehr* teilhaben. Die Bewegung beginnt ihren Bezug zur Realität zu verlieren. »Mitläufer« wurden angezogen, die vom ursprünglichen Gegenstand keine Ahnung hatten. Wer wollte nicht alles 1984 noch »groß mit den Arabern ins Geschäft kommen«.

5. **Manie.** Dies ist die schönste Phase, der »Bubble«, die »Bla-

se«. *Immer mehr Leute wollen jetzt immer schneller reich werden, wobei sie den Prozeß, um den es geht, immer weniger begreifen.* Abenteuerliche Projekte und Prospekte machen die Runde.

6. **Insider-Inkasso.** Die Profis beginnen mit der Rasur. Die Titel (Waren, Grundstücke), also das, worum es geht, werden in dieser Phase der »**Distribution**« verteilt. Die Umsätze sind auf dem Höhepunkt. Die Objekte kommen von den »starken« in die »schwachen Hände«, wie dies André Kostolany in seiner unnachahmlichen Beobachtungsgabe bezeichnete. Diese Distribution war zum Beispiel an der deutschen Börse der April 1986, als die Börsen Rekordumsätze meldeten, die aber keinen anderen Zweck hatten, als die »**Bagholder**« zu finden, wie sie der andere große Intimkenner von Börsen und Psyche, Joe Granville, nennt: Die Jungs also, die zum Schluß das Säckchen halten, in dem die Titel stecken.

7. **Revulsion.** Irgendein entscheidendes Ereignis, das allerdings *nicht als entscheidend* angesehen wird, weil die herrschende **Euphorie** noch alles überdeckt. Eine Revulsion war die Schrift an der Wand bei Belsazars letztem Besäufnis; waren es diesmal Challenger, Ariane und Tschernobyl? Erst nach dem Crash weiß man, was revulsivisch war.

8. **Umschwung.** Ein weiteres Ereignis läßt die Stimmung plötzlich *kippen*. Bernard Baruch, ein weiterer Profi, hat immer das Beispiel von den Tieren drauf gehabt: Die sitzen bei Sonnenschein draußen und putzen sich, aber wehe, wenn Gefahr auftaucht. Schon sind sie weg. Der Umschwung ist spätestens zu erkennen, *wenn negative Meldungen auch zu negativen Resultaten an den Märkten führen* und nicht mehr zu positiven wie in der Hausse-Periode. Also: Arbeitslosenzahlen steigen. Hausse: Das ist prima, dann werden die Zinsen bald gesenkt, dann wird die Börse weitersteigen. Baisse: Das ist schlecht, weil eine Rezession ins Haus steht.

9. **Der Magische Moment.** Alle wollen auf einmal durch dieselbe Tür ins Freie. Lesen Sie zur Würdigung des Magischen Moments unbedingt die Passage über das Verhalten der Passagiere des Schiffes »Berengaria« auf seinem Weg nach New York am

Die Kata-Falte:

So wird der Aktien-Markt crashen

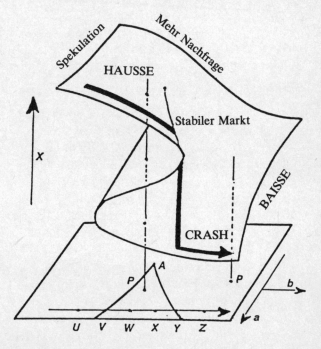

Abbildung 31:
Der Zusammenbruch (»Crash«) einer Spekulation, hier des Aktienmarktes, wie ihn die moderne Katastrophen-Theorie sieht. Zunächst steigt die Nachfrage nach Aktien (a), was die Preise (P) hinauftreibt. Dabei steigt auch der Betrag an Aktien, die ausschließlich von Spekulanten gehalten werden (b). Dieses (b) »zieht« den gesamten Markt in eine Phase, wo er »plötzlich« und ansatzlos »vornüber kippt«. Dieser Kipp-Punkt liegt irgendwo zwischen U und Z, in unserem Beispiel konkret bei Y. – Die Darstellung ist dreidimensional wie alle Katastrophen-Bilder, und man muß sich ein wenig hinein üben, bevor man verinnerlicht hat, worum es geht. Nehmen Sie A als Ausgangspunkt, dann geht es am einfachsten, also von A senkrecht nach oben und so weiter.

24. Oktober 1929[13]), und wie sich **Helena Rubinstein** schließlich von ihrer Position US-Aktien, die bereits von 210 über 190 auf 173 gefallen waren, mit den klassischen Worten trennt:

»Sell fifty thousand Westinghouse at the market.«

10. **Panik.** Die erfolgt üblicherweise in zwei Doppelschlägen, und sie ist auf jeden Fall erst zu Ende, nachdem tatsächlich liquidiert ist. Harry Schultz bringt das auf die prägnante Formel:

»If you panic, please panic first!«

Wie sich der Crash optisch darstellt, ist aus einem Standardbild der Katastrophentheorie zu entnehmen.[14]) Dieses – eine »Falte« – zeigt sehr schön, wie ein Markt so plötzlich mal eben nach vorne »kippt« und sich in tiefste Tiefen verabschiedet. Schauen Sie sich dazu nur den Preisablauf (P) von links oben nach rechts unten an. Dann wissen Sie alles.

Vor allem wissen Sie dann, wie und was eine Panik ist, alias die Katastrophe, der Zusammenbruch der freiesten und funktionierendsten aller Märkte: der Börsen.

Den ersten Knaller, der als »Großer Krach« bezeichnet wurde, gab es übrigens am 9. Mai 1873 an der Börse in Wien. Damals, acht Tage nach dem Beginn einer »Weltausstellung«, in deren Ablauf große Hoffnungen gesetzt worden waren, krachten die Aktienkurse auf breiter Front, und der Korrespondent der Prager Zeitung »Politik« gab den Ereignissen ihren Namen. Wenig später, als auch andere Börsen sich weltweit verabschiedeten, machte das Wort vom **»Großen Krach«** in allerlei Varianten die Runde: »La grande craque« hieß es und »big crash«. Glücklich ist, wer vergißt, was nicht mehr zu ändern ist: Schon am 1. August 1873 kam im Wiener Fürsttheater eine Boulevard-Klamotte auf die Bühne, die da hieß: »Die Jagd nach dem Glück oder der große Krach.«[15])

Wenn der Meister Olson spricht, überhört ihn bitte, bitte nicht

Vom amerikanischen Wirtschaftswissenschaftler **Mancur Olson** war schon zu Beginn dieses Buches die Rede. Jetzt darf er nochmals zu uns sprechen.

Olson hat zwar auch nicht kapiert, warum es »Disinflation« und »Deflation« gibt bzw. (nach einer Inflation) immer wieder geben muß.

Das ist das »Loch«, das auch in seiner wirtschaftswissenschaftlichen Vorstellung klafft.

Aber Professor Olson hat uns eine blitzgescheite Analyse über den *Ablauf* von disinflationären bzw. deflationären Prozessen geboten. Sie ist im siebten Kapitel enthalten, das die Überschrift hat: »Stagflation, Arbeitslosigkeit und Konjunkturschwankungen: Ein evolutorischer Ansatz in der Makroökonomie«.[16])

Das Wort »Stagflation« stammt ursprünglich aus dem Inflationszeitalter, es ist zusammengesetzt aus »Stagnation« und »Inflation« und bezeichnet den Zustand vieler Volkswirtschaften am Ende der siebziger Jahre, als (trotz oder wegen!) Inflation die Wachstumsraten des Sozialprodukts nicht mehr zu steigern waren. (Wir Debitisten wissen natürlich, was damals los war: Das Sozialprodukt ging nominal nach oben, weil alle Preise stiegen; die verschuldeten Unternehmer mußten sich aber gerade wegen der Preissteigerungen nicht anstrengen, weil sie ihre Kosten bequem überwälzen konnten, ohne wirklich – »real« – mehr dafür arbeiten zu müssen, also technischen Fortschritt zu realisieren und so weiter.) In einer optimal gefahrenen Inflation, in der jeweils ein »Zeitgewinn« für die Unternehmen entsteht[17]), wird alles immer lässiger und fauler, und ein Wachstum findet überhaupt nicht mehr statt, weil jeder Druck von einer öffentlich-rechtlichen Zahlung »neutralisiert« wird, sobald er entsteht. Letztlich laufen daher Inflation und Sozialismus auf dasselbe hinaus:

Auf »Wirtschaften« ohne existentiellen Druck.

Eine »Stagflation« ist eine genuin sozial-sozialistische Errungenschaft: Man muß sich nicht mehr anstrengen, weil man sich nicht mehr anstrengen muß.

Auch »Arbeitslosigkeit«, das nächste Schlüsselwort von Olson, ist in so einem System schnell zu enträtseln: In einer progressiven Inflation, wo es »immer« »Geld« gibt, um jeden noch so dummen Mann einzustellen, kann es keine Arbeitslosigkeit geben. Daher sind alle jene Theorien richtig (»Phillips-Kurve«), die einen Zusammenhang zwischen »Inflation« und »Vollbeschäftigung« herstellen.

Und auch der Weltökonom **Helmut Schmidt** hat völlig recht mit seiner Behauptung: »5 Prozent Inflation sind mir lieber als 5 Prozent Arbeitslose.«

Da aber der Herr Schmidt, wie alle Sozialisten, nicht rechnen kann, fehlt der entscheidende Nachsatz: »Im ersten Jahr also 5 Prozent Inflation, daher keine Arbeitslosen. Im zweiten aber muß ich bereits 10 Prozent Inflation machen, um die ›Voll‹-Beschäftigung aufrechtzuerhalten, im dritten Jahr 20 Prozent und so weiter.«

Auch für Sozialisten gibt es Inflation nämlich nicht kostenlos.

Alle Staatsschulden, die gemacht werden mußten, um überhaupt Inflation herbeizuzaubern, sind durch die Inflation nicht »verschwunden«, sondern durchaus **übriggeblieben,** und zwar knochenhart.

Und die Staatsschulden fordern, wie alle Schulden, natürlich ihren eisernen Tribut, genannt **Zins.**

Weil in der Inflation immer mehr Lebensbereiche auf die leichtere Seite, also zu den Inflationisten/Sozialisten überlaufen, müssen die Staaten nicht nur auf den Zinsendienst und ergo Zinseszins-Effekt bei der eigenen Schuldenmacherei achten.

Sondern sie müssen auch noch den Zinsendienst jener Schuldner mit übernehmen, die sich in Erwartung kommender, zusätzlicher Inflationierung, sprich: Absatzerfolge mit Hilfe der Notenpresse, bereits entsprechend verschuldet haben. *Daher läuft sich der Helmut-Schmidt-Effekt auch extrem schnell tot.*

Also:

Modell A) Helmut Schmidt a cappella.

Der Staat macht 5 Prozent mehr Schulden. Da er nicht an Rückzahlung, ergo Leistung (eigene oder die von seinen Steuerzahlern abzufordernde) denkt, steigen die Preise auch um 5 Prozent an. (Der Einfachheit halber wurde ein linear-schlichtes Modell genommen.)

Im nächsten Jahr müssen die Preise ja wieder um 5 Prozent steigen, um – wie schon im ersten Jahr – zu verhindern, daß sich Arbeitslose zeigen. Die Verschuldung steigt also um weitere 5 Prozent.

Was ist aber mit den Zinsen auf die ersten 5 Prozent Schulden, die vom Vorjahr?

Die verzinsen sich (um es einfacher zu rechnen:) mit 20 Prozent. Also muß ein weiterer Prozentpunkt dazu kommen. Die Staatsschulden steigen im zweiten Jahr bereits um 6 Prozent, ohne daß sich zusätzlich »expansive« Effekte zeigen.

Das erklärt übrigens, warum die »Staaten« dieser Erde seit Mitte der achtziger Jahre überall Sensations-Defizite aufwiesen, ohne daß dadurch die Beschäftigung oder gar die Preise und die Konjunktur auch nur minimal »nach oben« zu bewegen gewesen wären. Der »expansive« Effekt dieser Defizite war nicht mehr darstellbar, weil die Defizite nur noch aus den hochgebuchten Zinsen aus den »expansiven« Defiziten früherer Jahre bestanden. Die Amis machten Mitte 1986 eine entzückende Entdeckung: a) Ihr Budget-**Defizit** ist endgültig explodiert (»Unterdeckung« bei mindestens 220 Milliarden Dollar) und b) ihre **Konjunktur** verabschiedet sich. Na sowas! Nichts ist leichter, als sich diesen kleinen Neben-Effekt der Staatsverschuldung zu merken:

Werden die Zinsen auf die Staatsschulden nicht gezahlt, sondern »stehengelassen«, wird ein immer größerer Teil der »neuen« Staatsverschuldung aus den Zinsen auf die »alte« Staatsverschuldung bestehen. **Der expansive Effekt der Staatsverschuldung wird dadurch zwangsläufig immer kleiner.** Wird die Zinszahlung auf die existierende Staatsverschuldung eines Tages sogar größer als das laufende Defizit (wird also »tüchtig gespart«), muß ein **kontraktiver Effekt** entstehen – **trotz gewaltiger Budgetdefizite.** Denn dann müssen die Zinsen aus echt erbrachtem Sozialprodukt auf dem Wege über Steuerzahlungen »finanziert«, die Steuerzahler also zur Kasse gebeten werden.[18])

Modell B) Helmut Schmidt in Begleitung der ganzen Volkswirtschaft.
Da geht es etwas differenzierter zu. Die zusätzlichen Staatsschulden werden von zusätzlichen Privatschulden begleitet, also von »Investitionen« der Unternehmer (Werkzeugmaschine) und Verbraucher (Waschmaschine).

Die privaten Schulden werden durch zusätzliche staatliche Nachfrage in den Folgejahren bedienbar gehalten, der Staat **»subventioniert«** halt, wie das in allen Volkswirtschaften der Erde gang und gäbe ist. **Und »Subventionen« sind auch nur ein anderes Wort für Schuldenmachen.** Je stärker sich der staatliche Sektor dabei ausdehnt (»Staatsanteil«), um so mehr sind die privaten Unternehmer auf die öffentliche Hand angewiesen, konkret: auf weiteres zusätzliches Schuldenmachen der öffentlichen Hand, um ihren Untergang hinauszuzögern.

Dieser Untergang aber ist spätestens unvermeidlich, wenn die staatliche Zusatznachfrage (= vermehrtes Schuldenmachen) »aufhört«. Das bedeutet: Der Helmut-Schmidt-Effekt nach Modell A) wird entsprechend verstärkt.

Ruckartig kommt es zum **Kollaps der privaten Wirtschaft,** die ja immer stärker auf öffentliche »Zuschüsse«, alias »Subventionen« angewiesen ist, also auf beschleunigt zunehmendes staatliches Schuldenmachen!

Beispiel:
Die subventionierte Industrie hat 100 Milliarden Mark Schulden (Passivseite). Ohne Subventionen wäre sie bereits untergegangen. Auf die 100 Milliarden sind 10 Prozent Zinsen zu entrichten. Der »Markt« gibt das Geld nicht her, weil der Markt sowieso schon keine Meinung zu der subventionierten Wirtschaft hatte; denn sie wäre ja, dem Markt allein überlassen, schon längst untergegangen.

Also woher können die 10 Milliarden Zinsen nur kommen?

Nur aus zusätzlichen Subventionen, alias zusätzlicher Staatsverschuldung. Das Geld aus »Steuereinnahmen« zu nehmen, hieße ja Nachfrage staatlicherseits »umverteilen« und dort wegnehmen, wo sie geschaffen wurde und wo sie wieder hinströmen sollte – nämlich im und in den nicht subventionierten Sektor.

Eine Subventionswirtschaft, wie sie etwa für die Bundesrepublik Deutschland charakteristisch ist, hat keinerlei Chance zu überleben, wenn der Staat einmal anfängt, zu »sparen«, das heißt: weniger schnell noch mehr Schulden macht.
Die Bundesrepublik Deutschland mit einem Staatsanteil von rund 50 Prozent des Sozialprodukts (!) und einer Wirtschaft, in der über ein Drittel (!) aller Unternehmen Subventionen in irgendeiner Art erhalten[19]), und in der selbst gutverdienende Spitzen-Multis wie die Münchner Siemens AG die Hand aufhalten und sich vom Post- bis zum Technologie-Minister schmieren lassen, **hat überhaupt keine Chance zu überleben.**
Sie hat es aber auch nicht anders verdient!

Und daß dabei der Sozialist Helmut Schmidt als Genickschuß-Kommissar aufgetreten ist, mit seinen 250 Milliarden Mark Staatsschulden, mit deren Hilfe er der deutschen sogenannten »sozialen Marktwirtschaft« das Leben erleichtern konnte – niemand freut sich darüber mehr als jemand, der die Zinseszins-Rechnung beherrscht; Helmut Schmidts Schulden werden allein durchs »Stehenlassen«, eine »Politik«, zu der sich die bürgerlichen Nachfolger Schmidts entschlossen haben (statt die Schulden zu streichen und den Herrn Ex-Kanzler vor ein ordentliches Gericht zu ziehen), **alle acht bis zehn Jahre aufs jeweils das Doppelte angewachsen sein.**

Am 31. Juli 1986, also im Jahr IV nach Helmut Schmidt berichtet die »Welt«:

»Bund verschuldet sich, um Zinsen zu bezahlen. – Die Neuverschuldung des Bundes seit 1983 hat ihre alleinige Ursache in den **Zinszahlungen** für die Schulden der früheren Bundesregierung ...

Die Nettokreditaufnahme in der Zeitspanne 1983 bis 1986 beträgt etwa 108 Milliarden Mark. Demgegenüber sind in den vier Jahren rund 114 Milliarden Mark Zinsen zu zahlen.«

Die Bürgerlichen, die Ende 1982 hastig-fröhlich-ahnungslos an die Bonner Krippen strebten, haben übersehen, daß die Macht vergiftet war. Sozialisten lassen immer so'n kleines Folgeproblemchen zurück, einen Bankert benannt **Bankrott.**

Tja, nur durchs »Stehenlassen« werden die Staatsschulden des Weltökonomen Schmidt noch vor dem Jahr 2000 von ursprünglich 250 Milliarden auf weit über eine Billion angewachsen sein, wie schön!

Nur leider werden wir diese Zahlen nicht mehr schauen, weil die Bundesrepublik Deutschland vorher per **Staatsbankrott** und/oder **Hyperinflation** von der Bildfläche verschwunden sein wird.

Jetzt aber nochmal zurück zu Professor Mancur Olson, dem wir einen »evolutorischen« Ansatz verdanken, der sich wahrlich weit über das »Evolutions«-Geschwafel des Herrn Nobelpreisträgers Donald Duck von Hayek erhebt.

Olsons Idee ist einfach:

Nehmen wir an, es gibt eine Volkswirtschaft mit zwei unterschiedlichen Sektoren. In dem einen sind die Preise **flexibel,** in dem anderen sind sie **fix.**

Wenn dann die Nachfrage zurückgeht, wie es für Disinflationen und/oder Deflationen typisch ist, dann müßte sie in einer freien Wirtschaft in allen Sektoren gleichmäßig zurückgehen, in einer Wirtschaft mit einem Fix- und einem Flexpreissektor aber gibt es natürlich *Unterschiede:* Die Nachfrage wird vom Fixpreissektor sozusagen *länger »festgehalten«,* dafür *fehlt sie* im Flexpreissektor.

Resultat: Dem Fixpreissektor geht es längere Zeit noch scheinbar ganz »gut«, während sich die Lage im Flexpreissektor aufgrund des dort beschleunigten Nachfragerückgangs rapide verschlechtert.

Der Meister Olson selbst:

»Wenn eine Volkswirtschaft ... den Punkt erreicht, an dem ... der Fixpreissektor im Verhältnis zum Flexpreissektor groß ist ... (dann wird) eine unerwartete Deflation oder Disinflation weiterverbreitete **Verluste und Leiden** mit sich bringen, und zwar durch erzwungene Wanderungen vom Fixpreis- in den Flexpreissektor, durch fallende Preise im Flexpreissektor, durch Arbeitslosigkeit derer, die nicht wandern können oder wollen, durch Steigerung der Warteschlangen- und Suchkosten, und zugleich **wird die De-**

flation erhebliche Verluste an realer Nachfrage mit sich bringen, die die Probleme weiter verschärfen ...

Die Volkswirtschaft, die ein dichtes Netzwerk von Sonderinteressenorganisationen hat, wird während einer Deflation oder Disinflation empfänglich für **Depression** oder **Stagflation** sein.« (Seite 282 f.)

Olson hat hier vor allem den Gewerkschaften, die ja für den Fixpreissektor »Lohnkosten« verantwortlich sind, eine verpaßt. **Es ist auch völlig sonnenklar, daß die Gewerkschaften die kommende Massenarbeitslosigkeit auf die höchstmögliche Spitze treiben werden.**

Weil man schließlich die »sozialen Errungenschaften«, und vor allem das »erreichte Lohn- und Wohlstands-Niveau« auf keinen Fall preisgeben kann. Das schon deshalb nicht, weil diesmal – im Gegensatz zu den dreißiger Jahren – die Arbeiter und Angestellten durch großzügig von den Banken »vorfinanzierte« Hausbauten und Autokäufe ihrerseits in einer hoffnungslos überschuldeten Lage stecken. Keiner der Arbeiter und Angestellten, die jetzt noch nicht abgezahlt haben, wird sein »Häusle« oder seinen »GTI« behalten können.

Deshalb wird man die Löhne nicht senken, deshalb wird die Arbeitslosigkeit überhaupt explosionsartig zunehmen.

In einer Deflation müssen alle Preise und alle Löhne sinken, und zwar so lange bis alle Inhaber von Forderungen, alias »Sparer«, **alles** verloren haben. Dann, erst dann, kann die Wirtschaft **neu starten.**

Wo immer in diesem Prozeß fixe Preise und/oder Löhne eingebaut sind, wird dieser Prozeß beschleunigt ablaufen, was auch etwas Gutes hat, weil wir das Elend dann schneller hinter uns haben.

Könnte man diesen Prozeß nicht durch das parallellaufende Herabschrauben von Forderungen neutralisieren?

Warum sollen in einer Deflation, wenn sie schon immer auswegloser ablaufen muß, nicht auch die Sparguthaben laufend wertloser werden?

Hört sich gut an. Stimmt auch in der Theorie. Nur leider: Erstens sinken die Preise (Deflation) ja nur, weil die Schulden nicht weniger geworden sind (beim Sparer: die Guthaben). Denn **nur der Schuldendruck** und der daraus resultierende Zwang, Liquidität beschaffen zu müssen, führt zu Preissenkungen. Ist der Schuldendruck weg, hört auch der Preisverfall auf, weil die Unternehmer dann wieder länger warten können, bis ein Kunde kommt. Das aber ist just die Lösung, die unten noch Jan Toporowski mit seinem Herunterbuchen bzw. Streichen der »Rentiers Claims« (Rentner-Ansprüche) vorschlagen wird.

Zweitens gibt es keinen »Automatismus«, der die Sparguthaben laufend entwerten könnte, um so den Forderungsdruck »gleitend« herabzufahren. Guthaben/Forderungen sind ja keine Preise oder Löhne, die sich »anpassen« können.

Selbst wenn wir uns eine ganz, ganz weise Weltregierung vorstellten, die so etwas »gleitend« »herunterbucht«, um den Schuldendruck zu mindern: irgend jemand würde es immer schneller erfahren, als ein anderer. Und der, der es schon früher weiß, was macht der wohl? Na, der geht sofort zu seiner Bank und Sparkasse und **hebt ab,** weil er ja noch Aussicht hat, zu vollen 100 Prozent, d. h. dem Nominalwert seiner Anlagen, ausgezahlt zu werden.

Sie können es drehen und wenden, so oft Sie wollen: **In einem Gemeinwesen, in dem der »Staat« als infallibler Schuldner zugelassen wurde, muß es definitionsgemäß zu Inflation, Deflation und Depression kommen.**

Dabei sind die kritischen Bereiche in einer Volkswirtschaft nicht etwa nur die »sichtbaren«, also was wir die »freie Preisbildung« auf »freien Märkten« nennen. Denn die ist in der Tat recht flexibel und frei.

Es sind die **Löhne,** die innerhalb der Unternehmen Fixkostenblöcke geschaffen haben, von denen die Unternehmer bei rückläufiger Nachfrage niemals mehr »gleitend«, also mit Hilfe von innerbetrieblichen Anpassungen, herunterkommen, sondern nur durch Beseitigung der Fixkostenblöcke, das heißt: durch Entlassungen im großen Stil und/oder der Einfachheit halber gleich durch Betriebsaufgabe und Stillegung.[20])

Die gesamte Kalkulation der Unternehmen basiert im debitistischen Kapitalismus bekanntlich auf dem oben schon erledigten Irrtum, daß sich das Angebot letztlich die Nachfrage selbst schafft. Diese Nachfrage reicht nie!
Dabei gehen die Unternehmer im höchsten Grade selbstzerstörerisch vor. Denn sie kalkulieren (»rechnen«) damit, daß sie die Vorfinanzierungskosten ihrer Produktion einschließlich der Kosten dieser Vorfinanzierungskosten (»Zins«) und einen »Gewinn« aus dem »Markt« »herausholen« können.
Dabei wird so gerechnet:

Kosten geteilt durch Anzahl der mit Hilfe dieser Kosten hergestellten Stücke, plus »Aufschlag«.

Die daraus resultierende Preis-»Vorstellung« ist in jedem Falle abwegig, weil die zur Realisierung des Preises benötigte Nachfrage niemals existiert – es sei denn durch Zusatz-Verschuldung der Kunden.

Wird nun eine besonders »moderne« Form der Kalkulation genommen, eine sogenannte Rechnung mit Kostendeckungs-Beiträgen, dann produzieren die Unternehmer so lange bzw. bieten so lange Leistungen an, wie sich aus dem »Markt« noch Nachfrage herbeizaubern läßt, mit deren Hilfe der Unternehmer seine Kosten »decken« kann. Denn alles, was man dabei »einspielt«, hilft bei der Bewältigung des Kostenblocks.

Nur leider: Was geschieht, wenn sich trotz aller Bemühungen niemand mehr findet, der eine entsprechende Nachfrage nach den angebotenen Diensten bzw. Produkten entfaltet? Dann wird die gesamte Produktion bzw. Leistung eingestellt, d. h., es geht dann **mit einem Schlag** eine Riesen-Kapazität flöten.

Peter Schurr hat dies am Beispiel eines Großraum-Flugzeuges illustriert: Alles, was an variablen Kosten überhaupt noch weggeschnitten werden konnte, ist längst weggeschnitten, die Mahlzeiten werden nur noch in Plastiktüten serviert, die Zeitungen an Bord muß man sich selber kaufen. Einsparungen am Treibstoff und/oder der Wartung sind nicht mehr möglich, um nicht den Flug zu gefährden.[21]) Bleiben noch die Fixkostenblöcke Personal

(Löhne nur in Ausnahmefällen nach unten flexibel, vgl. die US-Piloten) und Kapital.

Das Flugzeug füllt sich, einige Plätze sind noch leer. Aber die müssen auch noch voll werden, um Kostendeckung zu erzielen. Es zeigt sich aber kein weiterer Fluggast mehr, auch nicht, als zum Schluß mit Stand-by-Discounts gearbeitet wird und jeder, der schnell noch in die Maschine huscht, für 100 Dollar einen Roundtrip nach Amerika machen kann.

Aber dieser letzte Passagier, der die letzten, noch fehlenden 100 Dollar beibringen sollte, fällt endgültig aus.

Was muß die Fluggesellschaft entscheiden, wenn sie nicht bei einem (buchstäblich) »bis auf den letzten Platz« gefüllten Flugzeug mit Verlust durch die Lüfte spazierenfahren will: Sie muß den Flug abbrechen und alle wieder nach Hause schicken.

Das ist der Effekt, der sich in immer mehr Wirtschaftsbereichen zeigt: Festhalten an den Kapazitäten, die in Sprüngen fixe Kostenblöcke darstellen, dabei alles versuchen, einschließlich Preisdifferenzierung im Extrem (jeder Passagier zahlt schließlich einen anderen Preis, von First Class bis Stand-by; vgl. auch die hübschen Versuche der **Deutschen Bundesbahn,** den unvermeidlichen Bankrott, durch rosaroten und anderen Schnickschnack hinauszuzögern).

Und dann, wenn es wirklich nicht »geht« – auslassen. Ende und fertig. Dann werden nicht 100 und 200, auch nicht 1000 und 2000, sondern 100000 und 200000 Mann auf einen Streich entlassen.

Beim »bescheidenen Vorspiel« zum kommenden Desaster, der Krise von 1929 ff., fiel denn auch die Zahl der in der Industrie Beschäftigten wie ein Stein (jeweils Juli): 1929: 6,49 Millionen; 1930: 5,49 Millionen, 1931: 4,70 Millionen, 1932: 3,67 Millionen.[22]) Und dann machte es »Bingo«.

Als die Muttersau des Kapitalismus, als »Big Blue«, die gute alte IBM, zum zweiten Quartal 1986 auf einmal einen Plumpser hatte bei ihren Gewinnen, da schrieb das »Wall Street Journal« unter der Zeile: »IBMs schwacher Report fürs zweite Quartal löste einen Kursrutsch in New York aus«, die goldenen Worte:

»If IBM's fixed costs are so high, says Dan Mandresh of Merrill Lynch, it must sell **a lot of more products** to keep its profits growing ...« (16. Juli 1986)

Schöner kann man's nicht beschreiben. Ja, die Jungs von IBM müssen mehr verkaufen. Und wie machen sie das?
Na, ganz einfach, indem ihre Firma die Preise senkt. Die bekannt-beliebte Konfiguration PC wurde just in der Woche vor dem schlechten Abschluß um 30 Prozent verbilligt.
Was ist eine deflationär-depressive Spirale?
Das ist eine deflationär-depressive Spirale.
Mit einem schicken Super-Börsen-Crash als Sahne obendrauf.

Anmerkungen

1) **Clément Juglar,** Des crises commerciales et de leur retour périodique en France, en Angleterre et aux Etats-Unis, Paris 1862. **J. Kitchin,** Cycles and trends in economic factors, Review of Economic Statistics, V. Januar 1923.
2) Vgl. Martin, Cash, a. a. O., Seite 245 ff. mit weiterführenden Angaben.
3) **Joseph E. Granville,** Granville's New Strategy of Daily Stock Market Timing for Maximum Profit, 10. Auflage 1981, Engelwood Cliffs, Seite 248.
4) Zum Zinseszins-Effekt, vor dem auch Karl Marx seine Waffen strecken mußte, vgl. Martin, Crash, 177 f.
5) Paul C. Martin, CASH, a. a. O., Seite 173 ff.
6) **Merrill Lynch,** Investment Strategy Quarterly, May 1, 1986, (Stanley D. Salvigsen, Chief Investment Strategist, verantwortlicher Herausgeber).
7) Vgl. dazu die Protokolle der Jahrestagung 1986 des »National Model Project«, Systems Dynamics Group, Sloan School of Management, Massachusetts Institute of Technology.
8) **Nikolai Kondratieff,** Die langen Wellen der Konjunktur, Archiv für Sozialwissenschaft und Sozialpolitik, 56, 1926.
Reprint in: Die langen Wellen der Konjunktur, Berlin 1972, Seite 133-169.
9) Vgl. zu den Long-Wave-Geschichten außer den Forrester-Protokollen vor allem den einzigen mit dem Deflations- und Kollapsthema befassten Wirtschaftsbrief: **Donald J. Hoppe,** The Kondratieff Wave Analyst, Volume I ff., hier Nummer 6, Juni 1986, Seite 1 f.

(Postadresse des in Europa nur schwer erhältlichen Briefes: Box 977, Cyrstal Lake, IL 60014). In der Bundesrepublik Deutschland hat sich der Kondratieff-Problematik eben erst ein stark »technisch« ausgerichteter Börsen-Brief erschlossen: Der von **Peter Orantek** herausgegebene »Orantek-Indikator«, vgl. vor allem seine Beilage Nr. 2 vom Juli 1986.

[10]) **Edwin O. Fischer,** Katastrophentheorie und ihre Anwendung in der Wirtschaftswissenschaft, in: Jahrbücher für Nationalökonomie und Statistik, 1985, Seite 3—26.

[11]) **Hyman P. Minsky,** Can »it« happen again, Banking and Monetary Studies, 1963; The Economics of Disaster, FED-Reappraisal, Band 3; Financial Crisis ... Commission on Money and Credit; The Financial Instability Hypothesis, Nebraska Journal, 1977, u. v. a.

[12]) **Harry Schultz,** Panics & Crashes, Revised Edition, Westport 1980. **Charles P. Kindleberger,** Manias, Panics and Crashes, New York 1978; ders., A Financial History of Western Europe, London 1984.

[13]) Thomas/Morgan-Witts, The Day the Bubble Burst, a. a. O., 426 ff.

[14]) Die Katastrophentheorie arbeitet mit beeindruckenden Kata-Bildern, wie »Falte«, »Spitze«, »Schwalbenschwanz«, »Schmetterling«, »Nabelschnur«, vgl. Fischer, a. a. O.

[15]) Vgl. »Traum und Wirklichkeit, Wien 1870—1930«, Katalog der 93. Sonderausstellung des Historischen Museums der Stadt Wien, März/Oktober 1985, Seite 68.

[16]) Olson, a. a. O. Seite 238—309.

[17]) Vgl. dazu nochmals die Deflationstheorie in Martin, CASH, a. a. O., Seite 203 ff.

[18]) Zu diesen Tatbeständen nochmals Walter Lüftl, Der Domar-Schwindel, a. a. O., passim.

[19]) Subventionen sind nicht mit steuerlichen Erleichterungen zu verwechseln! Dahinter steckt die absurde Idde vom »Obereigentum« des Staates, nach dem Motto: Alles Geld gehört der öffentlichen Hand, und wenn sie jemanden mit weniger als 100 Prozent besteuert, ist das eine »Subvention«...

[20]) Wir verdanken den Hinweis auf die Beschleunigung des Olson-Effekts durch Fixkostenblöcke und entsprechende Kalkulationen **Peter Schurr.**

[21]) In deflationären Phasen wird überall ein extremes »Kostenbewußtsein« entwickelt, weshalb sich dann die »Grenzen des Systems« zeigen, Flugzeuge abstürzen, Raketen explodieren, Schiffe versinken: Schlechte Wartungen gehen mit Versicherungsbetrug Hand in Hand. Die Assekuranz schreibt im Sachbereich feuerrote Zahlen.

[22]) Statistisches Jahrbuch für das Deutsche Reich, 1934, Seite 480.

Das Gold

Wie schön eine deflationäre Spirale aussieht, welche Zeitungen uns für dumm verkaufen, wie die Politiker ihren Kopf retten könnten, warum der Goldpreis dabei mindestens auf 10.000 Dollar schlendern müßte und warum die Goldaufwertung doch erst am Ende der schrecklichen Depression kommen wird – wie einst beim Sozialisten Roosevelt

»Entweder muß man die Deflation mitmachen oder die Währung abwerten.«
Heinrich Brüning, 1931

»Brüning wiederholt sich nicht«.
Frankfurter Allgemeine Zeitung, 1985

Die deflationäre Spirale

Wer nicht aus der Geschichte lernt, darf sie wiederholen. Das ist wie in der Schule.

Die Menschen haben nichts aus der Geschichte gelernt, deshalb steht uns jetzt ein Da Capo ins Haus. Allerdings eines, das sich gewaschen hat. Vermutlich wird diesmal gleich *alles auf einmal* wiederholt, was die Geschichte an Schrecklichem zu bieten hatte – in jenen Phasen, da sich die großen Aufschuldungswellen brechen und die Inflation in Deflation umschlägt.

Niemand hat dies eindringlicher formuliert als Felix Somary:[1])

>»Die Wendejahre von Perioden des sinkenden zu denen des steigenden Geldwertes haben **immer große Krisen ausgelöst.**« (Seite 214)

So wird's auch diesmal sein.

Warum der »Geldwert« steigt, ist klar: Die Schulden katapultieren ihn hinauf. Die Schulden, die in der »Inflation« gemacht wurden, und die rätselhafterweise nach der Inflation übriggeblieben sind.

Alles ist nun hinreichend geklärt. Alles ist gesagt. Kann man noch etwas tun?

Die Antwort ist ganz einfach: **Man muß die Schulden zum Verschwinden bringen.**

Aber wie?

Der normale Weg ist längst verbaut, der über Leistung seitens der Schuldner und Annahme der Leistung als endgültig seitens der Gläubiger.

Weder sind die Schuldner in der Lage zu leisten. Sie halten die Fiktion noch ein wenig aufrecht. Denn die wichtigsten Schuldner, die sogenannten »souveränen« Staaten dieser Erde, sind allesamt bankrott, allen voran der größte und mächtigste dieser »Staaten«, die Vereinigten Staaten von Amerika. Da es sich bei diesen Schuldnern um »infallible« Schuldner handelt, dürfen sie jetzt noch eine letzte Runde lang aufschulden, das heißt ihre Passiva per Zinseszins-Effekt in die Höhe buchen. Dann ist es vorbei.

Es ist vorbei, weil der Schulden-»Druck«, der von den Staaten ausgeht, überhand genommen hat. Die öffentlichen Hände, niemand sonst, sind es, die die freie Wirtschaft jetzt erdrosseln. Mexiko fühlt sich »stranguliert«, die »Dritte Welt«, klagt, sie sei »throttled by debts«, wie die »International Herald Tribune« berichtet (Ausgabe vom 27. April 1986). Aber auch in Europa macht die Strangulierung der freien Wirtschaft durch den Staat schnelle Fortschritte. Italien stöhnt unter dem »entsetzlichen Schuldendruck der öffentlichen Hand«, so die »Financial Times« (Ausgabe vom 2. Juni 1986, Titelseite: »Italian economy ›held back by public debt‹«). Gleiches wird von Belgien berichtet, von Österreich, aus den Niederlanden, von Schweden ganz zu schweigen.

Da die öffentlichen Hände überall auf Erden kurz vor dem Finale stehen, beginnen die Politiker in einem letzten Anflug von »Verantwortungsbewußtsein« zu **sparen.** Nur: Das reißt die freie Wirtschaft nur noch schneller ein. Sobald nämlich die Staatsaufträge ausbeißen, gehen die Umsätze, die Erträge und vor allem die Preise zurück. **Und zum Schluß verschwinden die Arbeitsplätze.**

Bei rückläufigen Preisen, Umsätzen und Einkommen gehen die Steuereinnahmen zurück. Woraufhin dann ein weiterer »Zwang zum Sparen« einsetzt, der den deflationären Trend noch beschleunigt.

Dabei entsteht dann das berühmte Bild der **»deflationären Spirale«** – das Markenzeichen einer ausweglosen Lage. Die deflationäre Spirale beruht auf der schlichten Erkenntnis, *daß auf Dauer niemand mehr ausgeben kann und ausgeben wird, als er einnimmt.* Alle Firmen, alle privaten Haushalte, alle Staaten, kurzum alle Konten oder Schaltstellen, die es in der Wirtschaft gibt, sind nur Durchlaufposten.

Kommt weniger rein, geht auch weniger raus. Das setzt sich dann fort von ersten zum zweiten bis zum letzten, der dann schon erheblich weniger hat und dem ersten nur noch Bruchteile anbieten wird. In seiner Geschichte der Großen Depression hat der amerikanische Wirtschaftshistoriker **Charles Kindleberger** so eine deflationäre Spirale zum besten gegeben. Wir bilden sie nochmals ab. Ihr ist nichts hinzuzufügen.

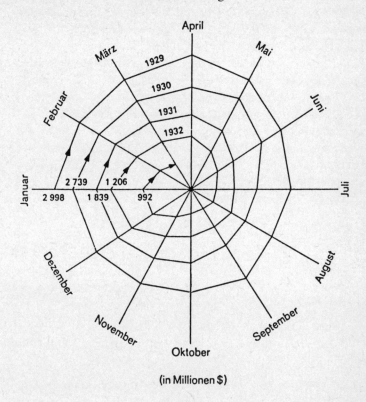

Abbildung 32:
Die deflationäre Spirale in Vollendung. Der Welthandel zwischen 1929 und 1933. Der Rückgang lag bei mehr als zwei Dritteln. Abbildung aus: Charles Kindleberger, The World in Depression 1929–1939 (1973), deutsch als Ullstein-Taschenbuch, hier Seite 179.

Seit dem Ölpreis-Kollaps muß es eigentlich auch dem Dümmsten klar sein, daß diese Spirale wieder läuft. Wir »sparen« am Öl, die Ölstaaten »sparen« an ihren Einnahmen, ergo auch bei ihren Ausgaben. Daraufhin fehlen den Lieferanten der Ölstaaten die Einnahmen, entsprechend werden die Ausgaben »gekürzt« und so fort.

Sinkende Einnahmen sind aber keine »Ersparnisse« nach dem Motto »Realkassen-Effekt«. Im debitistischen Kapitalismus warten unzählige Existenzen nämlich nicht auf *niedrigere* Umsätze, sondern auf *höhere* Umsätze, weil sich sonst die Kosten der Vorfinanzierung der Produktion nicht »realisieren« lassen und die Pleite immer näher rückt. Alle Schulden haben die unangenehme Eigenschaft, **in nominalen Größen** festgeschrieben zu sein und sich also einen Dreck um »Realkassen-Effekte«, alias sinkende Einnahmen zu scheren. Zum Mitt-Juni-Wochenende 1986 erschien die hochangesehene »Neue Zürcher Zeitung« mit folgenden Nachrichten:

> »Weiterer Rückgang der Großhandelspreise ... Gegenüber dem Mai 1985 resultiert ein **Rückgang** um 4 Prozent.
>
> Abgeschwächte Konjunktur in der Schweizer Industrie ... Die Industrieproduktion weist im Vergleich mit dem Vorquartal einen **Rückgang** um 12% auf ... Eine ähnliche Entwicklung zeigen die Umsätze, die gegenüber dem vierten Quartal 1985 deutlich, um 16% **sanken** ...«

Und gleichzeitig berichtet das Blatt über die neueste »Analyse und Prognose der Kommission für Konjunkturfragen« unter dem Titel:

> »**Wirtschaftswachstum** auch in naher Zukunft.« (14./15. Juni 1986)

Wie gesagt: Wer nichts aus der Geschichte gelernt hat, darf nachsitzen.

Vor allem, wenn er nicht gelernt hat, die bürgerliche Presse in der Vor-CRASH-Phase als das zu nehmen, was sie ist: eine Veranstaltung der Bourgeoisie, die sich mit allen Tricks gegen das Verhängnis stemmt. So überschrieb die NZZ am 26. Juni 1986 ihr »monatliches Wirtschaftsbarometer« mit der Schlagzeile:

> »**Unerwartet verhaltene Steigerung** der Industrieproduktion.«

Daraus sollte man eigentlich als ahnungsloser Leser schließen, daß die Industrieproduktion weiterhin gestiegen sei, wenn auch nicht mehr so schnell wie früher oder wie erwartet. Im Text selbst ist dann nur noch die Rede von einer

> »**verhaltenen** Industrieproduktion«.

Von »Steigerung« also keine Rede mehr. Und dann enthüllt die NZZ die ganze Wahrheit:

> »Tatsächlich ist sie (die Industrieproduktion, PCM) ... gegenüber dem Vorquartal um etwa 12% **geschrumpft.** Saisonbereinigt **reduzierten** sich parallel dazu auch die Ausrüstungsinvestitionen eher unerwartet um 3,3%.«

Was ist Volksverdummung?

Das ist Volksverdummung! Das sind Manipulationen mit irreführenden Schlagzeilen, die einer freien Presse unwürdig sind.

Auch die »Frankfurter Allgemeine Zeitung« hat sich der Volksverblödung im großen Stile angenommen. So überschreibt der unsägliche Redakteur und Bernhard-Harms-Medaillen-Träger **Hans D. Barbier,** den wir schon kennengelernt haben, am 2. Juli 1986 einen Bericht über den deutschen Außenhandel im Monat Mai mit dieser, über drei Spalten reichenden Aufmacher-Schlagzeile im Wirtschaftsteil des Blattes:

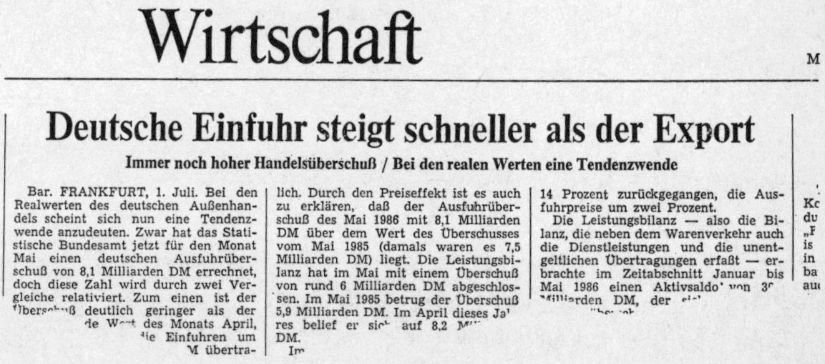

Wirtschaft

M

Deutsche Einfuhr steigt schneller als der Export

Immer noch hoher Handelsüberschuß / Bei den realen Werten eine Tendenzwende

Bar. FRANKFURT, 1. Juli. Bei den Realwerten des deutschen Außenhandels scheint sich nun eine Tendenzwende anzudeuten. Zwar hat das Statistische Bundesamt jetzt für den Monat Mai einen deutschen Ausfuhrüberschuß von 8,1 Milliarden DM errechnet, doch diese Zahl wird durch zwei Vergleiche relativiert. Zum einen ist der Überschuß deutlich geringer als der ... des Monats April, ... Einfuhren um ... übertra-lich. Durch den Preiseffekt ist es auch zu erklären, daß der Ausfuhrüberschuß des Mai 1986 mit 8,1 Milliarden DM über dem Wert des Überschusses vom Mai 1985 (damals waren es 7,5 Milliarden DM) liegt. Die Leistungsbilanz hat im Mai mit einem Überschuß von rund 6 Milliarden DM abgeschlossen. Im Mai 1985 betrug der Überschuß 5,9 Milliarden DM. Im April dieses Ja... res belief er sich auf 8,2 ... DM.

Im ... 14 Prozent zurückgegangen, die Ausfuhrpreise um zwei Prozent.

Die Leistungsbilanz — also die Bilanz, die neben dem Warenverkehr auch die Dienstleistungen und die unentgeltlichen Übertragungen erfaßt — erbrachte im Zeitabschnitt Januar bis Mai 1986 einen Aktivsaldo ... Milliarden DM, der ...

Abbildung 33:
Schlagzeile der FAZ, Wirtschaftsteil, Aufmacher, vom 2. Juli 1986.

Jeder denkt selbstverständlich an das naheliegende: An die Zahlen, alias die Werte der deutschen Einfuhr. Tatsächlich »meint« der Herr Doktor Barbier jedoch irgendwelche Mengen! Aber in seinem Artikel schreibt Barbier wörtlich:

»Nach Mitteilung des Statistischen Bundesamtes wurden im Mai Waren im Wert von 32,57 Milliarden DM eingeführt und für 40,63 Milliarden DM ausgeführt. Damit **lag die Einfuhr um 17 Prozent** und die Ausfuhr um 13 Prozent **niedriger** als im Mai 1985.«

Die Tageszeitung »Die Welt« macht solche Leserverblödung nicht mit, sondern berichtet sachlich und seriös unter der Schlagzeile:

Außenhandel im Mai schwächer

dpa/VWD, **Wiesbaden**
Der deutsche Export konnte im Mai nicht an die Rekordmarke des Vormonats anschließen. Die Ausfuhren gingen gegenüber dem Vorjahr um 13 Prozent auf 40,6 Milliarden Mark zurück. Noch stärker schwächten sich die Importe mit einem Minus von 17 Prozent auf 32,6 Milliarden Mark ab. Dies gab das Statistische Bundesamt gestern in Wiesbaden bekannt.

Abbildung 34:
Schlagzeile der WELT, Wirtschaftsteil, Aufmacherseite vom 2. Juli 1986.

Der Bericht der Welt liest sich so:

»Der deutsche Export konnte im Mai nicht an die Rekordmarke des Vormonats anschließen …

Da die **Einfuhren einen stärkeren Abwärtstrend als die Ausfuhren aufwiesen** (!!!), stieg der Ausfuhrüberschuß auf 8,1 (Vorjahr 7,5) Milliarden Mark ..

In den ersten fünf Monaten gingen die **Einfuhren** im Vergleich zum Vorjahr um 9,3 Prozent auf 181 Milliarden und die Ausfuhren um 2,2 Prozent auf 221 Milliarden Mark **zurück.«**

Aber die FAZ meint, die »deutsche Einfuhr **steigt** (!) **schneller** (!) als der Export«. **George Orwell hätte Hans D. Barbier zu seinem Meisterschüler ernannt.**

Das Düsseldorfer »Handelsblatt« wechselte in diesem Frühsommer gleich den Hintergrund für die Ifo-Konjunkturberichte aus, wie man anhand der nächsten Seite sieht.

Das sind Sachen, die im höchsten Maße fragwürdig sind. Sie zeigen, daß die Presse- und Veröffentlichungsfreiheit keinen Schutz vor manipulativer *Volksverdummung* darstellt, und daß mit dem Goodwill, den solche seriösen und anspruchsvollen Zeitungen, wie FAZ und Handelsblatt, aber auch die Neue Zürcher Zeitung sich erworben haben, Schindluder getrieben wird.

Hinter allem lauert jene »**Tonnen-Ideologie«,** die im Osten gang und gäbe ist, und die aus jedem Mißerfolg letztlich doch einen Erfolg zu machen versteht. Letztlich ist immer irgendwo irgend etwas »mehr« geworden, sei es relativ zu irgend etwas anderem, oder einfach in dem Sinne, daß Zeit verstrichen ist. »Mehr« Zeit gegenüber früher.

Traurige Berühmtheit hat in diesem Zusammenhang jener Spruch erreicht, den US-Präsident **Herbert Hoover,** ein gelernter Bergbau-Ingenieur, der von Ökonomie keinerlei Ahnung hatte, hervorstieß, als Wall Street gekracht war.

Was sagte nämlich Seine Exzellenz, der Herr Präsident der Vereinigten Staaten von Amerika am 25. Oktober 1929? Er sagte:

»The fundamental business of the country, that is the **production** and **distribution of commodities,** is on a sound basis.«

Der fundamentale Irrtum, der uns auch bei diesem staatsmännischen Spruch des amerikanischen Präsidenten entgegenglotzt, ist einfach der: »Business«, das Geschäft, die freie Wirtschaft, das hat nichts mit »Distribution« und »Produktion« von »Gütern« zu

Abbildung 35:
Das Ifo-Geschäftsklima in der Bundesrepublik Deutschland für März 1986 (oben) und für Mai 1986 (unten). Die Index-Zahlen lauten: März = 92,2, Mai = 93,0. Das Geschäftsklima blieb also beinahe gleich gut (oder gleich schlecht).

tun, sondern einzig und allein mit der Frage: **Kann ich meine Schulden termingerecht bezahlen – oder nicht?**

Kann ich es nicht, gibt es keinerlei »Basis«, eine »gesunde« (sound) schon gar nicht.

Dann muß ich nämlich leider untergehen.

Ein CRASH-Versuch der City

Kurz vor Schluß beschleichen *dumpfe Ahnungen* die Bourgeoisie. Ob es vielleicht nicht doch »schief«gehen könnte? Ob man nicht vielleicht doch besser noch »was macht«?

Was »macht« man, wenn der große Bankrott herübergrüßt? Ei, man versucht es noch mal schnell mit einem Vergleich. Dann wäre wenigstens nicht alles weg. Dann käme vielleicht doch noch eine *Quote* heraus.

Genau das, die Suche nach der Quote, nach dem Vergleich, nach dem es »weitergehen« könnte, hat sich Europas Wirtschaftsblatt Nummer eins, die Londoner »Financial Times«, zu eigen gemacht, als sie am 19. Februar 1986 ihre Spalten gegenüber der Leitartikelseite dem Chefökonomen der Standard Chartered Bank, **Jan Toporowski,** öffnete. Die Standard Chartered Bank gilt als feinste internationale Adresse der City, es war die einzige Bank, die aufgrund ihrer jahrzehntelangen untadeligen Tradition und Geschäfte sogar während der Kulturrevolution in China offen bleiben durfte. Und Jan Toporowski zählt zu den angesehensten Fachleuten der City. Er überschreibt seinen Beitrag mit einem Donnerwort:

»**Why the world economy needs a financial crash.**«

Warum braucht die Welt den Finanz-CRASH? Sie können das im Original auf der nächsten Seite nachlesen. Hier nur kurz die wichtigsten Stichworte:

- Ganz wie **Rosa Luxemburg** die Expansion des Kapitalismus (wir diskutierten es oben) definiert hat (»Suche nach dem Dritten«), haben die Industrienationen in den letzten Jahrzehnten

ihre Waren- und ergo Kreditvergabe in die Dritte Welt ausgedehnt.
- Die **Kredite** sind jetzt **verloren,** der sich abzeichnende Crash wird die Ansprüche der Kreditgeber zurechtstutzen.
- Eine weniger katastrophische Lösung war die Abwertung der Forderungen durch **permanente Inflation,** was aber nunmehr ebenfalls ausläuft.
- Nunmehr kann man, mit Beihilfe der Notenbanken als »lender of last resort«[2]), das Ganze noch hinauszögern und dabei drei Mittel einsetzen:

1. Den »**Baker-Plan**«, also gutes Geld schlechtem hinterherwerfen.
2. Die **Zinsen** drastisch senken.
3. Einen schnellen **Inflationsstoß** initiieren.

Die Mittel 1) und 2) schieben das Unvermeidliche nur vor sich her, das dritte funktioniert nicht, da die deregulierten internationalen Finanzmärkte auf solche Scherze via Notenpresse sofort reagieren würden.

Also, und das bitte im O-Ton eines Londoner City-Bankers:

> »Thus the only practical conclusion that can be drawn under present circumstances is of the need for a financial crash.«

Und warum brauchen wir den CRASH wirklich?

> »The devalution of those claims (Klartext: Stempel ins Sparbuch mit dem Ausdruck: ›Ihr Guthaben ist hiermit um ... Prozent abgewertet worden‹, PCM) is **a necessary,** if insufficient, **condition** for the quickening of real economic activity and perhaps even the **survival of the capitalist system.**«

Welch ein Tobak!

Der CRASH ist nicht nur erforderlich, um die reale Wirtschaft wieder in Schuß zu bringen (denken wir an das Beispiel der Leute in Manchester, auf die Euro-Top-Banker Hans-Jörg Rudloff hingewiesen hat, siehe oben, und die sich nicht mal mehr ein paar Schuhe kaufen können). **Wir brauchen den CRASH, wenn wir wollen, daß der Kapitalismus überlebt.**

Why the world economy needs a financial crash

By Jan Toporowski

AN unrecognised merit of Rosa Luxemburg's The Accumulation of Capital (London, Routledge and Kegan Paul, 1951), is that its theory of international finance is of startling relevance today.

In this book, which could still be read with profit by many City economists, Rosa Luxemburg analysed the process of capital accumulation (ie economic development) in colonial territories around the turn of the century. Lacking their own sources of finance, the major capital projects of those times were paid for by floating shares and stocks on the London Stock Exchange, or international loans.

Inevitably, the engineers and sponsors of the development schemes tended to be oversanguine about their projects' future profitability. Too often costs exceeded projected expenses and initial borrowings proved insufficient, so that even if completed, the projects were over-loaded with debt repayments and interest. Non-payment of these would precipitate a financial crisis on the part of both lenders and borrowers. The resulting crash would so devalue the claims of the lenders on the project as to enable it eventually to be completed, or continue in operation. In this way, many banks and financiers were ruined, but the projects themselves (like railway construction in Britain), were rarely altogether abandoned. Thus, the accumulation of capital proceeded, developing the relatively backward parts of the world and the developed countries themselves, using the money hoards of rentiers to pay for investment, and then defaulting to avoid meeting the claims of those rentiers.

Fortunately, since those times, another less catastrophic means of devaluing the claims of rentiers on economic development came to prevail. This was inflation, which devalued rentier claims, while tending to maintain the value of development projects and their revenues upon completion.

The relevance of all this to the Third World debt crisis is immediately obvious. However, the old solution of ruining the rentiers (in this case the international banks and their creditors) no longer seems to be available. The position of the international banks is reinforced by central banks' implicit, if not explicit, willingness to act as lenders of last resort in order to avoid precisely that financial crash which would resolve the debt problem by devaluing it all. The banks themselves have reinforced their claims in the Third World by the use of floating rate interest, which has increased the value of interest charges since the 1970s. Moreover, by denominating their claims in currencies such as the US dollar and West German D-mark, that have tended to keep their value relative to commodities and other currencies, the banks have prevented their claims from being devalued by inflation.

Nevertheless, the decision of debtor countries such as Poland, Nigeria, Peru and Argentina to limit debt service payments to a minority share of their export earnings testifies to the urgent need of those countries to be released from the grip of rentier claims that are paralysing their trade and development. However, this solution is merely a way of easing the current payments problem by taking out more debt. Undiminished by devaluation, the acceleration in the growth of these claims must eventually crush either the rentiers, or the countries themselves.

There are three other possible solutions. One is the US Treasury Secretary James Baker's proposal to lend more money to debtor countries to enable them to maintain essential trade and minimise forced rescheduling.

Another solution is for real interest rates to fall drastically. While this could alleviate the problem somewhat, it is unlikely to come to pass. This is because of the way in which unregulated international markets operate, and the gradual integration into those markets of domestic financial markets in the OECD countries, a trend which the authorities in them seem powerless to reverse. Commercial banks operate in unregulated markets by drawing in funds whose supply is interest-elastic, and directing them to borrowers whose demand for funds is relatively interest - inelastic. This enables banks to maximise their margins (until competition squeezes them out and forces banks to seek other relatively interest-inelastic borrowers). But it also tends to lever up interest rates in ostensibly free and competitive markets.

Both the Baker solution and lower interest rates are really ways of tinkering about with the problem, and offer solutions that at best will merely postpone the inevitable. A much more effective solution would be to devalue rentier claims by a short, sharp bout of inflation, preferably in the US

However, in present circumstances, this is even less likely than lower interest rates, because of the stranglehold that deregulated financial markets are increasingly coming to have on government monetary policy in the OECD countries. Any government which appears even tries to engineer it, is increasingly likely to find its finances paralysed by financial markets and their dread of the systematic devaluation of their claims.

Thus the only practical conclusion that can be drawn under present circumstances is of the need for a financial crash. Obviously, such a crash would have an adverse effect on most of those in the City now preparing with enthusiasm for the Brave New Financial World after the "Big Bang." It would also temporarily dislocate much economic activity and have a disastrous effect on many whose incomes and wealth are based on financial assets.

The Government policy, already over-dependent on the continuation of the present bull market through its reliance on asset sales to finance current expenditure, would also suffer a severe reverse in its attempts to promote services as an alternative to stagnating industrial activity. In addition, a financial crash would dramatically sour the attractions of a "share-owning democracy" and make untenable the notion of private pension schemes as alternatives to state provision.

Those drawing their main incomes directly from City activities are relatively few. There are many more in Britain and abroad who would stand to gain from a revival of trade, investment and production which are currently suffering progressive paralysis from the burden of rentier claims. The devaluation of those claims is a necessary, if insufficient, condition for the quickening of real economic activity and perhaps even the survival of the capitalist system.

The author is senior economist at the Standard Chartered Bank.

Abbildung 36:
»Warum die Weltwirtschaft einen finanziellen Zusammenbruch braucht.« Der Artikel mit dieser reißerischen Überschrift erschien am 19. Februar 1986 in der wichtigsten Wirtschaftszeitung Europas, der »Financial Times«. Der Autor des Beitrages ist Chefökonom einer der angesehensten Banken der Londoner City.

Da die Politiker und Notenbanken aber den CRASH bis zum letztmöglichen Zeitpunkt hinauszögern wollen und werden, gibt es für das kapitalistische System kaum eine Chance mehr.
Das beste Wirtschaftssystem, das es je gab, das einzige dem Menschen angemessene, muß untergehen.

Letztes Quieken in der Deflation

Bei Toporowski war schon die Rede von einem »schnellen, kurzen Inflationsstoß«, mit dessen Hilfe man vielleicht noch kurz vor Schluß etwas »retten« könnte.

Da jedoch das Publikum in einer Deflation relativ schnell Lunte riecht, tun sich die Politiker schwer, dann aktiv zu werden, wenn es »eigentlich« erforderlich wäre.

Denn was könnten sie noch tun?

»Ankurbeln« natürlich. Letztlich mit Hilfe **kurzfristiger Notenbank-Kredite.**

Das Publikum aber weiß, was das Stichwort »Notenbank« bedeutet: **INFLATION.**

Knut Borchardt, Wirtschaftshistoriker an der Universität München, hat das große Verdienst, die Parallelveranstaltung zu heute, nämlich die deflationäre Depression der Jahre 1928 ff., unter dem Aspekt untersucht zu haben:

Was hätten denn damals die verantwortlichen Politiker machen können oder machen sollen?

Das Ergebnis seiner Studien hat Borchardt unter anderem in einem aufschlußreichen Aufsatz in der Festschrift zum 65. Geburtstag des heutigen Aufsichtsratsvorsitzenden der Deutschen Bank AG, Wildfried Guth, niedergelegt.[3])

Große Überraschung: **Es gab leider nichts, was die Politiker damals hätten tun können.** Die Brüningsche Politik besaß überhaupt keine »Spielräume«, eine Alternative zur »Deflationspolitik« war weit und breit nicht existent! Warum? War denn die Krise unausweichlich? Mußte es also zu den sechs Millionen Arbeitslosen kommen, zu Hitler mit allen Konsequenzen?

Borchardt will mit seiner Untersuchung »die damaligen Argumentationsmuster« dem »heutigen Betrachter verständlicher machen«. Dabei setzt der Historiker, der zugleich auch Nationalökonom ist, allerdings den Hebel an der völlig falschen Stelle an, nach dem Motto: Wir müssen zwar *verstehen*, wie es damals war; was aber damals war, *kann sich nicht wiederholen*, weil wir inzwischen *klüger* und besser geworden sind.

Dreh- und Angelpunkt der Borchardtschen Analyse ist die »Inflationsgefahr«:

> »Es ist bislang doch noch immer ziemlich **unverständlich** geblieben, warum eigentlich in Deutschland inmitten einer allgemeinen Deflationskrise und eines Millionenheeres von Arbeitslosen die Reichsregierung und die Reichsbankleitung ausgerechnet auf drohende **Inflationsgefahren** hingewiesen haben ...
>
> Die Inflationsangst inmitten der Krise gilt spätestens seit der keynesianischen Wende der Nationalökonomie als ein Paradebeispiel für die katastrophalen Folgen **mangelnder wirtschaftswissenschaftlicher Einsichten.**
>
> Es gab in der Inflationsfurcht selbst inmitten der Deflationskrise und bei Massenarbeitslosigkeit tatsächlich einen **rationalen Kern!**« (Seite 21 f.)

Damit ist schon alles klar:

1. An der Inflationsfurcht war »was dran«. Das Publikum hat das Wirtschaftssystem, in dem es lebte, den Kapitalismus also, besser begriffen, als so mancher meint, vor allem, daß »künstlich geschaffene Nachfrage«, also das »Laufenlassen« der Notenpresse, zum Totalverlust aller Ersparnisse führen würde.

Borchardt meint in diesem Zusammenhang:

> »Der entscheidende Punkt in den Überlegungen der Sachkenner war die Annahme, daß sich bei Anzeichen von Inflation ein **Run auf die Kreditinstitute** ergeben müßte, weil das Publikum ja sein Geldvermögen möglichst rasch vor der erwarteten Entwertung hätte schützen wollen.« (Seite 29)

2. Die Inflationsfurcht aber ist absolut »grundlos«. So etwas Dummes wie Inflationsfurcht hat nur jemand mit »mangelnden

wirtschaftswissenschaftlichen Einsichten«. Denn das hat die keynesianische Wende bewiesen.

Tja, und was nun?

Das Publikum heute ist nicht anders als in den Jahren der Großen Deflation/Depression auch: *Es riecht den Braten* und weiß, was es heißt, ordentliche Staatseinnahmen durch die Notenpresse zu ersetzen. Sobald diese Nummer wieder gegeben würde, heben alle alles ab, und es kommt mit mathematischer Gewißheit zum »totalen Kollaps des Kreditsystems«, wie Borchardt das für die dreißiger Jahre so schön bezeichnet hat.

Andererseits wissen aber die klugen Wirtschaftswissenschaftler mit ihren durch Keynes geschliffenen Einsichten, daß die Inflationsfurcht gerade in einer Deflationskrise »katastrophale Folgen« haben muß.

Wie kann ich dann erreichen, daß es diesmal »anders« abläuft? Daß diesmal das dumme Publikum, das von Keynes und seinen tollen Erkenntnissen und erst recht vom letzten Stand der Wirtschaftswissenschaften keinerlei Ahnung hat, daß diese Millionen blöder Menschen die Arbeit an der Notenpresse begrüßen?

Wie erreiche ich also, daß die Menschen, nachdem es heißt, »Notenpresse marsch!«, statt ihr Geld sofort von den Banken und Sparkassen abzuheben, sich auf offener Straße umarmen und sagen: »Das ist es!« ???

Was ist in diesem Zusammenhang konkret, was Borchardt mit »*Anzeichen von Inflation*« bezeichnet?

Heißt »Anzeichen von Inflation« erst das immer schnellere *Auswechseln von Preisschildchen* beim Kaufmann? Oder ist das bereits die Inflation *selbst* und nicht ihr »Anzeichen«? Sind die Herolde kommender Geldvermögensvernichtung via Inflation nicht eventuell schon solche Tatbestände wie: »*Ausgleich*« des Haushalts durch einen *Notenbankkredit?* Oder ein »Kassenkredit« aus der gleichen Quelle, wobei die derzeitigen Kassenkredit-Begrenzungen (z. B. sechs Milliarden DM für den Bund in der Bundesrepublik Deutschland) einfach »dynamisiert« oder wegen »unabweisbarer Bedürfnisse im Zusammenhang mit dem sozialen, einem blühenden Gemeinwesen verpflichteten Ganzen«

»angepaßt« werden? Oder ein Blitz-Umweg der Haushaltsfinanzierung im Ausland (beim »Internationalen Währungsfonds« haben wir doch noch »was stehen«; die »Weltbank« könnte vielleicht auch mal kurz eben; und die »BIZ« in Basel ist doch für so was zuständig)?

Dann gibt es doch nur zwei Möglichkeiten:
a) Das Publikum merkt von all dem *nichts*.
b) Das Publikum merkt es *und bricht in Jubel aus*.

Daß a) eintritt, ist in einem Land mit einer freien Presse und wöchentlichem Ausweise der Notenbank und ausführlichen Monatsberichten des gleichen Instituts völlig ausgeschlossen.

Daß b) eintritt, ist ebenfalls ein Witz. Denn die Nummer mit der Inflation, alias der Bewältigung von Budgetproblemen der öffentlichen Hand mit Hilfe einer Druckerei, ist inzwischen *zu oft gelaufen,* um nicht sofort als Da Capo erkannt zu werden.

Bleibt was?

Bleibt das:

Die Staaten dieser Erde müssen verhindern, daß ihre Probleme bekannt werden, ihre Probleme und ihre Problemlösungsversuche.

Eine Rettung aus der Deflation mit Hilfe des »privaten« Sektors, per »Zinssenkungen«, »Initialzündungen«, »Ankurbelungsprogrammen« und wie die Dinger alle heißen, kann es niemals geben! **Jede Deflation ist erst zu Ende, nachdem sämtliche Schuldner bankrott gegangen sind, deren Schulden in der Inflation gemacht wurden,** d. h. die Inflation überhaupt erst **definiert haben.** An dieser schrecklichen Wahrheit des »Ausbuchens« führt kein Weg vorbei. Im Gegenteil: Je mehr ausgebucht wird, um so schneller fallen die Preise, und um so weniger »lohnen« sich Geschäfte, weil der Realzins, also jener Zins, der echt verdient werden muß, explodiert und selbst bei einem Nominalzinssatz von null Prozent (in Zahlen: 0%!) jedes Wirtschaften unmöglich macht, weil der Schuldner nach einem Jahr zwar keinen Zins auf seinen Kredit bezahlen muß, **aber auch nicht in der Lage ist, den Kredit zurückzuzahlen,** da er das Geld, das er an den Markt in Form von Kosten der Produktion abgegeben hat, über-

DÉCLARATION
DU ROI,

Donnée à Versailles le 28 Mars 1764.

QUI fait défenses d'imprimer, débiter ou colporter aucuns Ecrits, Ouvrages ou Projets, concernant la réforme ou administration des Finances.

REGISTRÉE EN PARLEMENT.

A GRENOBLE,
De l'Imprimerie d'ANDRE' GIROUD, Imprimeur-Libraire du Parlement ; à la Salle du Palais.

M. DCC. LXIV.

Abbildung 37:
Mit dieser »Königlichen Deklaration«, gegeben zu Versailles am 28. März 1764, wurde es den Franzosen verboten, hinfort den Zustand der Staatsfinanzen zu diskutieren, sei es in mündlicher oder schriftlicher Form. Die einzige Chance, die die Politiker heute haben, den Zustand der Staatsfinanzen zu verschleiern oder die Tatsache, daß nunmehr die »Probleme« mit Hilfe der Notenpresse angegangen werden, besteht in der Hervorbringung eines ähnlichen Gesetzes, das weltweit erlassen werden müßte.

haupt **nicht mehr zurückerhält, weil die Preise der Produkte immer weiter gefallen sind.** Ganz abgesehen davon, daß ein Nominalzins von null Prozent deutlich signalisiert, daß jede Nachfrage nach Kapitalgütern endgültig erloschen ist, ebenfalls ein klassisches Kennzeichen jeder schweren Depression in der finalen Phase.[4])

Der Kapitalismus ist ein Zombie.
Er sieht noch lebendig aus, ist aber längst tot.
Was ihm fehlt, ist nur der Totenschein. Der muß ausgestellt werden, und das Datum, das draufstehen muß, ist noch offen.

Und bis dahin können es die Staaten noch treiben. Wie jener Staat, der 1789 ff. unterging, das Ancien Régime in Frankreich, das sich mit einem unerhörten Trick aus der Schlußphase der ausweglos werdenden (Staats-)Finanzen hinwegzustehlen versuchte.

Was die französische Regierungs-Clique damals inszeniert hat, um den Tag der Wahrheit möglichst lange hinauszuschieben, sehen Sie auf der nächsten Seite: »Die »Déclaration du Roi« vom 28. März 1764, die **jegliche Diskussion der Finanzlage** – in schriftlicher oder mündlicher Form – **verboten hat.**

Mit einem solchen Trick in letzter Minute könnte es tatsächlich gelingen, das Publikum hereinzulegen: Mit Hilfe der Notenpresse zu arbeiten, ohne daß es jemand erfährt.

Dann hätten wir **Keynes as such.**
Keynes ohne Inflationsangst.

»God bless you!«

Diesen Tag wird keiner von uns je vergessen.
Die Sonne scheint, die Spitze des Capitols schimmert grellweiß strahlend. Der Präsident der Vereinigten Staaten von Amerika betritt die Tribüne. Dahinter die First Lady. Der Wind wird kräftiger. Sie hält mit der Linken ihr hellblaues Hütchen fest. Der Präsident streicht eine Locke aus der Stirn.
460 Fernsehkameras halten alles fest. Über drei Milliarden

Menschen sitzen vor ihren Geräten. Dieses wird der größte, der unvergleichlichste Tag in der Geschichte der Menschheit. Denn der Führer der größten Macht der Welt wird in wenigen Sekunden verkünden, worauf jedermann wartet zwischen Tokio und Timbuktu, zwischen Stockholm und Santiago de Chile.

Der amerikanische Präsident wird die Tilgung der Staatsschulden der Welt verkünden, aller Staatsschulden. Alles, was jemals unter Bezeichnungen wie Bond, Bill, Loan, Anleihe oder Emprunt, Kassenkredit oder Schatzanweisung, Notes oder Noten ins Publikum gelangte, wird hier und heute vom amerikanischen Präsidenten zurückgezahlt. Von ihm, vertretend nicht nur die USA, sondern stellvertretend für alle anderen Nationen der Erde auch, deren Staatsoberhäupter bereits rechts und links der »Tribune of Repayment«, wie es im offiziellen Führer heißt, Platz genommen haben.

Wir sehen Fidel Castro neben der britischen Königin, Gorbatschow neben Südafrikas Staatschef Botha. Alle erheben sich und winken dem amerikanischen Präsidenten zu.

Die Reporter sind nervös. Sie wissen nicht, von welcher Seite sie kommen werden. Die endlosen Schlangen von Sattelschleppern mit ihren Containern, in denen das »Medium« lagern soll, jener sagenhafte Stoff, mit dessen Hilfe die endgültige Rückzahlung und Tilgung bewerkstelligt werden soll.

Der Chefkorrespondent der deutschen ARD-Zentrale hat ausgerechnet, es müßten mindestens 2000 Schwerstlastwagen anrollen, um das »Medium« zu transportieren, ganz gleich in welcher Stückelung es dann ausgegeben wird.

Ist das nicht ein Band in den Landesfarben Amerikas, da links von der Tribüne, das der Präsident gleich durchschneiden wird, um den Konvoi zum Zahlplatz zu dirigieren? Dort haben sich ein einem großen Halbrund die Vorstandsvorsitzer und Generaldirektoren der 1000 größten Banken dieser Erde aufgestellt, um das Inkasso abzuwickeln und persönlich zu überwachen.

Die Hymne des Präsidenten ist abgespielt. Eine erwartungsvolle Stille lastet über dem weiten Platz. Von fern verhallt das letzte Kommando eines Garde-Offiziers.

Der Präsident der Vereinigten Staaten von Amerika tritt einen Schritt nach vorn.

»People of the world, my fellow Americans, God bless you!«
Er beginnt von der größten Stunde in der Geschichte der Menschheit zu sprechen. Jener Stunde, die nur vergleichbar sei mit anderen Stunden, da große und größte Reformwerke vollendet wurden.

»Die größten Reformen waren immer jene«, der Präsident hat einen feuchten Schimmer in den Augen, »da die Last von allen Schultern genommen wurde.«

Diese Last, die drückendste Last, die es je in der Geschichte gegeben hat, soll daher auch heute wieder von den Schultern der Menschen genommen werden.

»Heute werdet Ihr alle endlich frei! Endlich und endgültig! Denn heute wird die Schuld, die uns und unsere Völker so schwer bedrückte, heute wird sie endlich erlöschen. Sie wird beglichen – oder sagen wir es in the good and simple and sober American way –, sie wird bezahlt.«

Die Staatsoberhäupter erheben sich von ihren Sitzen und brechen in frenetischen Jubel aus.

»Payment, payment, yeah!«
Der Teil der Staatsoberhäupter-Tribüne, wo die meisten afrikanischen Exzellenzen sitzen, bricht in diesem Augenblick zusammen. Mit den Afrikanern verschwinden der norwegische und der spanische Souverän in der Tiefe.

Doch jetzt brandet der Jubel von der anderen Seite her auf. Von dort, wo die Großbankiers sitzen. Der immer noch jugendlich wirkende Chef der Citibank umarmt in schneller Folge den obersten Deutsch-Bankier und die Nummer Eins vom Zürcher Paradeplatz. Der Gouverneur der Bank von England greift verstohlen zum Flachmann und murmelt, umgeben von dem herrlichen Odeur 50jährigen »Hine's«, immer wieder »Cheers, cheers, cheers!«

Mit einer priesterlichen Geste, dem Ausbreiten beider Handflächen gen Himmel, verschafft sich der Präsident wieder Ruhe und Gehör.

»... Und alle die ekelerregenden Gurus und die Volksverführer und die Panikmacher, die immer wieder behauptet haben, es würde nichts zurückgezahlt, sie alle, alle, alle, werden wir, die Staaten dieser Erde, hier und heute Lügen strafen. Denn heute wird gezahlt. Jetzt!«

Die 460 Kameras fahren den Präsidenten in Nahaufnahme. Der Präsident greift in seine Jackentasche. Gleich wird er die Schere hervorholen und das Band durchschneiden, damit endlich der Konvoi mit den Lastern voll »Medium« anrollen kann. Die Grossbankiers geben über Walky-Talky Anweisung, daß die Lastenhubschrauber starten sollen.

Die Hand des Präsidenten ruht einen Moment in seiner Jakkentasche. So als würde er etwas suchen.

Da, jetzt.

Man sieht, wie sich die Finger schließen. Eine Faust? Ja, eine Faust kommt aus der Tasche. Der Präsident reckt die Faust in den Baldachin, der sich purpurfarben über ihm wölbt. Da, die Faust. Kamera-Schwenk.

Die Faust zieht der Präsident jetzt in einem Halbkreis an gestrecktem Arm unmittelbar vor sich in Augenhöhe. Kamera-Schwenk.

Die Spannung ist unerträglich. Von fern hört man bereits Rotorgeräusche. Die Hubschrauberstaffel von Daiwa Securities liegt offenbar in Front.

Da. Ja. Da!

Der Präsident öffnet langsam seine Faust. Vor seinen blitzenden Augen jetzt die flache Hand. Etwas scheint auf der flachen Hand zu liegen.

»Und jetzt, jetzt, Völker dieser Erde, jetzt wird gezahlt.« Der Präsident dreht in schneller Bewegung die Handfläche nach unten. Etwas blitzt kurz auf und fällt. Vor der Tribüne ist Betonboden. Da, etwas rollt da. Etwas Gelbes. Nein, es ist Gold.

Ja, ja, es ist Gold.

Ist es nicht ein Goldstück, etwa eine Unze schwer?

Ja, ja.

Es ist ein Goldstück, eine Unze schwer. Es ist genau 31,1

Gramm Feingold, das jetzt nach klirrendem Rundlauf direkt vor der Tribüne des Präsidenten zur Ruhe kommt.

»Da«, sagt der Präsident, und er deutet mit dem Finger nach unten, »da, dort, jetzt ist gezahlt. Die Staaten dieser Erde haben ihre Schulden getilgt.«

Der Rest der Veranstaltung konnte nicht mehr übertragen werden. Es muß zu erschütternden Szenen gekommen sein. Vor allem sehr viele Londoner Bankiers, auch die Spitzen der österreichischen und der Schweizer Großfinanz, schrecklich. Es war einfach eine Panik.

Die Tribüne der Staatsoberhäupter, die schon seit dem Abgang der afrikanischen Exzellenzen immer mehr Destabilisierung gezeigt hatte, brach vollends ein. Schrecklich, vor allem die vielen Staatsoberhäuptinnen, was damals sehr in Mode gekommen war, das mit den Staatsoberhäuptinnen. Entsetzlich.

Am Abend gab das Schatzamt der Vereinigten Staaten die neue Gold-Parität bekannt: Eine Unze = 10 Billionen amerikanische Dollar. Selbstverständlich gab das Schatzamt auch bekannt, daß man zu diesem neuen Kurs Gold in jeder beliebigen Menge an jedermann und jederzeit verkaufen und von ihm kaufen würde.

Die Welt hatte an diesem Tag zwar die Besten aus Bank- und Staatskreisen verloren. Aber sie hatte etwas ungeheuer Wichtiges gewonnen: einen neuen Goldstandard.

Spät in der Nacht legten zwei Besucher aus Europa, zwei Sachbuch-Autoren, wie man glaubt, am Grab des amerikanischen Präsidenten Franklin D. Roosevelt auf dem Heldenfriedhof in Arlington einen Strauß nieder. Eine Kerze entzündeten sie nicht.

Doctor Faust, Brüning, Roosevelt: Nur GOLD kann uns retten

Der Krisen-Historiker **Rolf E. Lüke** zitiert in seinem Buch über den »13. Juli 1931 – Das Geheimnis der deutschen Bankenkrise«[5]) den deutschen Reichskanzler **Heinrich Brüning,** der Anfang Juni nach Großbritannien gereist war, um dem hoffnungslos überschuldeten Reich Erleichterung zu verschaffen (in direkte Rede gebracht):

»Dieser Sturm wird über **jedes Land** der Welt hinwegbrausen. Entweder muß man die **Deflation mitmachen** oder die **Währung abwerten.**« (Seite 55)

Das ganze Elend, das auch diesmal selbstverständlich wieder vor uns liegt, in zwei Sätzen destilliert.

Die *Deflation mitmachen:* Das bedeutet eben, bis zum bittern Ende mitmachen, bis also die letzten inflationären Schulden, alias Guthaben gecrasht sind.

Oder die *Währung abwerten.*

Aber, was ist denn das?

Zwei Lösungen bieten sich an, wenn wir das Abwertungsproblem in die Gegenwart transponieren:

Lösung A: Ein Land, dem es schon besonders dreckig geht, wertet seine Währung ab, das heißt, es verschafft sich mit einem Schlag (übers »Wochenende« zumeist) für seine Waren, die es exportiert, einen *Preisvorteil* auf den Weltmärkten. Denn um den Abwertungssatz können die Firmen mit einem Schlag billiger anbieten und erhalten den genau gleichen Erlös in einheimischer Währung wie vorher.

Aber:

Abwertungen helfen immer *nur einem* Land. Und das nur so lange, bis die anderen Länder zurückschlagen. Denn mit einer Abwertung hat sich das eine Land mit einem einfachen Trick einen Wettbewerbsvorteil zugeschanzt, sozusagen per Notenbank (denn die kauft ja in Zukunft die anderen Währungen teurer an, was die Abwertung eben ausmacht) eine Exportsubvention, einen umgekehrten Zoll eingeführt.

Die Geschichte lehrt, daß solche Abwertungen, wie alles andere »Sich-in-die-Tasche-Lügen« auch, kurze Beine haben. Die anderen Staaten können zweifach kontern:

a) *Mit eigenen Abwertungen.* Dann haben wir den berühmten »Abwertungswettlauf«, wie er – natürlich vergebens – von einigen Staaten zu Beginn der dreißiger Jahre durchexerziert worden war, indem zum Schluß kaum eine Woche verging, wo nicht wieder ein Land abwertete, woraufhin dann gleich das nächste Land abwertete, woraufhin dann gleich das nächste Land mit seiner Abwertung »konterte« und so fort. Der Endeffekt ist der gleiche, wie wenn alle Staaten ihre Landeswährungen um eine Null streichen oder um eine Null verlängern: Netto nutzt das alles nichts.

b) *Mit Zöllen.* Dann wird gleich gesagt: Sobald ihr abwertet, liebe Freunde, erhalten eure Produkte einen Sonderzoll verpaßt, der genau in Höhe der Abwertung ausfällt. Ihr könnt euch also eure Scherze sparen.

Lösung B: Alle Länder, und jetzt wird es richtig spannend, werten gleichzeitig ab.

Ja, wie geht denn das?

Ist das nicht das gleiche wie mit den Nullen zufügen und wegnehmen?

NEIN!

Um das zu verstehen, müssen wir einen toten Gold-Guru wieder auferstehen lassen, jenen legendären **Franz Pick** (gestorben 1985), der immer und immer und immer wieder predigte: 1. Die Staaten werden von Kriminellen regiert, die unaufhaltsam die Währung zerstören. 2. Diese Zerstörung der Währung muß auf Dauer zu immer höheren Goldpreisen führen.

Im Zentrum von Picks Denken steht daher auch immer wieder die »Abwertung« der »Währungen«, wobei er den klassischen Satz formuliert hat, der jetzt zum Tragen kommt:[6])

> »Abwerten kann man nicht gegen Erdnüsse. Abwerten kann man eine Währung nur gegen eins: **Gegen GOLD!**«

Was aber bedeutet dann eine solche Abwertung der Währung gegen Gold?

Zunächst einmal der technische Vorgang:

Jedes Land ist kraft des Machtmonopols der Politiker völlig frei, die eigene **»Währung« zu definieren,** also ihr irgendeinen »Wert« zu verleihen, den man entweder in Einheiten einer anderen Währung ausdrücken kann oder in Mengen von Edelmetall.

Zum Beispiel ist der Dollar bis heute so »definiert«, daß 42,22 Dollar auf eine Unze (31,1 Gramm) Feingold gehen. Der Rubel ist definiert als 987,412 Milligramm Feingold. Der Schweizer Franken errechnet sich aus der Tatsache, daß die Schweizer Nationalbank Gold in unbegrenzten Mengen zu 4595,74 Franken pro Kilogramm ankauft, nur daß halt keiner so blöd ist, Gold zu diesem Preis der Nationalbank anzubieten, weil man (Sommer 1986) auf dem freien Markt den fünffachen Betrag in Franken kriegt.[7])

Warum kann ein Land überhaupt seine »Währung« definieren, und sie also gegen Gold (oder andere Währungen, die dann ihrerseits ans »Gold gebunden« sind) auf- und abwerten?
Die Frage beantwortet sich leicht aus der **Funktion des »Staates« als des Garanten für den Debitismus:** Der Staat als derjenige, der dafür sorgen muß, daß Forderungen auch vollstreckt werden (weil sonst jeder Kreditvertrag witzlos ist), hat dabei gleich das Recht usurpiert, **ein »gesetzliches Zahlungsmittel« zu definieren.**
Eigentlich darf der Staat das gar nicht, aber die Bürger haben, wie so oft, nicht aufgepaßt, weshalb ihnen der Staat jetzt wieder mal eine Vollrasur verpaßt und sie ins ausweglose Elend schickt.
Eigentlich wäre die Aufgabe des Staates **nur die Garantie** für die **Vollstreckung von Schuldverhältnissen,** wobei es den einzelnen Vertragsparteien völlig freisteht, den Inhalt ihrer Verträge nach Lust und Laune zu formulieren, das heißt: insbesondere auch die Art der »Zahlung« freiwillig festzulegen.
Heute ist es so, daß als »Zahlungsmittel« in allen Staaten etwas »Einheitliches« genommen wurde, nämlich **Schuldscheine** der jeweiligen **Notenbank.** Gesetzliche Zahlungsmittel sind also das Wichtigste, was man sich überhaupt nur vorstellen kann: »Banknoten« einer Bank, die dem Staat gehört, und die ihm, wenn es denn wieder mal »so weit ist«, jeden Betrag zur Verfügung stellen wird.
Der Trick geht so:

| »Gesetzliche« Zahlungsmittel | = | Zahlungsversprechen der Staatsbank |

Damit ist der Staat aus allem raus. Wenn es ihm an Zahlungsmitteln fehlt (was, wie wir Debitisten inzwischen gelernt haben, immer Zahlungsversprechen eines Dritten sind), dann muß er nur die ihm gehörende Notenbank entsprechend anspitzen, und schon ist das »Geld« dargestellt. Der »Dritte« ist dann zugleich der »erste«: **Der »Staat verspricht, daß der »Staat« zahlen wird.**

Und wenn jemand meckert, wird man ihn beruhigen: Junge, mit diesen Zahlungsmitteln kannst auch du alle deine Schulden regulieren, denn sie sind ja das »gesetzliche« Zahlungsmittel. Und die wichtigsten Schulden, die bei jedem Konkurs auch ganz oben im Rang zu besichtigen sind, die Schulden den (quasistaatlichen) Krankenkassen und Sozialversicherungen und den (staatlichen) Finanzämtern gegenüber, werden so elegant zum Verschwinden gebracht.

Jetzt aber zurück zur Abwertung.

Alle Staaten können nicht gegen alle Staaten abwerten, das haben wir inzwischen kapiert, **sondern nur gegen Gold.**

Und das war's dann auch, wie uns Seine Exzellenz, der Herr Präsident der Vereinigten Staaten von Amerika vorexerziert hat:

Es muß nur eine neue »Währungs-Gleichung«, eine neue »Definition« der »umlaufenden« Landeswährung, also eine neue Festlegung des »Goldgehalts« des »gesetzlichen Zahlungsmittels« erfolgen – und schon sind alle Probleme mit einem Schlag beseitigt.

Denn: Die Staaten dieser Erde haben allesamt, wenn auch etwas ungleichgewichtig verteilt, über ihre Staatsbanken Zugriff auf rund **35 000 Tonnen Barrengold.**

Die völlige Skrupellosigkeit, mit der die Politiker im Interesse ihrer eigenen Karrieren Schulden ohne Beispiel in der Geschichte gemacht haben, wird diese Herrschaften doch nicht zum Schluß verlassen. Dann, wenn es darum geht, dem Ganzen die

Krone aufzusetzen! Dann wird eben eine neue Währung definiert, und die Schulden sind gezahlt. Dabei darf sich die Bevölkerung vielleicht sogar noch aussuchen, ob sie sich in Gold zum »neuen« Preis oder durch zu 100 Prozent in Gold »gedeckte« Noten auszahlen lassen will.

Das, ganz genau das, ist es, was Reichskanzler Brüning im Juni 1931 dem englischen Kabinett auf Chequers, dem Landsitz des Premierministers, gesagt hat: *Entweder wir alle kosten die Deflation bis zur bitteren Neige aus oder wir werten unsere Währungen ab.*

Dann haben wir alle nämlich »fresh money«, neues Geld zur Verfügung, mit dem wir unsere Schulden zahlen können, damals die Reparationsschulden ex Krieg, heute die Hyper-Schulden ex Wohlfahrtsstaat und Volksbeglückung.

Bei der **Goldenen Lösung** gibt es nun aber zwei Varianten:

- die Goldene Lösung **ex ante,** und
- die Goldene Lösung **ex post.**

Schauen wir da doch nochmal schnell drauf:
Goldene Lösung ex ante.
Dabei muß sofort gehandelt werden. Die Politiker müssen noch vor dem Kollaps der Weltschulden-Pyramide, vor der alles entscheidenen Verschärfung der deflationären Gangart, vor dem, was Merrill-Lynch-Stratege Salvigsen das »Durchschmelzen des Schulden-Reaktors« nennt, handeln und das Gold aufwerten.

Und zwar so gewaltig aufwerten, daß sie mit den Aufwertungsgewinnen ihre Schulden tilgen können. Die Notenbanken, die das Gold verwalten und lagern, haben durch eine neue »Goldparität« einen entsprechenden Gewinn auf der Passivseite, da sich die Aktivseite schlagartig verlängert hat. Diesen Gewinn können sie dann ausschütten.

Notabene: Es ist ein anderer Notenbankgewinn als der, der bisher aufschien!

Denn bisher war der Notenbankgewinn, z. B. die 60 Milliarden Mark, die der bundesdeutsche Finanzminister 1980 bis 1985 kassierte, ein Resultat von *Krediten* und den daraus automatisch fließenden *Zinsgutschriften* (Kredit: Inlandswechsel; Zinsgutschrift: Diskont. – Kredit: US-Staatsschulden, alias »Devisenreserven«, Zinsgutschrift: Hochbuchen der US-Schulden durch weiteres Schuldenmachen Amerikas usw.).

Der Notenbankgewinn, der aus einer Goldaufwertung (= Währungsabwertung, »Währungsreform«) entsteht, ist **dauerhaft**. Er ist weder das Resultat von Schuldverhältnissen, noch führt er zu neuen, noch größeren Schuldverhältnissen, etwa durch den Zinseszins-Effekt.

Man kann für das Beispiel Bundesrepublik Deutschland auch sagen: Damals, 1948 hat jeder ein »Kopfgeld« bekommen, das war ein Grundstock, etwas, das niemand zurückzahlen mußte, ergo »Dauergeld«, kein Geld, wie es seither entstand, in Form von Kreditbeziehungen.[8])

Und dieses »Kopfgeld« wird halt durch eine »Höherbewertung« des Goldschatzes der Bundesbank mit anschließendem »Ausschütten« des Gewinns an den Staat, der mit Hilfe des dabei gewonnenen »Geldes« seine Staatsschulden zurückkauft bzw. »bezahlt«, entsprechend erhöht.

Was nichts anderes heißt als: **»Monetarisierung« der Staatsschulden** mit gleichzeitiger massiver Höherbewertung nicht nur des Goldpreises, sondern auch der Hinaufsetzung aller anderen Preise.

Wir hätten durch eine Goldene Lösung ex ante also den sagenhaften »Inflationsstoß«, von dem da und dort die Rede ist.

Und die Goldene Lösung würde uns auch mit einem Schlag erklären, warum – gerade in den Kreisen um Ronald Reagan und seiner Kamarilla – immer wieder von einem »neuen Goldstandard« die Rede war.

Klar doch: Mit einem neuen »Goldstandard« könnten die leitenden Herren Amerikas das ansonsten unausweichliche Desaster durch eine Rucki-zucki-Entschuldung und ein **neues Dollarpreisniveau** abwenden und ihren Kopf noch einmal aus der Schlinge ziehen.

Wenn diese Nummer wirklich liefe – es wäre die absolut fabelhafteste und größte Nummer aller Zeiten!

Schuldenmachen, bis es kracht. Und unmittelbar bevor es kracht: alle Schulden durch einen Taschenspielertrick verschwinden lassen. Dabei noch eine God-bless-you-all-Miene aufsetzen und sagen: Es wird sogar in echtem, harten, klarem, klassischreinem Gold bezahlt.

Nur halt zu einem neuen Goldpreis, den wir so frei waren, gerade mal festzulegen.

Ob diese Nummer läuft – wer weiß?

Was dafür spricht, ist gesagt. Was spricht dagegen?

1. Wer Politiker kennt, weiß, daß ihnen **jegliches überlegene oder gar strategische Denken abgeht**. **Heinz Geilich** hat dies in den klassischen Satz gebracht:

»Politiker handeln immer burschikos.«

Genauso ist es. Von heute auf morgen. Hoppla-hopp, jetzt kommt was Neues. Was steht da in den Zeitungen, was hat die Opposition gesagt? Sofort reagieren, sofort zurückschießen.

2. Die Goldene Lösung ex ante setzt ein **ansatzloses Zuschlagen** voraus. Sobald auch nur der Hauch eines Gerüchts über solche Machenschaften die Runde macht (irgendwo müssen die »Reformer« ja sitzen, tagen, sich mit den Leuten aus anderen Staaten »abstimmen«, ein viel zu großer Club käme da zusammen!), sobald irgendwo das Wort »Gold« im Zusammenhang mit der »Lösung« der internationalen »Schuldenkrise« fällt, muß der Goldpreis explodieren. Denn einen solchen Profit läßt sich keiner entgehen. Wer heute (Sommer 1986) Gold irgendwo zwischen 330 und 360 Dollar pro Unze kauft, würde ja mindestens mit dem Zehn- wenn nicht Zwanzigfachen »belohnt«, von den Damen und Herren, die das mit Goldaktien, Goldoptionen oder gar mit Goldaktien-Optionen machen, ganz zu schweigen. Da würden dann Profite von Zehntausenden von Prozenten hereinbranden.

3. Die Goldlösung ex ante setzt auch etwas voraus, was es nicht gibt: eine in etwa **gleiche Verteilung** der Goldreserven der No-

tenbanken bzw. ihrer Staaten. Viele Staaten haben viel Gold, relativ (bezogen auf die Zahl der Einwohner usw.) am meisten: die Schweiz, Österreich, die Bundesrepublik, Frankreich. Andere »große« Nationen wie Großbritannien oder Japan schauen fast goldlos in die Röhre.[9]) Weil der Segen so unterschiedlich verteilt ist, wird er alsbald schief hängen. Und wenn sich erst einmal wieder alle Staaten reihum anpesten, und die »unterprivilegierten« Herrschaften der »Dritten Welt« auch noch ihr Recht fordern, wird aus dem allen nichts.

4. Die Goldlösung ex ante spielt den beiden **größten Feinden** des westlichen Monopolkapitalismus in die Hände: der **Sowjetunion** und **Südafrika**.

Die Russen (Jahresproduktion zwischen 300 und 450 Tonnen?) könnten sofort mit Hilfe des gestiegenen Goldpreises ihre Sozialismusprobleme strecken und ihren eigenen Zusammenbruch noch einmal eine Runde vor sich herschieben. Die Rassisten am Kap (Goldproduktion zwischen 700 und 750 Tonnen pro Jahr) könnten mit dem Supergewinn alle ihre schwarzen Freunde auszahlen und jeden mit einem Million-Dollar-Scheck in seine Homelands oder nach weiter nördlich abrücken lassen.

Nichts würde also den Zusammenbruch des Sozialismus weiter hinausschieben und den Zusammenbruch des Apartheid-Regimes in Südafrika als die Goldene Lösung.

Daher wird sie auch nicht kommen.

Jedenfalls nicht ex ante, also dann und rechtzeitig, wenn noch etwas zu »retten« wäre.

Goldene Lösung ex post.

Bei der Goldenen Lösung ex post handelt es sich um die gleiche Goldaufwertung – allerdings erst nach dem allgemeinen deflationären Kollaps, also erst nach dem CRASH. Entsprechend erfolgt die Goldaufwertung von einem erheblich tieferen Goldpreis aus. Außerdem verfolgt die Goldene Lösung ex post nicht mehr das Ziel, die Staatsschulden »zurückzuzahlen«. Denn die haben sich per weltweitem Staatsbankrott bereits erledigt.

Sondern die Goldene Lösung ex post dient nur noch dazu, zu-

sätzliche »Kaufkraft« zur Verfügung zu stellen, um überhaupt so etwas wie eine »Wirtschaft« wieder in Gang zu bringen.

Bei der Analyse setzen wir am besten mit **Kondratieff** ein, der beobachtet:

> »Wir wissen, daß die Warenpreise gegen Ende des Ablaufs der langen Welle ihren tiefsten Stand erreichen. Das bedeutet, daß zu dieser Zeit das **Gold** seine größte Kaufkraft erreicht und die **Goldgewinnung** am einträglichsten wird.
>
> (Es) ist klar, daß der Anreiz zur Vermehrung der Goldgewinnung um so stärker werden muß, je weiter die lange Welle abflaut. Daher kann man theoretisch vermuten, daß die Goldgewinnung im allgemeinen am stärksten steigen muß von der Zeit an, **wo die Welle am tiefsten sinkt,** und umgekehrt.« (Die langen Wellen, Reprint, Seite 156 f.)

Was Kondratieff über das Gold entdeckt hat, ist nicht nur durch die Geschichte bestätigt, sondern erscheint auch ganz logisch: Sobald sich das Preisverhältnis Gold zu anderen Waren zugunsten des Goldes verschiebt, ist es sinnvoller Gold als andere Waren zu produzieren. Daraus entsteht sogar so etwas wie ein Münchhausen-Effekt: Da Gold zugleich »Geld« ist und – zu 100 Prozent beleihbar – als Basis monetärer Expansion herhalten kann, muß sich aus *neuen, zusätzlichen Goldfunden,* die dann besonders intensiv ausgewertet werden, wenn der Goldpreis »relativ« zu dem anderer Waren am günstigsten dasteht (wenn also die Deflation ihren tiefsten Punkt erreicht hat), ein neuer »Aufschwung« ergeben.

Und warum die Goldfunde?

Auch das ist einfach und klar: Weil immer dann, wenn die alte Aufwärtswelle ihrem Höhepunkt zustrebt, »Geld« (damals Gold) immer knapper wird und ergo die überschuldeten Schuldner wie besessen nach »neuem« Gold (Geld) suchen, um nicht unterzugehen.

Daher starten die großen »Goldsuche«-Bewegungen immer dann, wenn der Schulden- und Liquiditätsdruck unerträglich wird.

Kolumbus segelte nicht gen Westen, um einen »neuen Seeweg« zu entdecken, sondern um Gold zu finden, damit die allerkatholischsten Könige sich endlich aus ihrer überschuldeten Lage befreien konnten. **Prompt fällt er bei seinen Financiers in Ungnade, als der Ertrag an neuem »Geld« gar zu mager ausfällt.[10])

Auch die **Alchimisten**-Bewegung wird von keinen anderen gestartet als von überschuldeten Fürsten, die sich mit Hilfe der Produktion von »Bar«-Geld Erleichterung ihrer Lage erhofften. Insofern ist es auch ganz konsequent, wenn die späteren Auflagen eines der Schlüsselwerke des deutschen Kameralismus, der »Schatz- und Rent-Kammer« des **Wilhelm von Schröder,** nicht einfach »nur« die Geldbeschaffung auf dem »üblichen« Wege beinhalten, also »mehr Bevölkerung«, »aktive Handelsbilanz«, »Förderung von Handel und Wandel« usw. (siehe oben), sondern ausdrücklich auch einen »Tractat vom Goldmachen« enthalten, siehe nächste Seite.

Es muß ja so sein. Wenn der Schuldendruck unerträglich wird, hören sich die Schuldner die abenteuerlichsten Varianten an, um davon »loszukommen«. Einer der ganz wenigen Ökonomen, die das »Geldvermehrungs«-Problem als das Zentralproblem der Ökonomie erkannt haben, ist der St. Gallener Wirtschaftswissenschaftler **Hans Christian Binswanger** der eine erstklassige Analyse dieser Zusammenhänge anhand der Faust-Sage gegeben hat.[11])

Das Faust-Problem des Goldsuchens bzw. Geldvermehrens in einer schweren Deflationskrise (Goethe schrieb den zweiten Teil des Faust, der das alles behandelt, während der großen deflationären Depression in der ersten Hälfte des 19. Jahrhunderts !) stellt sich natürlich immer wieder. Und so wird es auch diesmal sein: Rattenhafte Geschäftigkeit, um aus der deflationären Spirale herauszufinden, indem man »Geld« schafft, mit dessen Hilfe nicht nur »endgültig« gezahlt und nicht wieder nur per Zinseszins hochgebucht wird, »Geld«, **das neue »Nachfrage« initiiert,** »Geld«, das seinerseits wieder beliehen werden kann (als ein Aktivum, das keine Forderung darstellt, weil diese Forderungen immer windiger werden und immer schneller krachen, ein Aktivum, das – ganz wichtig!! – kein Preisrisiko hat).

Wilhelm Freyh. von Schrödern

Fürstliche Schatz- und Rent- Cammer

Nebst seinem Tractat

vom Goldmachen

Wie auch vom

MINISTRISSIMO

oder

Ober-Staats-Bedienten.

Zu finden in Leipzig
bey Thomas Fritschen.

1721.

Abbildung 38:
Titelblatt des kameralistischen Bestsellers über die »Fürstliche Schatz- und Rent-Cammer« von Wilhelm von Schröder in einer Ausgabe aus dem Jahre 1721. In einem wirtschaftswissenschaftlichen Lehrbuch, das die Mehrung der Staatseinnahmen zum Inhalt hat, um den drohenden Staatsbankrott der Fürsten abzuwenden, erscheint eine neue Variante: die Geld-(Gold-)Vermehrung mit Hilfe irgendwelcher chemischer Tricks.

Geld, wo bist du? Geld, was bist du, wenn nicht Gold?
Warum Gold?
Weil es dann, wenn es definiert ist in Währungseinheiten bzw. wenn es neu definiert (aufgewertet) wird, **kein Preisrisiko mehr hat,** und weil ergo dem völligen Verfall der Wirtschaft ein Riegel vorgeschoben werden kann.

Aus der Depression der späten Goethezeit, aus dem Elend nach dem Wiener Kongreß, fand man letztlich wie heraus?

Durch die **Goldfunde anno 1848,** die – begleitet von einer Welle von Bankgründungen (= »Geldbeleihungs-«, nicht Geldverleihungs-Anstalten!) – für Kaufkraft, Aufschwung und Tempo sorgten, bis sich die große Welle 1873 wieder brach.

Aus der Depression der Bismarckzeit, aus dem Elend nach den Gründerkrächen, wie fand man da heraus?

Durch die Ausbeutung der **Goldfunde,** die – kurz zuvor gemacht[12]) – **ab Mitte der 1890er Jahre** in volle Blüte kommt. Dann ist auch der Goldprofit am höchsten, weil das relative Preisverhältnis von Gold zu anderen Waren optimal ist. Nach der berühmten Untersuchung von **Berrigde**[13]), liegt der Goldprofit (abgerundet) so:

1890: 7 Shilling (je Tonne Golderz); **1895**: 11 sh.; **1899**: 14 sh.; **1903**: 14 sh.; **1906**: 11 sh.; **1913**: 9 sh.

Je mehr Gold gefördert wird, desto mehr Gold (eine Ware ohne Preisrisiko, da in fester Relation zur Landes-»Währung«) kann *beliehen* werden.

Vorsicht: Das ist kein einfacher »Mengeneffekt«, wie das die Monetaristen gleich wieder definieren würden und wie es auch Milton Friedman in seiner US-Geldgeschichte für die Zeit der Goldwährung definiert hat.

Der expansive Effekt liegt **nicht** im Gold und auch nicht in seiner Ausmünzung oder seinem »vermehrten Umlauf«. Dadurch wird nur immer wieder ein neues Preisniveau definiert. Der expansive Effekt kann im debitistischen Kapitalismus (das heißt in jeder Wirtschaft, da Wirtschaft ohne Schuldendruck nicht definierbar ist) **immer nur per Neuverschuldung möglich sein.**

Und dies ist es, was zusätzliches Gold ermöglicht!

Und wie kam dann die Welt aus der Großen Depression der dreißiger Jahre heraus?

Ganz genauso.

Nur mit dem kleinen Unterschied, daß man damals nicht neues Gold in fernen Erdteilen entdeckte, sondern im **eigenen Keller**. Dort schauten alle Staaten nochmal ganz genau nach. Und was fanden sie – allen voran der amerikanische Präsident **Franklin D. Roosevelt?** Sie fanden Gold, das sie nur schnell mal höher bewerten mußten, um es zu vermehren. Denn indem die Landeswährung abgewertet wird, ist ja das Gold mehr geworden. Zwar nicht mengenmäßig, aber der kleine Trick spielt doch keine Rolle.

Alle Staaten werteten eingangs der dreißiger Jahre ihre Währungen nicht nur gegeneinander, sondern auch noch gegen das Gold ab.

Das war's. Neues Geld war aus dem Hut gezaubert, der Autor des »Tractats vom Goldmachen« wäre vor Scham in der Erde versunken. Das neue Gold ermöglichte den Staaten einen Aufwertungsgewinn, den sie ausschütten und insofern ihre blamabel darniederliegenden Konjunkturen ankurbeln konnten.

Und das Gold war jetzt höher zu beleihen. *Denn ein Preisrisiko gibt es beim Gold nicht, solange eine Währungsgleichung existiert.* Damals war es in den USA mit Roosevelts Goldaufwertung 35 Dollar pro Unze fein.

In Deutschland lief die Nummer leider nicht, weil das Reich a) zu wenig Gold hatte, und b) wegen der Reparationszahlungen keine Währungsmätzchen machen durfte. Daher endete der deutsche Gang über *Devisenbewirtschaftungen,* die schon lange vor Hitler eingeführt wurden, *Protektionismus, nationale Ankurbelung* (am einfachsten immer in Form der *Kriegswirtschaft),* so wie er halt endete.

Auch Roosevelts Nummer fiel eher kläglich aus, was die Depression in den USA verlängerte:

Als typischem Staatssozialisten war Roosevelt die Vorstellung, daß außer dem Staat noch andere an der Gold-Schote verdienen könnten, unerträglich. Also verfügte er, daß alles private Gold *abzuliefern* war, zum alten Preis natürlich (20,67 Dollar).

Ein weiterer Beweis, daß Neid, Sozialismus und Elend Drillingsbrüder sind: Hätte Roosevelt nämlich seinen Landsleuten den Profit gelassen und nicht den privaten Goldbesitz im freiesten Land der Welt (haha!) unter schwere Strafen gestellt (erst 1974 wurde bekanntlich dieser Scherz beseitigt, was beweist, daß auch eine Formal-Demokratie wie die amerikanische jederzeit in eine *platte Diktatur* mit faschistoiden oder stalinistischen Zügen umschlagen kann, denn auch Hitler und Stalin hatten den privaten Goldbesitz ihren Landsleuten verboten); hätte Roosevelt seinen Landsleuten den rund 70prozentigen Goldprofit gegönnt (35 minus 20,67 geteilt durch 20,67 Dollar), wäre Amerika viel schneller aus der John-Steinbeck-Zeit des Massenelends gekommen.

Also:

Wenn wir diesesmal wieder vor den Trümmern unserer Existenzen stehen, wenn die deflationäre Depression, die unausweichliche Folge von wohlfahrtsstaatlichem Massenwahn und Regierungskunst durch hyper-schuldenmachende Kriminelle, genannt Politiker, wieder einmal ihren apokalyptischen Zug angetreten hat, dann können wir alle nur noch warten:

Kommt wieder die Nummer mit dem Gold, oder kommt sie nicht?

Kommt sie nicht, gibt es überhaupt **nichts mehr,** was noch einmal eine debitistische, auf Kreditgewährung und privates Schuldenmachen angewiesene Wirtschaft ermöglicht.

Dann ist der Kapitalismus endgültig **tot,** und vor uns liegt ein weiteres halbes Jahrtausend totaler ökonomischer Finsternis, eine wahrlich säkulare Depression, die wahrlich Geschichte machen wird.

Kann sie kommen, die Nummer mit dem Gold?

Außer den Argumenten, die uns zur Goldenen Lösung ex ante eingefallen sind (vor allem: Südafrika, Sowjetunion), kann man noch folgendes beibringen:

1. Der Goldpreis hat heute keinerlei feste Beziehung mehr zu den umlaufenden Schuldscheinen, genannt »Geld«, alias »gesetzliche Zahlungsmittel«. Der Goldpreis ist ein **Warenpreis** wie

jeder andere Preis auch – mit dem einen, feinen, winzigen Unterschied: Er hat eine klar definierte *Untergrenze.* Gold kann – sofern nicht die entsprechenden »Gesetze« geändert werden – nur auf 42,22 Dollar pro Unze fallen. Dann kauft das amerikanische Schatzamt Gold in jeder angebotenen Menge auf.

2. Sollte Gold tatsächlich in schweren, deflationären Schüben, dem berüchtigten »Tailspin«, der hiflos trudelnden Phase am Ende einer Reihe von Preiseinbrüchen, in die Tiefe gehen, dann *fallen natürlich alle anderen Preise noch viel schneller.* Denn eine Preisuntergrenze für Weizen, Soja, Kaffee oder auch Mercedes-Benz-Automobile gibt es nicht.

3. Wird die Weltbevölkerung gebeten, den Deflations-Kelch bis zur Neige zu leeren, ist Gold dann tatsächlich bei 42,22 Dollar angelangt, dürfte *so viel kaputt sein,* dürfte sich das soziale Gefüge bereits so sehr destabilisiert haben, daß es dann auch per Goldaufwertung keine Rettung mehr gibt.

4. Politiker entscheiden nicht nur burschikos. Sie haben auch einen tiefen **Haß aufs Gold.** Denn eine Goldaufwertung würde dokumentieren: a) sie sind gescheitert, b) das Dümmste, was es gibt, ein Metall mit sehr begrenztem Nutzen, hat sie besiegt und all ihre großartigen Theorien und Volksbeglückungsmätzchen als Bruch & Schund entlarvt.

Um nicht als Gold-Fetischist mißverstanden zu werden[14]), darf hier eine weitere persönliche Erklärung Platz nehmen: Gold ist in der Tat völlig sinnlos, und nichts ist richtiger als das Gold als »barbarisches Metall« oder auch »Relikt« zu bezeichnen. Gold hat aber einen alles entscheidenden Vorzug, auf den oben schon eindringlich hingewiesen wurde: **Es läßt sich wegen seiner jede Zeit besiegenden Unzerstörbarkeit immer zu 100 Prozent beleihen.** Und dieses Beleihen ist es aber, was den Kapitalismus immer wieder neu starten bzw. neu beleben kann.

Ohne ein Medium, das die Zeit besiegt, ohne »Edelmetall« also, das dem Gläubiger die Alternative »jetzt oder später« öffnet, die es sonst wegen des natürlichen Gangs der Dinge mit ihrer verderbenden, weil verderblichen Produktion nie gegeben hätte, wären in der Geschichte bestenfalls kleine debitistische Ansätze zu beobachten gewesen, die aber immer schnell wieder in sich zusammengesackt wären.

Die Weltgeschichte wäre ohne Edelmetall vermutlich immer wieder an der Grenze zwischen Stammesgesellschaft, Feudalismus und Kapitalismus hin- und hergeschwankt, alles in allem mit einem Bruchteil der Weltbevölkerung, wie wir sie heute haben. Zu diesen Oszillationen der frühen Gesellschaften wird demnächst mehr zu berichten sein.

In dem Augenblick, da sich Edelmetall und vor allem Gold zeigt und es per »Münzstempel« auch noch hoheitlich abgesegnet wird, ist das bekannte Schuldenmachen und ergo die kapitalistische »Dynamik« möglich. Der **Münzstempel** ist ebenso eine Voraussetzung für den Debitismus wie die **Eintragung eines Grundstücks ins Grundbuch,** denn ohne dokumentiertes und klar bestimmbares Eigentum – Grundstück in Quadratmetern, Gold in Menge und Feinheit – sind keine Beleihungen möglich.

Wird das Edelmetall, wird Gold nicht wieder in diese, jeden Kapitalismus, jedes Wirtschaften überhaupt erst ermöglichende Rolle eingesetzt, kann es keinerlei Wirtschaften mehr geben. Dann bleibt nur noch das dumpfe Vor-sich-Hinbrüten der endgültig gekrachten Schuldner die gemeinsam mit den durch den Schulden-CRASH auch endgültig gekrachten und ergo leer ausgehenden Gläubigern darüber nachhirnen dürfen, »wieso« das alles »so hat kommen müssen«.

Das optimale (= finale) Investment

Worte wie »Geld anlegen« verlieren im kommenden Desaster natürlich völlig ihren Sinn. Im CRASH-Buch sind die wesentlichen Verhaltensmaßregeln bereits behandelt, wie man sich und seine Haut und eine möglichst unauffällige Netto-Position retten kann.[15])

Wie schnell die Forderungsketten reißen und die kapitalistische Wirtschaft kollabiert, weiß niemand. Nur eins ist völlig klar: Je länger hochgebucht wird, desto tiefer ist der Fall. So sind nun mal die schlichten Fakten, die uns die Zinseszins-Rechnung vorzeichnet.

Klar ist auch, daß weltweite Aktien-Haussen im finalen Stadium und dramatisch kollabierende Märkte, wie beispielsweise beim Öl, das Ende überdeutlich künden. Selbst ein so unverdrossener Optimist wie der derzeit bekannteste amerikanische Börsenbrief-Herausgeber **Bob Prechter,** der schon in den siebziger Jahren eine »phantastische Schluß-Hausse« im großen »Super-Zyklus« für die zweite Hälfte der achtziger Jahre vorausgesagt hat und sich nunmehr – glänzend bestätigt und weltweit die Nummer eins unter den Börsenanalytikern – eigentlich triumphierend zurücklehnen könnte, um die neue, unerhörte Prosperität zu genießen, sagt klipp und klar:[16])

> »The upcoming stock market peak will end a Grand Supercycle of 200 years' duration, implying a **terrible financial debacle thereafter.**«

Prechters Newsletter sagt auch ganz unmißverständlich, für wie bedeutend er das unmittelbar vor uns liegende Ende dieses Superzyklus ansieht. Es wird entscheidend sein für –

> »... das Überleben der USA (**»U. S. survival«**) ...«

Der Untergang der Nummer eins unter den kapitalistischen Staaten wird in der Tat ein etwas größerer historischer Einschnitt sein als »bloß« 1929 ff.

In den Superzyklus hinein können Zyniker wie folgt operieren:

1. Falls die *Aktien-Hausse,* vor allem in den USA, noch – getragen von so etwas wie einem »Wirtschaftsaufschwung« – ihren letzten Schub erhält[17]), dann reitet man die mit Hilfe von Optionen auf Einzelaktien bzw. auf den Index als solchen ab.

2. Sollte es – infolge einer »Zinssenkung«, um die maue Konjunktur anzukurbeln – nur noch zu einer »*A-cappella*«-*Hausse* in Finanzwerten kommen *(Bonds ohne Aktien,* weil deren Gewinne zu schnell zusammengeklopft wurden), dann läuft das gleiche Spielchen in Bonds-Optionen ab.

3. Gleichzeitig werden *alle Rohstoffe massiv und auf breitester Front leer verkauft,* also geshortet, um nur ja den großen Defla-

tionsprofit nicht auszulassen. Per saldo muß diese Spekulation aufgehen, vor allem, wenn man gleich den »Weltwarenkorb« nimmt, also den CRB-Index shortet, wie es durch Einführung dieses Kontraktes seit dem 12. Juni 1986 endlich möglich ist.

4. Schulden werden *komplett abgebaut*. Wer jetzt noch investiert, dem ist sowieso nicht mehr zu helfen.

5. Gold wird in einem Land in Sicherheit gebracht, das voraussichtlich den Goldbesitz *nicht verbieten* oder andere (Devisen-)Bewirtschaftungen einführen wird. Da Gold, abgesehen von Stoß-Haussen aufgrund von Zahlungseinstellungen großer Schuldner plus entsprechend initiierten Kauf-»Paniken«, fallen muß, wie alle anderen Waren auch, behandeln wir das Golddepot mit einem zusätzlichen Optionsprogramm, dem sogenannten GWS-System.[18])

6. Sobald die Börsen ihren Kurs gegangen sind, wird der erste Absturz (»Crash«) über Optionen abgewickelt, wobei zu beachten ist, daß nach einem schweren Kurssturz noch eine starke Gegenbewegung einsetzt, getragen von neuen Hoffnungen, die ebenfalls über Optionen, also mit klar begrenztem Risiko abzureiten sein werden.

7. Danach wird der Kapitalismus per Leerverkäufe auf breiter Front und in allen nur denkbaren Varianten in sein Grab begleitet. Dabei ist nur zu hoffen, daß die Börsen möglichst lange offen bleiben und daß man die Leerverkaufsprofite auch nicht nur gutgeschrieben erhält, sondern auch die Gutschrift noch in Cassa (Forderung gegen eine Notenbank, am besten gegen die Schweizerische Nationalbank) und/oder Gold wechseln kann.

8. Wer auf die Goldene Lösung setzt, egal, ob sie ex ante (nach dem Börsen-Crash eigentlich zu spät) oder ex post oder zwischendrin kommt, weil die Politiker sehen, was wirklich los ist, hat nicht nur sein Golddepot, sondern dann *massive Long-Positionen* in Gold-Optionen, Goldminen-Aktien und Goldminen-Optionen. Immerhin läßt die Parallele zu 1929 ff. frohlocken. Zwischen 1929 und 1934 fielen die amerikanischen Aktien auf breiter Front und auf zehn Prozent ihres Wertes. Die amerikanischen Goldminen-Aktien aber konnten sich rund *verfünffachen*.

Anmerkungen

[1]) **Felix Somary,** Erinnerungen aus meinem Leben, Zürich 1959 (hier: 2. Auflage). Zu Somarys unübertroffenem Weitblick siehe u. a.: Paul C. Martin, CASH, a. a. O., Seite 20–25.

[2]) Über die vom englischen Finanzjournalisten und »Economist«-Chefredakteur Walter Bagehot entwickelte »Lender-of-last-resort«-Theorie vgl. Martin, CASH, a. a. O., Seite 71 ff.

[3]) »Inflationsgefahren in der Weltwirtschaftskrise? Zu den Spielräumen der Brüningschen Wirtschaftspolitik 1930–1932«, in Festschrift für W. Guth, herausgegeben von **Wolfram Engels, Armin Gutowski, Henry C. Wallich,** Frankfurt 1985, Seite 21–42.

[4]) Ein »Null-Zinssatz« würde erst dann helfen, wenn alle Kredite, **auch die früher einmal vereinbarten,** auf null Prozent gestellt würden. Dann könnten alle Schuldner unendlich lange warten, Preissenkungen zur Liquiditätsbeschaffung gäbe es nicht. Sobald aber noch ein Zins *über Null* existiert, gibt es Schuldendruck, ergo Preissenkungstendenzen, ergo kommt auch jemand, der mit Null Prozent finanzieren kann, nicht mehr auf seine Kosten. Einen Null-Zinssatz auch für frühere Kredite kann es aber nicht geben, weil es sonst keine Zinssenkung auf Null für neue Kredite geben würde. Denn sonst wären die Zinsen ja schon auf Null. Wie wir es auch anpacken: Am Zeit-, ergo Zins-, ergo Liquiditätsdruckproblem führt kein Weg vorbei.

[5]) Frankfurt 1981. Das Buch ist eine Sternstunde der deutschen Bank-Historie, es basiert vor allem auf Brünings »Memoiren 1918–1934«, die 1970 posthum in Stuttgart erschienen sind.

[6]) Interview PCM mit Franz Pick am 22. Juni 1968 in Zürich, Hotel Eden au Lac, und öfter.

[7]) In der Bundesrepublik Deutschland ist das »gesetzliche Zahlungsmittel«, die »Banknoten« der Deutschen Bundesbank, überhaupt nicht definiert, seitdem die Bundesbank eine »Parität« ihrer Noten gegen den US-Dollar aufgegeben hat. In Österreich hält die Nationalbank krampfhaft (Devisenbewirtschaftung in einem modernen, hochentwickelten Industrieland!) an einem »festen Wechselkurs« des Schilling zur D-Mark fest, der sich infolge des beschleunigten finanziellen Niedergangs der Alpenrepublik freilich nicht mehr lange wird halten lassen.

[8]) Nach der »Währungsreform« (= Staats- und Staatsbank-Bankrott) von 1948 ist noch eine Zeitlang »Dauergeld« nach Deutschland geflossen, indem die Bundesbank Gold angekauft hat, was sie erst unter **Ludwig Erhard** einstellte (weil der als braver Vasall der USA keine weiteren Goldabzüge aus Washington mehr »haben«

wollte). Aber: Dieses »Dauergeld« wurde mit Schuldscheinen, ergo Kreditgeld gezahlt. Der Vorgang ist das oben ausführlich beschriebene »Kaufen« in Form der Hinnahme eines »Tauschgutes« (längst gefördertes und in den US-Schatztruhen gelagertes Gold) als »vom Gläubiger als endgültig akzeptierte Leistung«. Die Schuldscheine, mit denen das US-Gold bezahlt wurde, waren Schuld-Titel der US-Regierung bzw. Schuldscheine der US-Notenbanken (Federal Reserve Banks), die ihrerseits auf der Aktivseite US-Titel stehen hatten. Insofern war die »Hereinnahme« von Gold selbstverständlich ein lupenrein debitistischer Vorgang, wenn auch einer von der seltenen Art, daß der infallible Schuldner zur Leistung (= Hergabe von Gold) bewegt werden konnte. Nur der französische Staatschef **de Gaulle** hatte diese Zusammenhänge begriffen und bis zuletzt eisern Gold aus Amerika einfliegen lassen.

[9]) Zur Goldverteilung vgl. die laufenden Berichte der BIZ in Basel (Bank für Internationalen Zahlungsausgleich) oder Spezialstudien guter Goldbroker. Nach den letzten veröffentlichten Zahlen haben die USA 8212 Tonnen, Deutschland (ohne Gold beim EFWZ) 2960, Frankreich (dito) 2546, Schweiz 2590, Italien (dito) 2074, Niederlande 1367, Belgien 1063, Japan 754, Großbritannien (dito) nur 591, der IWF 3217, der EFWZ 2665, und alle Staaten zusammen rund 35631 Tonnen, vgl. **Bruno Bandulet,** Gold Guide, Niederglatt 1984, Seite 238.
Zum Marktpreis per Mitte 1986 bewertet, liegen die 35 000 Tonnen bei 850 Milliarden Mark. Die Weltstaatsschulden, einschließlich aller Eventualverbindlichkeiten inkl. Pensionszusagen und Rentenansprüche betragen mindestens das 30fache dieser Summe. Für die Goldene Lösung müßte also der Goldpreis ebenfalls verdreißigfacht werden, was ausgehend von 350 Dollar pro Unze einen Preis von rund 10.000 Dollar pro Unze ausmacht.

[10]) Vgl. Küntzel, a. a. O., Seite 158 ff.

[11]) **Hans Christoph Binswanger,** Geld und Magie. Deutung und Kritik der modernen Wirtschaft anhand von Goethes ›Faust‹. Mit einem Nachwort von Iring Fetscher. Stuttgart 1985.

[12]) Vgl. nochmal Kondratieff, a. a. O., Seite 157 f. 1881 findet man Gold in Alaska, 1884 in Transvaal, 1887 in Westaustralien, 1890 in Colorado, 1894 in Mexiko, 1896 in Clondyke.

[13]) »The world's gold supply«, in: Review of Economic Statistics, 1920, Seite 184.

[14]) Immerhin habe ich schon 1973 den Schwindel mit der »Inflation« durchschaut und ein Buch geschrieben dazu: **Paul C. Martin,** Gold schlägt Geld, Zürich 1973.

[15]) Paul C. Martin, CASH – Strategie gegen den CRASH, a. a. O., Seite 241 ff. Dem ist nichts hinzuzufügen.

[16]) **The Elliott Wave Theorist,** Mai 1986.

[17]) Diese letzte Vorstellung müßte eigentlich nach der Parallele 1928/29 noch laufen. Sie läuft aber dann in einer brüllenden Senkrechten nach oben aus, vergleichbar den Vorgängen in Mailand und Japan seit Anfang 1986. Die amerikanischen Untergangspropheten wie **Bob Prechter,** aber auch **Ralph Acampora** vom Brokerhaus Kidder, Peabody sehen den Dow-Jones-Index für Industriewerte noch bei 3500 bis 4000 Punkten. Eine ähnliche Abschieds-Gala erwartet ein anderer Superstar unter den amerikanischen Börsenbrief-Herausgebern, **Joe Granville:** »We need a much higher diving board« – für den Sturz ins Bodenlose. Der einzige »Techniker« unter den Börsenbrief-Herausgebern, für den Wall Street mit einem Alltime-High von knapp über 1900 Punkten bereits gelaufen ist (die Woche vor den »Liberty«-Feiern vom 4. Juli 1986, fürwahr an einem Höhepunkt der amerikanischen neuzeitlichen Geschichte!), ist **Wolfgang Bogen** in Berlin, der eine interessante Zyklen-Zählung mit Hilfe der **Fibonacci-**Reihe (1, 1, 2, 3, 5, 8, 13, 21 usw.) entwickelt hat.

[18]) GWS = Goldwertsicherung, eine von **Peter Schurr** für die Deflation entwickelte spezielle Gold-Strategie, die das Kerndepot mit Put-Optionen garniert, um mit Hilfe von Gold-Baissen die physischen Goldbestände aufzustocken. Interessenten wenden sich an: COMRENT AG, Merkurstraße 45, CH-8032 Zürich, Telefon 69 15 15.

Epilog

Im März 1942 schrieb der Harvard-Professor **Joseph Aloys Schumpeter** ein Buch mit dem großangelegten Titel »Kapitalismus, Sozialismus und Demokratie«. Dieser Schumpeter hatte eine gescheiterte Karriere als österreichischer Politiker hinter sich und war bei einem Versuch, sich kapitalistisch, als **Privatbankier**, zu betätigen, bankrott gegangen. Schumpeter schrieb sein Buch auf der edelsten Sinekure, die ein Professor haben kann, basiert auf automatisch eintreffenden Gehalts-Schecks der Harvard University. Daß sich eine solche absolut unkapitalistische und dem Kapitalismus auch in keiner Weise gewachsene Existenz dennoch über die freie Wirtschaft verbreiten durfte, hat niemanden gestört. Auch Schumpeter, der im Vorwort zur deutschen Übersetzung von einem anderen Professor, dem an der feinen Universität Basel lehrenden **Edgar Salin** ausdrücklich und ohne Umschweife als »Sozialist« bezeichnet wird,[1] zählt zu jenen Totengräbern der freien Wirtschaft, die an den Hochschulen en masse zu gange sind. Schumpeters Credo lautet:

> »Kann der Kapitalismus weiterleben? Nein, meines Erachtens nicht.«

Und:

> »Kann der Sozialismus funktionieren? Selbstverständlich kann er es.«[2]

Starke, wiewohl durch nichts belegte Worte. Auch Joseph Aloys Schumpeter, dessen Name heute gern mit dem fashionablen Begriff vom »dynamischen Unternehmer« verbunden wird, hat den Kapitalismus in keiner Weise begriffen. Die Vorstellung, Hauptsache, der Kapitalist ist schön *»dynamisch«*, und dann geht's wieder ein Weilchen, ist genauso albern, wie die Vorstellung von der *Tauschwirtschaft*. Die Vorstellung **Tauschwirtschaft plus Dynamo = Kapitalismus** ist ein für alle Mal falsch.

Das Problem des Menschen ist nicht der Mangel, der durch

Produktion (»dynamische Unternehmer«) mit anschließendem Tausch (»freie Marktwirtschaft«) irgendwie behoben wird.

Das Problem des Menschen ist überhaupt nicht der Mangel. Sondern die Tatsache, daß der Mangel durch Zeitablauf immer größer wird.

Die Aufgabe der Wirtschaft kann niemals darin liegen, den Mangel zu »beseitigen«. Alle sind niemals satt. Alle Wünsche können nie erfüllt werden. Immer ist irgendwo jemand hungrig, friert, hat kein Zuhause.

Die Aufgabe der Wirtschaft kann immer nur sein, den Mangel für eine möglichst große Zahl von Menschen möglichst erträglich zu halten.

Diese Aufgabe bewältigen, heißt **Kapitalismus**.

Nur der Kapitalist kann das Zeit- und Schuld-Problem bewältigen. Nur er kann sich der Schuld stellen, weil er verschuldungsfähiges **Kapital** hat und weil er bereit ist, es unter Risiko einzusetzen. Die Bewältigung von Schuld und die Minimierung von Mangel: das ist es, was der freie Unternehmer leistet.

Und nur er.

Das einzige, dem Menschen und seiner permanenten Mangellage, die durch Zeitablauf schier unerträglich werden muß, angepaßte Wirtschaftssystem kann nur der Kapitalismus sein.

Vere humanum est.

Dieser Kapitalismus funktioniert am besten, wenn alle Produktion *privat* und jeder Markt vollständig *frei* ist. Die Möglichkeit eines funktionierenden Sozialismus auch nur zu denken, geschweige denn Sozialismus durch staatlichen Druck irgendwo einzuführen, ist ein Verstoß gegen die Menschlichkeit.

Anmerkungen

[1] **Joseph A. Schumpeter,** Kapitalismus, Sozialismus und Demokratie. Einleitung von Edgar Salin, zitiert nach der dritten Auflage, München 1972, Seite 8.
[2] Schumpeter, a.a.O., Seite 105 und Seite 267.